本书获西北大学“世界一流学科建设”项目资助

西北大学考古学系列研究 第3号

大遗址保护规划理论与方法研究

刘卫红 著

中国社会科学出版社

图书在版编目(CIP)数据

大遗址保护规划理论与方法研究 / 刘卫红著. — 北京 : 中国社会科学出版社, 2024.3

(西北大学考古学系列研究; 第3号)

ISBN 978-7-5227-3204-6

Ⅰ.①大… Ⅱ.①刘… Ⅲ.①文化遗址—文物保护—研究—中国 Ⅳ.①K878.04

中国国家版本馆CIP数据核字(2024)第052219号

出 版 人 赵剑英
责任编辑 郝玉明
责任校对 谢 静
责任印制 王 超

出 版 中国社会科学出版社
社 址 北京鼓楼西大街甲158号
邮 编 100720
网 址 http://www.csspw.cn
发 行 部 010-84083685
门 市 部 010-84029450
经 销 新华书店及其他书店

印 刷 北京明恒达印务有限公司
装 订 廊坊市广阳区广增装订厂
版 次 2024年3月第1版
印 次 2024年3月第1次印刷

开 本 710×1000 1/16
印 张 24.75
字 数 380千字
定 价 128.00元

凡购买中国社会科学出版社图书, 如有质量问题请与本社营销中心联系调换
电话: 010-84083683

序

2015年至2017年，刘卫红博士在中国社会科学院考古研究所做博士后，作为合作导师，我与他有了较多接触。出站后，他到西北大学任教，依然经常有工作、学术和生活方面的联系。在我的心目中，他是一个善良谦和、诚实聪慧、勤奋好学的人，古人所谓君子者也。同时他也具有很好的学术素养和科研潜力。

在博士后工作期间，他主笔编制《献县汉墓群保护总体规划（纲要）》《长武碾子坡遗址保护总体规划》《通济渠商丘南关段遗址本体保护展示设计方案》《濮阳古城南城墙保护展示设计方案》等，发表了《田园城市视域下汉长安城遗址保护利用模式研究》《大遗址价值评价体系研究——以秦雍城遗址为例》等论文，表现出良好的专业素养和工作能力。尤其是他的出站报告《大遗址保护规划理论与方法研究》，博得了一众专家的好评。

在西北大学执教期间，他坚持不懈地探索大遗址保护理论方法，先后出版了专著《中国大遗址保护理论与方法研究》《秦始皇陵文化遗产管理综合实习教程》，发表了《大遗址保护理论方法与研究框架体系构建思考》《大遗址保护规划：对象、使命和内容框架》《中国大遗址价值认知体系的演变及展望》《大遗址保护规划的现状与发展趋势》《考古学与文物保护规划设计》《考古遗址公园的文化产品特性与发展趋势》《文化遗产保护的理论遵循——习近平新时代中国特色社会主义思想文化理论体系探析》《推进符合国情的考古遗址保护利用之路——新中国考古遗址保护70年光辉历程》等二十几篇论文，在学术界崭露头角。现在，他把经过反复推敲、完善的博士后研究报告，修订成专著，让我赋序，甚感欣慰！

作为一个考古人，一个从事田野考古的考古人，我对考古遗址具有天然的、深厚的感情，对于考古遗址保护有着强烈的、永恒的兴趣。考古遗址成就了一代又一代考古人，为民族文化传承贡献了自己的全部！因此，考古人做遗址保护工作，具有特别的优势和特殊的意义。因为这不是职业，而是责任；不为谋利，只为回报。当初，我在偃师二里头遗址工作，便立志为遗址和遗址上的乡亲做点事情。先是牵头起草了一个保护利用二里头遗址的初步方案，提交洛阳市政府。其后由全国人大代表、二里头村支书王忠岳于 1988 年将该方案作为议案提交至第七届全国人大第一次会议（议案编号 149）。

1996 年，我主持偃师商城大城北城墙的发掘，发现一些重要遗迹，在偃师商城研究方面意义重大，是“夏商周断代工程”的重要成果，国家文物局指定由我负责执笔编制《偃师商城东北隅考古发掘现场文物保护方案》，1999 年国家文物局发文（《关于偃师商城东北隅考古现场文物保护方案的批复》，文物保函［1999］121 号）批准，明确“原则同意由中国社会科学院考古研究所制订的《偃师商城东北隅考古现场文物保护方案》，赞成建立遗址公园的设想和保护措施”。于是，很快建成了我国第一个微型考古遗址公园。同时，偃师商城宫城考古发掘亮点迭现，遗址保护和展示的必要性和紧迫性十分突出。1998 年国家文物局将其列为试点项目加以支持。我执笔编制的《偃师商城宫城遗址保护规划》和第一、二期《实施方案》相继完成并通过审批，偃师商城宫城遗址公园建设也顺利开工。我国最早建设的考古遗址公园——以考古发掘揭露的古代遗址为保护、展示对象，并经国家文物局正式批准的考古遗址公园，由此诞生。

此后，我便转入了遗址保护和出土文物保护工作。2004 年倡议创建了中国社会科学院考古研究所大遗址保护研究中心（后改为文化遗产保护研究中心），2007 年组织了全国考古界的大遗址保护研讨会，揭开了考古界主动、全面参与大遗址保护的序幕。稍后，国家文物局选定百处大遗址进行专项保护，我有幸代表本单位参与这项工作，除了提出初选名单，还受命与建筑历史研究所合作编制《百处大遗址保护纲要》，从此，大遗址保护成为我的工作重点。

正是由于我自身的上述学术经历，所以当卫红君把其博士后研究项目选定为“大遗址保护规划理论与方法研究”时，我非常赞成，非常高兴。

中国的大遗址，承载着深厚的民族文化，是中华文化的脊梁，是考古学的主战场。举凡中华文明起源、发展、变革之各个历史阶段，都在大遗址中留下了深深的足印。中国考古学研究的主要问题，大都需要在大遗址上解决。因此，保护好、利用好大遗址，事关珍贵文化资源保护，事关民族文化基因传承，事关考古学可持续发展。而大遗址保护利用的一个关键节点，就是做好大遗址保护规划，从法规角度给大遗址一个科学、有效、有力的保障。

尽管我国的大遗址保护起步很早，但由于种种原因，大遗址保护研究工作进展缓慢。随着经济社会的快速发展，特别是在城镇化建设加快、国土资源紧张、保护理论不足，以及价值多元化和利益主体多元化的背景下，大遗址保护与社会发展的矛盾更显突出，尤其是大遗址保护不能与遗址展示、遗址利用及区域经济社会、社区居民生活质量改善等协同发展，实现或发挥其价值。而出现这些问题的原因之一，是缺乏大遗址保护规划编制理论、方法与规范标准。大遗址保护实践行动推进快，而大遗址保护思想理论建设进展慢，是当前阻碍大遗址保护科学规范、可持续发展的主要原因。可见，在大力推进大遗址保护利用的同时，尽快构建适合中国国情、具有中国特色的大遗址保护规划理论方法和规范，便非常必要而紧迫。

本书作为我国第一部全面讨论大遗址保护规划理论、方法的专著，其主要内容包括大遗址保护规划之概念和任务，大遗址保护规划的理论基础，大遗址保护规划的资源调查和基础评估，大遗址保护战略和保护区划，大遗址展示利用规划，大遗址人地关系调控规划，大遗址保障体系规划，大遗址保护规划实施管理等方面，全面、系统地构建了大遗址保护规划的理论与方法研究体系，对于我国大遗址保护规划实践及文化遗产科学学科建设具有重要意义。

本书的特点，主要体现在六个方面。

第一，全面系统性。当前我国大遗址保护规划面临的诸多领域中的问题，大都有所讨论。在专业理论和实践探索方面，形成一个完整体系。**第二，突出学术性**。与先前常见的大遗址保护案例选编等出版物不同，本书的学术性很强，或者说理论性较强，属于学术性基础研究著作。**第三，体现创新性**。本书的创新性主要体现在理论体系建设方面。目前国内尚无可以与之等量齐观的著作。**第四，有鲜明时代性**。该书反映了新时期大遗址保护的需求、理念，旨在解决新时期大遗址保护面临的重要问题。**第五，有强烈民族性**。本书针对中国大遗址的文化特点、物理特性，结合中国的大遗址管理模式，遵循中国大遗址保护政策法规，体现了文化遗产保护之中国特色。**第六，理论与实践结合**。本书虽然重在理论研究，但也穿插部分案例，对相关理论方法问题，进行示范解读。其实，本书本身就是作者在长期大遗址保护规划编制工作中，有所思考，有所收获之集成。

综上，这是一部优质的学术著作，也是一部冷门学术著作。值得称道和推荐。当然，既然是学术研究，就不可避免地存在一些见仁见智的问题。倘若就此引发一些讨论，也是一件好事。如果书中能就大遗址保护规划编制规范，作些介绍和讨论，就更加圆满了。

希望卫红君在大遗址保护教学和大遗址保护规划实践中，不断总结和探索，把我国的大遗址保护规划学科建设更加推进一步，为我国的文化遗产保护科学体系建设，作出新贡献。

杜金鹏

2022 年 6 月 10 日

目录 CONTENTS

第一章　大遗址保护规划概论

第一节　大遗址保护规划的概念

大遗址是中华民族和中华文明起源与发展的见证，是中华民族民族精神和优秀传统文化的“物化载体”，是建设中国特色社会主义文化强国的核心文化资源。① 大遗址保护规划属于文物保护单位保护规划的范畴，是系统统筹大遗址保护的综合性管理手段和重要依据。

一　大遗址的概念与类型

（一）大遗址的概念

概念是反映对象本质属性的思维形式，是逻辑思维的基本元素和表现形式，准确地理解和把握事物或现象的概念，是进一步认识、判断、推理事物或现象的基础。② 大遗址概念的厘清、内涵与外延的阐释是明确大遗址保护对象，形成科学、合理的大遗址保护理念，开展大遗址保护规划理论与方法体系探讨和深化大遗址保护规划实践的基础。因此，对“大遗址”的概念及其内涵与外延的探讨就实属必要。

大遗址的概念是随着我国文化遗产保护事业的发展，在文化遗产保护实践探索过程中提出的一个重要概念。早期主要从遗址面积的相对大小角度探讨，进入 20 世纪 90 年代末期和 21 世纪后，随着文化遗产保护理论与

---

① 参见刘卫红、曹金格《大遗址保护规划：对象、使命和内容框架》，《东南文化》2022 年第 1 期。

② 参见蔡贤浩主编《形式逻辑》，华中师范大学出版社 2005 年版，第 18 页。

理念的发展，对大遗址的认识不断深入，概念也从相对的外延式定义开始向内涵式发展，从政策制定角度的范畴定义开始向理论探索的科学定义转变。本书认为大遗址是指遗址等遗存本体与其相关联的环境载体共同构成的有明确地域范围的综合性文化空间。即大遗址首先是一个有一定地域范围的区域，这一区域以一定的文化遗存为中心，包括了其附着与互相影响、依存的环境，且具有一定的文化景观性。①

1. 大遗址的内涵②

概念的内涵是指概念所反映的对象的本质属性，内涵是概念的“质”的方面的规定性，它表明概念所反映的对象是什么。③ 大遗址除了具有一般遗址的普遍性特点，如不完整性、残缺性、本体和原生环境脆弱性、可观赏性不强等内涵外④，还具有规模“大”、价值“高”等表象特征，但目前普遍对于“大”和“高”缺乏界定，有学者认为“大”和“高”只是相对而言的，定量化界定相对较难。这种“模糊性、笼统性”的界定必然不利于对大遗址概念的认知，也不利于大遗址保护实践工作的推广和推进。因此，有必要对最基本的内涵“大”和“高”作出定性化的界定，以利于公众和学者对大遗址的认知，这也是大遗址保护走向科学化和规范化的必由之路。大遗址的“大”必然是相对于一般的遗址面积而言的，其规模、体量在空间范围分布较广、占地较大。在这里，笔者建议最少应为100 公顷以上。价值“高”主要表现在历史、科学、艺术三个方面，一般而言上述三个方面在某一方面或综合性方面表现出世界性或全国性的唯一或独特价值，或是基于上述价值表现出世界性和全国性的影响力。大遗址概念除了体现出规模“大”、价值“高”等表象特征外，还表征出大遗址具有以下内涵。

（1）时间的延续性。大遗址是早期人类实践的产物，又在后代人类生产生活的实践过程中被人类不断认识，并在改造中得到延续和发展，是

---

① 参见刘卫红《中国大遗址保护理论与方法研究》，科学出版社 2020 年版，第 72—77 页。

② 参见刘卫红《中国大遗址保护理论与方法研究》，科学出版社 2020 年版，第 77—80 页。

③ 参见蔡贤浩主编《形式逻辑》，华中师范大学出版社 2005 年版，第 19 页。

④ 参见中国文化遗产研究院编著《大遗址保护行动跟踪研究》，文物出版社 2016 年版，第 175 页。

“活”的人类文化“载体”。它不仅有灿烂辉煌的过去，还应该有灿烂辉煌的现在和将来，否则就会失去保护的意义。这要求在大遗址保护中不仅保护最悠久的或价值最高的某一阶段或时期的遗存，还包括历史发展演变中在遗址区生产生活、繁衍的后代居民及其留下的遗存和产生的文化现象；保护不是“封存式”的原封不动，陷入静止，应是以发展的眼光，将当代人的科学技术成果和先进的理念反映在大遗址的保护与利用中，作为当代人的历史和文化延续给后人，不能因为当代人的“封存”保护或不当利用导致延续中断。

（2）空间的区域性。大遗址是一个以遗址本体为核心，包括其相关环境的地域单元，这一地域空间一般依据原有文化属性和地域空间及现有“遗存”的分布存在明确的边界。这要求在保护与利用中从空间视角综合考虑大遗址保护与区域经济社会发展、居民生活质量改善之间的关系。

（3）遗存的真实性。遗存的真实性是大遗址保护的基础。大遗址保护的遗存必须是真实的，不仅包括遗址本体，还包括其附着的全部历史文化信息。这要求在保护中禁止任何不基于史实的修复、重建。因为只有真实的遗存才能客观地反映大遗址的历史面貌、自然环境及其传统文化真谛。

（4）价值的传承性。大遗址以其历史悠久、类型多样、珍贵而丰富的遗存及其延续性的文化传统，“展现了我国古代先民的创造力和民族精神，成为作为世界文明古国文明发展的珍贵物证”①。通过对大遗址的保护、利用，一方面让当代人认知我们祖先的珍贵遗产；另一方面，在当代人保护、利用基础上传承给后代人，让他们了解基于他们的“当代”对包括我们这个时期在内的文化遗产的了解。这要求结合延续性，在大遗址保护中创造、展现出这个时代的文化。

（5）景观的可赏性。景观是指一定空间和物质所构成的美学综合系统，是物质文化和精神文化的聚集体。大遗址是人类在实践过程中延续性的文化载体，是人类对自然环境认识和改造后的“天—地—人”景观综合

① 傅清远：《大遗址考古发掘与保护的几个问题》，《考古》2008 年第 1 期。

表现体。大遗址以遗址本体为核心，结合自然与人文环境，形成了具有一定观赏性的文化空间，引起公众的好奇心，促使公众前来参观游览愉悦身心。景观的可赏性体现的是一种大遗址价值延续与传承中优美“环境”的吸引性。

（6）文化的叠加性。不同的族群或民族在不同的地理区域环境中，逐渐形成具有自身文化特性的生产生活方式和思想文化价值观。大遗址的时代连续性使得大遗址在时间范畴上存在先后次序，大遗址在不同时期的不同景观表现都是不同时期人们价值观指导下人地关系相互作用的产物，直接反映着其所处时代的价值观。它不仅反映了之前时代人们的价值观，也反映出此后时代人们对该大遗址的态度，通过对大遗址的研究，可以发现不同阶段人们的历史文化特性或其发展演变规律。

（7）功能的利用性。大遗址是中华民族和中华文明发展演变的见证者和承载体，对它保护利用的主要目的就是通过科学研究、保存保护、展示利用和传播弘扬，让公众认识古代社会的政治、经济、文化、军事、科技等重要价值，以坚定文化自信，增强对中国文化和国家的认同。

（8）利用的公益性。大遗址利用主要是为了实现其历史、科学、艺术、社会价值，达到教育和服务大众的目的。这要求在保护中除了考虑专业研究等利用方式外，还应以公益性为主，注意考虑公众权益的维护和实现，提供相应的旅游设施和服务管理以满足公众参观游览、接受教育的需求。

（9）保存的完整性。大遗址既包括核心遗址本体，也包括与该遗址在文化要素、空间位置等方面密切关联的其他遗址或关联性非物质文化遗产；既包括遗址本体，也包括遗址环境。而且大遗址之上通常都有住民生产生活，位于建成区的还有很多的企事业单位。[①] 这要求我们在大遗址保护及编制大遗址保护规划的时候，应重视其保护的完整性，包括其空间上、时间上、形式上等各方面的完整。既要重视遗址本体，也要重视其承载体——地形地貌和自然人文环境；既要重视物质文化遗产，也要重视非

① 参见中国文化遗产研究院编著《大遗址保护行动跟踪研究》，文物出版社 2016 年版，第 176 页。

物质文化遗产；既要重视遗址主要时代的信息遗存，也要重视后世的相关遗存。

（10）环境的复杂性。大遗址占地范围较大，遗址区普遍分布有村镇、企事业单位等。这使得大遗址保护既要考虑遗址保护，也要考虑社区发展和居民生产生活。大遗址保护涉及考古工作、保护措施和工程、展示利用等问题；社区发展和居民生产生活涉及区域产业结构调整优化和聚落居民调控及补偿等一系列问题。现状环境的复杂性，必然导致利益诉求的多元性，使得大遗址保护的动态性增强，进一步强化了大遗址保护的复杂性。环境的复杂性对大遗址保护管理提出了更高的要求——保护管理的综合统筹性。

2. 大遗址的外延

概念的外延是指具有概念所反映的本质属性的对象。[①] 大遗址概念的外延也即大遗址保护的对象或内容。我国大遗址具有深厚而独特的文化意义，它的构成不仅仅是城址、陵墓、聚落、宫殿等各类遗址，还包括遗址的承载体——土地及其地形地貌、水体、植被等自然景观，与遗址有关的历史性事件、活动、人物以及现代聚落和传说、故事、民俗等文化景观和精神文化。[②] 根据大遗址内涵、特性的分析，大遗址的外延包括四个层面：第一个层面是大遗址的直接遗存表现形式——各类型的大遗址表现体，如城址、作坊、陵墓、窑址、聚落等遗址本体；第二个层面是大遗址的承载体——土地及其之上的自然环境与地文景观，包括大遗址区所在的地形地貌、水体、植被、历史环境风貌等；第三个层面是除遗址本体以外的物质文化景观，包括大遗址区内的聚落、道路、田野、历史建筑、城乡风光等“人类在自然景观上叠加人类活动的结果而形成的景观”[③]；第四个层面是大遗址所承载与传承的重大的历史文化、历史事件、历史活动、历史人物、场所精神、民风民俗和原住居民的生产生活等精神文化和非物质文化的展示，即非物质文

① 参见蔡贤浩主编《形式逻辑》，华中师范大学出版社 2005 年版，第 19 页。

② 参见刘卫红《大遗址展示理念方法问题的探讨》，《地域研究与开发》2013 年第 2 期。

③ 汤茂林、汪涛、金其铭：《文化景观的研究内容》，《南京师范大学学报》（自然科学版）2000 年第 1 期。

化景观（见图 1－1）。大遗址外延所包含的四个层面中，遗址本体是大遗址的根脉，是大遗址的核心；第二个层面属于地脉范畴，是大遗址的地理背景与自然地理脉络，是大遗址的后台和背景；第三个层面和第四个层面属于文脉范畴，是大遗址活的文化载体。① 因此，对大遗址保护利用的研究与实践，不能只针对遗址本体展开，还应结合大遗址外延综合考量。

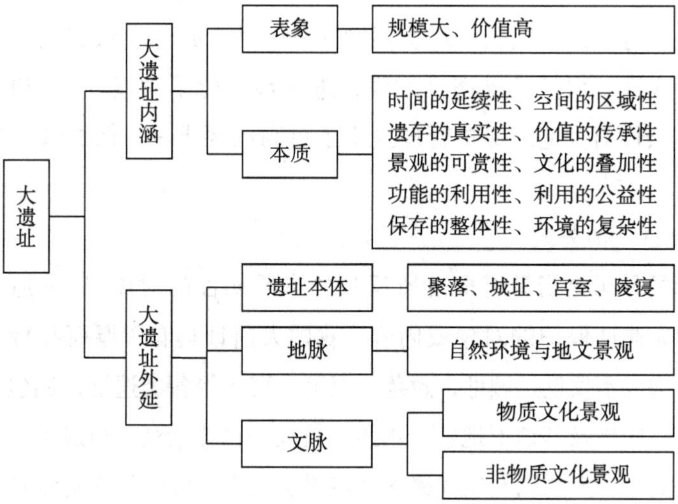

图 1－1　大遗址的内涵与外延

（资料来源：作者自制）

（二）大遗址系统

通过大遗址的概念界定和内涵外延分析可以发现，大遗址具有“要素”和“空间”的双重属性。大遗址作为一种“要素”，是遗存与其伴生的环境构成的共同体，“是凝聚中华民族历史记忆的珍稀而又脆弱的战略基础资源”②，具有显著的资产性，需要基于其公益性和脆弱性等做好保护工作；同时又要在保护的基础上，做好大遗址展示利用，充分发挥市场在要素配置中的基础性作用，以实现其价值有效传承弘扬。大遗址作为一种特殊“空间”，

① 参见刘卫红《大遗址展示理念方法问题的探讨》，《地域研究与开发》2013 年第 2 期。

② 中国文化遗产研究院编著：《大遗址保护行动跟踪研究》，文物出版社 2016 年版，第 55 页。

是综合性文化景观场所，具有显著的公共性，需要充分发挥政府在文化空间资源配置中的管控作用。遗存本体相关联的周边环境“也不应当被看作是单纯的物理背景，还应当被视为一系列社会、经济和环境威胁与机会。这意味着遗产管理体制及所有参与者都必须有能力影响在这些地方所发生的决策”①。“外部环境和文物工作的要求越来越复杂，法律法规的执行效力和保护规划的实施效果越来越多地取决于文物行业以外的影响因素。”② 因此，对大遗址的保护不是孤立的，也不能将其保护与“开发活动、正在发生的社会变迁或者是社区关注隔绝开来”③，而应该将大遗址保护看作对一个具有特定结构和功能的有机整体的综合统筹，这个有机整体就是大遗址系统。

大遗址系统是以大遗址本体及其环境保护为核心，以大遗址保存、价值传承弘扬为目标，以相关保护措施为手段，具有稳定的结构和功能的各要素相互依托、相互制约的开放性有机整体。从大遗址包含的要素分析，大遗址系统的研究对象包括大遗址所属区域的大遗址本体系统、大遗址保护系统和涉及大遗址区内外部环境的大遗址人地关系系统（见图1－2）。大遗址本体系统是指大遗址外延所指的大遗址区内遗址本体及其自然环境和人文环境（地脉和文脉），是大遗址保护系统的核心和基础对象，大遗址所有保护工作都是基于对大遗址本体系统的认知研究开始的；大遗址保护系统是指针对大遗址系统而开展的保护调查、保护评估、保护规划、保护工程技术、保护展示、保护利用和保护管理等系统性保护过程，是针对大遗址系统提出的针对性保护利用对策，直接影响到大遗址系统的传承与弘扬；大遗址人地关系系统是指大遗址区内、区外人类活动、自然环境、人文环境和大遗址保护之间的关系问题，包括大遗址区内人地关系系统和大遗址区外人地关系系统，其涉及影响大遗址保护系统的自然因素和社会因素，对大遗址本体和大遗址保护利用实践等影响较大，有时甚至产生决定性作用，因此也应成为大遗址的研究对象。三者中大遗址本体系统是核心

① 联合国教育、科学及文化组织：《世界文化遗产管理》，中国古迹遗址保护协会译，中国古迹遗址保护协会2015年，第15页。

② 中国文化遗产研究院编著：《大遗址保护行动跟踪研究》，文物出版社2016年版，第294页。

③ 联合国教育、科学及文化组织：《世界文化遗产管理》，中国古迹遗址保护协会译，中国古迹遗址保护协会2015年，第14页。

和基础对象，大遗址保护系统和人地关系系统运行的目的是实现大遗址本体系统的传承和弘扬，因此受到大遗址本体系统正常运行规律的限制。①

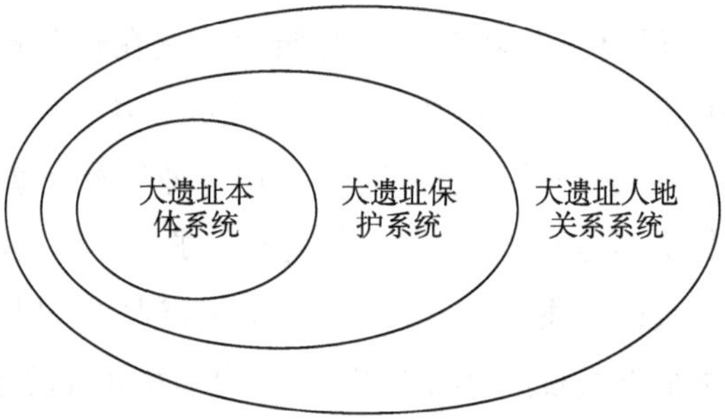

图 1－2　大遗址系统构成要素关系图

（资料来源：作者自制）

（三）大遗址的类型

大遗址类型不同其保护管理的理念方法或路径模式不尽相同，保护规划的出发点及理念思路等也不尽相同。因此，基于大遗址时代、形制、文化内涵、区位及遗址区环境等明晰大遗址类型，既是深入认知大遗址内部特性的重要路径，也是权衡、选择大遗址保护技术措施和管控措施的重要切入点。大遗址性质、类型和所处区位不同，内部环境和外部环境不同，大遗址保护利用的理念、路径和措施方法不尽相同。只有针对不同类型的遗址制定针对性的专项保护规划，才能使每一个大遗址都能基于自身遗存、文化内涵和遗址区域现状体现出独特的个性和魅力，并能做到保护规划与保护管理工作的针对性。将大遗址的共性和问题归纳起来，可以针对同类型的大遗址采取互相有借鉴性的保护措施，针对不同类型则区别对待，这是对大遗址分类的目的。应该指出，“分类并不是目的的终结，只是过程、手段和基础，不同的研究对象和研究目标可使人们制定不同的分类标准，从而采用不同的保护与利用方法”②，促进大遗址保护，实现大遗

① 参见刘卫红、田润佳《大遗址保护理论方法与研究框架体系构建思考》，《西北大学学报》（哲学社会科学版）2021 年第 1 期。

② 阮仪三、王景慧、王林：《历史文化名城保护理论与规划》，同济大学出版社 1999 年版，第 19 页。

址保护利用与区域经济社会发展、民生改善有机融合协同。

伴随着大遗址保护研究工作的推进，我国学者从不同角度对大遗址的类型进行了探讨。田林从时间序列、材料类型、使用功能等角度对大遗址的类型进行了总结概括。① 陆建松、陈同滨分别从大遗址的历史文化内涵及属性角度进行了探讨，但二者之间差别不大。如陆建松教授根据历史文化内涵及属性将其分为原始聚落和猿人化石遗址、古代都城遗址、古墓和墓葬群、手工业遗址、军事设施遗址、交通和水利设施遗址、宗教遗址、其他建筑和设施遗迹八类。② 陈同滨先生将大遗址分为旧石器时代古人类遗址、新石器时期大型聚落遗址（含居住、祭祀、墓葬等）、大型古代城市遗址、大型古代建筑群和园林遗址、大型石窟寺和石刻遗址、大型古代工程遗址、大型古代手工业遗址、古代帝王陵寝与各类大型墓葬群八类。③ 但二者都从保护利用和科学研究实践出发进行探讨，对认知不同类型大遗址的历史文化价值及时代价值具有重要借鉴意义。

根据大遗址分布位置所处的经济发展区域，大致可分为三类或四类。赵荣和王建新教授根据大遗址所处地域经济社会发展现状，将大遗址分为位于现代经济较发达的城市区域的遗址、处于远郊的遗址和地处经济欠发达地区的遗址三类。④ 陈同滨先生认为当今大遗址面临的威胁主要来自城镇建设，威胁的关联程度主要取决于遗址与城镇行政区划的相对位置。因此，陈同滨先生依据大遗址与城乡区域的相互区位关系，将大遗址分为位于城镇建成区的大遗址、位于城郊或城乡接合部的大遗址、位于村落的大遗址和位于荒野的大遗址四种类型。⑤ 这种基于区位的划分对于制订大遗址保护规划、制定遗址区的产业政策、解决大遗址保护与区域经济发展之

---

① 参见田林《大遗址遗迹保护问题研究》，博士学位论文，天津大学，2004 年。

② 参见陆建松《中国大遗址保护的现状、问题及政策思考》，《复旦学报》（社会科学版）2005 年第 6 期。

③ 参见陈同滨《中国大遗址保护规划的多学科研究》，载徐嵩龄等《文化遗产的保护与经营——中国实践与理论进展》，社会科学文献出版社 2003 年版，第 187 页。

④ 参见赵荣、王建新《大遗址保护规划的理论探索——基于陕西案例的探索》，全国大遗址保护规划现场研讨会汇报 PPT，西安，2024 年 10 月。

⑤ 参见陈同滨《中国大遗址保护规划的多学科研究》，载徐嵩龄等《文化遗产的保护与经营——中国实践与理论进展》，社会科学文献出版社 2003 年版，第 187 页。

间的矛盾以及探索大遗址保护与利用实现双赢的道路等问题，具有十分重要的意义。①

除此之外，有从地面遗存保存现状完好度、地上地下分布等层面分类的，亦有从大遗址区域人口数量、密度、构成及经济社会发展情况来进行分类的，还有从是否跨越行政区等角度进行划分的。上述不同的分类方式或角度，从保护来看，都有其合理性。总之，不同类型的大遗址可能需要不同的保护方法、模式和侧重点；每一处大遗址面临的经济、社会问题和保护的复杂程度等实际情况也各不相同。因此，只有把握住它们共同的性格，寻找到解决问题的根本原则和理路方法，才能在不断变化和发展的大遗址区实现大遗址保护和风貌维护，传承弘扬其独特的价值，形成独具特色的保护与利用路径模式。

二　大遗址保护的概念及目标

（一）大遗址保护的概念

我国目前对大遗址保护的概念、目的和目标还存在一定的争议。在对大遗址概念界定的同时，有必要对大遗址保护的概念进行确定，明晰大遗址保护的目的和目标，以指导大遗址保护工作。伴随着文化遗产保护运动，国内外的保护宪章、宣言、法规文件和许多研究学者都曾对“保护”作过界定。传统的保护主要限定在“保存”延续的范畴，随着文化遗产保护事业的发展和价值认知的拓展与深化，越来越多的学者开始认识到保护不仅仅是“保存”，还包括了展示、利用及管理等内涵和使用方式。但在此过程中，现有对“保护”概念的定义无论是从外延还是从内涵上，认识仍然存在不足：一是没有认识到概念的广义性与狭义性和系统工程性；二是没有认识到保存保护、展示利用和保护管理之间的关系，在保护中将展示、利用排除在保护的行为活动之外；三是虽然认识到环境的重要性，但也主要强调的是静态的自然环境，而未将动态

① 参见郑育林《我国大遗址保护与利用相关问题的研究》，《西北大学学报》（哲学社会科学版）2010 年第 3 期。

的人文环境考虑在内。

基于此，本书结合大遗址内涵与外延，在现有“保护”概念补充与完善的基础上，从广义和狭义角度对大遗址保护进行界定。广义的“大遗址保护”是指运用科学的理念、方法对大遗址进行调查、评价、保护、展示、解说、利用，以及对整个过程的系统管理。狭义的“大遗址保护”是指运用科学的技术方法对大遗址本体的维护、保存和修复，以及对相关环境的控制与整治等。科学的技术方法包括自然科学、人文社会科学、工程与技术科学等一切与大遗址保护相关的科学和技术。

（二）大遗址保护的目的和目标

大遗址保护是人类实践活动的产物。大遗址保护活动以目的为依据，目的贯穿大遗址保护实践过程的始终。我国大遗址保护的根本目的是将其作为某一群体或地区/国家文化记忆的载体，构建身份认同。在实践中表现在两个方面，一是保护大遗址本体遗存及环境安全，二是传承弘扬大遗址的价值，即统筹推进大遗址保护利用，切实增强大遗址的生命力和影响力，更好地促进经济社会发展，不断满足人民日益增长的美好生活需要的基础上，实现大遗址价值的传承弘扬。

目标是对未来的预期，是目的的具体化。大遗址保护绝不仅仅是指对遗址本体的保护，而是通过规划等各种有效手段来保护和管理周边环境，追求大遗址自身与周围景观的和谐一致；大遗址保护绝不是分散的保护，必须通过整体保护，揭示其整体的文化内涵，全面展示其完整的文化意义；大遗址保护绝不是只停留在建设遗址博物馆，更多的是要保护遗址的文化生态，在文化空间中呈现文物本体所特有的魅力和价值。[①] 因此，新时代我国大遗址保护的目标在宏观上，应该是以习近平新时代中国特色社会主义思想为行动指南，以实现中华民族伟大复兴中国梦和建设社会主义文化强国为目标，在深入挖掘和系统阐释大遗址价值，切实保护好大遗址的基础上，探索大遗址保护、利用与区域经济社会发展、与国家方略及相关行业或产业融合发展的模式路径，推进大遗址有效利用和价值传承弘

① 参见单霁翔《大型考古遗址公园的探索与实践》，《中国文物科学研究》2010 年第 1 期。

扬，充分发挥大遗址在“五位一体”总体布局和“四个全面”建设中的作用，为世界文化遗产保护贡献中国的智慧，提供中国的方案。① 中微观层面，大遗址保护的根本目标就是为后代人保留大遗址中具有代表性的样本，实现价值的传承弘扬。

随着经济社会的发展，当今时代，大多数大遗址的保护都拥有多个目标。社会已经形成普遍共识，大遗址保护不只是对遗产的保存保护或保管守护，还涉及展示利用、传播弘扬、促进社区和民生发展、坚定文化自信、促进文化认同和国家认同等目标。新时代文物方针及大遗址的内涵目的、价值功能等决定了大遗址保护具有以下四个方面的鲜明目标。

（1）保证遗址安全。大遗址“展现了中华文明起源、发展脉络、灿烂成就和对世界文明的重大贡献，为更好认识源远流长、博大精深的中华文明发挥了重要作用”②。其作为中华文明发展演变的物化载体，承载着文化记忆，有助于身份构建。因此，要始终把确保遗址安全放在首要位置，要像爱惜自己的生命一样保护好大遗址，只有这样，考古事业才能可持续发展，才能在有效利用的基础上让大遗址活起来，充分发挥其在新时代的价值作用。

（2）促进文化多样性。文明因多样而交流，因交流而互鉴，因互鉴而发展。③ 确认文化多样性是人类的一项基本特征，文化多样性不仅体现在大遗址通过丰富多彩的表现形式来表达、传承和弘扬的多种方式，也体现在借助各种方式和技术进行的艺术创造、生产、传播、销售和消费的多种方式。④ 我国大遗址历史跨度大、分布地域广、类型多样、内涵丰富，其直观地反映出中华民族融合发展的过程，系统呈现了中华民族多元一体的发展格局，实证了中华文明的繁荣发展离不开文明之间的交流

① 参见刘卫红《符合国情的文物保护利用之路实现理路探析》，《建筑与文化》2020 年第 2 期。

② 习近平：《习近平致仰韶文化发现和中国现代考古学诞生 100 周年的贺信》，《中国文物科学研究》2021 年第 4 期。

③ 参见习近平《深化文明交流互鉴 共建亚洲命运共同体——在亚洲文明对话大会开幕式上的主旨演讲》，《中华人民共和国国务院公报》2019 年第 15 期。

④ 参见孙壮志《“一带一路”框架内的人文合作：成就与前景》，《欧亚经济》2023 年第 2 期。

互鉴。因此，应通过大遗址保护利用，促进文化多元认知和文明交流互鉴。

（3）服务国家战略需求。大遗址是国家、民族发展的重要历史见证和社会文明进步的重要标志，在服务国家战略上具有不可替代的独特作用。首先，应服务国家文化发展战略，增强其在核心价值观构建、文化自信和国家认同中的作用，如良渚遗址成为“中华五千年文明的见证”。其次，应传承发展民族文化，强化遗产物质载体与传统文化间的血脉关联，把遗产中的思想文化内涵与当代文化建设相结合，滋养出具有鲜明时代特色的新思想、新理论、新文化，促进中华民族文化新发展。最后，发挥大遗址在世界文明交流互鉴中的作用，通过大遗址保护利用和凝练核心价值，将大遗址价值传播出去，更好地讲述中国历史文化，发挥其在国家和区域发展中的勾连互通作用，如丝绸之路相关大遗址作为中国和丝绸之路共建国家交流互鉴、平等互利发展的重要见证，成为“一带一路”建设的重要桥梁纽带。

（4）带动经济社会发展。大遗址作为重要的资源资产，在经济社会发展中具有重要的作用。首先，大遗址通过保护活用，有助于优化区域空间结构，改善区域景观环境，带动区域旅游业和相关产业发展。其次，有助于满足人民群众美好生活需要。人民群众的美好生活既需要丰富坚实的物质基础，也需要厚重多彩的精神空间。通过对大遗址的保护活用，不但可以为公众提供休闲文化场所，满足其精神需求，也可以带来就业的扩大和收入的增加，满足公众的物质生活需求。如大明宫遗址通过建设国家考古遗址公园，拆迁了占压遗址的城中村、棚户区，对遗址区内拆迁居民和相关企事业单位等进行了妥善安置，实现了遗址保护和展示、优化了遗址环境、提升了城市品位、改善了居民生活，受到了各方的普遍赞赏。

三　大遗址保护规划的概念与特点

大遗址保护规划与一般规划所采用的基本概念和方法是一致的，只是在具体的实践中需要以大遗址保护理念为指导，突出大遗址系统及大遗址保护的特性。

（一）大遗址保护规划的概念

1. 规划的概念

规划是为了实现预定的目标而对未来的相关工作进行的总体谋划部署或安排展望。英文中的“规划”有“plan”和“planing”两种表达。“plan”指规划方案，多表达规划文本和规划成果；“planing”强调动作，指规划活动和过程。本书在“规划”讨论中，主要指代规划活动和过程，关于规划结果主要用“规划文本”或“规划成果”直观表达。

规划作为一项实践工作，很早就随着人类对建筑布局和城镇规划的需要产生了。中华民族的规划传统和规划思维源远流长，《国语·周语中》即有“昔我先王之地有天下也，规方千里，以为甸服”之说，表明在周代，统治者就有意识地对统治区域进行规划，以拱卫王权。① 但早期的规划工作者认为规划就是规划建筑物的外观和土地利用模式，“是编制规划方案，勾画出一定年限内希望实现某些最终状态的详细途径，其指导思想就是为事先制定的总体规划意图而努力，关注的是提出一个详细的未来土地利用的理想方案”②。随着城镇化的进一步发展，规划者认识到单纯对本体的规划不能有效凸显本体的效果并促进其实施，因此在规划工作中增加了经济和社会两方面的要素，并认为规划是不可控的、具有动态性。“规划是一个多角度的综合工作，并力求实现一体化，规划涵盖社会、经济、政治、心理、人类学和技术等因素，并涉及规划对象的过去、现在和将来。”③

但是从1948年美国数学家诺伯特·维纳（Norbert Wiener）在其确立和命名的控制论中提出现代规划概念开始，对于规划概念的理解，至今并未完全达成共识。Kent认为规划是阐明未来希望达到的物质环境开发的主要政策的、有法律意义的官方文件④；彼得·霍尔认为规划是指编制一个有条理的行动方案，明晰其层次顺序，使预定目标得以实现⑤；加文·帕

---

① 参见董祚继等《“多规合一”的理论与实践》，浙江大学出版社2017年版，第1页。

② 刘峰：《旅游系统规划——一种旅游规划新思路》，《地理学与国土研究》1999年第1期。

③ M. J. Burton, *In The Spirit and Purpose of Planning*, 2nd *ed.*, London: Hutchinson, 1984, pp. 31 – 65.

④ 参见［加］梁鹤年《简明土地利用规划》，谢俊奇等译，地质出版社2003年版。

⑤ 参见Peter Hall, *Urban and regional planning*, London: Penguin Books, 1975, p. 1。

克等认为规划涉及一个过程、行为或结果，它是一种空间的或地理上的构成元素的关系，在此关系中，那个普通目标就是为一个活动（土地利用）的空间结构做出准备①；孙施文认为规划是为了实现一定目标而预先安排行动步骤并不断付诸实践的过程②。从上述对规划的界定可见，除了Kent从工作文件和成果的角度来定义规划外，其他学者都基本达成了一种共识：规划是一种动态“过程”，而非单纯静态的结果；或者说规划更多的是一种“时期行为”，而非“时点行为”。即规划是为了达成某种目标，通过一系列的决策和选择，来获取未来行动方案的过程。如果将规划作为一种“过程”，其范围就不仅包括决策过程，更涵盖了政策实施的阶段，具有控制未来行动的内在特性，它不仅停留在选择实现目标的途径，更是实现目标的行动方式。③ 规划通常包含两层含义：一是描绘未来，即规划是人们根据现在的认识对未来目标和发展状态的构想；二是行为决策，即规划是实现未来目标或达到未来发展状态的行动顺序和步骤的决策，其核心是确定发展方案。④ 规划是对未来一定时期内各种活动方案的统筹安排，具有全局性、前瞻性、目的性、战略性、综合性、程序性、动态性和预测性等特点。

规划类型多样，每个行业、每个部门都可从自身工作实际出发编制相关规划。如按空间布局可分为国家或省市等功能规划、区域规划和部门发展规划；按经济社会发展可分为产业规划和形态规划；按照时间范围可分为长期规划、中期规划及短期规划；按规划内容层次可分为总体规划、控制性详细规划和修建性详细规划或专项规划；按行业领域及性质可分为国土空间规划、国民经济和社会发展规划、城乡规划、风景名胜区规划、文物保护规划和旅游规划等。

总之，规划是指立足现状，统筹部署安排未来预期工作的方案及行动流程，使预定目标得以实现。它的主要技术成果是书面文件，适当的附有

---

① 参见［英］加文·帕克、乔·多克《规划学核心概念》，冯尚译，江苏教育出版社2013年版，第14页。

② 参见孙施文《城市规划哲学》，中国建筑工业出版社1997年版，第18页。

③ 参见吴次芳等《国土空间规划》，地质出版社2019年版，第47页。

④ 参见方创琳《新时期区域发展规划的基本内涵与类型体系》，《规划师》1998年第3期。

统计预测、数学描述、定量评价以及说明规划方案各部分关系的图解，有的可能还有准确描绘规划对象的具体形象的蓝图。①

2. 大遗址保护规划的概念

大遗址保护规划属于一个物质规划，物质规划既是一个概念，也是一个实践工作。大遗址保护规划的概念化来源于实践，并最终指导实践。由于我国大遗址保护规划实践起步较晚，尽管一些专家学者对大遗址保护规划的编制内容、方法等开展了探讨，但却一直少有关于大遗址保护规划概念的研究，所以大遗址保护规划目前还未有一个科学规范的界定。国内目前对大遗址保护规划概念作出明确界定的是2015年发布的文物保护标准化指导性技术文件《大遗址保护规划规范》，其规定“大遗址保护规划是指以大遗址的整体保护为目标，统筹策划遗址本体及其环境的保护、利用和管理等主要规划措施的一种专门类型的文物保护单位保护规划”②。这一概念是一个指导大遗址保护规划实践的技术性概念，强调了保护规划的主旨、主要工作内容及大遗址保护规划的性质和对象，对指导大遗址保护规划实践工作的开展和科学研究的推进具有一定的意义。但随着新时代文物保护理念的转变和对大遗址内涵外延认知的拓展，有必要从学理层面进一步深化对大遗址保护规划的科学性认知。

本书结合新时代国情、大遗址的内涵特性和大遗址保护的历史逻辑、使命任务等，将大遗址保护规划定义为：为了实现大遗址整体保护和区域统筹融合发展，促进大遗址价值的传承弘扬和公共文化服务体系的建立，以大遗址系统为对象，以大遗址系统各要素调查评估为基础，以价值为导向，以大遗址安全为底线，以协调遗存保护利用、人与环境共生为主线，通过科学描绘大遗址保护利用愿景、制定大遗址保护目标体系和保护管理等行动方案，并将之付诸实施以实现既定目标和效益的过程性活动。③

---

① 参见［英］彼得·霍尔、马克·图德－琼斯《城市和区域规划》（原著第五版），邹德慈、李浩、陈长青译，中国建筑工业出版社2014年版，第2页。

② 中华人民共和国国家文物局：《大遗址保护规划规范》（WW/Z 0072—2015），文物出版社2016年版，第1页。

③ 参见刘卫红、曹金格《大遗址保护规划：对象、使命和内容框架》，《东南文化》2022年第1期。

在理解大遗址保护规划的概念时，应当深入思考以下问题[①]：

(1) 为什么要规划？预期目标、意图和结果及其相关目的是什么？

(2) 谁在进行规划？政府官员、专家、规划师、企业家、公众或是他们的联合体。各自应该拥有何种比例和话语权？

(3) 如何进行规划？空间配置应该采用何种依据、原则、技术、方法和假设？步骤和过程是如何设计的？

(4) 在何种条件下规划？规划的自然生态背景、经济社会发展阶段和时代性如何？规划方案是在什么条件下达成共识的？争论的主要焦点是什么？

(5) 谁在实施规划？为了实施这项规划，什么样的资源、参与者、合伙人和条件应该是必备的？尤其是财政金融资源、社会资本资源、政策制度资源是否匹配，对规划实施具有关键性的作用。

大遗址具有“要素”和“空间”的双重属性。作为一种“要素”，具有显著的资产性，需要基于其公益性和脆弱性等做好保护工作，同时又要在保护的基础上，做好大遗址展示利用，充分发挥市场在要素配置中的基础性作用，以实现其价值有效传承弘扬。但作为一种特殊“空间”，具有显著的公共性，需要充分发挥政府在空间配置中的管控作用。因此，在大遗址保护规划中除了强化政府的管控作用外，还需要给市场留下足够的空间。规划不能包办一切，也不能代替一切。规划重点是保障大遗址资源本体及环境的公共利益，其他非公共利益部分应该留给市场发挥作用。

（二）大遗址保护规划的性质和特点

1. 大遗址保护规划的性质

大遗址保护规划属于文化遗产保护规划或文物保护单位保护规划的范畴，是针对我国文化遗产中大遗址这一特有类型而实施的综合性保护管理

---

① 参见吴次芳等《国土空间规划》，地质出版社 2019 年版，第 54 页。

手段，是大遗址保护管理的重要依据，在大遗址保护整体工作中属关键性环节。其定位具体表现在三个层面：首先，大遗址保护规划是保证大遗址遗存本体安全及统筹协调区域发展的重要手段或工具，为大遗址或保护管理组织“未来发展提供了一个指导性框架”①；其次，大遗址保护规划是在特定的社会条件下，对大遗址保护及区域发展作出的统筹部署和制度性安排，是大遗址保护及区域治理的公共政策文件或手段措施；最后，大遗址保护规划是我国法定规划编制体系中的重要内容，是一个基于物质属性的规制规划，更多是强调法规属性，但由于大遗址保护对象的系统性、环境的多变性、利益的多元性等，其在内容上也具有发展规划和建设规划的部分属性。

2. 大遗址保护规划的特点

大遗址保护规划除了具有一般规划的全局性、程序性、预测性、科学性、前瞻性、层次性等特点外，还具有基于大遗址及大遗址系统而来的系统性、综合性、战略性、协调性、时间性、动态性、强制性等独特的特点。

（1）系统性。大遗址保护是一个涉及大遗址遗存本体及其调查、考古、保护、展示、利用、管理和人地关系协调等于一体的复杂系统，大遗址保护研究的对象是大遗址系统；大遗址保护对象的系统性决定了作为大遗址综合性保护管理手段的大遗址保护规划也是一个系统工程。大遗址保护规划的系统性体现在三个方面：一是规划对象的系统性，大遗址保护规划的对象是大遗址系统；二是规划类型和体系框架及内容的系统性，大遗址系统的系统性保护要求大遗址保护规划应该是一个系统工程，在框架内容上应涉及大遗址本体系统构成的要素及其现状的评估分析，大遗址保护系统对保护、展示、利用和管理等行动的安排，大遗址人地关系系统对聚落居民调控、经济发展引导和土地利用调控等的安排，以促进大遗址保护和区域和谐共生；三是规划方法的系统性，各专项内容不同，规划的具体方法不同，但在总体的规划方法上应具有系统性，以系统方法为主线，促进规划的可操作性。系统的分析方法就是把大遗址当作一个整体系统来研究，把大遗址系统当作

---

① ［美］戴维·L. 埃杰尔、贾森·R. 斯旺森：《旅游政策与规划——昨天今天与明天》（第二版），谢彦君、孙佼佼、郭英译，商务印书馆 2017 年版，第 246 页。

相互依存的变量来分析，按照确定的目标，寻求实现目标的手段。

（2）综合性。大遗址保护规划的综合性也就是统筹性的体现。大遗址保护规划的综合性体现在四个方面。一是规划对象系统性与复杂性要求大遗址保护规划内容的综合性。大遗址保护规划内容广泛，在规划要素上既涉及遗址本体及环境，又涉及区域经济社会发展、聚落人口、基础设施等内容；在遗址使用方式上，既涉及考古研究、调查评价、保存保护，又涉及展示利用、保护管理、传播弘扬等；在目的目标上，既涉及遗址保护利用和价值传承弘扬，又涉及区域经济社会发展、环境优化和民生改善等。这些规划要素相互联系、相互作用，构成一个有机整体。二是规划学科及规划人员的综合性，从大遗址保护的研究领域来看，大遗址保护涉及考古学、历史学、规划学、园林学、土地学、经济学、建筑学、旅游学、管理学等众多学科。大遗址保护规划作为大遗址保护的综合性手段或措施，其编制必然也需要多学科的参与，增强多学科和跨学科的综合研究合作。三是规划方法的综合性，大遗址保护规划在思维方法上，应多学科融贯，重视综合分析论证及综合评价，以弥补单一学科研究实践导致的成果偏颇。大遗址涉及问题范围极广，需要多学科的指导，这也要求在大遗址保护规划的编制过程中要采用多学科融贯的综合研究方法。在大遗址保护规划编制过程中“要注意各组成部分之间的关联性和协调性，以及系统内外之间的联系。充分注意各元素、各子系统之间的关系，注意各子系统、各元素与整体的关系，以及整体与各元素和子系统的关系”①。四是规划目标的综合性，大遗址保护规划“方案的决策，是多方向、多目标、多方案比选的结果”②。如大遗址保护规划的目标不能简单地界定为对大遗址的整体保护，即使为了达到这一单纯目标，也需要多个分目标的支撑完成。因此，大遗址保护规划不仅要实现大遗址保护整体保护的目标，还要实现为了整体保护的目标必须实现的大遗址保护与区域经济社会及民生和谐发展、和谐共生的目标；同时还可能存在根据当地大遗址资源、环境现状及区域经

① 吴必虎：《区域旅游规划原理》，中国旅游出版社 2001 年版，第 30 页。

② 崔功豪、魏清泉、刘科伟编著：《区域分析与区域规划》（第二版），高等教育出版社 2006 年版，第 237 页。

济社会条件等，需要实现的一些单体的如生态文明的目标、旅游发展的目标、科普教育的目标。

（3）战略性。大遗址保护规划的战略性体现在四个方面。一是保护规划的时间跨度长。大遗址保护规划一般期限在15年左右，既要预测未来的可能发展及实现路径，又要解决近期主要的矛盾或问题，同时还要注意近期和中远期的科学、有序、合理衔接及可持续的健康发展。二是保护规划是对大遗址保护与发展等问题全局性、长远性和纲领性的谋划。大遗址保护规划是对涉及大遗址区相关规划和保护规划内容的统筹协调，而不是对大遗址系统事无巨细的安排。三是规划指标具有较大的弹性。大遗址保护环境的不确定性决定了保护规划内容具有前瞻性和预测性的特点，但对于未来的预测不一定准确。因此，大遗址保护规划中对大遗址管制制度和保护措施、展示利用和土地调控、经济发展引导、居民聚落调控等安排只能勾画大体的轮廓，规划中提出的发展指标便有一定的幅度，具有较大的弹性。四是保护规划的可持续发展要求。大遗址保护是对大遗址区相关资源的战略部署和安排，是优化区域环境的重要手段，同时也是大遗址区利益的再分配。保护、展示利用和相关的经济结构调整、聚落居民调整等规划项目的实施，将对区域产生重大的影响，而在此过程中相关利益群体从规划中得到的利益不是均等的。因此，保护规划方案制定时，“既要从区域的整体利益出发，又要兼顾各个地方、各个部门的利益；既要考虑区域的长远利益，又要考虑近期的利益，以使区域获得持久发展的动力”①。

（4）时空性。时空性是由大遗址的空间属性决定的，它要求大遗址保护规划不能只停留于明确大遗址资源保护和区域空间保护利用的一般发展方向，而是要把对大遗址保护、利用及区域经济社会发展、民生改善等统筹谋划，落实到具体的空间和时间内。大遗址保护规划的时空性决定了大遗址保护规划还应具有以下三个特点。①层次性。大遗址保护规划因规划对象、区域范畴不同，存在国家级、区域级、地方级及单独文物保护单位等不同层级的大遗址保护规划，不同层级的大遗址保护规划之间在具有独

---

① 崔功豪、魏清泉、刘科伟编著：《区域分析与区域规划》（第二版），高等教育出版社2006年版，第238页。

立性的同时还应具有呼应性。国家级和区域级的规划属于高层次的性质，而具体大遗址的保护规划则属低层次的性质，低层次的规划必须服从高层次的规划。只有二者相互呼应、彼此关联，才能实现规划的理性、科学、高效和可持续。②地域性。大遗址分布在一定的区位空间范围内。大遗址保护规划的地域性表现在两个方面。一是规划内容的独特性，主要表现在规划条件的独特性和资源的独特性。大遗址类型不同，所处地域不同，其自然和人文环境、区域经济社会发展条件等不同，每一处大遗址在保护利用的模式路径、措施方法等方面差异可能较大。二是规划范围的相对完整性。大遗址的地域性决定了其分布的区域性，基于整体保护需求对区域经济社会和土地利用等进行总体部署和调控，这要求规划过程中应该把大遗址区域作为一个整体统筹考虑。③时间性。大遗址保护规划是在未来的时间序列上展开出来的，时间、空间和物质共同构成了大遗址保护规划的基本结构。大遗址保护规划的时间性是由其规划动态性和实施过程性决定的，而动态性反过来也影响了时间性。

（5）协调性。大遗址保护规划的协调性是由规划对象、规划目标和规划内容决定的。大遗址保护规划的协调性体现在两个层面：一是规划内容的协调性，二是规划实施的协调性。规划内容的协调性表现在两个方面。一是外部协调性，从纵向上看，大遗址保护规划是区域规划的一部分，其要和上一级相关的文化遗产保护规划及上一级的区域性规划协调衔接；从横向上看，它与所在区域的国土空间规划、城乡规划、农田水利、交通电力、旅游发展等规划有着千丝万缕的联系，并具有一定的互补性。这要求大遗址保护规划应与相关的规划相互协调，共同发展。二是内部协调性，大遗址保护规划在编制过程中要处理好“文物保护与经济发展、城乡建设、民生改善的关系，充分发挥文物资源传承文明、教育人民、服务社会、推动发展的作用”①。规划实施的协调性由大遗址保护规划特点决定。大遗址保护规划作为综合性的保护规划，在宏观决策、控制与实施等方面需要谋求中央与地方、地方与地方的协调配合，如果协调配合不足，则大

①《国务院关于进一步加强文物工作的指导意见》，《中国文物科学研究》2016 年第 2 期。

遗址系统任何一个组成部分都可能获得不合理的倾向性发展，以致大遗址保护的失败或达不到预期效果。

（6）动态性。由于人们对未来的预测、分析和判断有一定的局限性，而且随着时间的推移，原来被认为理想的方案和谋划也需要不断根据实施过程中反馈的信息进行调整，因此，规划总是一个动态的过程。① 大遗址的复杂性及大遗址保护规划的综合性、战略性、统筹性和预测性决定了大遗址保护规划的动态性。大遗址保护规划的动态性表现在两个方面：一是规划编制周期的动态性，二是规划编制内容的动态性，二者相互影响。

大遗址保护规划编制周期的动态性是指一次编制的大遗址保护规划不可能一劳永逸地达到大遗址保护的目标，可能随着遗址本体及环境变化或政治、经济、社会等的发展变化，需要修编规划，或随着原来规划编制周期的结束而需要重新编制新的规划。大遗址保护规划编制内容的动态性包括两个方面。一是大遗址保护规划编制过程中的动态性，在编制过程中应有动态性思维理念，积极主动地去预判、分析环境变化并提出针对性的保护对策。二是在大遗址保护规划实施过程中要有动态性，因为规划的目的在于付诸实施。为了保证规划能够按预期目标实施，就有必要在规划中建立一套反馈机制。建立反馈机制有两个方面的意义：一是通过反馈，修正原来为达到某个目标所采取的策略、行动；二是通过反馈，发现新问题，及时提出新对策。②

但是要注意大遗址保护规划的动态性不是要求规划盲目地频繁变动。大遗址保护规划的法规性要求它必须具有相对的稳定性和比较清晰的阶段性，这要求在保护规划编制过程中尽可能提高对规划环境和措施等的预判。

（7）控制性。大遗址保护规划基于大遗址的文化性、稀缺性和不可再生性等特性，在规划性质和目标措施等方面，对大遗址保护管理及区域发展等更侧重于控制和约束，以实现大遗址的保护利用和可持续发展之间的平衡。规划的控制约束包括“起点约束、过程约束和结果约束，刚性和弹

① 参见吴次芳等《国土空间规划》，地质出版社2019年版，第54页。

② 参见吴必虎《区域旅游规划原理》，中国旅游出版社2001年版，第31页。

性约束，用途约束和结构约束，也包括程序控制、目标控制和分层控制”①。但是控制约束并不意味着规划不重视发展，基于大遗址系统的统筹协调发展需求，在规划中，为了实现大遗址的有效保护，必须用发展的视野，关注大遗址保护利用与区域经济社会发展的融合协同。

（8）强制性。大遗址保护规划的强制性表现在两个方面。一是大遗址保护规划成果的强制性。大遗址保护规划尤其是全国重点文物保护单位级别的大遗址保护总体规划，一般在通过国家文物局组织的规划评审后，需要经过省政府常务会等会议讨论通过后，以省政府的名义公布实施，因此其具有地方规章的性质。大遗址的法规性决定了其实施过程的强制性，不能对规划随意修改变动。二是大遗址保护规划内容的强制性，即保护规划内容的刚性要求。大遗址保护规划最核心最基本的目标是实现大遗址的整体保护，而为了实现保护必须划定大遗址的保护区划并制定相关区域空间管制措施。在这里的保护区划和空间管制措施就具有强制性，不能随意调整。但在强调强制性或刚性的同时要认识到大遗址保护规划的弹性要求。因为大遗址保护规划是对未来保护目标和保护措施等的预判性统筹安排，而未来的发展充满不确定性。因此，在展示利用、经济引导、居民聚落调控和基础设施等规划的时候应该保留一定的弹性，不能直接强硬地制定或要求按照某一方式或指标来完成。

四　大遗址保护规划与其他规划的关系

（一）大遗址保护规划与国土空间规划的关系

国土空间是一个复杂的地理社会空间，包括土地资源、水资源、矿产资源、海洋资源、生态资源、社会资源等不同客体，涉及国土自然环境、社会经济环境和心理文化环境。② 国土空间规划是国家空间发展的指南、可持续发展的空间蓝图，是各类开发保护建设活动的基本依据。建立国土空间规划体系并监督实施，将主体功能区规划、土地利用规划、城乡规划

① 吴次芳等：《国土空间规划》，地质出版社 2019 年，第 53 页。

② 参见吴次芳等《国土空间规划》，地质出版社 2019 年版，第 50 页。

等空间规划融合为统一的国土空间规划，实现“多规合一”，强化国土空间规划对各专项规划的指导约束作用，是党中央、国务院作出的重大部署。[①] 国土空间规划不是简单的城市规划、土地利用规划或主体功能区规划的延伸，也不是简单的“多规合一”产物，而是“区域整体”的谋划。[②] 同时，《中共中央 国务院关于建立国土空间规划体系并监督实施的若干意见》要求强化对专项规划的指导约束作用，其明确提出“文物保护等专项规划由相关主管部门组织编制；相关专项规划可在国家、省和市县层级编制，不同层级、不同地区的专项规划可结合实际选择编制的类型和精度。……坚持陆海统筹、区域协调、城乡融合，优化国土空间结构和布局，统筹地上地下空间综合利用，着力完善交通、水利等基础设施和公共服务设施，延续历史文脉，加强风貌管控，突出地域特色”[③]。这基本确定了文化遗产或大遗址在国土空间规划体系中的重要地位。国土空间规划是大遗址保护规划的上位规划，大遗址保护规划是国土空间规划的专项规划。

（二）大遗址保护规划与区域规划的关系

区域规划是指在一定地域范围内对未来一定时期的经济社会发展和建设以及土地利用的总体部署。区域规划的主要任务是根据规划区域的发展条件，从其历史、现状和发展趋势出发，明确规划区域社会经济发展的方向和目标，对区域社会经济发展和总体建设，包括土地利用、城镇建设、基础设施和公共服务设施布局、环境保护等方面作出总体部署，对生产性和非生产性的建设项目进行统筹安排，并提出实施政策。[④] 区域规划是编制中长期经济社会发展规划的重要依据，“也是在市场经济条件下政府利用可调控资源进行宏观调控，特别是空间调控的重要手段”[⑤]。因此，区域

① 参见《中共中央 国务院关于建立国土空间规划体系并监督实施的若干意见》，《人民日报》2019 年 5 月 24 日第 1 版。

② 参见吴次芳等《国土空间规划》，地质出版社 2019 年版，第 52 页。

③ 《中共中央 国务院关于建立国土空间规划体系并监督实施的若干意见》，《人民日报》2019 年 5 月 24 日第 1 版。

④ 参见崔功豪、魏清泉、刘科伟编著《区域分析与区域规划》（第二版），高等教育出版社 2006 年版，第 235—236 页。

⑤ 毛汉英：《新时期区域规划的理论、方法与实践》，《地域研究与开发》2005 年第 6 期。

规划是大遗址保护规划的重要依据，是编制和调整大遗址保护规划的指导性文件，属于其重要构成部分，具有专项规划的属性。大遗址保护规划是基于区域规划的具体化，是对区域规划的充实与深化。大遗址保护规划一方面借助区域规划在水利、工业、农业、林业、交通、城镇等方面所创造的条件，另一方面通过大遗址的保护与利用，为区域规划的制定提供依据。

（三）大遗址保护规划与经济社会发展规划的关系

经济社会发展规划是国家和地方从宏观层面指导和调控经济社会发展的综合性规划。① 其通过预测一定时期内区域经济社会的发展目标、发展速度、发展水平等来统筹安排发展策略、发展模式等，从一个较高层面对区域经济社会的发展予以综合预判和平衡控制。因此，经济社会发展规划是大遗址保护规划的重要依据，是编制和调整大遗址保护规划的指导性文件。经济社会发展规划注重区域近期和中远期宏观目标和政策的研究与制定；大遗址保护规划是从大遗址保护与区域经济社会协调发展的角度去探讨大遗址区域的经济社会发展问题，以促进大遗址系统的安全、健康可持续运行。

（四）大遗址保护规划与其他不可移动文物保护规划的关系

不可移动文物保护规划是我国针对重要的不可移动文物开展的保护规划工作。大遗址属于不可移动文物的范畴，是不可移动文物保护规划的重要组成部分。但大遗址与除其之外的其他不可移动文物保护规划又有所不同，这主要由大遗址的特性决定。大遗址是我国针对规模大、面积广、遗存丰富、环境复杂的不可移动文物而提出的一类特有的文化遗产类型。其与遗产地的土地资源、居民生活生产、城乡发展以及资源保护与利用等社会发展方面存在着不可分割的关联，属于我国文化遗产保护领域在社会关联程度方面最为突出的遗产类型。② 这导致大遗址和其他不可移动文物保

① 参见吴志强、李德华主编《城市规划原理》（第四版），中国建筑工业出版社 2010 年版，第 260 页。

② 参见中华人民共和国国家文物局《大遗址保护规划规范》（WW/Z 0072—2015），文物出版社 2016 年版，引言。

护规划在规划指导理念和思想、规划目标、规划内容和方法及专项规定和深度上具有较大的差异。因此，为确保大遗址及其环境得到切实有效的整体保护、适应社会和谐发展的需求，使大遗址的保护规划及其实施管理工作科学、合理、有效进行，有必要制定专门的保护规划法规及编制要求和规范体系。

第二节　大遗址保护规划的对象和任务

一　大遗址保护规划的对象及原理

保护规划的对象是保护规划统筹安排和管控的对象及内容，决定了保护规划的架构体系、愿景目标、统筹协调的内容和行动计划。

大遗址保护规划的对象是大遗址系统及对大遗址资源及其相关环境实施的保护、利用、管理等使用方式。其实质是基于大遗址保护需求，对未来大遗址要素和空间使用变化进行统筹安排和治理管控，也就是通过科学合理的规划实现大遗址资源要素在空间层面的有效配置。资源配置的核心是权衡各类空间使用的需求关系，从而解决空间使用竞争的问题。① 大遗址资源配置是基于大遗址保护利益和未来发展目标进行的使用方式选择，具体表现为统筹协调下大遗址遗存承载体——土地发展权“失衡和平衡”的分配和组合过程，目的是实现大遗址资源和其他相关资源环境、大遗址保护利益和区域发展利益等“自存和共存”②。

大遗址空间使用的外部性决定了大遗址保护规划中保护、利用和管理等使用方式的选择既要考虑到大遗址本体的价值及保存保护现状等，也要考虑到周边环境的影响；大遗址空间资源总量的有限和相对固定性，决定了在规划中既要通过保护、管理等使用方式实现大遗址本体的保存和发

① 参见孙施文《从城乡规划到国土空间规划》，《城市规划学刊》2020 年第 4 期。

② 参见［加］梁鹤年等《以人为本规划的思维范式和价值取向：国土空间规划方法导论》，商务印书馆 2019 年版，第 57 页。

展，又要通过大遗址区聚落人口调控、基础设施配置、环境保护及治理、产业结构调整优化等发展方式，促使保护导致的大遗址空间关系从“失衡”恢复到“平衡”，实现大遗址保护利益和生态环境、经济社会等其他相关利益的共存与发展。

二　大遗址保护规划的理念

理念决定思路，思路决定出路。新时代要编制能用、好用的大遗址保护规划，必须结合国情、遗产保护利用发展趋势和大遗址区实际，以习近平新时代中国特色社会主义思想为行动指南，在贯彻新发展理念和新时代文物工作方针的基础上，坚持以保护优先、以人民为中心，以保护利用与发展融合协同的理念为指导，促进大遗址保护规划的科学合理性和有效实施性。

（一）树立保护优先的理念

文物安全是文物保护的红线、底线和生命线。在大遗址保护规划中应树立保护优先的理念，将大遗址文物安全作为大遗址保护规划的底线。大遗址保护规划的本质是基于大遗址保护需求实施的大遗址区资源优化配置，规划的出发点和最终目标都是保证大遗址本体及其承载环境安全，实现大遗址本体及其承载环境的完整、真实和可持续传承。因此，要实现大遗址本体及环境的安全，就需要在大遗址区域资源配置中将保护这一资源使用方式作为优先选择，在保护好大遗址本体及生态环境资源的基础上，实现统筹保护发展。

（二）树立以人民为中心的保护理念

坚持以人民为中心，这既是习近平新时代中国特色社会主义思想的重要内容，也是新时代坚持和发展中国特色社会主义的基本方略。新时代坚持和发展中国特色社会主义，必须把人民对美好生活的向往作为奋斗目标。应树立起“以物为基础，以人为中心”的保护理念，始终做到遗产保护为了人民，遗产保护依靠人民，遗产保护成果由人民共享。我国文化遗产事业长期围绕遗产的物质形态谈遗产的保护，在相当长一段时间回避了从社会公众需求角度对遗产利用的关注，直接影响了遗产效益的实现和发挥。在这种理念下，大遗址保护规划受传统静态保护理念影响，陷入了对遗址本体封存式保护、刚性保护和指令性保护范畴，导致大遗址保护规划成为“空中楼阁”，在现实中不能发挥规划应有的效应。只有当文化遗产与社会大众连接起来时，文化遗产才会“活起来”，并在当代中国各项事业建设中发挥更加突出的作用。① 因此，新时代应立足大遗址是人与物互动的产物这一事实，来探讨大遗址为谁保护、为何保护。

（三）树立保护利用与融合发展协同的理念

大遗址保护规划要在坚持保护优先的同时，综合考虑大遗址资源利用和区域统筹协调发展，使其在提供公共文化服务、满足人民精神文化生活需求方面充分发挥作用。我国大遗址保护长期以来以单一资源刚性保护为主，较少关注大遗址利用和区域社会经济发展及民生改善，使得大遗址保护陷入一种“就遗址谈遗址、就保护谈保护”的怪圈，不能正确认识保护是利用和发展的基础，利用和发展是为了更好地保护这一理路逻辑。这一问题表现在大遗址保护规划中，导致大遗址保护使用方式在空间资源配置中的失衡，使得大遗址保护规划的有效性大打折扣。这既不符合我国“保护第一、加强管理、挖掘价值、有效利用、让文物活起来”的新时代文物工作方针，也不利于大遗址价值的实现和传承。因此，大遗址保护规划应以文物法规和保护实践为指导，转变观念，正确处理保护、利用与发展的关系，树立保护是基础，发展是目的，利用是保护与发展的有效途径这一理念。实现大遗址在保护中发展，在发展中保护。

（四）价值、问题和目标导向一体化理念

导向是行动的指引和方向。② 价值是大遗址保护的本源，没有价值也就无所谓保护，大遗址的保护、利用首先要以价值为导向；问题是大遗址保护的出发点，就是要能够发现影响价值传承弘扬的核心问题，并能够分析和解决问题；目标是大遗址保护的指向，基于价值和问题，要能够结合国情和遗产保护发展趋势等，制定解决问题、实现价值的科学路线和举措

① 参见马庆凯、程乐《从“以物为本”到“以人为本”的回归：国家遗产学界新趋势》，《东南文化》2019 年第 2 期。

② 参见评论员《谈谈坚持问题导向目标导向结果导向》，《学习时报》2019 年 12 月 25 日第 1 版。

方案。传统规划主要以问题和目标导向为主，但文化遗产保护还牵涉价值基础这一问题。因此，大遗址保护规划应树立价值导向、问题导向和目标导向一体化理念，基于价值，明确问题，提出目标，制定科学路线，统筹协调规划好大遗址保护利用与区域经济社会发展。

三　大遗址保护规划的任务

大遗址是我国重要的文物资源资产，“不仅具有地域性和公共性等自然属性，还具有稀缺性、资产性等经济属性”①。大遗址的稀缺性既包括资源本身的唯一性或独特性及其不可再生性导致的绝对稀缺，也包括资源数量较少、分布不均等导致的相对稀缺；大遗址的资产性是指大遗址具有财产属性，是我国重要的文化资产和国有资产，一定条件下对大遗址的合理使用具有增值增效的功能。因此，随着大遗址保护规划对象和理念等的转变，大遗址保护规划的任务不仅仅是单纯地基于大遗址资源的空间配置和优化完善，而应是以保证大遗址安全为底线，在重塑大遗址空间保护格局的同时，优化大遗址使用方式，推动大遗址资源资产保值增值。②

（一）重塑大遗址空间保护格局

大遗址保护规划是对大遗址空间资源的优化配置或大遗址空间的保护、利用和管理等作出的统筹部署和具体安排，大遗址安全是大遗址保护规划的底线。大遗址保护规划就是基于大遗址保护这一核心使用方式的需求，对大遗址区现有资源空间使用方式进行重新调整优化，重塑大遗址保护空间格局，以实现大遗址资源安全。具体包含两点：一是通过大遗址保护范围和建设控制地带“两区两线”划定，强化保护空间；二是通过展示利用和环境整治等，优化利用和共享空间，促进区域发展。

（二）优化大遗址使用方式

规划是为实现一定目标和解决特定问题，预先安排未来行动纲领，并

---

① 董祚继：《从土地利用规划到国土空间规划——科学理性规划的视角》，《中国土地科学》2020 年第 5 期。

② 参见刘卫红、曹金格《大遗址保护规划：对象、使命和内容框架》，《东南文化》2022 年第 1 期。

不断付诸实施的过程，未来处于不断变化中，而变化就是人类的使用方式所造成的。[①] 大遗址保护规划作为优化调整、管理控制大遗址空间变化的重要工具和政策文件，核心就是基于大遗址保护利用及区域发展需求，选择好大遗址使用方式，并把握好其尺度空间等。但资源或空间的稀缺性和有限性等导致了其竞争性和外部性，这就要求基于规划性质和目标要求合理选择某一资源空间的使用方式，并通过对资源本体和土地、空间使用行为进行公共干预，以实现大遗址空间使用方式的统筹协调和效益的最大化。大遗址使用方式优化选择的核心就是基于大遗址安全和可持续发展的需求，处理好大遗址保护、利用、管理及发展等使用方式之间的关系及其在空间形式上的优化配置，尤其是权衡处理好保护、利用和发展之间的关系。

（三）推动大遗址资源资产保值增值

以人民为核心的大遗址保护规划观要求充分挖掘大遗址资源资产的价值，在满足大遗址安全需求的基础上，满足人民对美好生活的需求和区域社会发展及地方和国家文化建设的需求，为构建中华文明体系和文化自信提供支撑。大遗址资源资产增值表现在三个方面：一是通过有效的保护，实现本体资源的安全可持续传承；二是通过对价值的挖掘阐释、展示利用和传播形式的创新，促进价值传承弘扬，满足人民群众文化教育和文化休闲体验的需求；三是通过资源、土地和空间使用方式的调整，使土地增值，构建起以大遗址利用为核心的可持续发展产业链，并完善大遗址公共文化体系建设，促进民生改善和区域经济社会发展，实现大遗址保护的社会效益、经济效益和生态效益。

第三节　大遗址保护规划的类型与内容

一　大遗址保护规划的类型与层次

大遗址保护规划的类型不同则规划的指导理念、思想及规划的目标、

① 参见孙施文《从城乡规划到国土空间规划》，《城市规划学刊》2020 年第 4 期。

内容等不同，实施的对象与主体也不尽相同。大遗址保护规划按空间分布范围，可以划分为全国性大遗址保护规划、区域性大遗址保护规划、省级大遗址保护规划、市县大遗址保护规划和大遗址区保护规划；按照时间，可以划分为近期（3—5 年）、中期（5—10 年）、远期（10—20 年）等；按规划层次，可以划分为规划纲要、总体规划和专项规划等。在这里，主要以大遗址保护规划的使用性质来划分。大遗址保护规划按照使用性质可以划分为两类，一类是大遗址保护发展规划，一类是大遗址区保护规划。

（一）大遗址保护发展规划

大遗址保护发展规划是从宏观层面和宏观区域角度对一定区域范围未来一定时期的大遗址保护利用作出的总体部署和安排。规划的主要任务是明确大遗址在国民经济和社会发展中的地位与作用，提出大遗址保护的指导思想、保护发展目标，优化大遗址保护的空间布局，安排大遗址保护的优先项目，促进大遗址健康、稳定、持续发展。其又可以按照政府管理层级和规划区域范围及时间划分为两种类型。

1. 按照政府管理层级和规划区域范围

按照保护规划的地域范围和政府管理的层级包括全国大遗址保护发展规划、区域大遗址保护发展规划和地方大遗址保护发展规划三个层次。

（1）全国大遗址保护发展规划

全国大遗址保护发展规划是指从国家层面由国家或相关部委主导对全国范围内的大遗址保护进行统筹安排部署，提出大遗址保护总的指导思想、原则、目标、任务及实施情况和保障措施。以从宏观角度指导我国大遗址保护工作。如《“大遗址”保护“十五”计划》《“十一五”期间大遗址保护总体规划》《大遗址保护“十二五”专项规划》《大遗址保护“十三五”专项规划》和《大遗址保护利用“十四五”专项规划》等。

（2）区域大遗址保护发展规划

区域大遗址保护发展规划是指由国家或相关部委主导对一定区域范围内的大遗址保护进行统筹安排部署，并提出宏观性的指导思想、目标、任务、工作进度及保障措施等，这种大遗址保护规划的范围一般跨越多个省市，需要国家从宏观层面协调指导。如编制《中原地区大遗址保护总体规划》《川渝地区大遗址保护总体规划》《长江下游大遗址保护总体规划》等。

（3）地方大遗址保护发展规划

地方大遗址保护发展规划是指由相关的省、市、县等对本地区一定时期内大遗址保护工作作的统筹部署和具体安排。如《陕西省文物保护总体规划（2016—2030）》《成都市大遗址保护总体规划（2011—2020）》等。

2. 按照时间期限

按照时间期限其一般包括近期（3—5 年）、中期（5—10 年）、远期（10—20 年）等。如大遗址保护五年规划，一般是由各级政府或者文物行政部门制定的与国民经济社会五年规划相衔接的大遗址保护发展规划，类似于政府的工作计划。

（二）大遗址区保护规划

大遗址区保护规划简称大遗址保护规划，是指为了保护利用好单体大遗址，使大遗址区的大遗址系统能够统筹协调、稳定、可持续发展而对大遗址系统各项要素进行的统筹部署和具体安排。一般是指单体大遗址或其构成要素的保护规划或保护设计方案。大遗址区保护规划的主要任务是分析大遗址资源及保护利用现状，确定大遗址保护的区划及管制制度、安排大遗址保护措施及人地关系调控措施和保障措施，并以其为指导，开展相关的专项保护规划或保护展示工程方案设计。大遗址区保护规划按照规划层级、规划对象和规划内容划分为保护规划纲要、保护总体规划、保护专项规划。

1. 规划纲要

规划纲要是指对编制需求紧迫、遗址情况复杂或编制总体规划条件不足的大遗址编制的保护规划。大遗址保护规划纲要的主要任务是基于对编制规划纲要的主要原因的分析，在规划中重点解决导致编制规划纲要的原因。编制大遗址保护规划纲要一般是因为大遗址考古及研究工作的不足。因此，在规划中的主要任务是分析保护利用现状、划定保护区划和管制制度、提出大遗址考古工作计划，为下阶段需要完成的工作提供指导。

2. 总体规划

大遗址保护总体规划是对大遗址保护规划条件比较成熟的大遗址编制的战略规划。大遗址保护总体规划的主要任务是分析大遗址资源及保护利用现状，明确大遗址在国民经济社会发展中的地位和作用，提出大遗址保护的目标和战略重点，确定大遗址保护的区划及管制制度，优化大遗址系统的要素构成与空间布局，安排大遗址保护措施及人地关系调控措施，制定大遗址保护规划实施的保障措施，以促进大遗址健康、稳定、持续发展。

3. 专项规划

专项规划是指基于大遗址保护发展规划、大遗址保护规划纲要、保护总体规划或大遗址某一方面工作面临的紧迫性、复杂性或重要性，对大遗址系统某一方面或某一构成要素编制的专项保护规划、保护展示设计方案或工程方案等。专项保护规划根据编制的性质、对象、目标和内容等，可划分为专项保护规划和专项保护工程规划。

（1）专项保护规划是指基于上位保护规划的指导或大遗址系统某一方面或某一构成要素保护工作面临的紧迫性、复杂性或重要性，对其开展专项研究并编制专项保护规划。如针对考古、保护、展示或环境整治、聚落人口调控等。专项保护规划的主要任务是分析现状及问题产生的原因，结合编制需求及产生的原因，提出规划的目标、任务、指标、措施和保障体制机制。

（2）专项保护工程规划是指基于上位保护规划的指导或大遗址系统某一方面或某一构成要素保护工作面临的紧迫性、复杂性或重要性，对近期需要开展保护、展示等工程项目的对象编制设计方案或施工方案，专项保护工程规划是保护性详细规划。专项保护工程规划的主要任务是分析项目保存的现状、存在问题及产生原因，提出保护的依据、原则和内容，制定保护措施和实施方案。

二　大遗址保护规划的内容与要求

（一）大遗址保护规划的内容框架

随着大遗址保护事业的推进和大遗址保护规划的提出，我国相关政府机构和专家学者对大遗址保护规划的内容框架开展了探索，并积极推进相关研究成果在大遗址保护规划编制中的实践。

1. 法理层面对大遗址保护内容的规定

我国大遗址保护规划当前还缺乏法规层面的专项编制法规文件，目前主要以2004年由国家文物局发布的《全国重点文物保护单位保护规划编制审批办法》和《全国重点文物保护单位保护规划编制要求》作为大遗址保护规划编制和审批管理的指导性纲要文件，文件中对归属于全国重点文物保护单位的大遗址保护规划的内容作了要求；2015年国家文物局发布了专门针对大遗址保护规划的《大遗址保护规划规范》作为标准化指导性技术文件，同时对规划的内容也作了规范。

（1）国家法规规定的大遗址保护规划内容。《全国重点文物保护单位保护规划编制审批办法》规定文物保护单位保护规划一般应当包括下列主要内容：

> ①评估文物保护单位的价值、重要性及其环境影响、社会与人文影响；②评估文物本体及其环境的保存、保护、管理和利用现状，分析主要破坏因素；③明确规划原则、性质、目标、重点和保护对象等；④划分保护范围与建设控制地带，提出管理规定；⑤制定保护措施，包括保护工程和保护技术要求；⑥制定相关的环境治理和生态保护措施；⑦提出其他相关领域规划的要求；⑧划定功能分区，限定利用功能；⑨制定开放计划，核定游客容量控制指标，确定展示项目、路线组织和必要的服务设施；⑩说明规划范围内拟建项目的必要性，编制选址策划，提出建筑功能设定、规模测算和建筑设计的规划要求；⑪提出管理建议，确定日常养护和监测内容，考虑社区参与计划；⑫编制规划分期、实施重点与投资估算，提出实施保障。

《全国重点文物保护单位保护规划编制要求》将保护规划内容细分为规划文本和规划说明两部分。

规划文本内容一般应包括各类专项评估、规划原则与目标、保护区划与措施、若干专项规划、分期与估算五部分基本内容；规模特大、情况复杂的文物保护单位规划文本还应包括土地利用协调、居民社会调控、生态环境保护等相关内容。规划文本的体例一般为：①总则；②专项评估；③规划框架；④保护区划；⑤保护措施；⑥环境规划；⑦展示规划；⑧管理规划；⑨规划分期；⑩投资估算和附则。同时又规定，规划文本可根据文物保护单位的类别、规模和复杂程度，增补道路交通调整规划、人口调控或社会居民调控规划、土地利用调整规划、基础设施调整规划、建筑保护与更新模式规划和利用功能调整规划等。

规划说明用于论证规划意图、解释规划文本。编制格式主要由保护对象说明、专项评估报告、专项规划说明、规划实施保障建议等内容组成。

（2）行业相关标准关于大遗址保护规划内容的要求。《大遗址保护规划规范》（WW/Z 0072—2015）规定，大遗址保护总体规划一般应包括下列内容：

①编制总则；②陈述遗址概况；③评估遗产价值；④分析遗址构成；⑤专项评估保护与管理现状；⑥制定规划原则与目标、保护对象、基本对策；⑦确定保护区划与管理规定；⑧编制分项规划（保护规划、利用规划、管理规划、研究规划和监测规划）；⑨编制规划分期与经费估算；⑩编制附则。

2. 大遗址保护规划现有内容架构存在的问题及原因分析

国家和相关学者关于大遗址保护规划内容框架的构建，既促进了大遗址保护规划实践的规范化、科学化发展，也推动了大遗址保护规划的理论化进程。通过前述总结可以发现，我国大遗址保护规划内容框架在法理层面上对大遗址保护产业发展规划几乎未曾提及；从实践层面，笔者通过对64处大遗址（相对比较复杂，且遗址区都牵涉到村镇和居民）保护总体规划的研读分析发现，大遗址保护规划普遍存在对大遗址保护人地关系系统规划不足的现状，尤其是关于产业结构调整优化和聚落、居民调控等内容普遍存在规划内容缺失或简单化等问题。通过对大遗址保护规划内容框架现有法理规定分析可以发现，关于大遗址保护规划内容的探讨还存在一定的不足，尤其是关于为什么、依据什么来构建这样的规划内容框架体系未能很好地阐释，这导致在大遗址保护规划实践中规划编制者由于对内容框架整体认知不足，缺乏宏观把控，在具体实践中出现对规划内容框架生搬硬套、规划内容架构体例不一、编制深度差异较大等一系列问题，使得大遗址保护规划不能有效指导大遗址保护规划编制实践。导致上述问题的深层次原因主要是对保护目的目标认识不足、对保护理念认知存在偏差、对国家经济社会发展需求和法规政策认识不充分。因此，有必要结合对大遗址概念和大遗址保护规划概念、目标、理念等的认知，在对前人研究总结的基础上，重新构建我国大遗址保护规划内容框架体系，以促进我国大遗址保护规划的科学化和大遗址保护规划的可操作性。

3. 大遗址保护规划内容框架的一般范式①

因为现有大遗址保护内容框架存在架构缺乏指导依据、架构不合理、主要内容缺失、不能有效指导大遗址保护规划实践等问题。因此，以大遗址系统为基础，以大遗址保护目标实现和大遗址保护规划理念为指导，在总结分析前人经验的基础上，结合作者及所在单位近年来在大遗址保护规划研究和编制工作中的实际经验，将大遗址保护规划的内容框架和步骤总结为五个层面六个要点。五个层面是指以大遗址本体系统规划为主的背景分析系统、以规划指导为主的总体规划框架系统、以大遗址保护系统规划为主的大遗址保护规划、以大遗址人地关系系统为主的大遗址人地关系规划、以规划保障为主的大遗址保障规划。六个要点主要是将背景分析系统分为两个主要内容，整个大遗址保护规划的主要内容和步骤可以用“2121”工程来表示，就是“进行两个基本分析、确定一个保护目标、作好两个版块设计、构建一个保障系统”。在整个架构中，分析是基础，目

① 参见刘卫红、曹金格《大遗址保护规划：对象、使命和内容框架》，《东南文化》2022 年第 1 期。

标是导向（指导），版块是核心，保障是关键（见图1－3）。

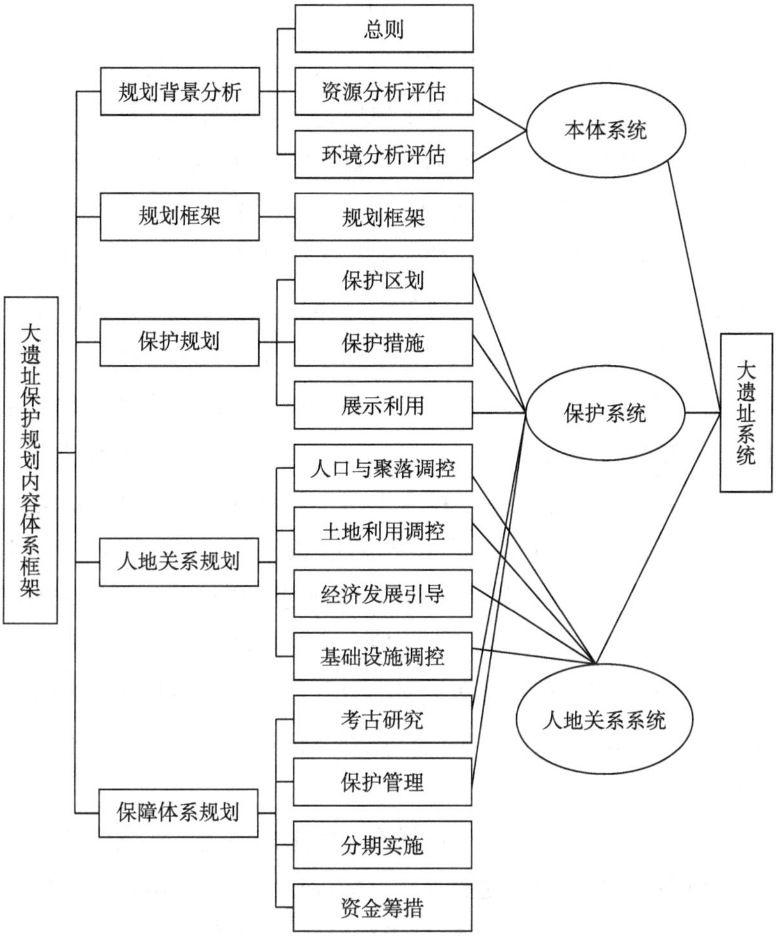

图1－3　大遗址系统与大遗址保护规划内容关系示意图

（资料来源：作者自制）

（1）两个基本分析评估。大遗址保护的根本目的是实现大遗址遗存本体及环境的整体有效保护传承。因此，大遗址保护规划首先是对大遗址系统的认知，表现在规划内容架构体系中，主要是作好大遗址遗产构成、价值评估和相关环境现状的详细调查研究，为进一步开展大遗址保护规划编制提供问题性和目标性导向。资源分析评估是对大遗址遗存本体构成现状进行调查分析和价值评估，一方面明晰大遗址遗产构成及布局，另一方面挖掘阐释遗产价值和特性等。环境分析评估是对大遗址区域的自然、社会环境和大遗址的保护管理等现状进行调查分析，总结大遗址保护保存、自然与人文环境、展示利用、保护管理等现状，并分析评估影响大遗址价值特征、真实性和完整性的不同因素及原因，分析权衡利益相关者在保护管理中产生的利益及其关系，以帮助确定未来的保护愿景目标和行动方案。

（2）确定一个愿景目标。规划愿景是描述大遗址在目标指引下未来通过保护、利用、管理等使用方式的实践后可能变成的形象，愿景一般通过规划的目标来表达呈现。目标是愿景的具体化，是大遗址利益相关者在大遗址保护方面达成的一种普遍共识，阐明了实现愿景的路径。大遗址保护规划的目标是大遗址保护规划的纲领性指标体系，目标的确定将决定大遗址保护及区域发展的地位、路径、模式等。确定愿景目标必须对大遗址及其区域经济社会发展等有全面、综合的认知和预判，愿景目标是衡量大遗址保护规划有效性、连贯性等的重要指标，原则上应该“具体、可度量、可实现、相关联、可追踪”①。愿景目标的确定一是基于对资源和环境等基本问题的分析评估；二是基于对文化遗产保护总的发展趋势和特征以及我国经济社会发展和区域经济社会发展的目标趋势；三是基于规划的时间期限和规划分期，总的时间期限不同，规划目标不同，规划分期不同，规划目标也有所差异。

确定大遗址保护规划的目标也就是描绘未来大遗址区域保护规划实施后可能实现或达到的蓝图。这要求对目标进行分解，提出具体的分目标和指标。大遗址保护规划的分目标或指标是指从大遗址保护利用的目标出发，预测规划实施后未来对大遗址保护的效果、对区域经济社会发展的贡献以及可能对某些行业的重要性和联动效应。其一般包括宏观和微观两方面，宏观一般包括社会目标、经济目标、生态环境目标等；微观一般包括保护目标、展示利用目标、经济社会发展目标、聚落土地调控目标、基础设施建设目标和保护管理目标等。

（3）做好保护和发展两个版块设计。大遗址保护规划愿景目标确立之

① 联合国教育、科学及文化组织：《世界文化遗产管理》，中国古迹遗址保护协会译，中国古迹遗址保护协会2015年版，第132页。

后，就可以结合影响大遗址价值和保护传承存在的问题等制定行动计划或方案确保目标的实现。大遗址资源和空间的双重属性决定了对其的保护，既要考虑到遗存本体及相关环境的空间管控，又要考虑到为实现保护对其他相关资源和空间的优化调整。因此，在大遗址保护规划中应处理好大遗址保护系统和大遗址人地关系系统的规划，提出未来大遗址保护、利用与发展的计划措施。大遗址保护系统规划版块是大遗址保护规划的核心，主要针对大遗址保护系统进行规划，包括大遗址保护区划和管理规定、保护措施、展示利用等内容；大遗址人地关系规划版块是立足于大遗址保护系统规划，对大遗址区域经济社会和基础设施等进行规划设计，以实现大遗址区基于保护需求的资源优化配置，内容包括经济引导、居民和聚落调控、土地利用调控、基础设施建设等。

（4）构建一个保障体系。规划方案及政策的施行，会给规划区域的社会、经济、环境等各方面带来影响，采取何种政策和措施控制这些影响，也是需要加以监测和管理的问题。[①] 因此，在规划方案中，要从政府管理与实施角度，提供相应的政策保障，对大遗址保护规划实施及其影响进行有效监控。大遗址保护规划保障体系既包括对遗产保护利用及实施的管理体制机制的构建和规划的衔接、分期及资金预算，也包括保护规划的实施及监管方案。在传统的保护规划中关于保护规划的实施和监管方案往往被忽略，这直接影响规划的实施。大遗址保护规划必须是切实可行的，因此在规划过程中要考虑实施方案及其实施的程序和方法，让规划的使用方能够确切地知道如何具体实施，这是保障体系规划的关键。

（二）大遗址保护规划编制的要求

为了有效指导和规范大遗址保护规划编制工作，增强大遗址保护规划的科学性、应用性、技术性，在《全国重点文物保护单位保护规划编制审批办法》和《大遗址保护规划规范》中对其编制提出了基本要求。

1.《全国重点文物保护单位保护规划编制审批办法》的编制要求

《全国重点文物保护单位保护规划编制审批办法》第四条规定，编制

① 参见吴必虎《区域旅游规划原理》，中国旅游出版社 2001 年版，第 69 页。

文物保护单位保护规划，必须坚持文物工作方针，正确处理文物保护与经济建设的关系，文物保护与合理利用的关系，促进文物保护事业的可持续发展，使文物保护单位及其环境得到有效保护。第五条规定，文物保护单位保护规划应当纳入所在地的国民经济和社会发展规划、城乡建设发展规划，应当与相关的生态保护、环境治理、土地利用等各类专门性规划相衔接。编制文物保护单位保护规划应当满足下列基本原则和要求：

(1) 尽可能减少对文物本体的干预，保存文物本体的真实性，注重文物环境的保护和改善，保护文物本体及其环境的完整性；

(2) 做好前期调研和评估工作，充分考虑文物本体的组成要素及其环境的历史格局，提高保护措施的科学性、前瞻性和可操作性；

(3) 坚持科学、适度、持续、合理地利用，统筹协调文物保护与地方经济发展。

2. 《大遗址保护规划规范》的编制要求①

《大遗址保护规划规范》的编制要求包括以下几方面。

(1) 大遗址保护规划编制应以我国有关文物保护法律法规为依据，结合遗址所在地的具体社会经济条件和发展计划，因地制宜地保护遗产价值载体。保护规划应在文物工作方针“保护为主、抢救第一、合理利用、加强管理”的指导下遵循下列原则：①保护遗产本体与环境的真实性、完整性、延续性；②整体保护、和谐发展。

(2) 大遗址保护规划的编制应由规划部门与考古部门、管理部门共同完成；大遗址保护规划的编制应在确保遗产价值保护的前提下，统筹兼顾各利益相关方的利益和诉求；大遗址保护规划应在有效保护大遗址本体与环境的基础上，注重遗址整体格局保护，兼顾土地资源、生态资源、景观资源的综合保护与利用，统筹区域性文化资源的整合，促进遗

---

① 中华人民共和国国家文物局：《大遗址保护规划规范》（WW/Z 0072—2015），文物出版社2016年版，第3—5页。

址所在地的社会、文化和经济协调发展，确保大遗址保护的可持续性。

（3）大遗址保护规划应在全面和深入调查大遗址的考古情况与保存现状、收集整理学术研究成果的基础上，描述遗址概况、进行系统评估，根据遗产价值明确遗址构成，针对具体情况，确定规划的总体目标、原则、策略，制定保护区划与管理规定、分项规划等保护内容，编制规划分期与经费估算。

（4）大遗址的保护对象依据遗址构成分析认定，包括：遗址的类型特征和整体格局、遗址本体、出土文物、遗址的历史环境及其特征。位于大遗址遗存分布区内的其他历史文化遗存（包括不可移动文物、历史建筑、历史街区、历史文化名村名镇以及各类新型文化遗产等），应纳入国家有关的法律法规实施保护。尚未记录在文物档案中的遗址构成要素应予以补充登记；经考古工作新发现的或经分析评估后新认定的属于同一遗址的重要组成要素应在规划中提出补充申报建议。

（5）大遗址保护规划可根据遗存的历史文化内涵、保存特性与规划特性可划分为不同类型。类型不同的遗址存在不同的构成要素，构成要素的分析认定应依据遗产价值，按照遗址本体及其相关历史环境两部分开展，编制遗址构成要素清单，绘制必要的分析示意图。

（6）大遗址保护的规划目标，应结合遗址规模和保护的复杂程度制定。规模特大、保护情况特别复杂的大遗址可设立总体目标与分项目标、分期目标；大遗址保护规划的基本对策，应针对评估结论中的现存主要问题制定，并应对各分项规划的措施编制具有实质性的指导作用；大遗址保护规划应确定大遗址的保护措施与利用途径，充分体现大遗址的文物价值和社会价值，并应对大遗址的利用方式和强度提出要求；大遗址保护规划中的保护对象、保护范围及建设控制地带的划分与管理规定、文物本体的主要保护措施、利用功能限定和游客容量控制指标等内容应当确定为严格执行的内容。

（7）大遗址可根据遗存分布区与城镇的区位关系及土地使用类别，可划分为城镇型、城郊、乡村型、荒野型4种区位类型；大遗址保护规划的编制应结合具体的区位类型特征，分析主要的和潜在的破坏因素及其影响程度，并依据遗址的实际保护条件，制定具有针对性的、可操作的、具有分期实施步骤的规划措施：①位于城镇建成区或居民密集分布区的大遗址，保护规划需讲求有效性和前瞻性，应在保护的前提下，统筹兼顾地方社会发展需求；②位于荒野或居民较少的大遗址，保护规划需具有前瞻性，应充分考虑旅游开发和气候变化、土地利用方式等未来可能对遗产保护形成的压力与挑战。

（8）不同区位类型的大遗址在规划编制方面应有不同的侧重点：①城镇型遗址的保护规划编制应从城市发展战略或总体规划层面提出保护要求，对遗址所在地的建设活动提出建设控制的要求；②城郊型遗址的保护规划编制应从城镇体系规划层面提出保护要求，针对保护范围内的建设活动提出疏导建议；③乡村型遗址的保护规划编制应结合基本农田保护政策，提高非建设用地比例；④荒野型遗址的保护规划编制应结合区域生态保护措施，侧重安全防范、自然灾害防治和避免人为活动的干预破坏。

（9）大遗址保护规划可根据任务目标、复杂程度和编制条件分为规划纲要、总体规划、专项规划等不同的规划阶段。适用条件如下：①规划纲要适用于编制需求紧迫、遗址情况复杂或编制总体规划条件不足的大遗址规划任务；②总体规划适用于按照文物保护单位完整范围编制的大遗址规划任务。属同一文物保护单位的遗址群，可根据规划编制条件、对具有相对独立的历史文化价值的遗址单元分别编制保护规划；③专项规划适用于由总体规划确定的专项措施和/或工程项目规划任务。

第四节　大遗址保护规划的编制程序及成果

一　大遗址保护规划工作的流程

大遗址保护规划的编制过程包括确定任务、前期准备、编制规划、征求意见、规划评审、规划报批、规划实施与评估七个阶段（见图1－4），各阶段所需完成的具体任务如下。

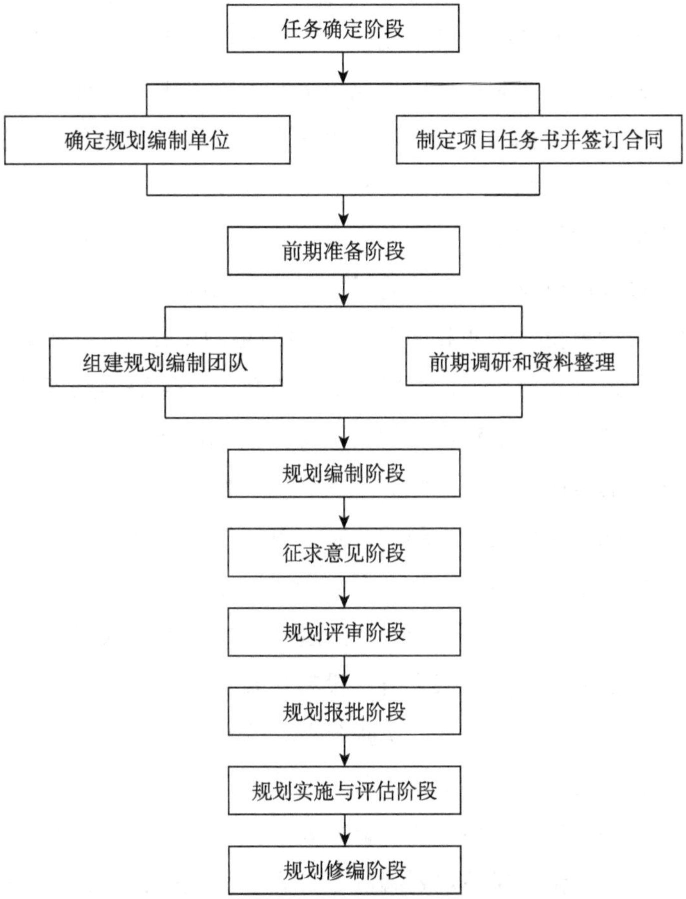

图 1－4　大遗址保护规划编制程序示意图

（资料来源：作者自制）

（一）确定任务

大遗址保护规划既是一项科学技术工作，又是一种经济行为。因此，在大遗址保护规划编制之前应首先确定规划编制单位，并与之签订规划编制合同。

1. 规划编制组织单位确定规划编制单位

由于我国文化遗产保护事业尤其是大遗址保护事业发展起步较晚，大遗址保护规划单位及其专家团队还处于发展完善阶段，尚有许多不足。因此选择一家实力雄厚、经验丰富的大遗址保护规划编制单位尤为重要，其是编制成果科学、有效的重要组成部分。规划编制组织单位一般按照国家对于大遗址保护规划编制单位的法规政策要求来确定大遗址保护规划编制单位。一般有公开招标、邀请招标和直接委托三种形式。公开招标，即规划编制组织单位以招标公告的方式邀请特定的大遗址保护规划设计单位投标；邀请招标，即规划编制组织单位以投标邀请书的方式邀请特定的大遗址保护规划设计单位投标；直接委托，即规划编制组织单位直接委托某一特定的规划设计单位进行大遗址保护规划的编制工作。[①] 三种组织形式各有利弊，公开招标相对公平，可以听取多方意见，但缺陷是容易导致规划实力不强的规划单位为了获得标的而降低招投标价格，最终低价中标，不利于保护规划的编制，降低了保护规划成果的科学、有效性。邀请招标有目的性地将委托单位确定为了解的几家，有利于优中选优，同时获得相对低的报价，但缺陷是可能由于制度不健全或监管不足，出现公开招标的非理性低价中标事件。直接委托的优点是避免了招投标的烦琐程序和不当竞争，缺陷是规划方案仅为一家之言，没有比较。因此，直接委托一定要做好前期调研工作，选择一家设计团队合理、经验丰富的规划设计单位。

总之，在确定委托单位阶段，首先是选择符合国家法规政策要求的大遗址保护规划编制单位，如可能的资质要求、团队构成要求等；其次是要看保护规划编制单位的保护规划编制专长和工作经验，作过哪些规划，以哪类为主，评价如何等。因为规划编制单位从大的类型上说，有的可能擅长建筑类，有的擅长遗址类，有的擅长石窟佛寺类；从编制内容来看，有的擅长保护技术，有的擅长展示利用或经济社会发展，规划编制组织单位在选择时要根据自己的大遗址类型和保护目标等来确定规划编制单位，要用其所长，避其所短。

2. 制定项目任务书并签订保护规划编制合同

保护规划编制单位确定后，规划编制组织单位应制定项目计划书或任

---

① 参见马耀峰主编《旅游规划》，中国人民大学出版社2011年版，第18页。

务书，明确工作任务和工作进度。基于项目任务书或计划书双方协商制定保护规划编制合同，无异议后，委托单位与规划编制单位签订保护规划编制合同，其中必须明确规定规划名称、双方的权利和义务、内容要求、规划标准、规划期限、违约责任等。

（二）前期准备

保护规划合同签订后，规划编制单位应着手编制规划的前期准备工作，前期准备一般包括四个方面工作。

1. 组建规划编制团队。合同签订后，规划编制单位根据合同任务需求组建保护规划编制团队。一般来说，建议采用三足鼎立式的组织结构，一是规划编制领导小组，由政府主管官员和相关部门首长、少部分专家组任，其职责是在规划编制过程中及时表达政府的意见，并从宏观整体上把握规划的方向性问题；第二是专家咨询小组，聘请一定层次水平的规划相关专业人士组成，其职责是对规划中出现的问题进行专业咨询，提出修订意见，帮助课题组解决一些仅凭课题组不易解决的问题，特别是帮助指导一些特殊领域的专业问题；第三是规划的技术小组，它是规划的核心队伍，规划技术小组的组成根据规划对象和规划任务的不同又有所不同。① 一般而言，一个大遗址保护规划设计技术团队应由具有考古学、科技保护、文化遗产保护规划、建筑学、国土空间规划学、经济学、管理学、历史学、社会学等学科背景的专业技术人员组成。但由于我国大遗址保护规划或文化遗产保护规划尚处于初级阶段，保护规划技术人才依然短缺，大规模多学科团队协作体制机制还未形成，因此在一个团队中往往无法实现上述要求，但最基本的一个团队中必须有考古学专家、具有规划学背景的文化遗产保护规划师和经济管理学背景的规划师。

规划编制技术团队确定后，根据项目任务书和保护规划编制合同对任务和进度的安排，规划编制技术团队应按照初期对规划任务的了解，制定工作计划，有效组织安排规划编制工作。

2. 资料准备。规划编制技术团队确定后，根据任务安排，应开展保护

---

① 参见吴必虎《区域旅游规划原理》，中国旅游出版社2001年版，第70页。

规划编制所需的基础资料的搜集整理。

（1）开展室内资料搜集整理工作。一是对政策法规开展研究，包括对国家地方文化遗产保护、大遗址保护及其相关法规政策进行系统研究，全面评估社会、经济、文化、环境及政府行为等方面的影响。二是开展相关的基础资料搜集整理工作。这一工作包括四个方面：收集整理与规划对象直接相关的“四有档案”及考古、保护、展示利用、保护管理、历史文化、地质地貌、水文环境、经济社会发展、土地交通等基础资料；收集整理与规划对象区域相关的历史文化、地质地貌、水文环境、社会经济发展、土地交通等基础资料；收集整理与所规划对象相关联的考古及历史文化资料；收集与规划对象区域相关的各项规划，包括上一级、同级和规划对象区域内的文化遗产保护规划、国土空间规划、经济社会发展规划、城乡规划、生态环境保护规划、旅游规划及相关基础设施发展或建设规划等。

（2）开展资源和环境调查。基于室内资料整理，对规划区内大遗址资源的类别、布局、保存现状及展示利用现状、保护管理现状、经济社会发展现状、聚落人口、土地交通等基础设施建设及发展现状进行全面现场调查，编制规划区内大遗址资源分类明细表等，绘制大遗址资源分布图。

（3）遗址价值评估及专项分析评估。对大遗址及其遗存的本体价值和衍生价值进行评估；对大遗址及其遗存的保存现状、遗址区景观环境现状（空间景观环境、环境景观现状）、考古研究现状（考古工作历程、研究现状等）、保护管理现状（保护管理沿革、保护区划、保护管理措施等）、展示利用现状（展示利用对象、内容、方式方法及展陈设施、服务设施等）、遗产地社会发展现状、人口与聚落现状、土地利用现状、基础设施建设现状等进行分析评估。

（三）编制规划

在对规划对象前期资料整理总结、调研分析工作的基础上，结合国家和地方经济社会发展趋势及文化遗产保护发展趋势等，开始编制规划，编制规划阶段包括明晰目标任务和规划方案设计两个阶段。

1. 明晰目标任务和对象

大遗址保护的综合性和复杂性等特性决定了大遗址保护规划是一项综合性、复杂性的活动，其在保护规划中可能需要同时实现多项目的。基于保护目的的多元性，规划的目标、任务等可能也具有了多元性，这样对保护规划的对象范畴也产生了一定的影响。大遗址保护规划是为了明确方向、制定目标，并为实现某种目标或任务而采取的行动，具有鲜明的目的目标导引性。一般大遗址保护规划的目的性体现在基于目的明晰目标、制定任务和确定对象三个阶段。目标一般是普适的、高度凝练概括的，如社会的、经济的、生态的等，具体到大遗址如保护、利用和区域经济社会发展、民生发展等；当然目标还可以进一步分级细化，以便于使后续的任务和对象更具体明确。任务一般比较具体，基于目标按照能够付诸行动的具体计划来确定，任务的提出需要结合目的目标和统筹整个规划要素及空间等来选择确定。对象是目标任务的具体化，为了进一步使大遗址保护问题更加明确，实现既定的目的目标，就要把任务表现为具体的保护或建设对象，并在保护或建设计划中按照预定期限制定出实施的标准。总之，通过“目标—任务—对象”这个对目的的分解过程，一方面进一步明晰了规划的具体任务对象和保护建设计划，另一方面在综合统筹的基础上，使得原来分散的、不成体系的保护或建设计划，通过规划最后都相对有条理、有层次地处于一个有序流程，最终实现大遗址保护区域各要素、各目标和任务的融合协同发展，进而促进大遗址有效保护和价值传承弘扬。

2. 规划方案设计

在划分目标、确定任务、明晰对象后，规划设计人员应对大遗址系统进行认真的描述、总结和分析。其目的是寻找表达不同时间（不久以前和未来）的系统行为的途径，以便了解各种行动方向所产生的影响。[①] 实质上就是基于对大遗址规划前的基础评估以发现问题需求和规划后未来保护行动为目的的统筹部署。首先是对资料准备阶段遗址专项分析评估的资料进行系统化描述和分析。其次是基于问题和规划目标、任务、对象的分

---

① 参见［英］彼得·霍尔、马克·图德－琼斯《城市和区域规划》（原著第五版），邹德慈、李浩、陈长青译，中国建筑工业出版社2014年版，第278页。

析，系统统筹各项规划内容，这个过程包括两个任务：一是基于预测模型等反应方案设计所包含的各种要素；二是对各项任务对象及其实施路径模式或措施方法等方案进行比较评估，以选取一个最优方案。规划设计方案具体表现在内容上包括八个方面。①确定规划目标和主题。包括保护规划目标（总体目标、分目标）、规划主题、规划思路、主要保护模式、主要的功能及主题形象、实现路径等。②确定保护区划、空间布局及空间管制措施。③确定景观环境保护及整治的目标、对象、措施。④确定展示利用的目标、主题、功能分区及形象等。⑤确定考古工作的目标、对象、进程等。⑥对规划区人地关系进行调整优化，以促进大遗址区域统筹协调发展。⑦形成规划区的保护发展战略，提出规划实施的措施、方案和步骤，包括政策支持、管理体制、宣传教育、融资方式等。⑧撰写规划文本、说明和附件的草案。

（四）规划方案评价

规划方案评价包括三个层面：一是规划设计人员在规划方案设计阶段基于目标、任务和对象对具体方案的评价选择，以在规划设计文本表现阶段选择最优方案；二是规划设计方案完成后，向各个利益相关群体或专家征求意见以完善方案；三是规划编制单位向公众征求意见并修改完善后，提交评审委员会征询意见并提交行政部门审批。第一个阶段属于规划设计单位在方案具体编制阶段的内部评价，在这里不再赘述；第二和第三个阶段是外在相关利益群体评价阶段。

1. 征求意见

大遗址保护规划草案形成后，应广泛征求各方意见。一是征求规划编制咨询专家团队的意见；二是征求规划编制组织单位及相关利益群体的意见，包括规划编制组织单位及规划编制组织单位所在地人民政府各行业部门、遗址区、社区居民等的意见。在此基础上，对规划草案进行修改、充实和完善。

2. 规划评审

大遗址保护规划评审的规格层次一般根据大遗址的级别及重要性确定。全国重点文物保护单位一般先由规划编制组织单位报省级文物行政部门会同建设规划等部门组织评审；所在地省级文物行政部门组织评审通过后，规划编制单位根据省级评审意见进行认真修改完善，然后由省级文物行政部门向国家文物行政部门提出申请，国家文物行政部门组织专家进行终审。大遗址保护规划评审一般采用会议审查方式。规划成果应在会议召开日前送达评审人员审阅。保护规划评审组一般由 5 人以上组成。规划评审小组设组长 1 人，组长由相关文物行政部门确定产生。大遗址保护规划规划评审人员应由考古专家、建筑专家、国土空间规划专家、文化遗产保护专家等组成，根据规划对象的性质或发展需求，也可邀请水利、环境、文物保护技术、经济社会、旅游等方面的专家加入。

大遗址保护规划评审的重点内容包括：（1）遗址的分布、布局及遗址考古工作是否清楚，未来考古研究工作目标、对象、措施和进程的科学合理性；（2）价值评估和专项评估是否合理；（3）保护目标、思路、路径等是否可行；（4）保护区划及空间管制措施是否科学、合理、可行；（5）展示利用目标、主题、功能分区的科学合理性；（6）聚落、人口、土地调控目标、措施的科学合理性；（7）经济社会发展引导策略、措施及交通线路和基础设施的科学合理性；（8）各项技术指标的合理性；（9）规划文本、图件、说明书、资料汇编的规范性；（10）规划实施的可操作性。

3. 规划报批

大遗址保护规划成果，经相关文物行政部门规划评审会议讨论通过并根据评审意见修改后，由规划编制组织单位按有关规定程序报省级人民政府批准公布。省级人民政府在批准公布全国重点文物保护单位保护规划前，应征得国家文物行政部门同意。

（五）规划实施与修编

通过系统评价各种比较方案，最终在规划编制人员和评价人员的共同努力下，会选定相对最优方案并由大遗址保护管理机构付诸实施。但是，需要明确的是规划的最优方案或最终成果也只是在一个相对时间节点、相对固定环境和规划理念技术等影响下，权衡选择的相对最优方案或成果。随着时间的推移，事物的内外部环境和保护理念技术等不断发生变化，不同利益群体的价值观和需求也在不断发生变化，这必然影响规划的实施等。因此，规划方案永远是相对的，需要结合内外部环境、保护理念及利益群体价值观和需求进行动态调整完善，尤其是当发生大的环境或保护理念等变化时，大遗址保护规划可能需要作出大的调整，进行重新修编。

1. 规划实施与评估

大遗址保护规划成果由省级人民政府批准公布后，即具有法规效力。规划编制组织单位应根据公布的规划成果，积极开展保护规划方案的实施工作。按照保护规划方案分期将总体目标或长远目标分解实施，在此过程中，应加强对规划的宣传和人才培训，以促进规划实施的科学性和合理性。另外，本着可持续发展的目的，需要对规划实施后可能导致的社会、经济和环境影响进行审慎评估，并对可能出现的不利局面设计针对性的控制措施和解决方案。[①]

2. 规划修编

在大遗址保护规划实施过程中，应根据经济社会、文化遗产保护理念和技术发展变化等对规划进行进一步的修订和完善。就大遗址保护规划编制的目标、内容和模式、路径等不同要求而言，对待不同的客观变化，应该选择不同的修编方法。针对环境变化和技术更新或实施评估过程中存在的变化，可以开展小范围或小规模的修编，这是原规划后续工作的一部分。如果出现大的经济社会、文化遗产保护或大遗址保护规划理念等的变化，需进行大规模的修订和完善则属于进一步的修编。大遗址保护规划的修编应在评价上一轮保护规划的基础上，系统分析内在条件和外在环境的变化，评估这些变化对大遗址保护发展的影响，有重点地对大遗址保护规划进行修订。

二　大遗址保护规划的编制成果

大遗址一般属于全国重点文物保护单位，因此，大遗址保护规划的成果应满足《全国重点文物保护单位保护规划编制要求》中对于全国重点文

① 参见吴必虎、俞曦《旅游规划原理》，中国旅游出版社 2010 年版，第 70 页。

物保护单位保护规划成果的要求。大遗址保护规划的主要成果包括规划文本、规划图纸、规划说明、基础资料汇编四个部分。

（一）规划文本

规划文本是对规划的目标、原则和内容提出规定性和指导性要求的文件；表达规划的意图、目标和对规划的有关内容提出的规定性要求，文字表达应当规范、准确、肯定、含义清楚。规划文本内容应包括各类专项评估、规划原则与目标、保护区划与措施、若干专项规划、分期与估算五个部分基本内容；规模特大、情况复杂的文物保护单位规划文本还应包括土地利用协调、居民社会调控、生态环境保护等相关内容。

（二）规划图纸

规划图纸用图像表达现状和规划内容。要求清晰准确，图例统一，图纸表达内容应与规划文本一致。规划图纸应绘制在近期测绘的现状地形图上，规划图上应显示现状和地形。图纸上应标注图名、比例尺、图例、绘制时间、规划设计单位名称。一般包括区位图、环境图、现状图、评估图、保护规划总图、保护区划图、保护措施图、环境规划图、展示规划图、管理规划图、基础设施图等；如果遗址环境比较复杂，还应包括用地功能分区图、地形地貌分析图、环境整治规划图、道路交通调整规划图、土地利用协调规划图、社会居民调控规划图、建设用地发展方向规划图等。

（三）规划说明

规划说明用于论证规划意图、解释规划文本。包括文物保护单位的价值与重要性、现状、管理等各项评估的详细内容。编制格式一般包括保护对象说明、专项评估报告、专项规划说明、规划实施保障建议等。

（四）基础资料汇编

基础资料汇编内容包括有关文物保护单位的各类基础资料与规划依据等。其是对规划文本编制过程中各类具体基础资料的总结、整理，包括调查报告、考古研究报告或文章、综合规划报告、专题规划报告、基础资料汇编及其他相关重要文件。

第二章　大遗址保护规划的理论基础

第一节　国内外大遗址保护规划的研究进展

自19世纪以来，在文化遗产保护和大遗址保护方面，各国学者进行了实践探索与理论研究；世界各国政府和国际组织也对其进行了积极探索与实践，先后制定、颁布了一系列法规文件，结合文化遗产或大遗址保护规划出现的新问题、新情况，不断提出新的保护规划理念和方法，并进行实践推广。这些研究与实践一方面见证了文化遗产保护规划和大遗址保护规划的发展历程，另一方面，也对人类发展产生了积极而深远的影响，对于全球化形势下的大遗址保护利用给予了新的启发。

一　国外遗址保护规划研究现状

大遗址是我国独有的文化遗产类型和概念体系。国外文化遗产保护以欧洲为代表，欧洲的文化遗产以砖石质建筑为主，其保护规划多与城乡规划相结合，这与我国大遗址保护截然不同。但对国外文化遗产保护规划理念、方法及内容体系等的了解有助于为我国大遗址保护规划提供借鉴。国外文化遗产保护规划的研究一方面体现于国际性的文化遗产保护文件，如宪章、宣言等，另一方面则体现在各国的法律规范体系内。

（一）国际文化遗产保护规划理论方法体系的探索与发展

1. 国际宪章公约对文化遗产保护规划理论方法的探索

“21世纪的今天，人们很难想象一个没有文化遗产的世界是一个什么样子。”① 同样人们也很难想象没有人类文明和文化承载体——大遗址的世界是一个什么样的世界。大遗址“作为文化遗产的重要构成和全人类共同的财产，保护它们不仅仅是每个国家的重要职责，也是整个国际社会的共同义务”②。因而，为了促进人类社会对文化遗产的切实保护，多年来，国际组织和机构对其进行了深入的探讨和交流，并通过了一系列保护文化遗产的宪章、宣言和建议，而在这些国际性文件中，有许多对文化遗产保护规划专门作出了界定或规定。这些国际性法律文件凝聚着世界文化遗产保护理论与实践发展的精髓。了解这些国际性法律文件对文化遗产保护规划的规定，有利于推进我国大遗址保护规划体系及法规制度的完善，有助于科学、合理地保护、利用历史文化资源，实现我国大遗址的有效保护。

100 多年来，国际组织制定了一系列国际保护宪章、保护公约与宣言、决议等国际法规文件以推进文化遗产保护，并取得了巨大成就，回顾这些国际文件的发展历程，可以清晰地看到国际上关于文化遗产及其保护规划的理论体系构建过程和主要内容。

1962 年 12 月联合国教科文组织通过的《关于保护景观和遗址的风貌与特性的建议》建议加强对具有文化或艺术价值，或构成典型自然环境的自然、乡村及城市景观和遗址的任何部分的风貌等进行保护，要求将责任列入城市发展规划以及区域、乡村和城市的各级规划。这是国际文件中较早提出为了保护文化遗产而应将其纳入相关规划的规定。这一规定在 1964 年 5 月于威尼斯通过的《威尼斯宪章》中再次得到明确，其提出为保护、保存和展出本国领土内的文化和自然遗产采取积极有效的措施，各缔约国应通过一项旨在使文化和自然遗产在社会生活中起一定作用并把遗产保护纳入全面规划计划的总政策。1976 年 11 月联合国教科文组织在内罗毕通过的《关于历史地区的保护及其当代作用的建议》扩展了这一规定，要求把保护和复原历史地区及其周围环境作为国家、地区或地方规划的组成部分。而 1982 年 12 月国际古迹遗址理事会通过的《佛罗伦萨宪章》则直接

① 孙俊桥：《走向新文脉主义》，博士学位论文，重庆大学，2010 年，第 163 页。
② 孙俊桥：《走向新文脉主义》，博士学位论文，重庆大学，2010 年，第 163 页。

强调，应将历史园林的保护必须规定在土地利用计划的基本框架之中，并且这类规定必须在有关地区性的或当地规划的文件中正式指出。1987 年 10 月国际古迹遗址理事会在华盛顿通过的《保护历史城镇与城区宪章》提出应对文化遗产编制保护规划，并对保护规划编制的基础、目的、目标、保护措施和社区参与提出了具体要求。这是目前已知的文化遗产国际性文件中第一次对保护规划相对系统性地提出要求。1990 年 10 月国际古迹遗址理事会在洛桑通过的《考古遗产保护与管理宪章》提出，考古遗产的保护必须纳入国际的、国家的、区域的以及地方一级的规划政策。这是国际文件第一次明确就遗址的保护提出应将其纳入相关规划。2005 年 10 月通过的《西安宣言》提出，为了有效保护大遗址周边环境，应通过规划手段和实践来保护和管理周边环境。其后的《实施保护世界文化与自然遗产公约的操作指南》和《巴黎宣言——遗产作为发展的驱动力》等对保护规划的编制内容及方法如社会参与等都提出了要求，不断推进国际文化遗产保护的进程，并促使文化遗产保护规划内容及方法体系等适应新形势不断规范和完善。

2. 国外各国文化遗产保护规划理论方法体系的探索与发展

西方国家文化遗产保护包括遗址保护发展的相对较早，在不断的实践过程中形成了符合本国国情的保护利用体系。由于欧洲国家的文化遗产多以建筑类遗产为主，因此文化遗产的保护规划多与城乡规划相结合。20 世纪 80 年代许多国家就将文化遗产保护利用纳入城乡发展总体规划，并对古迹遗址保护的方式方法进行了探索，从单一的博物馆陈列式保护向开放式的景区与保护陈列等保护与利用结合的方向演进。但是不同的国家遗址的类型、建筑材料及国情不同，保护规划的历程及原则、方法和体系也不尽相同，而且有明显的差别，因而形成了不同的文化遗产保护传统和体系。

（1）英国的文化遗产保护规划

英国对文化遗产保护规划的效果保障有自己的一套体系。首先从保护规划文本内容来看，以苏格兰为例，遗址保护规划规定的内容架构主要包括：规划简介、规划结论、保护对象、遗址重要性评估、保护措施与方式的评估与分析、实施计划、检查计划及附录（文献目录与参考资料、专门报告与文件、计划照片和保护地的其他数据、参观者调查数据、地名索引等）。①

苏格兰遗址保护规划有以下几方面的特点。①强调保护规划对遗产的必要性和负责性；要求通过保护规划能够明确该地的文化和历史的特征，同时提出科学有效的保护管理政策和策略。②强调规划内容的综合统筹性，规划应综合考量遗产地的规模和复杂性，既满足遗产地保护的需要也满足业主生存和发展的需要。③在保护方式上，注重从结构上保护，并对方案进行评估分析，一切以有效保护为出发点。④注重实施和监管规划，在实施计划中将保护划分为不同的等级标准，并制定详细的保护措施和维护进度表，同时有丰富的档案资料作为参考资料，列出每个维护修缮的详细设计参数，保证了实施的操作标准及可操作性。将检查计划单独作为一章列入保护规划，提出规划实施应遵循的安排和时间表，将实施效果检查纳入工作计划中。⑤注重规划咨询和社会参与，规划文本完成后，要经过咨询机构的数次讨论，并指定实施行动负责人，将责任落到实处，保证了规划文本的实施，同时考虑了文本内容的传达性，保证公众能理解并参与到文化遗产保护中来。⑥注重法规保障体系建设。为了保障保护规划的有效实施，英国颁布了一系列法规制度，其具有严谨性和相当强的可操作性。如 1983 年国家颁布的《国家遗产法案》、1987 年颁布的《规划（制定建筑与保护区）法》、1990 年修订的《城市规划法》等为建筑类文化遗产及历史街区的规划提供了法律保障；1994 年颁布的《规划政策指南：规划与历史环境》规定有关政府部门制定并执行开发规划必须在尊重历史环境的基础上进行；1990 年颁布的《规划政策指南：考古与规划》为考古规划提供了依据及规范。这些为文化遗产保护规划的编制及实施制定了严格的量化标准，增强了可操作性，进一步保障了规划的效果。

（2）法国的文化遗产保护规划

法国在文化遗产保护过程中形成了独具特色的文化遗产管理体制和机

---

① 参见赵中枢《如何编制保护规划——英国苏格兰保护规划指南》，《国外城市规划》2002 年第 4 期。

制，其保护经历了历史建筑、历史建筑的周边地区、景观地、保护区及建筑、城市和自然风景遗产保护区的发展过程，历史建筑强调对单体的保护，随着经济社会发展和保护理念的拓展，开始从单体向区域、综合体保护发展。景观地、保护区或建筑、城市和自然风景遗产保护区类似于我国的大遗址区。

法国的城市规划编制体系分为总体规划和城市土地利用规划。法国要求被国家列为保护区的特殊城市地区必须单独编制保护区规划。保护区规划的文件包括：该地区的保护区规划图（PSMV）、保护区规划建设配套规定以及说明书（历史沿革、研究和编制过程、附件）。保护区规划图是一种比城市土地利用规划图更为详尽的城市规划文件，涉及保护区范围内每个城市的物质空间要素，其格式和要求的内容是全国统一的，并在保护区的范围内代替原有的土地利用规划图；保护区规划建设配套规定的三个部分十五条条款内容与土地利用规划一致。① 其中，第一部分“用地功能”，包括两个条款：允许的用地功能、禁止的用地功能；第二部分“土地建设规定”，包括十一个条款：出入口及道路、市政设施设置、用地的特殊情况、建筑物与道路的空间关系、建筑物与相邻地块建筑的空间关系、同一个地块上建筑物之间的空间关系、建筑密度、建限高、建筑外观、停车、开放空间和绿地；第三部分“土地建设容量”，包括两个条款：容积率、对超过容积率的规定。

法国的保护区规划具有以下几方面特点。一是其规划内容以历史留存价值重现为目标，注重保护与价值重现规划，而其实现则主要通过土地利用规划。二是规划强调综合统筹，不再局限于对那些特殊的历史建筑遗产的修复，而是致力于对历史地段内的居民生活环境的改善以及对于遗址的再利用②；“注重将遗产保护与法国公民生活环境的品质联系起来，同时还要将遗产保护与经济增长、促进就业以及发展旅游结合在一起，遗产保护

① 参见张恺、周俭《法国城市规划编制体系对我国的启示——以巴黎为例》，《城市规划》2001 年第 8 期。

② 参见邵甬、阮仪三《关于历史文化遗产保护的法制建设——法国历史文化遗产保护制度发展的启示》，《城市规划汇刊》2002 年第 3 期；李海燕、权东计《国内外大遗址保护与利用研究综述》，《西北工业大学学报》（社会科学版）2007 年第 3 期。

正在从‘以国家为核心’向‘以公民为核心’逐渐过渡”[①]，这一点表现在其规划文本多层次的配套规定中。三是对保护区内每个物质与空间要素明确界定其可变动的范围及程度，也就是对每个个体要素进行分析并通过分类的方法提出建设要求，并将所有界定的信息都同时反映在保护区规划图上，以便于实施。同时其制定了系统性的法规制度以保障规划的编制和实施效果。

法国对文化遗产实行了列级保护和注册登记两种不同程序的保护方式。一处文化遗产要成为列级保护或注册登记的保护对象，从申报材料的准备到审批通过，全程都有保护工作的规划、决策、领导和监督，在一定程度上保障了文化遗产保护规划的科学性和操作性。

（3）美国的文化遗产保护规划

美国同英法等国家相比，在文化遗产保护规划实践方面的时间相对较短，但在文化遗产保护及规划方面有着自己独特的理念与方法。以与大遗址保护规划类似的最具代表性的国家公园规划为例，从总体管理规划的内容分析主要包括以下几项：①规划范围与目标；②保护管理工作，包括资源保护措施、开发的类型和总体强度等；③明确使用者容量；④预期边界调整。从整体分析，以国家公园规划为代表的遗址保护规划表现出以下特点。①以法律为框架，强调规划的层次性。规划成果包括总体管理规划、战略规划、实施计划和年度执行计划四个部分，不仅包括各种层次的目标规划也包括实施细节规划；总体管理规划主要解决目标确定的问题，战略规划主要解决项目的优先顺序问题，实施计划解决资金落实情况下项目实施问题，年度完成计划在具体操作层次提供一种逻辑性强的、有据可循的和理性的决策模式。②规划面向管理，遗址保护的主要矛盾是遗址保护与遗址利用之间的矛盾，二者最终都需要通过管理来实现，“只有规划面向管理，为管理服务成为管理人员的重要工具，规划的可操作性就能加强”[②]。③以目标引领规划，注重规划的效果，将规划与决策紧密地连接起

① 教莹：《法国文化遗产保护的特点及发展前景分析》，《故宫学刊》（第九辑）2013 年第 1 期。

② 杨锐：《美国国家公园体系的发展历程及其经验教训》，《中国园林》2001 年第 1 期。

来。其核心强调目标制定，每一个国家公园规划中存在一个目标体系，所有规划的措施与行动，都与一个具体目标挂钩，以目标为导向，有利于保护措施实施效果评价。④强调公众参与和环境影响评价，任何保护规划都必须符合这两项要求，这不仅提高了规划的质量和针对性，减少实施过程中的矛盾，还减少了在实施过程中对资源与环境的破坏。⑤注重软性规划和硬性规划结合。软性规划包括解说、教育、咨询和监测及相关基础研究；硬性规划包括道路、建筑物、基础设施等。⑥注重规划的统筹性，不仅关注规划范围内的保护与利用，同时也关注整个区域的发展；在规划编制上强调多学科介入，规划决策队伍学科背景多样化，以实现区域内外各项事业的统筹协调发展，实现资源保护与利用。①

（4）日本的文化遗产保护规划

日本作为东方国家，文化遗产保护工作一直处于领先地位，其保护运动始于19世纪60年代，至今已有100多年的历史。日本人具有严谨的工作、生活态度，其在对待文化财保护方面同样具有严谨的态度，完善的管理体制和法律体制保障了文化财保护措施的实施及效果。② 就规划内容而言，其编制保存规划的基本内容包含五个部分：①基本规划，以制定保存方针、内容为主；②确定保护对象；③保护整治规划，包括保护、整治方向及规划；④补助方式方法；⑤环境整治规划，同时在规划内容中制定实施机构，明确了实施责任者。③ 而这些都是文化财保护整治规划的基本内容，每个地区可根据本地的实际情况，在标准和详细程度上调整保护整治具体规划。这既保证了规划的灵活性，也保证了保存整治规划的可操作性。

通过总结分析上述国家文化遗产保护规划相关法规制度可以发现，这些国家的遗址保护规划还有一些普适性的特点。首先，都强调保护的重要

① 关于美国遗址规划编制内容与特点的介绍综合参考了杨锐（2003）、李如生和李振鹏（2005）、刘海龙和王依瑶（2013）、王欣歆和吴承照（2014）、杨子江等（2015）等发表在《中国园林》《规划师》等期刊上关于美国国家公园规划的文章。

② 参见孙莹《城郊型大遗址保护规划实施评价机制研究》，硕士学位论文，西北大学，2013年，第17页。

③ 参见叶华《日本传统建筑群保存地区的概要与特点》，《国外城市规划》1997年第3期。

性和必要性，重视遗址本体的保护；其次，注重地区性和区域性保护，在关注本体的同时，将遗址放在一个大的空间范围，注意其整体环境的保护和整治；最后，都注重社区和公众需求，注意规划内容的区域统筹性，在强调区域遗址保护的同时，也关注遗址的利用以及民生需求，以实现遗址保护与利用及民生等的协调发展。

表2-1　　世界各国遗址保护规划的模式及主要内容与特点比较

国家	规划模式	规划内容	规划特点
美国	遗址与景观结合	遗址+绿色廊道 保护+生态恢复+旅游开发	注重经济价值和自然价值的平衡；注意社区和居民发展
英国	遗址与环境（保护、复原）协调	调查、保护对象、保护评价与分析（利用方式、现状条件及保护需要、影响因素和限制条件、保护复原措施）、实施计划、检查计划	注重遗产地和公众的需求；强调规划的综合性以适应遗产地的规模和复杂性；规划目的明确，要有可操作性（指南）；有完备的管理计划
法国	遗址与环境整体协调	根据历史和美学价值，界定需要保护的要素和新介入要素；开展调查和评估；制定保护和整治标准；确定保护对象及保护措施；环境景观整治及维护；管理规划	规划以历史留存价值重生为目标；注重专业综合保护；注重文化资源利用；不搞人工历史景观
意大利	遗址、文化、生态景观共生	规划应从遗址价值和完整性出发；明确遗址价值及保护目标；有保护利用的描述性和说明性内容，包括意见和建议；明确保存保护、改造改进、强化管理的优先项目及方法措施	空间场所分类；注重古迹的维护和文化、生态景观的建设与保护；注重遗址环境的保护，严格控制遗址及其周边地形地貌的变动
日本	遗址与周边统筹整体保护，注重环境景观	保存调查、确定保护对象（保存方法、保存内容）、保护整治规划（保存措施、景观保护、管理）、补助方式方法、环境整治规划（管理设施、基础设施、展示设施、建筑咨询所）、管理规划	注重地区性和区域性保护，控制区域较大；注重环境整治和保护；注重社区和公众需求

续表

国家	规划模式	规划内容	规划特点
澳大利亚	遗址与景观	调查、资源评析、保护对象、保护措施、景观规划、考古规划、建筑规划、收藏规划、档案规划、研究规划等	提供综合的多学科工作框架；提出保护资金来源；复建项目的审批要求；设置固定的二级规划；展示单独编制；考古调查与保护的要求；管理人员要求及资产管理规划内容

资料来源：作者结合相关文献自制。

二　国内大遗址保护规划研究现状

国内主要从法理层面和学理层面对大遗址保护规划开展了研究实践探索。

（一）大遗址保护规划法理研究现状

20 世纪 90 年代后，随着新一轮经济建设高潮的到来，大遗址保护与区域经济社会发展之间的矛盾越来越激烈，如何有效保护这类占地面积大、价值高的遗址成为摆在经济建设与社会发展面前的重要问题之一。同时，随着改革开放，我国开始积极学习西方的先进文化遗产保护理念和方法。在此背景下，我国大遗址保护工作迅速发展，由简单的理念及实践探索层面向理论化、体系化发展。在此过程中大遗址保护规划作为大遗址保护的重要手段和措施被单独提出，以期实现我国大遗址保护的科学化和规范化。

我国最初关于大遗址等文化遗产没有专门的保护规划，相关法规制度一般是要求将文物的保护管理纳入城乡建设规划；对于涉及文物的旅游景区景点，要求旅游部门、风景名胜区管理等部门与文物部门相互协商，共同制定规划，以促使在旅游发展过程中文物得到有效保护。20 世纪 80 年代随着历史文化名城的提出和发展，开始单独编制历史文化名城保护规划，这是文化遗产保护规划最早的类型之一。1991 年国家文物局在河北南戴河召开了首次关于“大遗址”保护的正式会议，大遗址作为文化遗产的一种特有类型被正式提上我国文化遗产保护事业的日程。1995 年 7 月 19 日，国家文物局在辽宁绥中召开陕西、河南大遗址保护规划论证会，提出对我国大遗址编制保护规划，以加强大遗址综合保护，这是大遗址保护规划的发端。并促使同年9月在陕西西安召开的全国文物工作会议上提出文物保护"五纳入"机制，将文物保护纳入当地经济和社会发展计划、城乡建设规划、财政预算、体制改革、领导责任制，要求建立以国家保护为主、动员全社会参与的新体制。

进入21世纪以后，在政府的主导与推动下，大遗址保护规划的理念被社会各界普遍接受，基本构建起大遗址保护规划的体制机制，开始迅速向科学化、体系化和规范化发展，与此同时得到积极实践，并取得不错的成就。2000年10月，国际古迹遗址理事会中国国家委员会大会在河北承德召开并审议通过《中国文物古迹保护准则》（以下简称《准则》），系统地对我国文物古迹保护理念、原则、方法进行了探讨，奠定了我国文化遗产保护和大遗址保护的理论基础。《准则》第九条明确规定，文物古迹的保护工作总体上分为六步，依次是文物调查、评估、确定各级保护单位、制订保护规划、实施保护规划、定期检查规划。① 同时第一次明确提出"保护规划是实施保护工程和布置展陈、进行管理的依据。经过主管部门批准的规划，在文物古迹的管理事务中，具有规范性和权威性"。"所有文物保护单位都应制订保护规划。"② 这是第一次从文化遗产保护角度将制订保护规划、实施保护规划和定期检查规划写进遗产保护法规制度。《准则》第十三条对文物保护规划必须具备的内容也作出了规定，"制订保护规划必须依据评估的结论，首先要确定主要的保护目标和恰当的保护措施。一般规划应包括保护措施、利用功能、展陈方案和管理手段四方面内容，特殊的对象可制订分区、分类等专项规划。各类保护规划特别是历史文化街区（村镇）的规划都要与当地的总体规划密切结合，并应当依法审批，纳入当地的城乡建设规划"③。2002年11月国家文物局在调查研究的基础上向

① 参见国际古迹遗址理事会中国国家委员会《中国文物古迹保护准则》，盖蒂保护研究所2004年版，第5页。

② 国际古迹遗址理事会中国国家委员会：《关于〈中国文物古迹保护准则〉若干重要问题的阐述》，《中国长城博物馆》2013年第2期。

③ 国际古迹遗址理事会中国国家委员会：《中国文物古迹保护准则》，盖蒂保护研究所2004年版，第6页。

国务院提交了《“大遗址”保护“十五”计划》，提出在“十五”期间，针对我国大遗址保护现状及存在问题，重点实施50处大遗址保护项目，开始有计划分步骤地对我国大遗址实施保护。这是我国第一个国家层面的大遗址保护发展计划，奠定了大遗址保护规划制度的基础。这一要求在其后2003年3月文化和旅游部发布的《文物保护工程管理办法》第四条得到明确，“文物保护单位应当制定专项的总体保护规划，文物保护工程应当依据批准的规划进行”。把专业要求转化为法规规定。就是说，我们需要首先制定总体保护规划，得到批准后才能依法实施保护工程。因此规划是保护工程的前提条件。2004年9月，国家文物局颁布了《全国重点文物保护单位保护规划编制审批办法》和《全国重点文物保护单位保护规划编制要求》，从规范性文件的高度，明确了规划的适用范围、指导思想、编制原则、编制要求和管理程序，规定了保护规划应该具有的基本内容。使得大遗址保护规划内容体系更加系统和规范，增强了操作性。2005年8月施行的《大遗址保护专项经费管理办法》将大遗址保护规划设计经费纳入大遗址保护专项经费前期准备工作费用支出，以保障大遗址保护规划工作的开展，促进大遗址保护管理体系的建设。在此基础上，国务院于2005年12月发布了《关于加强文化遗产保护的通知》，提出在认真摸清文物资源底数的基础上，分类制定文物保护规划，认真组织实施。这是新时期国家从顶层提出应编制大遗址保护规划，并促进实施，以切实保护大遗址。这一要求很快在2006年9月国务院通过的《长城保护条例》得以体现。《长城保护条例》第十条规定，国家实行长城保护总体规划制度。在国家推动的基础上，大遗址保护规划也获得了普遍认可。2008年10月21日在西安通过的《大遗址保护西安共识》提出，应科学编制大遗址保护规划，将其纳入城乡发展规划，是优化城市空间格局，合理配置资源，妥善处理城市建设与大遗址保护关系的必由之路。

在2002年《“大遗址”保护“十五”计划》的基础上，国家文物局委托中国建筑设计研究院建筑历史研究所和中国社会科学院考古研究所合作编制了《“十一五”国家重要大遗址保护规划纲要（第一批）》。这是我国第一次对国家重大文化遗产保护在总体规划层面作出整体策划，是第一次以成批的共36处中华民族5000年文明起源与发展史上的最重要遗产为基础规划对象，通过整体策划、分项和分类研究、综合评估，以及系统集成的规划手段，初步建构了国家重大遗址整体保护的规划体系，在综合评估系统、保护策略体系和实施对策等关键技术上取得了创新性成果，可谓我国文化遗产保护规划科技能力的第一次跨越式发展。①《纲要》提供了国家大遗址整体保护的科学体系策划，为国家大遗址保护专项经费的开始决策和具体划拨提供了有效的技术支撑，推动了全国大遗址保护工作的科学、有效、系统发展。基于纲要，国家文物局和财政部编制了《"十一五"期间大遗址保护总体规划》，这是我国的第一个大遗址保护发展规划，开创了我国文化保护规划的先河。在规划中，其基于我国大遗址保护现状等，从大遗址保护规划的范围、指导思想和原则、总体目标、主要内容和任务、工作步骤及阶段性成果、经费预算、项目的实施方式与组织管理等层面对"十一五"期间我国大遗址保护作了系统规划。同时明确提出大遗址保护应"规划先行"，计划编制重要大遗址保护规划纲要和保护总体规划。2013 年 5 月国家文物局和财政部联合下发了《大遗址保护"十二五"专项规划》，使得大遗址保护发展规划成为常态性规划。在这次规划中，专门提出编制大遗址保护与发展战略规划和大遗址保护片区规划。2015 年国际古迹遗址理事会中国国家委员会制定的《中国文物古迹保护准则》（2015）对文物保护规划的资质、编制内容和实施等进一步作出了要求和说明。

随着国土空间规划的实施，为深入贯彻落实党中央、国务院关于加强历史文化遗产保护工作，把文物保护管理纳入国土空间规划编制和实施的指示要求，依据《中共中央 国务院关于建立国土空间规划体系并监督实施的若干意见》，2021 年自然资源部和国家文物局联合印发了《关于在国土空间规划编制和实施中加强历史文化遗产保护管理的指导意见》，要求将历史文化遗产空间信息纳入国土空间基础信息平台，对历史文化遗产及其整体环境实施严格保护和管控，在市、县、乡镇国土空间总体规划中统筹划定包括文物保护单位保护范围和建设控制地带、水下文物保护区、地下文物埋藏区、城市紫线等在内的历史文化保护线，并纳入国土空间规划

---

① 参见傅晶、刘剑《"十一五"国家重要大遗址保护规划创新成果》，《建设科技》2006 年第 22 期。

“一张图”，实施严格保护并提出管控要求等，这些措施都有助于加强文物保护。在“加强历史文化保护类规划的编制和审批管理”专项中，提出各级文物主管部门要做好文物保护单位保护规划等文物保护类专项规划编制工作；历史文化保护类规划中涉及自然环境、传统格局、历史风貌等方面的空间管控要求要纳入同级国土空间规划；待国土空间规划批复后，依据国土空间规划，深化细化保护规划内容后按程序报批。同时，加强文物保护类专项规划与国土空间规划的衔接，并通过国土空间规划“一张图”监督实施。将文物保护类专项规划核心内容纳入国土空间，实施“一张图”监管，有助于进一步丰富完善我国大遗址保护规划的体系，推动大遗址保护规划实践，为我国大遗址保护规划科学化、规范化和理论化发展提供支持。

（二）大遗址保护规划学理研究现状

1. 文化遗产保护规划研究现状

文化遗产保护规划是各级文物保护单位开展各项保护管理工作的基础。我国的文化遗产保护规划编制探索始于20世纪80年代，经过近40年的发展，在保护规划实践及理论方法方面取得了一定成绩，有效地促进了文化遗产保护工作。总结分析我国文化遗产保护规划研究成果可以发现，研究主要集中于保护规划发展现状、保护规划内容（如保护对象认定、价值评估、保护区划、环境整治、展示利用等）和保护实践探讨层面，主要以单项问题或综述性、案例性研究为主，针对文化遗产保护规划体系架构和理论与方法的研究相对较少。

文化遗产保护规划发展现状研究的文献相对较多，主要从文化遗产保护规划的地位、作用及问题等角度展开。普遍认为文物保护单位保护规划是实施保护工作的法律依据，科学编制保护规划，能够帮助文物所在地政府正确处理文物保护与经济建设的关系，正确处理文物保护与合理利用的关系，促使文物保护单位及其环境得到更有效的保护。① 保护规划现状探讨方面，普遍以回顾我国文化遗产保护的发展成就和文物保护规划的发展历程，分析目

① 参见王蒙《关于文物保护单位保护规划编制工作的几点思考》，《中国文物报》2018年6月12日第4版。

前规划实践中存在的主要问题和新形势下文物保护规划工作中面临的机遇和挑战，展开对策探讨。王伟认为结合当前文化遗产保护发展趋势，文物保护规划走向文化遗产保护规划，从名城保护规划视域分析，名城规划与文物保护规划需更加融合，文物保护规划也必然会向多学科合作的更综合、更全面的方向发展，最终与名城体系规划一起成为历史文化遗产集中区域的一项综合公共管理政策，统一为一个历史文化遗产保护规划。① 胡晓宇②、张晖③等也结合实践对保护规划中存在的常见问题进行了探讨分析，并提出了对策建议，对于完善当前文化遗产保护规划编制工作具有一定意义。

“文物本体”作为文物保护单位中承载核心价值的物质遗存，是保护区划及后续相关规划的逻辑起点，本体界定是否准确，将直接影响整个文物保护规划的科学性。针对文化遗产保护规划在“文物本体”及保护对象阐释运用上存在较大的模糊空间这一现象，朱明敏④、沈旸等⑤、毕忠松等⑥结合具体案例从不同角度进行了分析，以便于“科学地构建保护对象体系，为保护规划编制工作奠定稳固的基础”⑦。

保护区划是文化遗产保护规划的核心，尤其是保护范围和建设控制地带两线的划定直接影响到文化遗产能否有效保护，以及能否协调解决文化遗产保护矛盾等。因此，在大遗址保护过程中大遗址保护区划或保护范围和建设控制地带如何划定、级别效应应该怎么管控等问题一直是重点，也是大遗址保护规划的核心内容。针对这一问题许多专家学者进行了探讨，如王涛认为保护范围和建设控制地带在保护中各自发挥着不同的作用，其中保护范围既是管理条件严格、管理难度高的区划，也是保护的关键；建

---

① 参见梁伟《文物保护规划的现状与发展研究》，《遗产与保护研究》2018 年第 7 期。

② 参见胡晓宇《文物保护规划编制常见问题》，《中国文物报》2015 年 2 月 6 日第 6 版。

③ 参见张晖《对文物保护单位保护规划的几点认识》，《中国文物科学研究》2014 年第 3 期。

④ 参见朱明敏《文物保护单位保护规划中文物本体及相关概念刍议》，《中国文化遗产》2017 年第 6 期。

⑤ 参见沈旸、周小棣、汪涛《“革命烈士纪念建筑物”类文物的保护对象构成与保护规划策略——兼论战场遗存的保护模式》，《建筑学报》2010 年第 2 期。

⑥ 参见毕忠松、李沄璋、曹毅《“古村落建筑群”类文物的保护对象构成与保护策略探析——以呈坎村古建筑群为例》，《建筑与文化》2015 年第 6 期。

⑦ 朱明敏《文物保护单位保护规划中文物本体及相关概念刍议》，《中国文化遗产》2017 年第 6 期。

设控制地带相对灵活，可操作的程度较高。在没有保护规划的情况下，建设控制地带的作用难以发挥，保护范围的作用有扩大化的现象，并缺少操作性和针对性。因此，规划在大多数情况下需要对两者进行调整和细分。① 而李洪斌等②、韩晓燕③、李柯④、戴俭等⑤则结合文物保护单位和平遥镇国寺、榆林明长城波罗堡等探讨了保护区划划定的原则方法等。近年来随着保护区划划定的原则、方法的成熟，保护区划面临的问题从划定转向落地实施，早期的保护区划只是文字描述表达四至界限，往往造成了在现实当中较难具体落实，地理信息科学的发展则较好地解决了这一问题。⑥

对文化遗产保护规划与相关规划衔接的研究是近年来的热点，尤其是在文化遗产保护规划制度与国土空间规划方面表现尤为明显。随着国家对空间统一管控要求的加强，多规合一的提出与实践，文物保护规划与各项规划的衔接成为文物保护管理的重要前提条件。⑦ 党的十八大以来，针对我国规划体系中各类规划分割、不能有效统筹发挥集约优势等问题，开始提出试点“多规合一”下的国土空间规划工作，这对《全国重点文物保护单位保护规划编制要求》的修订也有一定影响，编制要求修订中突出地强化了指导依据、规划时空范围和规划衔接三个方面⑧；当然，结合文化遗产保护规划现状，也有学者从现有保护规划编制技术层面对能否真正融入“多

---

① 参见王涛《文物保护单位保护规划中保护范围和建设控制地带的划定和分级》，《东南文化》2010 年第 2 期。

② 参见李洪斌、杨箐丛、孙永生《“三旧改造”背景下文物保护单位建设控制地带的划定方法初探——以佛山市禅城区市级文物保护单位保护范围规划为例》，《华中建筑》2011 年第 4 期。

③ 参见韩晓艳《平遥镇国寺保护区划划定方法探讨》，硕士学位论文，山西大学，2013 年。

④ 参见李柯《榆林明长城波罗堡保护区划研究》，硕士学位论文，西安建筑科技大学，2013 年。

⑤ 参见戴俭、黄震《文保单位、历史文化街区保护区划规制的研读与思考》，载中国建筑学会建筑史学分会、北京工业大学《2019 年中国建筑学会建筑史学分会年会暨学术研讨会论文集（下）》，2019 年。

⑥ 参见袁琳溪、汤羽扬《我国文物保护规划相关研究文献综述》，《中国文化遗产》2019 年第 5 期。

⑦ 参见袁琳溪、汤羽扬《我国文物保护规划相关研究文献综述》，《中国文化遗产》2019 年第 5 期。

⑧ 参见国家文物局《国家文物局办公室关于征求〈全国重点文物保护单位保护规划编制要求（修订稿草案）〉意见的函（办保函［2018］25 号）》，2018 年。

规合一”产生了质疑，认为现阶段条件尚不成熟，文物保护的规划系统尚未完整形成，自身的控制体系也并不完善，还需要进一步开展研究工作。[①]

当然，关于文化遗产保护规划方面的研究较多，如其他关于保护技术与原则方法、从区位角度探讨不同遗产保护对策、文化遗产保护规划制度等研究[②]，对于文化遗产保护规划理论方法和架构体系探讨都起到了积极的推动作用。

文化遗产保护规划是文化遗产资源与空间的统筹部署和安排，是开展实施各项保护工作的基础。文化遗产保护规划从20世纪80年代提出至今，经历了从无到有，从不完善到相对完善的过程。随着经济社会和科学技术的发展，伴随着文化遗产保护规划工作的有序推进实施，文化遗产保护规划理论方法和技术体系等也在不断完善。同时文化遗产保护规划也从单纯地强调“以物为本”的本体保护开始向“以人为本”的统筹保护利用和发展方向发展，基于此，文化遗产保护规划“修订了价值研究与保护对象认定、区划管理与规划衔接、公众参与等多个方面的内容，全面深化文物保护规划的各项要求，增强了文物保护规划的整体性、系统性和科学性，为切实加强文物工作，进一步发挥文物资源在传承和弘扬中华优秀传统文化中的重要作用奠定了坚实的基础”[③]。

2. 大遗址保护规划研究现状

进入21世纪后，在政府主导保护及法规体系不断完善的同时，学界开始在大遗址保护的理论与方法等问题讨论的基础上，结合大遗址保护规划实践对大遗址保护规划相关问题展开讨论，并逐渐形成体系。目前对大遗

---

① 参见干立超、黄莉莉《从文物保护规划编制要求修订研究“多规合一”的新趋向》，《建筑与文化》2018年第9期。

② 参见余晓川《文物保护原则在保护规划中的运用》，载河南省文物建筑保护研究院《文物建筑》（第8辑），科学出版社2015年版，第134—138页；师焕英《关于区域性文物保护规划的思考》，《建筑与文化》2013年第10期；张杰、庞骏《旧城遗产保护“生”与“死”的规划设计反思——于产权制度下的遗产保护规划制度的思考》，《建筑学报》2008年第12期；张杰、庞骏《旅游视野下文物保护单位保护规划常态抗辩——兼论文物保护单位保护规划的制度创新》，《规划师》2011年第11期。

③ 参见杨珂珂《浅析〈全国重点文物保护单位保护规划编制要求（修订稿）〉的修订重点与意义》，《遗产与保护研究》2018年第4期。

址保护规划具有代表性的研究可总结为以下几方面。

一是基于大遗址保护规划内容及主要结构体系的探讨。陈同滨先生总结了中国建筑设计研究院建筑历史研究所近十几年来在大遗址保护规划体系框架和关键技术方面进行的一系列创新性探索，构建了大遗址保护规划的基本框架体系。① 田林着重研究了大遗址动态保护规划研究程序、大遗址保护规划体系构架、规范性条款等②；赵荣、王建新以陕西省大遗址保护规划案例为基础，探索了大遗址保护规划的概念、主要内容与实施过程③；宋睿借鉴国内外遗址保护的方法、内容及现有的保护规划体例，研究现有成果，重点提出保护规划编制内容、层次，并提出相应的标准，以区域范围内可持续发展、更新的角度，对大遗址保护规划体系的构成进行剖析研究，对元素、组成进行整合④；权东计就大遗址保护规划编制过程中的目的与意义、谁是大遗址保护规划的编制者、大遗址保护规划编制的科学性、大遗址保护规划编制的发展方向、大遗址的保护区划、大遗址保护规划与产业结构调整六个方面问题展开讨论⑤。刘军民在对城市与城市地域的基本概念、城市与规划理论和保护规划理论进行分析阐释的基础上，介绍了我国大遗址保护规划的主要内容与实施过程。⑥ 陈曦结合我国目前大遗址保护规划和工程现状，提出建立宏观（研究）、中观（法律）

---

① 参见陈同滨《中国大遗址保护规划的多学科研究》，载徐嵩龄等《文化遗产的保护与经营——中国实践与理论进展》，社会科学文献出版社 2003 版；陈同滨《城镇化高速发展进程下的中国大遗址背景环境保护主要规划对策》，《中国文物报》2005 年 10 月 14 日第 7 版；陈同滨《城镇化建设中大遗址背景环境保护规划策略》，《中国文物报》2006 年 7 月 28 日第 5 版；陈同滨《城镇化背景下的中国大遗址保护》，《建设科技》2006 年第 22 期；陈同滨《中国大遗址保护规划与技术创新简析》，《东南文化》2009 年 2 期；陈同滨等《高速城镇化进程下的大遗址整体保护规划策略研究——以良渚古城遗址为例》，《西部人居环境学刊》2019 年第 4 期；陈同滨、PANG Lingbo《以分级分类的空间管控为抓手的大遗址保护规划基本策略——良渚遗址保护规划简介》，《世界建筑》2019 年第 11 期。

② 参见田林《大遗址遗迹保护问题研究》，博士学位论文，天津大学，2004 年。

③ 参见赵荣、王建新《大遗址保护规划的理论探索——基于陕西案例的探索》，国家文物局全国大遗址保护规划现场研讨会 PPT，西安，2004 年 10 月。

④ 参见宋睿《大遗址保护规划体系研究》，硕士学位论文，北京工业大学，2008 年。

⑤ 参见权东计《论大遗址保护规划编制中的六个关键问题》，载中国城市规划学会《城市规划和科学发展——2009 中国城市规划年会论文集》，天津科学技术出版社 2009 年版，第 2639—2647 页。

⑥ 参见刘军民《大遗址保护规划与实施》，《中国名城》2009 年第 7 期。

和微观（实施）的三层次四阶段的大遗址规划体系。[①] 刘卫红等系统探讨了大遗址及大遗址保护规划的概念、特点，分析了大遗址保护规划的使命任务和内容框架，为新时代大遗址保护规划提供了理路指引。[②]

二是基于大遗址保护规划实践等对大遗址保护规划某一方面技术与方法的研究，如大遗址保护规划价值评价、环境规划、展示规划等，这一方面的研究目前相对较多。郑书民较早地对大遗址保护规划中基础文物信息采集与管理的方法进行了探索[③]；刘瑞龙以陕西省为例，对大遗址保护规划的编制、审批和实施管理等问题展开了探讨[④]；姚迪对大遗址保护规划编制过程中如何使遗址地居民能够了解与参与到大遗址保护规划中作了分析[⑤]；张剑葳等以扬州城遗址保护规划为例，探讨了 GIS 技术在大遗址保护规划中的应用[⑥]；刘卫红基于大遗址保护规划实践，在对大遗址保护规划评价问题分析的基础上，构建了系统的大遗址保护规划价值评价体系，同时构建了大遗址保护展示方法体系，具有理念的探索和较强的操作性[⑦]；赵文斌、章腾、孙伊辰对大遗址保护规划中展示问题、环境空间设计和规划问题进行了分析[⑧]；陈稳亮基于特性分析和弹性规划理论分析了大遗址

① 参见陈曦《中国大遗址规划体系构想》，《南方文物》2012 年第 4 期。

② 参见刘卫红、曹金格《大遗址保护规划：对象、使命和内容框架》，《东南文化》2022 年第 1 期。

③ 参见郑书民《大遗址保护规划中基础文物信息采集与管理方法初探》，《华中建筑》2001 年第 4 期。

④ 参见刘瑞龙《大遗址保护规划编制、审批和实施的管理问题研究——以陕西省为例》，硕士学位论文，西北大学，2008 年。

⑤ 参见姚迪《遗址保护规划编制过程中遗址地居民知情权与参与权问题的研究》，硕士学位论文，西北大学，2009 年。

⑥ 参见张剑葳、陈薇、胡明星《GIS 技术在大遗址保护规划中的应用探索——以扬州城遗址保护规划为例》，《建筑学报》2010 年第 6 期。

⑦ 参见刘卫红《大遗址保护规划中价值定性评价体系的构建》，《西北大学学报》（自然科学版）2011 年第 5 期；刘卫红《大遗址展示理念方法问题的探讨》，《地域研究与开发》2013 年第 2 期；刘卫红《中国大遗址保护理论与方法研究》，科学出版社 2020 年版。

⑧ 参见赵文斌、褚天骄《大遗址保护与展示规划初探》，2012 国际风景园林师联合会（IFLA）亚太区会议暨中国风景园林学会 2012 年年会论文集（上册），上海，2012 年 10 月；章腾《基于场所理论的大遗址保护规划中环境空间设计研究》，硕士学位论文，北京交通大学，2013 年；孙伊辰《城市大遗址周边环境保护规划策略研究——以西安唐大明宫遗址为例》，硕士学位论文，长安大学，2013 年。

保护规划的理念、思路等①；李长盈、曹勇等对国保单位保护规划立项报告的编写、大遗址保护规划区划的划定等具体问题结合实例开展了讨论②。

三是基于区位、类型等对大遗址保护规划的综合性实证探索，或对具体大遗址保护规划的探索，以求通过具体大遗址保护规划案例研究探讨大遗址保护规划内容、技术等问题。如崔明和朱光亚对江苏省大遗址保护规划与利用模式的探索③；赵中枢、郝丽君等、邢宗海等、曹师贞等基于案例对城市型、城郊型和村落型大遗址保护规划的技术及内容进行了探索④；孙莹首次以城郊型大遗址为例，探讨了大遗址保护规划的实施评价机制⑤；李长盈认为由于受考古工作程度和规划编制水平的影响，目前我国大遗址保护规划编制的深度和质量呈现出参差不齐的状况，在现有评价方式的基础上细化评价指标、拓展评价方法、建立起较为完善的评价体系已十分必要，对于提高大遗址保护规划编制的质量和可操作性也具有重要的意义，基于此，从大遗址保护发展历程、大遗址保护规划编制现状、考古学与大遗址保护规划、大遗址保护规划编制评价等问题对建立大遗址保护规划编制评价体系进行了探索，最终建立了大遗址保护规划编制的评价体系，并结合《禹王城城址保护规划》等进行了案例探讨，为大遗址保护规划编制的评价和保护实践提供了借鉴⑥。部华认为大遗址保护规划存在重视规划

---

① 参见陈稳亮《大遗址保护中的弹性规划策略研究——基于雍城遗址保护的思考》，《城市发展研究》，2009 年第 8 期；陈稳亮《基于特性分析的大遗址保护规划策略研究》，《城市问题 》2012 年第 6 期；陈稳亮、赵达《大遗址保护与区域发展的协调性规划探索——以汉长安城遗址保护总体规划为例》，《城市发展研究》2012 年第 4 期。

② 参见李长盈《浅谈国保单位保护规划立项报告的编写》，《江汉考古》2015 年第 1 期；曹勇《广东大遗址保护规划研究》，硕士学位论文，华南理工大学，2014 年；曹勇《大遗址保护规划区划的划定分析研究——以广东大遗址为例》，《东南文化》2015 年第 2 期。

③ 参见崔明、朱光亚《江苏省大遗址保护规划浅析》，《文博》2006 年第 6 期。

④ 参见赵中枢《名城城郊型大遗址保护规划初探——以咸阳西汉帝陵群为例》，《城市发展研究》2007 年第 5 期；郝丽君等《基于城乡统筹的早商府城遗址保护规划策略研究》，《现代城市研究》2013 年第 3 期；邢宗海等《城市型大遗址保护规划编制技术要点——以〈唐华清宫遗址保护规划〉为例分析》，《中国名城》2013 年第 4 期；曹师贞《基于区域协调发展的村落型大遗址保护规划研究——以邹城羲皇庙遗址为例》，硕士学位论文，山东建筑大学，2014 年。

⑤ 参见孙莹《城郊型大遗址保护规划实施评价机制研究》，硕士学位论文，西北大学，2013 年。

⑥ 参见李长盈《大遗址保护规划编制评价体系研究》，博士学位论文，武汉大学，2017 年。

编制和实施、轻视规划实施评价的问题，而且后者缺少科学的评价框架，因此，通过借鉴城市规划实施评价理论方法等，希望建立符合大遗址保护规划特点的实施评价框架。[①] 孟青、刘克成、杨晓青、张玲娣、朱思红、曹勇等以良渚、圆明园、大明宫、蒲州故城、秦始皇陵等遗址为例探讨了具体遗址保护规划的理念、思路、内容体系等。

其他一些学者还对大遗址保护规划的现状、性质及各阶段成果作了总结，如傅晶、刘剑对“十一五”国家重要大遗址保护规划创新成果进行了介绍[②]；王吉昌、杨亮介绍了大遗址区域保护规划的研究现状及主要发展趋势[③]。

纵览近年来学界对大遗址的研究，大遗址保护规划研究目前尚显薄弱，在为数不多的成果中，学者们或受制于篇幅，仅能对大遗址保护规划概况、特性、意义及若干技术创新作一些概括性的描述与总结；或囿于专业背景、工作性质等，成果形式仅能对一处或若干处大遗址的保护规划进行编制内容的介绍与规划方案的描述。对于大遗址保护规划编制内容构成、体系等尚无明确研究，且缺乏对大遗址规划理论与方法等系统性的研究，使得目前各类大遗址保护规划在实施目标与手段上都存在着明显差异，在保护规划编制过程中不能有效解决保护区划的确定、保护措施的制定、专项规划的导引以及与其他规划的协调等诸多问题。亟须构建适应大遗址保护规划的理论与方法体系，以指导大遗址保护规划实践。

三　我国大遗址保护规划发展的阶段与特征

回顾我国大遗址保护规划的发展历程，可以看到其是一个不断深化、不断充实与完善的过程，在不同的时期表现出不同的形式与内容。

（一）大遗址保护规划发展的阶段

国内大遗址保护规划工作起步较晚，随着我国大遗址保护事业的发

① 参见郜华《大遗址保护规划实施评价方法研究》，《遗产与保护研究》2018 年第 2 期。

② 参见傅晶、刘剑《“十一五”国家重要大遗址保护规划创新成果》，《建设科技》2006 年第 22 期。

③ 参见王吉昌、杨亮《大遗址区域保护规划研究综述》，《陕西师范大学学报》（自然科学版）2008 年第 S2 期。

展，20 世纪 80 年代中后期，大遗址保护规划作为大遗址保护的重要手段开始付诸实践探索。纵观我国大遗址保护规划近 40 年的发展，其历程可以划分为两个阶段。

第一个阶段以 20 世纪 80 年代中后期至 90 年代末为主，为大遗址保护规划的实践探索阶段。这一阶段，以政府主导下的自主式实践探索为主，缺乏法规制度及理论方法等方面的指导，在编制过程中以借鉴其他专项规划的技术模式为主，大遗址保护规划的编制理念、结构体系和具体内容还存在许多不足，符合大遗址保护规划自身特色的编制理念、方法及结构体系等还未建立。但这一时期的实践探索为 21 世纪以来我国大遗址保护规范化发展提供了实践指导。

第二阶段以 21 世纪初至今这一段时期为主，为大遗址保护规划的规范化探索发展阶段。这一阶段，在我国建筑学与城乡规划学、考古学、文物保护学等多领域专家学者和规划设计人员的共同努力下，以国际理念为指导，结合我国国情及文物保护和城乡规划等领域的法规、规范，借鉴中国城乡规划、国土规划、建筑学等学科规划设计规范的相关理论方法与技术，通过多学科和多领域的交叉，在不断总结大遗址保护规划实践经验的基础上，逐渐形成符合大遗址保护要求的保护规划体系和编制体例及内容结构等，初步形成了大遗址保护规划的规范标准和模式。为我国大遗址保护规划的系统化、科学化、规范化发展奠定了基础。

（二）大遗址保护规划发展的特征①

1. 大遗址保护规划发展迅速

20 世纪 90 年代以前，我国基本没有独立体例的文化遗产专项保护规划，一般都是要求将文物的保护管理纳入城乡建设总体规划或相关的风景名胜区规划及旅游规划中；或是仅编制不包括或不完整包括本体保护措施的某文物保护单位环境整治专项规划。② 20 世纪 90 年代中后期，随着大遗址保护的发展，在国家文物局的推动下，以中国文物研究所、中国建筑设

---

① 参见刘卫红、张玺《大遗址保护规划的现状与发展趋势》，《自然与文化遗产研究》2022 年第 2 期。

② 参见陈同滨、王力军《不可移动文物保护规划十年》，《中国文化遗产》2004 年第 3 期。

计研究院建筑历史研究所、清华大学建筑设计研究院等为主的一批科研院所在传统古建筑保护规划设计的基础上，开始了大遗址保护规划的探索。以中国建筑设计研究院建筑历史研究所为例，从其公布的数据分析，其大遗址保护规划编制工作从1998年左右开始，在20世纪90年代后期主要完成了《湖南澧县城头山古文化遗址总体保护规划》《辽宁朝阳牛河梁红山文化遗址群保护规划》《浙江杭州良渚遗址保护总体规划》三处大遗址保护规划。[①] 进入21世纪以后，随着对大遗址认识的深化和保护的重视，国家相继出台了一系列大遗址保护的法规文件，从政策制度和经费等各方面扶持大遗址保护。尤其是国家对150处大遗址保护规划的需求，极大地推动了我国大遗址保护规划发展的速度。以国家需求为引导，我国大遗址保护规划形成了“十一五”和“十二五”两个快速发展期，使得大遗址保护规划为行业及从业者所认同，为我国大遗址保护规划实践和理论体系化建设奠定了基础。

2. 大遗址保护规划管理逐步走向规范化和制度化

大遗址保护规划法规制度从无到有，规划管理逐步走向规范化和制度化。针对大遗址保护规划专业性强、市场化程度高的特点，国家文物局一直注意对大遗址保护规划的管理和指导，把制定和推行大遗址保护和大遗址保护规划建设的法规和标准作为重要工作目标。从早期宏观性的法规文件《中国文物古迹保护准则》《文物保护工程管理办法》到具体的《全国重点文物保护单位保护规划编制审批办法》、《全国重点文物保护单位保护规划编制要求》、《大遗址保护规划规范》（WW/Z 0072—2015）等法规文件的颁布，确立了大遗址保护规划的地位，为大遗址保护规划编制内容结构体系、经费和编制资质等提供了法规指导。

3. 大遗址保护规划编制单位及队伍不断扩大

大遗址保护规划队伍不断扩大、人员素质明显提高，多学科、跨专业的复合型规划力量正在成长。从已经颁发的具有大遗址保护规划编制资质的甲级资质单位的数量和行业等来分析，我国从2004年开始颁布第一批文

① 参见《中国建筑设计研究院建筑历史研究所改革发展30年成就汇报》，http://www.cad-reg.com.cn/tabid/331/InfoID/8065/frtid/330/Default.aspx。

物保护工程勘察设计甲级资质，到2022年共颁发了100多家，其中具有文物保护规划业务范围的甲级资质单位共50多家，极大地拓展了我国大遗址保护规划的编制队伍。2015年国家文物局启动文物保护工程专业人员资格证书认定制度，截至2022年，具有文物保护工程专业人员资格证书的责任设计师共计1561人，其中具有保护规划业务范围的有804人。从大遗址保护规划编制人员的专业背景来看，经历了从建筑学和城市规划学等专业各自为政进行独立规划，到考古学及文物保护学人员逐步加入的过程，同时有向各个行业的专家相互融合、共同参与规划的方向发展的趋势。

4. 大遗址保护规划体系和内容结构不断规范

大遗址保护规划结构体系和内容架构等从不完善逐步向体系化、规范化方向发展。

（1）大遗址保护规划体系不断完善。从区域角度分析，大遗址保护规划从早期以具体大遗址为基础的保护总体规划向宏观层面的国家大遗址保护规划发展和区域性大遗址保护规划发展，如《“十一五”国家重要大遗址保护规划纲要（第一批）》《“十一五”期间大遗址保护总体规划》《大遗址保护“十二五”专项规划》及《成都市大遗址保护总体规划》《陕西省文物保护总体规划》等大遗址保护规划的编制，形成了国家、区域（省、市、县）到单体大遗址及具体遗址的保护规划体系。从保护规划的内容层次分析，形成了从大遗址保护总体规划到考古遗址公园规划、保护展示方案设计、保护施工方案设计等体系；从规划期限分析，形成了近期（3—5年）、中期（5—10年）、远期（10—20年）的规划体系。

（2）大遗址保护规划对象范围不断拓展。大遗址保护规划的对象从早期的以大遗址区内“单体”遗址的保护，开始向“群体”和整个区域空间发展；开始注重单体或群体周边环境的保护，对环境的认识也从人文环境或自然环境的保护开始向人文与自然环境共同保护发展，不仅包括对过去的环境保护，还包括对遗址区现已形成的能够反映演变传承的现代环境的保护，最终形成对大遗址的“整体”保护。同时从传统的只保护遗址本体等能看得见的物质文化遗产，开始向保护与遗址区历史文化相关的传统文化遗产方向发展，将“物质”与“非物质”文化遗产同时并重，并最终向综合性的文化景观层面发展。①

（3）保护规划的指导理念不断创新发展。从过去单纯地强调“限制性保护”规划，向保护和“科学展示”“价值利用”“相容使用”等相结合的保护规划方向发展，并在认识中将“利用”作为“保护”的一种手段和方式；从单一的只关注大遗址保护向关注区域民生、区域环境、区域经济社会发展的方向发展，使得大遗址保护规划从单纯的保护规划向综合统筹的区域性保护规划方向发展，以便于摆脱单点式不切实际的保护，而从区域角度综合考量，增强大遗址保护规划的操作性。

5. 大遗址保护规划研究逐步深化

大遗址保护规划理论方法研究经历了从无到有，从宏观向微观，从实践案例探讨向理论化发展并指导具体案例的过程。进入21世纪后，在政府主导保护及法规体系不断完善的同时，学界在大遗址保护的理论与方法等问题讨论的基础上，开始结合保护规划实践对大遗址保护规划的相关问题展开讨论，并逐渐形成体系。随着大遗址保护实践的推进和认识的不断完善，从早期对大遗址保护规划内容及主要结构体系的探讨，开始对大遗址保护规划某一方面技术与方法展开研究，如大遗址保护规划价值评价、环境规划、展示规划等；同时基于区位、类型等特征对大遗址保护规划进行综合性实证探索，或对具体大遗址保护规划进行探索，以求通过具体大遗址保护规划案例研究探讨大遗址保护规划内容、技术等问题，深化了研究的内容和结构层次。

总之，我国大遗址保护规划从无到有，在四十多年的发展过程中，结合我国国情及文物保护和城乡规划等领域的法规、规范，借鉴国内外文化遗产保护规划、城乡规划、国土空间规划、公共管理规划等学科规划设计规范等相关理论方法与技术，通过多学科和多领域的交叉，在对大遗址保护规划实践经验不断总结的基础上，逐渐形成了符合大遗址保护要求的文物保护规划技术体系，优化了编制体例及内容结构，初步构建起了大遗址保护规划的规范标准体系理论方法基础。

---

① 参见刘卫红《中国大遗址保护理论与方法研究》，科学出版社2020年版，第60页。

四 大遗址保护规划发展存在的问题

我国大遗址保护规划工作经过近四十年的发展，对大遗址保护起到了宏观上的政策指导作用。但由于保护规划工作起步晚、基础弱、发展快，大遗址保护规划与国土空间规划、经济社会发展规划、城乡规划等体系已经相对完善的专业规划相比，在规划编制体例、技术规范和理论方法等方面还存在明显的差距。

（一）大遗址保护规划体例内容规范性不足

我国大遗址保护规划法制化建设较为滞后，致使规划架构和内容规范性不足。我国大遗址保护规划主要依据《全国重点文物保护单位保护规划编制审批办法》和《全国重点文物保护单位保护规划编制要求》来编制。由于法规文件的宽泛性、文物类型的多样性与复杂性、规划编制人员的多学科性等因素影响，规划编制人员往往依据自身的专业背景、知识水平、规划经验、个人偏好来选择规划方法，规划内容具有强烈的专家特色、学科特色，使我国大遗址保护规划在编制实践中普遍存在成果体例不一、内容不全、深度不一等问题，直接影响到大遗址保护规划的系统性、整体性、科学性及操作性。例如，在早期规划理念的影响下，大遗址保护规划对展示利用、游客管理、环境规划等部分存在不同程度的缺失；或受专业背景影响，城乡规划或建筑学科背景下注重区域发展和基础设施规划，园林环境背景下注重展示利用和景观环境等规划，遗存现状和遗存评估较薄弱；而考古背景则过度重视遗存价值评估以及保护措施规划，对展示利用和区域发展规划则重视不足。

（二）大遗址保护规划内容综合统筹性较差

受传统的“以物为本”和“限制性保护”观念的影响，在大遗址保护规划编制过程中，往往容易出现以文物资源为核心，以保护为准绳的现象，未能充分考虑文物的“要素”和“空间”双重特性，陷入就文物资源谈文物资源，就保护谈保护的悖论困境中。因为未能有效统筹除文物资源之外各类资源的优化配置及区域经济社会发展和民生改善等需求，最终导致规划除了本体保护技术措施能够实施操作外，其他保护管理措施无法有效实施，使得对大遗址区域保护监管失控。

（三）大遗址保护规划编制技术创新有限

大遗址保护规划由于起步晚，目前还未完全构建起符合大遗址保护特性的规划编制技术体系，编制技术方法以国土空间规划、城乡规划等规划的为主。同时，随着经济社会和科学技术的发展，虽然新技术新方法不断，但大遗址保护规划中运用较少，尤其在云计算、大数据等信息技术科学的运用上存在不足。在保护规划编制过程中，对一些保护技术措施或方法缺乏科学的实验论证和研究，以定性化描述为主，在具体实施实践中不能有效促进大遗址保护管理。因此，大遗址保护规划应积极探索新技术新方法的适宜性和相容性使用，加强规划的科技支撑，发挥科技创新的引领作用，提高大遗址保护规划相关专项措施编制水平，以增强大遗址保护规划的科学性和可操作性。

（四）大遗址保护规划理论方法研究薄弱

当前我国还未建立起系统的大遗址保护规划理论方法体系。从专业领域分析，我国大遗址保护规划发展早期以建筑学或城乡规划学等专业为主，因此研究的理论方法也以建筑学和城乡规划学为主。考古学界目前还缺乏就优化大遗址保护规划问题的系统思考，相关理论、技术方法的研究成果较为少见。从研究内容方面分析，大遗址保护规划在学习西方文化遗产保护规划框架体系的基础上，多借鉴城乡规划、风景名胜区规划等相对成熟的专项规划，针对大遗址保护规划自身特点展开的系统研究探讨依然较少。目前的研究成果中主要是对大遗址保护规划概况、特性、意义及若干技术创新作一些概括性的描述与总结，或仅对具体大遗址的保护规划编制内容进行介绍与描述。对于编制内容构成、体系等尚无明确研究，且缺乏对理论方法的系统性研究，使得目前各类文物保护规划在实施目标与手段上都存在着明显差异，在保护规划编制过程中不能有效解决如何确定保护区划、制定保护措施、衔接专项规划以及协调其他规划等诸多实际问题。因此，亟须构建适应大遗址保护规划的理论与方法体系，以指导大遗址保护规划实践。

（五）大遗址保护规划实施滞后

“现有规划实施机制主要着眼于规划内部层次的技术完善，对于保障规划实施上发挥关键作用的相关部门配套政策运用不足，从而导致规划体系与政府操作体系存在一定的脱节，进而影响了规划实施”①，许多规划甚至在编制完成后被束之高阁。近二十年来大遗址保护规划迅速发展，一方面得益于国家的推动，另一方面随着文化遗产保护事业的发展，基层政府对大遗址保护规划重要性的认识也不断增强。许多大遗址保护规划在地方政府的积极主导下编制完成，并通过了省政府批准，成为指导大遗址保护的行动纲要。但是在此过程中，还存在着一种较为普遍的现象，大遗址保护规划在国家政策和资金主导及资助下，地方政府有编制申报的热情和积极性，但大遗址保护规划编制完成，通过评审之后，就认为大遗址保护规划工作已经结束，自己的任务已经完成。地方政府由于没有真正理解保护规划的意义和作用，普遍不重视对文物保护规划的实施，使保护规划出现“规划规划，墙上挂挂”的现象，不能真正发挥规划对实践的指导作用，浪费了有限的人力、物力和财力等。

（六）大遗址保护规划法制化和规范化建设滞后

我国大遗址保护规划法规制度建设较为滞后，保护规划编制、实施和规划管理等规范性不足，现有的有关法律内容也不甚成熟完善，没有建立起符合大遗址保护规划的法规体系，直接影响到保护规划的权威性、规范性和操作性等。首先，在法律层面文物保护规划或大遗址保护规划还存在无法可依的现状。其次，大遗址保护规划与其他不可移动文物的保护规划在许多方面存在很大差异。现已公布的《全国重点文物保护单位保护规划编制审批办法》和《全国重点文物保护单位保护规划编制要求》因针对全国重点文物保护单位的各类不可移动文物制定，在专项规定和深度要求上未能满足指导大遗址保护规划编制的需求。最后，对大遗址保护规划的评审、评估和实施还缺乏法规要求和指导，使得大遗址保护规划评审、评估及实施缺乏依据，甚至沦为形式。因此亟须建立健全大遗址保护规划法规制度体系，使大遗址的保护规划及其实施管理工作科学、合理、有效进行。

---

① 参见张超荣等《北京规划实施管理体制机制研究——国内五大城市的经验借鉴与启示》，载中国城市规划学会《城乡治理与规划改革——2014 中国城市规划年会论文集（11——规划实施与管理）》，中国建筑工业出版社 2014 年版，第 1 页。

（七）大遗址保护规划公众参与不足

大遗址保护规划作为一项专项规划，目前基本上由行业专家编制，流程上多是专家编制、专家论证、专家评审的闭合模式，存在明显的精英化倾向。在规划编制过程中，规划项目组也作了深入调研，与当地政府就规划编制进行了座谈，对遗址区民众进行了访谈。但在文案工作阶段，还是关起门来以“专家式”编制为主，甚少听取地方和民众的意见，对于民生、区域经济社会发展等统筹规划不足。专家论证和专家评审也基本上由圈内人士组成，缺乏地方和民众的声音，导致我国目前许多大遗址保护规划的法规性有了，但实践操作性小了、公众对规划的认可度与接受度小了。

（八）规划决策地方政府和部门色彩浓厚

依据法律法规要求，大遗址保护规划属于“全国重点文物保护单位保护规划”范畴。因此，其都是以政府名义组织编制的，并最终服务于政府监管和发展需求。但是，由于大遗址保护规划专业性强，一般由文物行政部门代表政府组织编制，在编制过程中规划容易受到最大利益群体所在地政府和行业行政管理机构的约束和监督；而且编制完成的保护规划一般都需要经过地方文物行政部门和地方县级政府审核，在这过程中大遗址保护规划难免掺杂地方政府和其他相关行政部门的利益诉求，导致规划决策地方政府和部门色彩浓厚，地方政府和部门利益扩张膨胀。在这种状况下，一旦遇到与地方政府或核心部门利益冲突，地方政府或部门间的协调机制就难以发挥效用，尤其是作为直接相关的县级及以上地方政府，可能为了区域未来发展利益诉求，直接通过公权影响相关规划内容调整。

总结大遗址保护规划存在的问题可以发现，最根本的原因是缺乏科学、有效的大遗址保护规划理论与技术方法的指导。因此，大遗址保护规划理论与方法的研究就尤为重要和迫切。

五　大遗址保护规划发展的趋势

随着我国经济社会发展和文化遗产保护理念的发展以及“多规合一”、生态文明、新型城镇化等政策的提出，未来大遗址保护规划的工作呈现以下几种趋势。[①]

（一）规划理念的融合发展性

新时代大遗址保护规划必须结合国情、遗产保护利用发展趋势和大遗址实际，在贯彻新发展理念和坚持保护优先的基础上，树立以人民为中心的保护理念和保护利用与发展融合协同的理念。在保护规划编制过程中，应立足于大遗址是人与物互动的文化现象这一事实，树立“以物为基础，以人为中心”的理念，始终做到大遗址保护为了人民、保护依靠人民，保护成果由人民共享；同时，大遗址保护规划应综合考虑大遗址利用和区域统筹协调发展，实现大遗址在保护中发展，在发展中保护，使其在提供公共文化服务、满足人民精神文化生活需求方面充分发挥作用。[②] 如：在大遗址保护规划指导思想和原则等方面，要明确“保护第一、加强管理、挖掘价值、有效利用、让文物活起来”的新时代文物工作 22 字方针，将文物安全作为根本原则，同时还要考虑到有效利用和融合发展，重视以人为本原则下满足人民美好生活需要。

（二）规划对象和资源使用方式的统筹性

未来大遗址保护规划在规划对象上，应基于大遗址系统，从传统的以遗址本体为主向区域整体保护转变，既重视大遗址资源本体又重视空间区域环境，既重视物质文化遗产又重视非物质文化遗产，在保护规划中将遗址资源本体及其附着的文化内涵、生成环境和历史文化行为与精神四个方面统筹考虑。在遗址资源使用方式上，应从过去单纯地强调“保护”，向保护和科学展示、价值利用、相容使用等相结合的保护规划方向发展，并将利用、管理、发展作为保护的一种重要手段和方式，在大遗址保护规划中统筹考虑资源的各类使用方式，以增强大遗址保护规划的操作性。

（三）规划框架的系统性

基于大遗址系统保护的要求，在大遗址保护规划框架体系构建中，既

---

① 参见刘卫红、张玺《大遗址保护规划的现状与发展趋势》，《自然与文化遗产研究》2022 年第 2 期。

② 参见刘卫红、曹金格《大遗址保护规划：对象、使命和内容框架》，《东南文化》2022 年第 1 期。

要有针对大遗址本体系统的本体保存状况及环境现状的分析、评估，又要有针对大遗址保护系统的保护、展示利用、保护管理和考古研究等使用方式的统筹优化，同时还要有针对人地关系系统的产业结构调整引导、聚落居民调控、土地利用调控等方面的内容。这要求在大遗址保护规划中，既要处理好遗址资源保护、展示和管理的关系，又要处理好遗址保护利用和区域环境整治、聚落土地调控、产业发展的关系，实现遗址保护、利用、管理和区域发展的协同融合。

（四）规划过程的动态性

大遗址保护的过程是区域社会环境动态发展的过程，在此过程中，构成区域环境的各社会要素或系统之间是相互作用的。因此，不能仅以静态的保护观去编制保护规划，绘制一幅一成不变的蓝图。大遗址保护规划应是以遗址为核心，既考虑区内环境变化又考虑区外环境变化的一个动态协调过程。大遗址保护规划成果应该是对遗址区域动态过程的控制和引导方法。大遗址保护规划的最终目的是促使、引导、控制大遗址区内与区外的发展在各个阶段保持整体系统和谐、有序的状态。在大遗址保护规划编制实践中，国家和区域法规政策、国土空间规划或城乡发展环境、考古研究工作进度、资金筹措情况等方面的变化或环境不可控性都对保护规划提出了动态发展要求。

（五）规划思想方法的复合性

大遗址构成要素的多样性、价值和利益的多元性以及保护环境的复杂性要求规划指导理论和方法的多样性和综合性，其规划方法不是单一的或者是几种规划方法的简单叠加。在大遗址保护规划编制过程中，首先应具有复合开放性的思想，在规划编制过程中不仅需要重视系统内的发展规律和要素，还应关注系统外的环境条件；同时在规划过程中应从多学科、多角度综合考量备选方案，并能根据内外环境变化的反馈及时调整相关规划内容。其次，注意指令性方法和引导性方法的结合。大遗址保护规划强调保护，在保护区划和保护区管制措施等方面属于刚性规划范畴，具有很强的指令性。而展示和区域经济社会协调发展规划内容在坚持保护第一的原则下可以具有一定的弹性，在保护的同时也应注重利用和区域发展规划。

因此，在涉及大遗址展示利用和区域经济社会发展规划等具有弹性规划范畴的内容时，则应以引导性为主。在上述思想方法或理念的指导下，应结合具体内容，融贯地运用各学科成熟的理论方法开展大遗址保护规划的编制工作。

（六）规划成果的可实施性

大遗址保护规划编制的目的是以其为指导，促进大遗址区各系统要素和谐、有序、健康发展。因此，大遗址保护规划编制完成公布后，要能实施并指导大遗址区域各系统的有效运行。而现阶段我国许多大遗址保护规划由于规划理念、思想方法等的不足，存在操作性不强、可实施性差等问题，这要求在未来的规划编制过程中，要加强理论与方法指导，重视规划的实施操作性。

总之，大遗址保护规划是确保大遗址保护迈向正确道路的必不可少的一步，为保护管理者或其他直接利益相关者就大遗址现在以及未来的保护活动提供了指导。了解大遗址保护规划的发展现状和趋势，有助于更好地制订大遗址保护规划法规制度和开展大遗址保护规划实践，增强大遗址保护规划的科学合理性和有效实施性。

第二节　考古学与大遗址保护规划关系研究

一　考古学与大遗址保护规划的关系

（一）考古学和大遗址保护规划的目标任务

考古学是根据古代人类通过各种活动遗留下来的实物以研究人类古代社会历史的一门科学。① 考古学的研究对象是古代人类活动留存下来的实物资料；研究目的目标是基于对实物资料的描述、分类和分析，结合历史文化、社会学等方法来探究人类古代社会和历史及其发展规律②，如“古

① 参见夏鼐《什么是考古学》，《考古》1984 年第 10 期。
② 参见《考古学概论》编写组《考古学概论》，高等教育出版社 2015 年版，第 3 页。

代社会的生产规模、技术水平等物质文化，也包括美术观念、宗教信仰等精神文化”①。新时代从考古遗存本体研究角度分析，考古学具有获取古代遗存信息、重构和完善古代人类社会、挖掘阐释文化意义和保护文物的使命任务。

大遗址保护规划的实质和目的目标是基于大遗址保护利用需求，对大遗址的遗存要素和环境及空间使用的变化进行统筹安排和治理管控，以实现大遗址资源要素等在空间层面的有效配置。大遗址保护规划最基本的特性就是时空性，这也决定了保护规划的使命任务。其规划的核心对象——大遗址都处于一定的时空序列中。从空间角度，大遗址是一定时间一定地域空间范畴的产物，处于一定的空间范畴内；大遗址是一种人类活动实践下由点、线、面不同形态的自然要素和人文要素在空间中的位置、分布形式和相互关系构成的复杂结构。因此，大遗址保护规划作为人类对文物空间未来的实践活动，是一种需要处理人与人、人与自然关系的法规制度和技术规范。这要求保护规划应以重塑大遗址的空间保护格局为使命任务。从时间角度，大遗址存在过去、现在和未来三种状态。大遗址保护规划是对大遗址及其空间环境过去、现在和未来的统筹安排和部署。这要求保护规划应以明晰大遗址的“原初和现时”状态、优化未来使用方式、使其保值增值为使命任务。

（二）考古学和大遗址保护规划的关系

考古学和大遗址保护规划在保护大遗址方面具有高度同一性，同时又存在互为表里、彼此依存的辩证关系。一方面，考古学和大遗址保护规划在保护研究对象、基本特性、根本目的目标和使命任务方面具有高度的同一性；另一方面，考古工作和大遗址保护规划工作是大遗址保护利用工作的重要环节，从工作实践辩证关系来看，考古学是大遗址保护规划的基础依据，大遗址保护规划是考古学可持续发展的重要保障，二者相互共生依存。

---

① 中国大百科全书总编辑委员会《考古学》编辑委员会、中国大百科全书出版社编辑部编：《中国大百科全书·考古学》，中国大百科全书出版社1986年版，第2—3页。

考古和大遗址保护规划都是事关大遗址保护、深化文明认知和文化基因存续的工作，二者在大遗址保护方面存在高度同一性。第一，从考古学和大遗址保护规划工作的核心对象分析，都是以大遗址为主。第二，从工作对象的基本特性分析，都具有时空特性，而且是一种相对叠加的时空范围，只是在此过程中对大遗址的认识必须以考古学为基础。从空间看，大遗址空间既是考古发掘、研究的空间对象，也是大遗址保护规划的空间对象；从时间看，考古学和大遗址保护规划都需要对大遗址的过去、现在和未来进行探究，考古学对现时遗存的处理和过去历史社会的重构和复原，是大遗址保护规划的基础，同时二者都需要对大遗址的文化价值进行挖掘阐释。第三，考古工作和大遗址保护规划的根本目的目标具有相近性。考古学是基于田野考古工作获取信息，然后开展社会历史及文化价值研究，并结合当代需求阐释其承载的文化意义；大遗址保护规划是通过规划设计等手段，在保护好大遗址的基础上，实现大遗址展示利用、价值传承弘扬；二者最终都是为了满足人民美好生活需要、传承弘扬中华优秀传统文化、坚定文化自信，为建设文化强国服务。第四，这些目的目标等具体到考古学和大遗址保护规划的使命任务，其实质都是通过获取大遗址信息，在重构和完善古代人类社会的基础上，挖掘阐释大遗址的文化价值，进而重塑大遗址的空间保护格局、优化保护利用方式，促进大遗址保护利用，实现大遗址所承载的文化价值的传承弘扬、区域经济社会发展和民生改善等。

作为大遗址保护利用工作重要环节的考古工作和大遗址保护规划，二者互为表里，辩证统一。考古学是获取文物信息、认识大遗址的过去和现在、挖掘阐释大遗址价值、开展大遗址保护与展示、编制实施大遗址保护规划的基础依据。认识古代社会，尤其是史前社会离不开考古学。做好大遗址保护规划工作的前提是对大遗址的基本信息——规模范围、布局、时代、性质、文化特征以及历史科学、艺术文化等价值有一个清楚的认知了解，而这些信息的唯一来源就是考古勘察、发掘和研究，尤其是在认知史前社会时期具有无可替代的作用。同时，考古工作的全面整体性和深度广度等决定了大遗址保护与展示利用、大遗址保护规划等工作的效果。大遗址保护规划是大遗址保护、价值传承弘扬的重要手段，是促进考古学可持续发展的重要保障。考古学依赖于田野发掘而存在、发展，古代遗址是考古学赖以生存和发展的根本资源。① 科学有效的大遗址保护规划在合理配置大遗址资源及区域其他资源环境，妥善处理大遗址保护、利用与区域经济社会、民生发展等方面发挥着重要作用。因此，作为大遗址保护或价值传承弘扬重要手段的大遗址保护规划，在保护大遗址的同时也就是在支持考古学发展。

二　考古学在大遗址保护规划编制中的主要任务

（一）大遗址保护规划需要文保类考古

考古发掘是考古学研究实践的基础手段。我国考古学经过七十多年的发展，考古发掘工作的类型根据发掘的对象、性质和目的目标等划分为主动考古发掘（科研类考古、文保类考古）和被动考古发掘（基本建设类考古、抢救保护类考古）两种四类。② 主动考古发掘是指以科学研究或保护需求为目的而进行的有计划、有步骤的发掘，包括科研类考古和文保类考古两种类型。科研类考古是指为了科学研究目的而主动对某一遗址进行主动考古发掘，以获取相关资料，推进科学研究工作而开展的考古工作。文保类考古是指服务于遗址保护利用或遗址保护规划及保护方案的制订、修订而开展的主动性考古工作。被动考古发掘是指以配合基本建设或抢救保护而开展的发掘工作，分为基本建设类考古发掘和抢救保护类考古发掘。基本建设类考古发掘的目的是摸清拟建设区域内地下古代文化遗存情况，取得相关考古资料，为有关部门就遗址保护和基本建设方面的决策提供科学依据和建议；或在已决定进行基本建设的区域内开展考古发掘，清理地下古代遗迹遗物，最大限度地减小基本建设对遗址文物带来的损失。抢救保护类考古发掘是对因天灾人祸而面临损毁甚至已经造成损毁的古代遗存进行抢救、保护性发掘，解除遗址面临的危情，抢救已遭受破坏的遗迹遗

① 参见杜金鹏《考古学与古代遗址保护规划》，《中国文物报》2009 年 4 月 24 日第 7 版。

② 参见杜金鹏《试论文保类考古》，《考古》2010 年第 5 期。

物，保护尚未遭受损坏的遗迹遗物。①

大遗址保护规划对于考古学的需求主要是厘清大遗址的规模范围、时代、文化内涵、布局、性质及价值、重要的遗存类型及结构等，为大遗址展示利用提供基础资料和科学依据，而这一工作以文保类考古为主。因此，结合大遗址保护或大遗址保护规划工作的需求，应积极推动文保类考古之考古学科建设，考古工作中应树立保护理念，在探索人类发展规律的同时，应注重遗址保护和价值挖掘阐释，注重重要遗存的保护展示，以促进大遗址价值传承弘扬，推进大遗址考古工作的可持续发展。实践证明，只有考古工作比较充分、考古研究比较深入的遗址，其价值彰显才会比较清晰和准确，保护规划才比较符合实际，具有较高可信度和权威性。②

（二）大遗址考古在大遗址保护规划中的任务

考古学是大遗址保护规划工作的基础依据，大遗址保护规划要科学合理到位，最重要的是对遗址的构成、属性特点和价值等经过调查发掘研究达成一定的共识。因此，系统、全面的考古调查发掘和研究工作是编制一个科学、合理、有效的大遗址保护规划的前提。就大遗址保护规划工作需求而言，考古工作的任务包括明晰大遗址遗存构成和文化属性、评估大遗址保存现状及破坏影响因素、深化大遗址价值体系研究、提供保护建议、编制考古工作规划等，为划定大遗址保护区划、明确保护和展示利用重点及保护和展示利用措施等规划设计服务，以实现对大遗址的有效保护利用。

1. 明晰大遗址遗存构成和文化属性

大遗址保护规划工作的首要任务是认识保护规划的对象及其遗存构成和文化内涵等，而这一任务的实现必须依靠考古工作来完成。大遗址保护规划的对象是大遗址系统，主要包括大遗址本体系统、大遗址保护系统和大遗址人地关系系统。大遗址本体系统是大遗址保护规划工作开展的前

---

① 参见杜金鹏《试论文保类考古》，《考古》2010 年第 5 期。

② 参见杜金鹏《试论文保类考古》，《考古》2010 年第 5 期。

提，只有明确了大遗址本体系统的构成要素及其分布，梳理清楚了大遗址本体构成要素的类型、性质、规模、结构、布局、功能及环境等，才能开展大遗址保护规划的具体编制工作。通过考古工作，一方面能够厘清大遗址的构成要素及其分布，另一方面通过必要的考古勘探或试掘、发掘等工作，能够进一步明晰大遗址的性质、规模、结构和功能等。因此，在大遗址保护规划工作中，考古工作者首先需要向大遗址保护规划者提供遗存范围、类型、布局及文化内涵、文化性质、年代分期、历史沿革、历史环境等基本信息。

（1）大遗址分布范围。大遗址分布范围包括大遗址的构成要素及其平面形状、四至边界范围等。考古工作首先要为保护规划提供遗存构成信息，以便明晰大遗址保护规划工作的对象和遗存构成及空间范围等，为划定大遗址保护区划提供依据。

（2）大遗址类型。大遗址类型指文物及其构成要素的类别，如建筑类型、材质构成等，明晰大遗址类型有助于针对不同大遗址资源采取不同的保护措施和展示方式。

（3）大遗址布局。大遗址布局指大遗址资源的空间分布形态、空间格局或功能区划形态等，明晰大遗址布局有助于认知大遗址自身彼此之间的功能关系、大遗址和自然环境及人的关系，增强对大遗址空间布局制度的认知，完整、真实地再现历史，为大遗址保护区划和展示利用布局及功能分区等提供指导。

（4）文化内涵。文化内涵指大遗址的创造或使用群体在一定时期内依托大遗址所形成的思想理念或风俗习惯，包括大遗址所承载的物质文化、制度文化和心理文化等，是认识大遗址文化属性及其文化价值的基础。从物质文化角度，主要指大遗址构成及不同类型文物最具特色的文化特性，如遗存在建筑布局或结构、体量规模等方面的特色，墓葬形制结构、体量规模与埋葬风俗方面的特色等，明确大遗址的文化内涵有助于在价值评估和大遗址展示利用时，发现其个性和特色，增强其价值内涵和展示利用效果。

（5）文化性质。文化性质指该大遗址的历史属性，如大遗址的时代或朝代、民族或族群、国家或地区、用途或功能等①，明确大遗址的文化性质有助于判断大遗址的价值，有针对性地展示利用大遗址。

（6）年代分期。年代分期指大遗址的时间跨度。对于一些聚落或都城等遗存因为延续使用时间较长，可能要根据遗存类型、文化性质和特征等划分为多个时期，以认识其不同阶段的文化形态和属性等，为大遗址价值评估和展示利用提供最具典型和代表的遗存。

（7）历史沿革。历史沿革指大遗址发展和演变的历程，核心是凸显历史演变过程中发展变化的重要节点，如大遗址建设前、大遗址使用中或大遗址废弃后等发展演变节点，以增强对大遗址发展过程的认知，在大遗址展示利用中描述清楚大遗址及地方社会发展的轨迹。

（8）历史环境。历史环境指大遗址建设或使用过程中所处的历史自然和人文环境，包括当时大遗址所处的地形地貌、水文气候及动植物资源等历史山形水系和相关的大遗址等人文活动环境，其决定了大遗址的选址、布局和发展演变等，对历史环境的了解有助于认知大遗址环境构成和重构当时的社会及历史，为未来大遗址保护和展示利用提供指导。

2. 评估大遗址保存现状及破坏影响因素

在确定大遗址构成和文化属性等基本信息的基础上，考古学还须对大遗址保存现状作出科学的评估，以判断其真实性、完整性和延续性，明确保护对象存在的破坏现象、主要影响因素和面临的主要问题，以便于根据大遗址本体保存现状，明晰破坏因素和原因，明确重点保护对象和保护措施。大遗址保存现状评估工作主要包括三种方法：一是根据观察法对地上的大遗址本体结构破坏情况及周边环境进行观察，或对地下遗存及地上现存环境的观察来评估确认保存状况；二是根据物探或声波技术等对大遗址进行调查评估；三是借助考古学，对埋藏于地下的遗存通过考古勘探、发掘等技术手段，以揭示遗址的结构功能等，了解其保存现状。在这三种方法里，第一种仅通过观察法无法对遗址保存现状作出客观判断，直接影响到保存评估的准确性，尤其是对于一些需要展示或保护的遗址，无法有效

① 参见杜金鹏《考古学与古代遗址保护规划》，《中国文物报》2009 年 4 月 24 日第 7 版。

作出准确针对性评估；第二种方法也主要是一种外在相对客观的手段，但也无法了解具体的保存现状，准确性相对较差；相比较而言，只有考古勘探或发掘是最为有效的手段，不足是工作周期较长、成本较高，只适用于价值比较高，需要实施保护或展示工程的遗址。

3. 深化大遗址价值体系研究

价值是大遗址保护的基础，是形成大遗址保护决策的重要依据，大遗址保护各项工作是基于对大遗址价值的认知而展开的。大遗址价值评价体系是大遗址保护规划的核心构成部分之一，既决定了保护和展示利用的重点及保护措施的等级，也决定了大遗址保护规划的科学合理性。考古学作为一门认识古代人类活动并根据古代人类活动遗存探究古代社会构成及发展演变规律的学科，首先需要基于文物资源，构建起物质文化谱系来认识和还原古代社会，以深刻认知文物的历史、科学、艺术价值；其次，文物的“形态、组成、分布以及彼此间的关系等都是核心文化价值观约束下的产物，凝结和反映的是文化价值”①，考古学和文物保护事业的最终目标都是传承弘扬文物所承载的文化价值。因此，要借助考古学“透物见人、见文化”，基于对大遗址等物质文化遗存历史、科学和艺术价值的认知，挖掘阐释大遗址背后承载的文化价值，深化对大遗址所承载的文化构成及形成过程中演化规律的认识，阐释它们对当代文化建设的重要价值，为大遗址保护活用及其价值传承弘扬提供支持。

4. 提供大遗址保护建议

科学有效的保护措施有助于大遗址本体的保护和展示利用。提出科学合理的大遗址保护措施是大遗址保护工作和大遗址保护规划的重要内容。广义上，大遗址保护不仅包括运用科学技术方法对大遗址本体维护、保存加固和修复等工作，而且包括对大遗址的展示利用。

考古工作是大遗址本体保护的关键环节。大遗址遗存本体的类型、构成、材料、价值、特性及保存现状和病害、破坏影响因素等直接决定了大遗址的保护重点和保护措施，而要对上述要素等有系统全面的认知，必须

① 段清波：《考古学要发掘遗产的文化价值》，《光明日报》2015 年 7 月 22 日第 10 版。

依托于考古工作来完成。只有通过对大遗址本体系统全面的整体调查勘探或发掘，才有可能厘清大遗址的材质特性、保存现状和病害等，明晰保护的对象和主次重点，并提出针对性的保护措施方法。

考古工作是遗址本体展示利用的基础。大遗址价值是否能被公众认可是决定文物保护效果的关键性环节。大遗址展示利用是对大遗址构成要素中价值比较高、观赏性比较强的遗存深化保护和展陈活用的重要方式，是大遗址价值传承弘扬的重要路径手段，对于促进大遗址保护、利用与区域经济社会发展、民生改善等有着重要作用。因此，大遗址保护展示利用是大遗址保护规划的重要内容。大遗址展示利用以大遗址中价值高、观赏性比较强、具有代表性的遗存为主。大遗址展示利用成功与否，首先取决于展示利用内容的丰厚度，展示的遗存内容，类型越丰富、数量越大、价值观赏性等越高，展示利用手段方式越多元先进，展示利用的效果越好，对于公众的吸引力越强，越有助于大遗址价值的传承弘扬。而考古工作是大遗址展示利用的基础，只有通过考古工作，才能为大遗址展示利用提供有价值的遗存，才能展示大遗址的结构和布局，明确展示重点，深入挖掘阐释遗存的价值，创新展陈内容和方式，提升展陈效果。

5. 编制考古工作规划

考古工作规划是大遗址保护规划中重要的内容之一。考古工作规划是在对当前考古工作现状总结的基础上，结合保护需求、展示利用需求和未来考古工作需求等各项决策完成的成果，包括勘探、发掘和整理研究等，它将未来考古工作的目标要求和内容过程等系统性地用文本的形式表达出来，为未来的考古工作提供指导。考古工作规划是系统指导大遗址考古工作的行动指南，它不仅仅指导考古工作，还直接影响保护规划中涉及的保护、展示利用、环境整治等工作的实施。因此，大遗址保护规划中关于考古工作规划部分，应结合大遗址保护和未来考古工作发展需求，由考古工作者来编制系统、全面的考古工作规划，其核心是做到学术目标正确，任务目标明确，满足保护、展示利用需求，同时为未来区域考古发展留足余地。

总之，考古学和大遗址保护规划都是大遗址保护的重要组成部分，考古学是大遗址资源构成和价值认知、大遗址保护规划工作的基础和前提，是大遗址保护规划科学合理有效的学术基础资料来源；大遗址保护规划是大遗址保护和考古学价值实现的重要手段方式，有助于完整、有效地保护大遗址，为考古学的健康可持续发展提供遗址资源保障，二者互为表里，辩证统一。实践证明，只有考古工作比较充分、考古研究比较深入的大遗址，其价值彰显才会比较清晰和准确，保护规划才比较符合实际，具有较高可信度和权威性。

第三节　大遗址保护规划的理论基础

一　大遗址保护规划理论概述

（一）规划引进理论与规划理论

1. 理论研究对于大遗址保护规划的重要性

大遗址保护规划作为一门处理大遗址保护过程中具体问题、面向操作实践的学科，实践经验是不可缺少的。但是，理论问题也是无法回避的，它构成了大遗址保护规划行动的基础。当规划编制人员在编制大遗址保护规划的过程中，即使他不是一个理论方法研究工作者，但是只要实施规划编制行为，都必须遵循大遗址保护和大遗址保护规划方面的发展和运作规律，并以其作为规划的重要遵循，这就是大遗址保护规划的理论。规划编制人员如果不知道大遗址的基本特性和价值体系，“不知道社会运行的理论，不知道经济运行的理论，不知道市场如何运作的理论，不知道生态系统自组织的理论，不知道如何进行决策的理论，则规划师如何去决定自己应该承担的角色、职责和行动方向，如何去判断规划行动的是非和规划方案对长远发展价值。例如，如果缺乏公共利益理论的指引，规划师就不知道保护必要的农用地和其他资源、保护历史文化遗产和其他自然景观是规划应该优先坚持的底线”①。要实现大遗址保护规划的科学性、合理性、引领性和操作性，就必须探索、发展和丰富大遗址保护规划理论。大遗址保护或文化遗产保护作为新兴领

① 吴次芳等：《国土空间规划》，地质出版社 2019 年版，第 95 页。

域或学科，尤其是偏向实用性的社会科学范畴体系，其本身就是一种带有时代性和启迪式的学科，这决定了其应结合时代发展特性和其他学科的发展，不断从新的需求出发，探索解决大遗址保护的理论和方法。

2. 规划引进理论和规划理论

大遗址保护规划活用的多学科综合性和保护规划对象系统的复杂性，决定了大遗址保护规划理论的多元性和复杂性。国际规划学界关于规划理论构成的研究也较为丰富，如安德鲁斯·法卢迪（Andreas Faludi）在《规划原理》中将规划理论分为"规划中的理论"与"规划的理论"，其认为规划研究处理实体问题必须运用地理学、经济学、生态学、景观学、建筑学等学科中的许多理论，但这些都只能算"规划中的理论"①。而规划本身则是一个关于产生最好结果的方法或者程式，后者才是"规划的理论"。Kevin Lynch 认为规划理论由功能理论、范式理论和决策理论组成。② John M. Levy 将规划理论区分为"实质理论"和"程序理论"，实质理论也称为规划中的理论，是指关于规划工作内在的（即对事物本质的认识）本位理论，主要解决规划是什么和能做什么的问题，例如空间结构理论、空间用途分区理论等；程序理论也称为规划的理论或过程理论，是指关于规划如何运作的理论，比如理性规划理论、倡导性规划理论等，主要解决怎么做的问题。③ 上述三位学者关于规划理论的划分对规划理论研究产生了深远影响。

国内规划学界对规划理论的划分也进行了探讨，代表性学者有吴志强和孙施文两位先生。吴志强认为，规划理论的核心包括本位理论（能做什么）和过程理论（怎样做），前者是指规划在一定社会经济条件下在区域和城市发展中能发挥什么作用，后者是指在特定的社会经济条件下，规划须拥有什么手段和机制才能达到预定的目标。④ 孙施文认为，在性

① 参见 Andreas Faludi, *A reader in Planning theory*, Oxford Pergamon, 1973，转引自董祚继《中国现代土地利用规划研究》，博士学位论文，南京农业大学，2007 年，第 68 页。

② 参见 Kevin Lynch, Gary Hack, *Site planning*, MIT Press, 1984，转引自董祚继《中国现代土地利用规划研究》，博士学位论文，南京农业大学，2007 年，第 68 页。

③ 参见董祚继等《"多规合一"的理论与实践》，浙江大学出版社 2017 年版，第 70 页；吴次芳等《国土空间规划》，地质出版社 2019 年版，第 96 页。

④ 参见吴志强《〈百年西方城市规划理论史纲〉导论》，《城市规划汇刊》2000 年第 2 期。

质上规划理论可分为实证理论和规范理论。实证理论是依据对现实的观察和提炼，忠实地反映和解释经验世界的现实活动，与自然科学中的理论相似；规范理论是根据不同的价值观，提出并解释经验世界里什么是应该的、什么是不应该的，并将自己的主观愿望融会在理论的要素和结构之中。①

借鉴国际和国内规划学界关于规划理论的划分，大遗址保护规划理论可以分为规划引进理论和规划理论两种形态。规划引进理论，也被称为规划中的理论（Theory in Planning），这一理论认为每一个学科的理论都是不完善、不成熟的，尤其是新兴学科或者交叉学科，其在发展与实践过程中必将引用相关成熟学科或互补、交叉学科的理论，以指导本学科的发展。具体表现在大遗址保护规划中，“就是将其他学科理论在规划过程中得以引进或应用的理论，如将社会学、生态学、政治学、经济学、决策学等理论在规划过程中进行应用，具体指引规划的编制过程”②。规划理论（Theory of Planning）是规划本身的内在理论以及规划过程的规律等，包括功能理论、范式理论和决策理论三个部分。功能理论侧重于解释规划对象的物质形态结构和运行机制；范式理论侧重于研究人们的价值目标与规划对象的空间形态关系；决策理论着重解释如何制定和执行规划。③ 需要注意的是，无论规划引进理论还是规划理论，对规划的编制都是同样重要的。④引进其他学科的最新理论研究成果，不仅有助于规划理论本身的发展，而且有助于编制更好的规划方案。区分“规划引进理论”和“规划理论”是十分重要和有意义的：一是有利于规划建立自己独特的理论体系，促进规划学科的发展；二是有助于规划师认识自己的规划性质和规划地位，正确看待自己的规划成果和规划决策结果；三是有助于规划研究人员把握自己的研究方向，区分哪些是从别的学科引进与吸收过来的，哪些是原

① 参见孙施文《现代城市规划理论》，中国建筑工业出版社 2007 年版，第 13—15 页。

② 吴次芳等：《国土空间规划》，地质出版社 2019 年版，第 95 页。

③ 参见 Kevin Lynch，Gary Hack，*Site planning*，MIT Press，1984，转引自董祚继《中国现代土地利用规划研究》，博士学位论文，南京农业大学，2007 年，第 68 页。

④ 参见张绍良、丁忠义、侯湖平《土地利用规划理论》，中国矿业大学出版社 2014 年版，第 5 页。

创和自主的。[1]

（二）大遗址保护规划理论

大遗址保护规划作为一个新兴研究领域，由于涉及学科众多还未形成自身的理论体系。因此，亟须借鉴相关学科成熟的理论和研究方法，构建适合自身研究的理论体系。根据我国大遗址特性和大遗址保护规划内容涉及的学科领域，可将其理论概括为基础理论和专题理论两个层面。大遗址保护规划基础理论是指在大遗址保护规划编制过程中具有普适性的理论，除了规划学方面的基础性理论外，主要包括价值论、系统论、控制论、人地关系论、文化记忆论、空间理论等，这些理论在大遗址保护中具有普遍适用性。大遗址保护规划专题理论是指在大遗址保护过程中针对大遗址调查、评估、规划或工程技术方案设计、展示利用和保障管理等系统性保护过程中各专项工作开展具体理论研究（见图2－1）。

大遗址保护专题理论可以从学科角度划分，也可以从保护过程的关键环节来划分。从学科背景角度来分析，包括人文社会科学版块和自然科学版块。人文社会科学版块包括历史学、考古学、管理学、经济学、旅游学、社会学等学科领域的相关理论，这些学科的相关理论为大遗址保护的基础研究、价值评估和运营管理等研究实践提供指导；自然科学版块包括地理学、地质学、土地学、植物学、生态学、建筑学、风景园林学等学科领域的相关理论，这些学科理论为大遗址保护措施和环境整治、景观提升等研究与实践提供指导。从保护过程的环节来划分，包括历史或考古学理论、保护修复理论、规划设计理论、建设运营理论、游憩理论和管理理论。历史或考古学理论是大遗址保护研究的基础理论，属于价值认知范畴，如地层学、类型学、历史地理、人文地理等相关理论；保护修复理论是大遗址保护的核心理论，如文物保护修复理论、生态学理论、景观学理论等；规划设计理论是在大遗址保护规划设计过程中所需要使用的理论，如保护规划理论、空间规划理论、区域发展理论、生态景观理论等；建设运营理论是在大遗址保护、工程建设、运营管理

① 参见吴次芳等《国土空间规划》，地质出版社2019年版，第96页。

等研究过程中的指导性理论，如可持续发展理论、利益相关者理论等；游憩理论是指在大遗址旅游研究过程中的指导性理论，如旅游体验理论、旅游地生命周期理论、文化旅游和休闲旅游理论等；管理理论是指在大遗址保障管理体系研究过程中可能涉及的理论，如目标管理、行为科学、组织管理和绩效管理等理论。大遗址保护理论研究是开展大遗址保护理论方法体系构建和保护实践的基础工作，在未来的研究工作中需要不断加强。

大遗址保护规划的理论构建与探索是指导大遗址保护规划编制工作及编制内容科学、合理的重要保障。由于大遗址保护规划所涉及的理论范畴相对较广，在这里主要对具有普适性的相关性理论展开阐释。

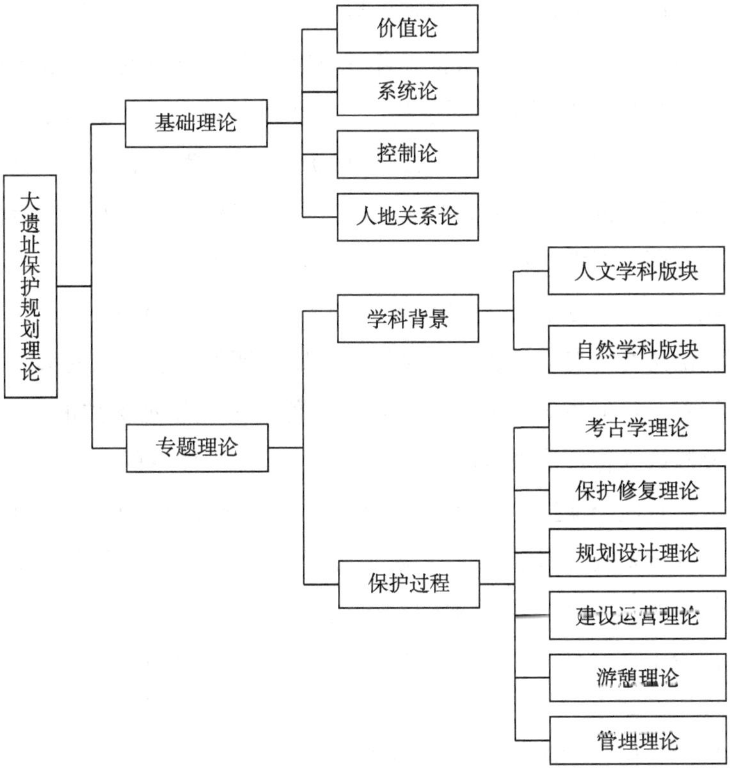

图 2－1　大遗址保护规划理论基础

（资料来源：作者自制）

二　大遗址保护规划的基础性理论

大遗址保护规划的基础性理论除了规划基础理论外，主要包括价值论、系统论、控制论、人地关系论、可持续论和空间理论等。

（一）价值论

价值论是关于社会事物之间价值关系运动与变化规律的科学，是社会科学领域最重要的理论之一。在西方哲学理论体系中，价值论是关于价值的性质、构成、标准和评价的哲学学说。价值论与本体论、存在论和认识论相并列，是哲学领域的主要理论，价值观是哲学世界观的重要内容，价值思维是哲学思维的重要方式。价值论对于主体认识客观世界的指导性体现在两个方面，一方面是关于客观世界各种事物的属性与本质及运动规律的认识；另一方面是关于客观世界各种事物对于人类的生存与发展的意义（即价值）的认识。[①] 前者是对事物内在价值的认识，后者是基于客体对主体的价值效应所产生的认识。大遗址保护是文化遗产保护的重要组成部分，是社会科学的重要分支，其保护一方面牵涉到对大遗址本体价值的认识，另一方面也牵涉到从不同价值评价角度出发大遗址保护对人类社会产生的客观效应。由于价值观是世界观的重要内容，是价值思维的重要方式，而无论是对大遗址的认识、评价或者作为评价的主体，其都反映并对客体进行着一定的主客观判断。因此，价值论是大遗址保护的理论基础。李颖科教授认为将价值论运用于我国文化遗产保护体系的构建，集中体现为价值哲学对遗产保护理念的目标取向。[②] 它主要从主体的需要和客体能否满足及如何满足主体需要的角度，考察和评价各种物质的、精神的现象及人们的行为对个人、阶级、社会的意义。[③] 它将影响遗产保护利用体系在理论上的系统性、观念上的认同性、意念上的连续性、情感上的

---

① 参见李德顺《价值论》（第2版），中国人民大学出版社2007年版，第24—28页。

② 参见李颖科《试论我国文化遗产保护体系的构建——以西安为例》，西安市社科基金结项报告，2008年，第16页。

③ 参见 Roscoe Pound，*An Introduction to the Philosophy of Law*，New Haven and London：Yale University Press，1954，p. 25。

可原性、数理逻辑上的相容性、自然法则上的和谐性和语义逻辑上的一致性。①

许多学者认为价值是相对性和绝对性的统一，即认为事物的价值既有多样性又有单一性。多样性一方面认为价值存在多类型，即不同客体价值不同；另一方面认为价值存在多元性，即同一客体在不同价值取向下对不同主体价值不同。单一性是指一定社会历史条件下同一客体对具体主体的价值是确定的，即价值具有客观性并能够被认识、评价与保存。② 这一方面说明同一事物的价值在不同时空具有普遍的适应性，另一方面说明同一事物的价值可以被确认、评价，但同时也具有不同背景下的认识与理解的差异。而“价值的普遍适应性和多样性决定了我国既应有对西方文化遗产保护理念的继承，确立人类对待遗产态度上的共同追求和理想目标，也应在尊重这些代表人类基本价值共识的公约、制度的同时，充分考虑我国文化独特性”③，从我国大遗址的价值实际出发，结合我国国情对大遗址价值体系和评判制度进行创造性探索。

（二）系统论

系统论是研究客观现实系统共同的特征、本质、原理和规律的科学。④系统论认为任何系统都不是组成物质的各个部分的简单相加或机械组合，而是一个有机整体，系统中各要素都处于一定的位置，发挥着自己独特的作用和价值，彼此之间相互关联，具有各要素在孤立状态下所不具有的性质。系统思想是系统论的认识基础，是帮助人们进行科学分析、判断、决策、解决问题的最优选择，有利于实现系统效益的最大化。它要求在分析、处理问题时应有系统的整体观念，综合分析系统的结构和功能，调整彼此之间的关系，并协调系统内部各组成要素的关系，使系统达到目标的优化。

---

① 参见李颖科《中西方文化遗产保护理念辨析——兼论中国特色文化遗产保护发展理念的理论建构》，《中国文化遗产》2020 年第 1 期。

② 参见张未知《马克思主义哲学的价值精神论纲》，博士学位论文，吉林大学，2012。

③ 李颖科：《中西方文化遗产保护理念辨析——兼论中国特色文化遗产保护发展理念的理论建构》，《中国文化遗产》2020 年第 1 期。

④ 参见霍绍周《系统论》，科学技术文献出版社 1988 年版，第 1 页。

世界上没有离开系统的物质，也没有离开物质的系统。[①] 有物质就一定有系统，有系统就一定是物质的。观念系统不过是物质系统的派生物。[②] 大遗址是物质的构成体，具有面积大、价值高、保护利用问题复杂等特性。因此，大遗址保护及大遗址保护规划是一个系统工程，运用系统论有助于认识大遗址系统，明晰大遗址保护系统与大遗址保护规划系统内部构成要素和系统环境变化之间的逻辑关系。首先，根据系统的自然属性分析，系统可分为自然系统和人造系统。结合大遗址的组成要素的自然属性分析，大遗址是一个综合系统：一是大遗址是自然景观和人文景观的结合体，构成要素上包括了自然系统和人造系统；二是在系统理论指导下人们对大遗址保护利用中社会现象的科学认识所创立的科学体系和技术体系，大遗址保护涉及考古学、建筑学、历史学、地理学等相关学科，是一个由各个子系统构成的整体，包括概念体系、价值认知、保护技术、展示设计、利用、管理、法律、教育等各个亚系统；三是大遗址的保护涉及一定的组织、制度和程序等管理系统，是一个复杂的组织管理体系，大遗址保护涉及组织建设、组织运营、法规制度建设等。大遗址以自然环境和人文环境为依托，保护利用需要一套科学、合理的保护、利用方法体系。因此，大遗址是自然系统和人造系统的结合。其次，根据客观世界的物质和精神现象，系统可分为实体系统和概念系统。实体系统由具有实质物体的要素组成，大遗址的基本构成要素如自然环境、遗址本体等都属于实体系统范畴；概念系统是由概念、原理、原则、理论、方法等组成的，对大遗址保护问题的研究，必须对大遗址的概念进行厘清，对内涵、外延进行阐释，基于此，对大遗址保护及大遗址保护规划的概念、理论、方法等进行探讨，构建起具有中国特色的大遗址保护规划体系。大遗址的实体系统和概念系统紧密联系，实体系统是概念系统的基础，概念系统反过来指导实体系统。最后，人、自然环境和人文环境是遗址本体保护系统外部边界的三大要素，也是大遗址的重要构成部分，它们与大遗址保护之间的关系问

---

① 参见沈曦、覃美琼《系统论视野下的高等学校教学管理网络结构》，《当代教育科学》2009 年第 15 期。

② 参见刘永振、傅平《系统是物质的存在方式》，《哲学研究》1984 年第 3 期。

题，是大遗址保护与利用必须关注的问题之一。人文环境中的政治制度、宗教信仰、经济状况和科技水平都对遗址保护产生着巨大的影响；而自然环境的差异可能导致保护、展示、利用手段、方法、模式的区别；作为保护主体的人决定着保护研究、保存制度和民众的意识等。①

系统论认为系统内部每个子系统都有自己的结构与功能，都有自己的视野和位置。② 世界是多样的，文化是多样的，不同的文化背景对待具体事物的世界观必然有所差异。每个国家、每个民族、每个种族、每个区域都有基于自己文化圈的重点与盲点，特别是在处理文化传播的过程中。因此，在全球化和信息化的时代背景下，我国大遗址在保护中如何在学习西方的同时，结合自身实际处理好大遗址宏观与微观要素之间的关系，如何处理好大遗址保护与利用的关系，如何维护自身的结构，如何从反馈中更新自己，优化结构，使自己的系统更加有弹性，是现在的中国需要思考的问题。

（三）控制论

控制论是研究系统的状态、功能、行为方式及变动趋势，控制系统的稳定，揭示不同系统的共同的控制规律，使系统按预定目标运行的技术科学。③ 它是一种研究各类系统的调节和控制规律的科学，通过对最优化方法、技术和模型的选择，实现作用的最大化。控制论的出现，给研究自然与社会现象进程增加了方法、提供了技术；控制论的运用，对实现过程控制和最优化，对提高社会劳动生产率，以及对更有效的管理经济活动和整个社会发展都带来了重要贡献。④

大遗址的保护问题复杂多样，牵涉到多学科多领域，借鉴控制论的思

---

① 参见李颖科《中西方文化遗产保护理念辨析——兼论中国特色文化遗产保护发展理念的理论建构》，《中国文化遗产》2020 年第 1 期。

② 参见［奥］L·贝塔兰菲《一般系统论》，秋同、袁嘉新译，社会科学文献出版社 1987 年版，第 8—36 页。

③ 参见李颖科《中西方文化遗产保护理念辨析——兼论中国特色文化遗产保护发展理念的理论建构》，《中国文化遗产》2020 年第 1 期。

④ 参见［罗］M. 曼内斯库《经济控制论》，何维凌等译，新时代出版社 1986 年版，第 2—3 页。

想方法，将大遗址保护看作一个控制系统，探讨如何利用最优控制、最优设计和系统辨识，最终使大遗址保护利用达到最佳状态。大遗址保护及大遗址保护规划问题研究是一个复杂的系统，它的构建需要以控制论为指导，分析大遗址保护及保护规划的信息流程、反馈机制和控制原理，厘清存在于大遗址保护及大遗址保护规划中的组织机制、运行机制、保护技术与方法实施、展示利用模式等系统管理复杂机制，进行保护与利用体系最优化设计，并对整个体系构建过程进行最优控制，使保护与利用体系及各子系统达到最佳状态，以保证保护体系及大遗址保护规划的科学性、合理性、可行性与有效性。

（四）人地关系论

人地关系是人类与环境在交互作用中产生的关系，是人类产生之后的一种客观存在关系。人地关系是人类为了生存的需要不断扩大和加深利用与改造周边环境，增强适应环境的能力，同时环境也对人类活动产生影响，形成地域特征和地域差异的相互影响关系。[①] 人地关系的“人”是指在一定生产方式下从事各种社会活动的社会人；“地”不仅包括自然环境，也包括因人类作用而改变了的人文地理环境。[②] 人地关系论是人们对人地关系的各种观点、思想的总称，是关于人地关系的认识论，是地理学发展过程中对客观人地关系认识的反映，其随着人类社会的形成而形成，随着人类社会的发展而变化。[③] 随着人类社会的发展，人地关系引起了更多学者的关注，从近代的地理环境决定论（拉采尔等）、可能论（白兰士、白吕纳）、适应论（罗士培）、生态调节论（巴罗斯）、文化景观论（施吕特尔、索尔等）、人地共生论（马什），到现代的人地协调共生、人地关系地域系统、可持续发展论等形成了系统的理论思想。探索了人地关系的范式、人地关系的相互作用、区域人地关系的特征和状态等。

人类活动、自然环境、人文社会环境与大遗址保护之间的关系问题，既是大遗址保护必须关注的问题之一，也是构建大遗址保护理论与方法体

---

① 参见程先富主编《地理科学概论》，安徽人民出版社2008年版，第60页。

② 参见李振泉《汾河水库渔业资源调查报告》，《水库渔业》1984年第4期。

③ 参见陆林主编《人文地理学》，高等教育出版社2004年版，第12—23页。

系需要关注的问题。大遗址作为当时人们适应、改造自然的产物，是先辈们智慧的结晶，承载着当时人地关系发展演变的历史信息。同时我国现在的许多大遗址仍然有居民在其范围内或周边生产生活，延续着人地关系的发展。随着社会进步与区域经济的发展，大遗址面临着复杂的保护、利用与区域发展、人民生活水平提高等问题和矛盾。如何处理好这些问题和矛盾，促进大遗址和大遗址区经济社会等和谐有序、可持续发展就成为当务之急。而人地关系论指导我们用人地景观论、人地共生论、人地关系协调发展理论去分析、探讨大遗址的保护利用，并构建人地关系协调的大遗址景观论和大遗址保护体系。

文化景观论是人地关系论的一种学说，认为文化景观是地面上可以感觉到的人文现象的形态，是一个地域单位（景观单元）的地理特征的地区文化现象的复合体，是人类及其劳动所创造的能反映人类集团的文化和经济的景观。[①] 文化景观学说将指导我们从“文化景观”的角度重新审视大遗址的概念、内涵与外延，包括对大遗址保护、展示、利用与管理等问题的系统化思考。

人地共生论（美国地理学家 G. P. 马什，英国学者本耐特和乔莱，苏联地理学家索恰瓦等）认为人类对环境的开发与利用必须谨慎，人与环境只有通过共生来实现人类与自然界的和平共处，以保持环境的和谐与平衡。[②] 人地共生论是在系统论的基础上发展起来的，强调在人地发展中人与自然的和谐共生，要凸显人地系统的整体性、功能结构性、综合性、复杂性和协调性，凸显区域内部与区域之间人地系统的有机联系和最优发展。人地共生论给处理人类与大遗址保护之间的关系提供了一定的理论指导，大遗址保护规划过程“不仅要考虑组成人地系统的各要素，更要着重考虑各要素如何紧密结合，以便找出一个最佳的结构，即为了达到最佳功能而寻求最优结构”[③]。基于此，在大遗址保护中，人类只有与大遗址共生，大遗址只有与人类共生，二者共同创造，融合协同发展，才能实现彼

① 参见赫维人、潘玉君《新人文地理学》，中国社会科学出版社 2002 年版，第 47 页。

② 参见赫维人、潘玉君《新人文地理学》，中国社会科学出版社 2002 年版，第 48 页。

③ 参见方中权、陈烈《区域规划理论的演进》，《地理科学》2007 年第 4 期。

此和谐、有序、可持续的发展。大遗址的有效保护利用不一定只有通过大遗址区聚落与人口搬迁才能实现；人类的活动也不一定就是对大遗址的一种破坏，其可以作为一种历史发展的活的片段，继续发挥大遗址区基本的功能——服务人类，促进人类发展。在人地共生论指导下实现大遗址保护利用与区域居民、社会的共同发展。

人地可能论也称相关论或或然论，它认为同样的环境完全可能形成不同的生活方式，关键在于人的能动性。自然环境为人类提供了多种可能性，利用什么和如何利用完全取决于人类的选择能力。人地关系不是一种必然的关系，而是一种或然的关系。① 或然论要求我们在大遗址保护利用过程中认识到，当地居民与大遗址之间的保护与利用关系、保护利用的方式与模式等取决于人们的能动性，在大遗址保护及保护规划中应积极探索能处理好大遗址保护与利用中的各种关系，以及适合大遗址保护与利用的方式方法和模式。

人地关系协调发展理论是人地关系论与其新发展阶段产物协调论的结合。它强调人与自然应形成“和谐共处、协调发展”的关系，应认识到人与自然的辩证关系，并依据人的能动性、主导性和智力与技术的发展，从根本上改变传统的人与自然的对立关系；在适应自然、保护自然的前提下，合理开发利用和改造自然，以实现自然生态和社会协调持续的发展。② 基于此，在大遗址保护规划中，应处理好大遗址保护与大遗址利用、区域经济社会发展、居民生活质量改善等之间的关系，使大遗址系统的各种要素和谐、有序，以实现保护、利用与区域社会经济、文化发展的最优化。

三　大遗址保护规划的专题性理论

大遗址保护规划的专题性理论从学科背景角度分析，主要包括考古学、地理学、景观生态学、旅游学、经济学、社会学、文化人类学、心理学等相关理论（见图2－2）。

---

① 参见陆林主编《人文地理学》，高等教育出版社2004年版，第14页。

② 参见陈利根《土地用途管制制度研究》，博士学位论文，南京农业大学，2000年，第73页。

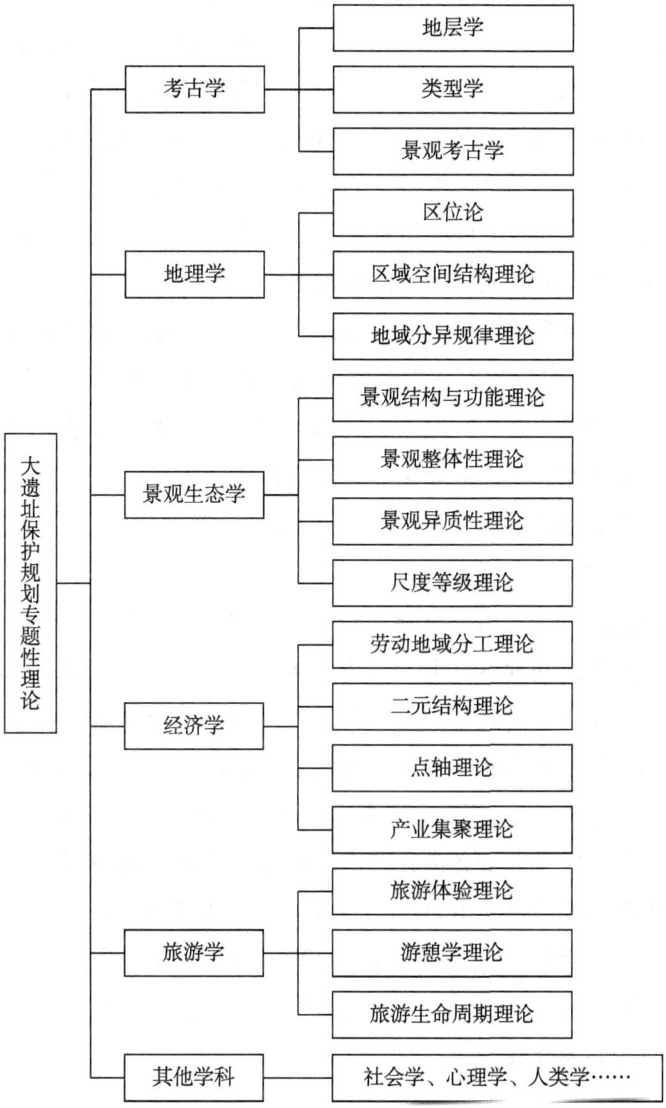

图 2－2　大遗址保护规划专题性理论

（资料来源：作者自制）

（一）考古学相关理论

考古学是通过对古代物质遗存的了解，研究不同时期天、地、人相互关系及人类社会发展演变规律的一门学科。考古学以古代人们生产生活过程中遗留下来的物质文化遗存为研究对象，通过对物质遗存本体及其相互关系的分析和研究，探讨不同时期人与人、人与社会、人与自然之间的关系，通过对天、地、人互动模式的理解，分析文化和文明的发生、发展与演变规律，从而为当代的社会发展提供精神动力与智慧启迪。[①] 经过近百年的发展，中国考古学已经由传统的以物质遗存研究为主向人与社会及其文明发展演变规律变迁。中国考古学也已经形成较为成熟的理论和技术方法体系，成为整个文化遗产领域的基础性学科；其理论、方法及学科目标不仅影响考古学自身的发展，对文物保护以及文化遗产管理也有着强大的影响力。[②] 因此，作为考古学重要分支的大遗址保护及大遗址保护规划必将以考古学作为其研究和实践探索的基础性学科。考古学学科分支及理论众多，与大遗址保护及大遗址保护规划联系紧密的理论与方法主要包括考古学文化区系类型论和景观考古学理论等。

1. 考古学文化区系类型论

（1）理论内涵。考古学文化是指考古发现中可供人们观察到的属于同一时代，分布于共同地区，并且具有共同特征的物质遗存共同体。[③] 某一具体的考古学文化实际就是时间和空间因素基础上的全部物质遗存总和。[④] 物质遗存共同体主要包括工具和武器、生活用具、装饰品或宗教艺术品、房屋建筑与聚落形态、墓葬与埋葬方式等。[⑤] 通过上述要素的总结分析，有利于认识和把握考古学文化共同体的全部内容及具体所指。考古学文化强调的是小区域内的文化共性和大区域内的文化个性[⑥]，能够把同一地区不同时期、同一时期不同地区特征差异比较显著的物质文化遗存区分开来；同时能够充分揭示物质文化的发展演变历程，充分展示人类文化的多样性和发展不平衡性特点。

---

① 参见段清波《论考古学学科目标和文化遗产的核心价值》，《中原文化研究》2016 年第 3 期。

② 参见段清波《论考古学学科目标和文化遗产的核心价值》，《中原文化研究》2016 年第 3 期。

③ 参见夏鼐《关于考古学上文化的定名问题》，《考古》1959 年第 4 期。

④ 参见钱耀鹏《略谈考古学文化与史前社会研究》，《中原文物》2005 年第 3 期。

⑤ 参见严文明《考古学初阶》，文物出版社 2018 年版，第 78 页。

⑥ 参见张敏《简论考古学的“区系类型”与“文化系统”》，《南方文物》2012 年第 2 期。

考古学文化区系类型论是指“在准确划分文化类型的基础上，在较大的区域内以其文化内涵的异同归纳为若干文化系统”①。其中区是块块，属于空间范畴；系是条条，属于时间范畴；类型则是分支，属于具体的文化属性范畴。考古学文化区系类型论是宏观地进行遗址间、文化间、文化系统间比较研究的理论与方法，有助于在考古学文化时空框架探讨的同时，“进一步理清考古学文化即遗存形态群体的结构和演变脉络”②。考古学文化区系类型的研究以考古地层学和考古类型学研究为基础，考古地层学可确定不同考古学文化的先后关系，而考古类型学可以搞清楚考古文化学之间的关系及其分布范围。在进行遗址间及考古学文化之间的比较时，主要以类型学为指导，运用文化因素分析法来进行遗址和文化间的文化因素比较研究，以确定考古学文化的区、系和类型及具体的内涵。③

（2）考古学文化区系类型论在大遗址保护规划中的应用。第一，有助于认识大遗址考古学文化，指导大遗址遗存分析总结和大遗址价值评价。考古学文化区系类型论首先有助于以地层学、类型学为指导，开展大遗址物质文化遗存的年代序列和空间范围研究，有利于指导大遗址考古资料的分析总结；在此基础上，有利于开展大遗址内部遗存及大遗址间、考古学文化之间的比较研究，进一步明晰大遗址考古学文化内涵，指导大遗址保护规划中遗存的梳理、价值评估和展示利用规划。第二，有助于确定大遗址同一类型考古学文化的分布范围和区域，为大遗址保护规划中的保护区划划定提供指导。

2. 景观考古学

（1）理论内涵。景观考古学是以考古学理论与方法为指导，对一定地域内的地理、生态、资源、社会、经济、文化等的综合特征进行有序整合分析，从而形成对特定区域空间内历史更新过程的全面整体认识。④ 其具有四个特征：一是对地表构成的空间结构的关注和考察是景观考古学的基础；二是人类的空间认知和社会实践活动是景观考古学研究的核心问题；

① 苏秉琦、殷玮璋：《关于考古学文化的区系类型问题》，《文物》1981 年第 5 期。

② 赵辉：《关于考古学文化和对考古学文化的研究》，《考古》1993 年第 7 期。

③ 参见张宏彦编著《中国史前考古学导论》，高等教育出版社 2003 年版，第 18—20 页。

④ 参见张海《景观考古学——理论、方法与实践》，《南方文物》2010 年第 4 期。

三是景观考古学是一种区域性的研究；四是景观考古学是一种综合性的研究。考古学研究景观的重点在于区域内的人类活动与景观构成和变化之间的互动关系，以及通过景观环境变迁对社会关系进行认知。景观考古学的研究内容从宏观的视角来看包括景观的历史演变、景观的复原和景观的社会学研究。景观的历史演变研究也被称为"景观分析"，主要是通过"回溯式"的研究方法揭示不同历史时期的地表景观的结构和特征；景观复原的研究是对研究区域特定历史时期地表生态系统的复原与重建，其中最主要的是植被系统；景观的社会学研究包括文化记忆、社会认同、社会秩序、社会变迁等，几乎涉及考古学社会研究的方方面面。① 与传统环境考古学相比，新兴景观考古学更加强调人对周围环境的理解和认识，强调景观中的人文因素，与环境考古从科学角度研究环境是不同的。② 景观考古学的重要性在于它为考古学的研究提供了一种观察和解释问题的独特视角，一个将人类活动置于时空连续且内涵丰富的景观之上而不是彼此孤立的遗址之上的研究视角，将人为与自然元素联系起来，是一种真正意义上的区域性综合研究。

（2）景观考古学在大遗址保护规划中的应用。大遗址是指遗址等遗存本体与其相关联的环境载体共同构成的有明确地域范围的综合性景观场所。因此，景观考古学为大遗址保护和大遗址保护规划提供了新的研究视角和重要的理论依据。景观考古学在大遗址保护规划中的应用体现在以下两个方面。第一，为大遗址保护规划景观环境分析提供了新方法。景观考古学的研究方法较多，主要以区域系统调查和 GIS 支持下的景观考古研究两种最基本和最常用的综合性研究方法为主。其中 GIS 应用于景观考古学可进行景观特征分析、空间过程分析和视域分析。因此，以景观考古学为指导，有利于进一步对大遗址的景观环境开展调查分析，构建起新的大遗址景观环境结构认知框架体系。第二，为大遗址保护规划的展示利用和景观环境保护与整治规划提供了指导。景观考古学的研究内容包括景观的历史演变、景观的复原和景观

---

① 参见张海《景观考古学——理论、方法与实践》，《南方文物》2010 年第 4 期。

② 参见张春海《景观考古：绘制人与自然互动的"连环画"》，《中国社会科学报》2013 年 11 月 8 日第 2 版。

的社会学研究。以其为指导，有助于认知大遗址景观的演变历史及过程，为大遗址展示利用规划和景观环境保护与整治规划提供依据。

（二）地理学相关理论

地理学（geography）是关于地球及其特征、居民和现象的学问。它是研究地球表层各圈层相互作用关系及其空间差异与变化过程的学科体系，包括自然地理学和人文地理学两大部分。[①] 自然地理学调查自然环境，以及如何造成地形和气候、水、土壤、植被、生命的各种现象及它们的相互关系；人文地理学专注于人类建造的环境和空间如何被人类制造、看待及管理以及人类如何影响其占用的空间。地理学是指导大遗址保护及大遗址保护规划重要的理论之一，其主要指导大遗址区人类活动和地理环境、经济社会发展的关系，以及由此形成的大遗址区综合体的发展机制、类型、结构、规模、布局规律等的研究或规划。地理学分支学科及理论众多，除基础理论涉及的人地关系论之外，大遗址保护规划主要涉及人文地理中的区位论、区域空间结构理论和地域分异规律理论等。

1. 区位论

（1）理论内涵。区位论是研究经济地理行为的空间选择及空间内经济活动的组合理论，即研究经济地理行为与空间关系问题的理论。由于人类经济活动领域和空间是处于动态变化之中的，因此对区位的认识随着时代的发展有不同的理解。根据产生与发展的先后，区位论有古典区位论、近代区位论、现代区位论之分。古典区位论是区位理论的基础，它包括杜能的农业区位论、韦伯的工业区位论和克里斯塔勒的中心地理论以及城市商业区位、交通区位和空间相互作用论等观点；近代区位理论包括费特尔的贸易区边界区位理论、俄林的一般区位理论、廖什的市场区位理论；现代区位论主要包括成本—市场学派、行为学派、社会学派。分析可以发现古典区位理论的实质是“成本决定论”，近代区位理论的实质是“利润决定论”，而现代区位理论的实质是“综合决定论”。[②] 大遗址保护规划及其保

---

① 参见邓先武《地理教学应重视学科思维培养》，《中学地理教学参考》2017 年第 3 期。

② 参见王伟年《城市文化产业区位因素及地域组织研究》，博士学位论文，东北师范大学，2007 年，第 18—19 页。

护利用同样存在研究经济地理行为与空间关系问题和最优区位的选择问题。因此，研究大遗址保护利用的区位和空间组织等问题就构成了大遗址保护区位论的主要内容。

（2）区位论在大遗址保护规划中的应用。从宏观角度看，区位理论可应用于指导大遗址保护规划中的区域协同发展研究。大遗址保护规划应注重区域统筹协同发展已经成为共识，这要求在大遗址保护规划中既要考虑大遗址在区域所处的位置及经济社会状况，又要考虑大遗址区内各要素的分布及经济社会发展等环境。同时，在保护利用中也可以和周边相关遗址及旅游景区、城镇等协同，资源共享，扬长避短。从中观角度看，首先，区位理论可应用于某一大遗址保护利用可行性分析，尤其是在利用与发展分析中最为关键；其次，大遗址所处区位决定了大遗址保护、利用模式等的差异，尤其是直接决定了遗址保护后利用的方向和效能；最后，可以指导大遗址区产业结构布局和区域整体的空间布局。从微观角度看，区位理论可应用于确定区域内部功能分区及具体项目选址，大遗址区内遗址及环境分布区位不同，将导致彼此利用功能不同，土地利用类型不同；如遗址分布集中区域从保护等级划分为保护范围和建设控制地带。遗址保护范围只能开展相关的遗址保护及展示利用工作，以遗址保护用地和游憩、观赏等用地为主；建设控制地带可以作为限制性的基础设施建设用地、商业服务用地和管理等用地。同时最为重要的一点，区位论决定了大遗址保护利用可能的客源市场的定位，即确定了未来成为景区后的市场范围及其知名度和感知度。

2. 区域空间结构理论

（1）理论内涵。空间结构理论源于区位论，它是指社会经济主体在空间中的相互关系和相互作用，以及反映这种关系的主体和现象的空间集聚规模和集聚形态。空间结构理论是研究如何使得社会经济主体保持最佳的相互关系和形态的理论，是促进区域合理发展的理论依据。① 它不是要求得出各种单个社会经济事物和现象的最佳区位，而是各种客体在空间中的相互作用及相互关系，以及反映这种关系的客体和现象的空间集聚规模和

① 参见裴冬兰《东北亚区域旅游开发合作研究——以中俄朝为中心》，硕士学位论文，延边大学，2013 年，第 6—7 页。

集聚程度，是综合的整体性的区位理论。为此，要把处于一定范围的各有关事物看成具有一定功能的有机体。其考察问题的主要方式类似于区位论，即区域基础状况的假设——几何图解及简单的公式数学推导——模型的归纳——模型的检验及与实际情况相对照，作有效性分析。① 空间结构理论的基本内容包含以下五个方面：以城镇型居民点（市场）为中心的土地利用空间结构、社会经济发展各阶段上的空间结构特点及其演变、社会经济客体空间集中的合理程度最佳的企业规模、居民点规模、城市规模和中心地等级体系，以及空间相互作用。② 大遗址保护规划的统筹协调发展要求把大遗址区域内外各系统要素等看作一个整体，综合统筹考量，不能只见树木不见森林。因此，在大遗址保护规划及其实践研究等层面，需要以区域空间结构理论为指导，探讨大遗址区内及大遗址与区外各种客体在空间中的相互作用关系及空间集聚规模和集聚程度。

（2）在大遗址保护规划中的应用。空间结构理论在大遗址保护规划实践中可以指导以遗址或大遗址为中心的土地利用空间结构规划；可以开展区域经济社会发展各阶段上的空间结构特点及其演变分析，为大遗址区人地关系规划提供指导，确定大遗址区相关产业规模、居民点规模、功能分区及其相关系统或要素的空间优化布局；可以分析大遗址区遗址资源及展示利用对象和旅游基础设施等的空间集聚规模和集聚程度，为大遗址区经济社会各项产业在空间集中的合理程度提供指导；可以分析大遗址区内及大遗址与区外环境在空间的相互作用，为大遗址保护与大遗址利用、区域经济社会发展、民生改善等协同发展提供指导。

3. 地域分异规律理论

（1）理论内涵。地域分异规律也称地区差异性，是指地理环境各组成部分及整个景观在地表按一定的层次发生变化，并按确定的方向呈现有规律分布的现象。③ 地域分异规律广泛存在于自然地理和人文地理，导致自

① 参见刀祝威《内陆边境区的空间结构研究——以德宏州为例》，硕士学位论文，云南师范大学，2000 年，第 6 页。

② 参见邵强《基于空间结构理论的城市发展理论研究》，博士学位论文，河海大学，2003 年，第 35 页。

③ 参见马耀峰主编《旅游规划》，中国人民大学出版社 2011 年版，第 44 页。

然资源和人文资源都有一定的地域差异，主要表现为经纬度地带性，经度和纬度不同，导致气候和海陆等分布不均衡和差异，形成不同的自然景观和人文景观环境；垂直和不规则地带性，由于海拔变化和地形地貌不同，会导致自然或人文景观的垂直地带性和不规则地带性变化。大遗址在宏观分布上范围广，几乎遍及全国，在微观上由自然景观和人文景观共同组成，这使得大遗址在分布上既具有经纬度地带性，也具有垂直和不规则地带性。这要求在大遗址保护规划及其保护利用中充分考虑其地域分异。

（2）在大遗址保护规划中的应用。大遗址的地域分异规律导致了不同大遗址区之间的差异性，正是这种差异性的变化形成了每个大遗址不同的自然资源和人文资源，形成了每个大遗址的独特性。因此，在大遗址保护规划过程中必须遵循地域分异规律。首先，为指导大遗址本体系统阐述、开展价值评估提供指导。在大遗址保护规划的大遗址本体系统分析中应以其为指导全面阐述大遗址资源构成，突出资源特色；在遗址价值评估中应寻求差异，突出本地特色，发挥区域优势，突出“人无我有，人有我优，人优我特”的特色。其次，为科学合理的保护区划和展示功能分区及空间布局提供依据。大遗址保护区划是大遗址保护规划的核心，它是在全面、深刻分析和总结大遗址本体系统的基础上作出的；同时也有助于展示利用的空间布局、功能分区划分；它对于保护发展战略的制定、基础设施的规划和建设、文化遗产保护及旅游业发展与其他经济部门的协调等也有重要的作用。最后，为制定大遗址保护利用战略提供了依据。大遗址保护战略的制定是在综合考虑大遗址区资源、区位条件、经济、社会、交通及市场需求等各方面的基础上进行的大遗址保护利用及其发展方向的建议，地域分异规律是制定大遗址保护战略的基础理论。

（三）景观生态学相关理论

1. 景观生态学的理论内涵

景观生态学（Landscape Ecology）由德国地理学家 C. 特洛尔在 1939 年提出，是一门以生态学和地理学为核心的，“研究景观单元的类型组成、空间格局及其与生态学过程相互作用的综合性学科”[①]。景观生态学的研究对象和内容可概括为四个基本方面：①景观结构，即景观组成单元的类型，多样性及其空间关系；②景观功能，即景观结构与生态学过程的相互作用或景观结构单元之间的相互作用；③景观动态，即景观在结构和功能方面随时间推移发生的变化[②]；④景观管理，是指根据景观结构、功能和动态及其相互制约和影响机制，制定景观恢复、保护、建设和管理的计划和规划，确定相应的目标、措施和对策[③]。因此，景观生态学以景观为研究对象，从整体综合观点研究其结构（景观格局）、功能（生态过程）、发生演变规律（景观动态）及其与人类社会的相互作用，进而探讨景观优化利用与管理保护的原理和途径。[④] 景观生态学的理论基础是整体论和系统论，其基本理论包括景观结构与功能理论、景观整体性与景观异质性理论、等级与尺度理论、景观变化与稳定性理论、岛屿生物地理与空间镶嵌理论、复合种群理论、景观连接度与渗透理论等。在这些理论中与大遗址保护规划联系最为紧密的是景观结构与功能理论、景观整体性与景观异质性理论、等级与尺度理论。

（1）景观结构与功能理论。景观结构理论将区域景观分解为斑（patch）、廊（corridor）、基（matrix）、缘（edge）四大构成部分，每个构成部分都有自身独特的功能。斑块是空间的点状结构或块状结构，代表与周围环境不同的相对均质的非线性区，它具有活化空间结构的性质；廊道是不同于两侧相邻景观的一类特殊带状要素类型，对景观起通道和阻隔的双重作用；基质是斑块镶嵌内的背景生态系统或土地利用类型，属于宏观背景结构，它一般呈面状，对景观功能起着重要作用；缘是指斑块或基质、廊道外围的缓冲地带，对景观核心区与外围区起着过渡与协调的作

① 邬建国：《景观生态学——概念与理论》，《生态学杂志》2000 年第 1 期。

② 参见 Richard，T. T. Forman，*Landscape Mosaics：The Ecology of Landscape and Regions*，Cambridge：Cambridge University Press，1995。

③ 参见徐化成《景观生态学》，转引自陆志成《城市绿化应用景观生态学理论面临的问题及对策》，《农业科技与信息（现代园林）》2014 年第 7 期。

④ 参见彭建等《景观生态学与土地可持续利用研究》，《北京大学学报》（自然科学版）2004 年第 1 期。

用。[①] 景观功能的发挥主要涉及廊道、基质和斑块的功能特征。景观生态学同时研究生态景观与视觉景观两个方面，注重协调形态与内容、结构与功能的统一，以人类对于景观的感知作为评价的出发点，追求景观多重价值（经济、生态、社会与美学）的实现。[②]

（2）景观整体性与景观异质性理论。景观整体性是指景观是由景观各要素在尺度等级上有机联系组成的复杂系统，含有时空性和等级结构，具有独立的功能特性和明显的视觉特征。一个健康的景观生态系统不仅具有结构上的完整性，还必须实现功能上的连续性，即具有整体性。景观不是各景观元素的简单集合，还具有各组成部分所没有的特性。[③] 景观异质性又称为景观空间异质性，是指生态学变量在空间分布上的不均匀性及复杂程度[④]，如斑块、廊道、基质、缘及其他构成体如动物、植物、水分、空气、矿物质等，在景观中总是不均匀分布，在各要素极其复杂环境的影响下，景观永远也达不到同质性的要求。因此，景观是一个由异质景观要素组成的镶嵌体，异质性决定了景观的格局多样性与生物多样性，景观尺度上的空间异质性包括空间组成、空间构型和空间相关三方面的内容。

（3）等级与尺度理论。等级理论认为景观具有等级特征，不同等级层次上的景观生态系统具有不同的特征，任何景观生态系统单元都既是较其层次水平低的一系列单元功能耦合的结构实体，又是较它层次水平更高系统的结构组成部分。等级系统具有垂直结构（即等级层次）和水平结构。[⑤] 尺度理论认为，时间和空间尺度包含于任何景观的生态过程之中，不同等级层次的景观生态系统具有不同的时空尺度。景观结构、功能和动态变化都受尺度制约，在不同的空间和时间尺度上有不同的表现，产生不同的生

---

① 参见马耀峰主编《旅游规划》，中国人民大学出版社 2011 年版，第 45 页。

② 参见肖笃宁、李秀珍《当代景观生态学的进展和展望》，《地理科学》1997 年第 4 期；肖笃宁、钟林生《景观分类与评价的生态原则》，《应用生态学报》1998 年第 2 期。

③ 参见彭建等《景观生态学与土地可持续利用研究》，《北京大学学报》（自然科学版）2004 年第 1 期。

④ 参见邬建国《景观生态学：格局、过程、尺度与等级》，高等教育出版社 2000 年版，第 13 页。

⑤ 参见邬建国《景观生态学：概念与理论》，《生态学杂志》2000 年第 1 期。

态效应，即一定的生态过程、景观结构对应于一定的时间尺度，尺度过大或过小，都难以观察到生态过程的显著变化与特定的景观格局，其作用或重要性也将发生变化。①

2. 在大遗址保护规划中的应用

景观生态学是对不同时空尺度上的景观变化的研究，主要是从整体综合观点研究其结构（景观格局）、功能（生态过程）、发生演变规律（景观动态）及其与人类社会的相互作用，进而探讨景观优化利用与管理保护的原理和途径。② 包括了对景观系统的整体性、景观要素的异质性、景观研究的尺度性、景观结构的镶嵌性、生态流的空间聚集与扩散、景观演化的不可逆性与人类主导性以及景观价值的多重性的探讨。③ 大遗址在空间尺度上属于景观的范畴，在保护利用中涉及展示利用、景观环境评估和景观环境整治等一系列景观问题。因此，在大遗址保护规划过程中也应重视大遗址的时空特色和景观生态学内容的规划设计。景观生态学理论在大遗址保护规划工作中的作用体现在以下几个方面。一是指导大遗址保护规划基础分析评估。在大遗址保护规划大遗址系统分析阶段，有助于大遗址构成要素自然景观和人文景观的分类和评价，有助于景观环境和展示利用现状分析评估。二是指导大遗址保护区划划定。有助于借助景观结构与功能理论、景观整体性与景观异质性理论、尺度等级理论来划定大遗址保护区划，提出管制措施。三是指导大遗址展示利用等规划的设计。以生态景观学理论为指导，有助于指导大遗址展示利用项目的设计和选址，确定其规模类型，同时可以合理开展大遗址展示利用功能分区和空间布局；可以指导大遗址景观环境整治和改造提升，优化区域生态环境，从而保持大遗址区内景观环境系统的稳定性和可逆性；可以指导道路、博物馆、旅游设施等基础设施的选址、外观形态设计、建设规

① 参见彭建等《景观生态学与土地可持续利用研究》，《北京大学学报》（自然科学版）2004 年第 1 期。

② 参见彭建等《景观生态学与土地可持续利用研究》，《北京大学学报》（自然科学版）2004 年第 1 期。

③ 参见金万洲《景观生态学在森林公园总体规划中的应用研究》，《陕西林业科技》2008 年第 2 期。

模及布局等。

（四）旅游学相关理论

旅游学是研究人们暂时离开固定住所去寻求精神上满足或享受活动的过程、特点、规律和方式的科学[①]，是关于旅游活动良性运行和协调发展的条件和机制的综合性具体学科[②]。旅游学以研究旅游的本质和特征为基础，着重研究旅游供给与旅游需求二者相互作用的规律以及探讨解决二者之间存在的矛盾。大遗址保护规划涉及大遗址展示利用及旅游管理等问题。因此，有必要借鉴旅游学的成熟理论以指导大遗址保护规划中关于展示利用、旅游基础设施建设及游客管理的规划。我国旅游学经过四十多年的发展，已经基本形成了自己的理论体系，与大遗址保护规划联系比较紧密的理论主要包括旅游体验理论、游憩理论和旅游地生命周期理论。

1. 旅游体验理论

（1）理论内涵。旅游是一种个人的活动和经历，是一种自觉的并且是自决的行为。[③] 旅游体验是旅游的内核，是指处于旅游世界中的旅游者在与其当下情境深度融合时所获得的一种身心一体的畅爽感受。[④] 关于旅游体验的类型由于对旅游体验内涵和本质的理解不同，其分类方法、依据也就不同。最早进行研究的是美国学者科恩，他认为不同游客的体验需要不同，不同的体验对不同游客的意义也不同，并把旅游体验的类型分为娱乐型、转移型、体验型、实验型和存在型五种[⑤]；引用最为广泛的是派恩和吉尔摩，他们在《体验经济》一书中将参与程度和主体与环境的关系作为旅游体验的分类依据，将其分为娱乐性体验、教育性体验、逃避性体验和

---

① 参见庄寿强《旅游学的涵义、学科性质及学科定位——从行为创造学新视角对旅游学基本概念的探索》，《中国矿业大学学报》（社会科学版）2010 年第 3 期。

② 参见邵林静《旅游学研究对象与学科地位研究》，硕士学位论文，辽宁师范大学，2008 年，第 34 页。

③ 参见谢彦君、彭丹《旅游、旅游体验和符号——对相关研究的一个评述》，《旅游科学》2005 年第 6 期。

④ 参见谢彦君《基础旅游学》（第三版），中国旅游出版社 2011 版，第 242 页。

⑤ 参见 Cohen，E.，"Phenomenology of tourist experience"，*Journal of the British sociological association*，No. 2，1979，pp. 179 – 201。

审美性体验[①]；国内关于旅游体验类型研究比较有代表性的是李钰，他将游客心理活动作为旅游体验的分类依据，认为游客的心理活动过程分为感知、认知和反思三个不同层次的过程，而这三个过程分别对应的体验是感官体验、认知体验和情感体验[②]。尽管旅游体验的类型众多，但是不管哪种类型，在“体验旅游产品体系中，每一类型的体验旅游产品都有其中一类或者一类以上的旅游体验层次，为了满足不同游客的体验需求，需将游客需求放在重要位置考虑，才能打造出具有不同类型、不同层次性的体验旅游产品体系”[③]。

（2）在大遗址保护规划中的应用。大遗址保护规划可能涉及展示利用等规划，以旅游体验理论为指导，可对大遗址资源进行创新分类和体验适宜性评价，指导大遗址展示利用规划；同时针对大遗址展示利用产品层次低、结构类型单一等现状，以其为指导，通过对公众需求调查分析，可充分掌握公众对大遗址参观体验的需求，进而在展示规划中设计出符合保护利用、文化传播与参观游览的体验旅游项目。

2. 游憩理论

（1）理论内涵。游憩理论是指公众在闲暇时间离开居所一定范围通过一定的休闲活动，以实现参与者益智、益趣、体验自然、放松身心、有助于恢复其体力和精力的合法行为，使得身心愉悦放松的过程，其核心是对活动和设施的探讨。[④] 游憩过程是一种能量生产、消耗和积蓄的过程。游憩作为一种社会行为，游憩系统也是社会系统。按照系统论的观点，系统的基本材料是能量，社会系统是由能量构成的。[⑤] 社会系统的变动是人或群体间的能量转换，城市游憩系统是城市社会能量储存与生产系统，市民游憩过程也就是获取能量的过程，作为潜能的信息与资源在游憩过程中被

① 参见［美］B. 约瑟夫·派恩、詹姆斯·H. 吉尔摩《体验经济》，毕崇毅译，机械工业出版社 2016 年版，第 38 页。

② 参见李钰《旅游体验设计原理与方法》，中国旅游出版社 2012 年版，第 17 页。

③ 吴学成：《黔东南民族村寨体验旅游产品体系构建研究》，博士学位论文，中国地质大学，2014 年，第 23 页。

④ 参见陈渝《城市游憩规划的理论建构与策略研究》，博士学位论文，华南理工大学，2012 年，第 54 页。

⑤ 参见吴承照《从风景园林到游憩规划设计》，《中国园林》1998 年第 5 期。

游憩吸收转化为能量和动力，使游憩者有更充沛的精力、更丰富的知识、更健康的身体从事生产和创造性活动，促进社会物质文明和精神文明的发展，保持城市社会能量生产系统与消耗系统的综合平衡。从这个意义上看，每一个城市都必须有一个结构合理的游憩系统，这也是强调城市文化建设、保护历史文化传统和自然生态环境之意义所在。[①] 游憩活动的承担对象早期以距离城市较近的绿地公园、休闲文化公园及各种文化娱乐设施为主，随着休闲旅游的发展，各种能够提供游憩的景区、乡村、开发景观场所等也成为重要的游憩场所。

（2）在大遗址保护规划中的应用。随着社会生产力的提高和社会文明的进步，城市居民闲暇时间增多、收入增长、文化水平提升，对休闲活动越来越重视，对休闲空间的需求也越来越多。如影剧院、博物馆、展览馆、茶馆、酒楼、咖啡店以及公园、郊野、风景区、游览区等各种游憩空间大量涌现和蓬勃发展，这一方面引起了游憩娱乐用地需求的快速增长；另一方面还引起了区域与城市空间、景观布局结构的重组和再造。而游憩及其规划关注的就是人们闲暇时间的生活计划与空间配置。[②] 大遗址作为拥有一定自然与人文景观的重要文化传承弘扬基地，随着经济社会发展、公众需求提升和保护利用的进一步推进，应在做好保护的同时，以游憩理论为指导，以服务公众为目的，积极探索展示利用模式及方式，以摆脱当前文化遗产保护与公众需求脱节的困境。作为大遗址保护展示利用有效统筹部署的纲要——大遗址保护规划，更应以游憩理论为指导，在规划中就对大遗址游憩活动及设施安排进行规划设计。游憩理论对于大遗址保护规划的作用表现在三个方面：一是为大遗址保护规划中的游憩规划理念、方法提供指导；二是为大遗址展示利用中的游憩项目选择提供依据；三是为大遗址空间结构优化提供指导。

3. 旅游地生命周期理论

（1）理论内涵。旅游地生命周期理论是指在旅游业发展过程中，一般

---

① 参见吴承照《游憩规划的定性、定位与定向》，《城市规划汇刊》1997 年第 6 期；吴承照《从风景园林到游憩规划设计》《中国园林》1998 年第 5 期。

② 参见陈渝《城市游憩规划的理论建构与策略研究》，博士学位论文，华南理工大学，2012 年，第 1 页。

旅游目的地都可能会经历一个从默默无闻到繁荣发展，又进入游客量停滞增长或下降、旅游收入下滑的状况，面对这一状况，有些旅游目的地通过旅游产品创新或改造提升等措施走向了复苏，使游客量和旅游经济不断提高，但有些旅游地却可能继续衰落。① 旅游地生命周期理论是描述旅游地系统动态演化的基础理论，不仅是旅游理论体系的重要组成部分，也是指导旅游地可持续发展实践的重要工具。②

最早对旅游地生命周期开展研究与探索的是德国著名地理学家瓦尔特·克里斯塔勒（Walter Christaller），他在其 1963 年发表的《对欧洲旅游地的一些思考：外围地区·低开发的乡村·娱乐地》一文中提出了旅游地演化理论，认为旅游地发展会经历发现、成长和衰落三个阶段。其后普罗格（Plog）、斯坦斯菲尔德（Stansfied）、巴特勒（Butler）等对这一理论进行了完善。目前被学术界公认并得到广泛应用的旅游地生命周期理论是由加拿大学者巴特勒在 1980 年发表的《旅游地生命周期概述》中提出的 S 形旅游地生命周期演化模型。其认为一个地方的旅游开发会随着时间的推移而不断演变，不可能永远处于同一个水平，他将旅游地的发展阶段分为介入期、探索期、发展期、稳定期、滞长期和衰弱期或复兴期六个不同时期。在旅游地发展的不同阶段中，旅游者需求、旅游者、旅游产品的供给数量、旅游产品的内涵、东道区社会、外来资本、当地环境等旅游地系统要素，随着旅游业发展呈现出规律性的变迁。③

（2）在大遗址保护规划中的应用。大遗址保护的目的是有效地传播和弘扬大遗址承载的价值，而传播和弘扬就需要对其进行科学合理规划，并配置相应的旅游设施，以便于公众参观游览，大遗址保护规划是对这一工作系统的统筹部署和安排。既然要对公众开放，必然就会存在旅游目的地所必须经历的旅游地生命周期。公众的需求会随着经济社会的发展及其生

① 参见吴学成《黔东南民族村寨体验旅游产品体系构建研究》，博士学位论文，中国地质大学，2014 年，第 25 页。

② 参见祁洪玲、刘继生、梅林《国内外旅游地生命周期理论研究进展》，《地理科学》2018 年第 2 期。

③ 参见 R. W. Butler, *Tourism area life cycle*, Oxford UK：Goodfellow Publishers Limited，2011，转引自祁洪玲、刘继生、梅林《国内外旅游地生命周期理论研究进展》，《地理科学》2018 年第 2 期。

活需求的提升而不断变化，这就需要及时掌握公众需求的变化，在坚持基本的保护和基本展示内容不变的情况下，不断对衍生的体验旅游产品体系进行优化，以满足公众日趋变化的体验需求，吸引公众到大遗址来体验历史文化及其自然景观，以实现大遗址保护传承的目的。因此，在大遗址保护规划中，以旅游地生命周期理论为指导，首先能够为大遗址的可持续发展提供宏观指导，有助于大遗址所在地政府部门制定合理的产业政策，并为大遗址展示利用规划和景观环境整治规划提供指导。其次，可以预测大遗址未来可能保护利用的阶段及不同阶段游客容量、市场规模。再次，可以提供大遗址保护规划调整或修编的依据，为大遗址保护总体规划或展示利用、景观环境整治提升或标识解说等专项规划提供调整修编依据，其目的在于促进大遗址保护利用的可持续发展及大遗址价值传播弘扬的效果。因此，要依据大遗址所处的生命周期阶段结合文化遗产保护理念变化等，及时调整保护及展示利用方向、产品结构，改善大遗址保护利用环境，改变市场营销策略等，以尽量延长大遗址价值有效传播的生命周期。最后，指导大遗址展示项目设计。旅游地生命周期是产品生命周期的外在表现形式，每一次成功地展示项目创新设计都将吸引更多的公众到大遗址参观游览、学习，促进大遗址保护利用进一步发展。因此，生命周期理论从另一个视角论证了大遗址型景区产品创新的必要性。

（五）其他相关学科理论

1. 经济学相关理论及其在大遗址保护规划中的应用

经济学是分析经济现象，研究经济活动规律的科学，其本质是研究如何使稀缺资源处于最佳用途以满足人类最大需要的科学。[①] 经济学分支学科和理论众多，与大遗址保护规划联系比较紧密的是区域经济学。区域经济学是研究一国范围内的区域经济规划和区域经济发展问题的经济学科，其主要任务是为区域经济发展战略的选择、经济发展政策的制定以及实现战略目标和发展规划所需方法、手段的确定提供理论依据；区域经济学不仅可以为地区经济发展提供最佳的方案，而且可以为区域经济建立计量经

① 参见张永良主编《经济学基础》（第3版），北京理工大学出版社2022年版，第2页。

济模型，利用实际的统计数据对这些模型进行运算和求解提供理论支持。[①]区域经济学经过长期的发展，已经形成了相对完善的理论体系，包括产业布局理论（增长极理论、点轴理论、梯度推移理论）、中心—外围模型理论、产业集群理论、产业集聚理论、区域均衡发展理论、区域非均衡发展理论及劳动地域分工理论等。在这些理论中，与大遗址保护规划关系紧密的主要是劳动地域分工理论、二元结构理论（核心—边缘理论）、点轴理论和产业集聚理论等。

大遗址分布范围广，区域内一般有村镇和大量村民或居民，区域经济社会发展不均衡，环境复杂，且区域内外经济社会因为保护限制因素等存在一定的“剪刀差”。因此，大遗址保护不仅涉及保护或展示利用问题，还涉及区域经济社会发展、民生改善问题。如果只考虑保护，不考虑区域经济社会发展等，则大遗址保护的效果将大打折扣。同时，其保护不能仅仅关注大遗址区内，还应区内外统筹协调。因此，在大遗址保护规划过程中应重视对区域经济社会发展及民生改善等问题的规划，以保障和促进大遗址保护规划的实施，增强其操作性。经济学相关理论在大遗址保护规划工作中的作用体现在以下几个方面。

一是为大遗址区经济社会发展提供了理论依据。我国在大遗址保护规划中需要考虑的因地制宜、扬长避短、发挥优势等原则或理念，其指导依据主要来自经济学的相关理论。只有充分发挥各地的优势才能做到因地制宜，而优势发挥得是否充分、合理，其关键在于对于区域优势的认识是否正确。[②] 而劳动地域分工理论、二元结构理论（核心—边缘理论）、点轴理论和产业集聚理论为区域优势的正确确立和区域发展、产业经济结构调整优化提供了理论依据。

二是有助于指导大遗址保护规划基础分析评估，尤其是指导大遗址区经济社会发展现状分析评估。基于上述理论指导对大遗址区经济社会发展

---

① 参见白永秀、任保平《关于区域经济学几个基本理论问题的思考》，《山西财经大学学报》2004 年第 4 期。

② 参见王慧、史同广《劳动地域分工理论在区域开发规划中的作用》，《地域研究与开发》1996 年第 2 期。

现状进行科学、合理的分析评估，有助于发现问题，为进一步解决问题提供方向。

三是指导大遗址保护规划的区域产业结构优化调整。通过保护行为促进区域产业结构优化调整和区域统筹协调发展是大遗址保护规划的重要目标之一。而区域产业结构合理化的标准以及如何建立合理的产业结构体系都与劳动地域分工理论、二元结构理论（核心—边缘理论）、点轴理论和产业集聚理论密切相关。

四是指导大遗址区空间结构的布局模式。大遗址保护利用的功能分区与空间布局除受到遗址分布和地形地貌等范围的影响之外，还受到经济社会发展模式及布局的影响。地域分工的规模、层次等不同，核心—边缘不同，大遗址区内区外点轴分布及布局不同，产业集聚的类型、规模、分布范围不同，整个大遗址区功能分区及空间布局的模式亦不同。因此，其有助于指导大遗址保护规划的功能分区及空间布局模式。

五是有助于指导大遗址区内外经济社会统筹协调发展。公平与效益的关系问题被认为是大遗址区最难处理的问题。过去大遗址保护主要强调保护，这在一定程度上使社区发展及居民生活改善受到影响。而劳动地域分工理论、二元结构理论（核心—边缘理论）、点轴理论和产业集聚理论有助于指导大遗址保护规划，在规划中结合大遗址的特性，以劳动地域分工理论、二元结构理论（核心—边缘理论）、点轴理论和产业集聚理论科学合理地确定产业的类型、规模、分布的区域及布局模式。这既包括区内产业布局，也包括区外产业布局的类型、规模、范围和模式，以促进大遗址区经济社会与大遗址保护的统筹协调发展。

2. 社会学相关理论及其在大遗址保护规划中的应用

社会学是一门关于社会现象或社会事实的知识体系，以社会良性运行和协调发展的条件与机制为研究对象。社会事实包括客观事实（社会行为、社会结构、社会问题等）和主观事实（人性、社会学心理等）。其研究范围较广泛，既包括社会结构、社会变迁等社会运行的宏观领域，也包括社会互动、家庭、婚姻等社会构成的微观领域；既有对社会现象抽象概括而形成的各种理论层面的概念学说，还包括对具体事物进行研究而得出的应用层面的社会调查方法、SPSS 统计分析等技术。[①] 总结其研究内容包括两个方面：一是社会学致力于对社会性事物的因果规律、必然性关系的探索，以便获得关于社会生活和人类行为的规律性与普遍性解释；二是社会学重视社会行为主体对社会现象的影响和建构作用，以及主体的影响和建构与社会现象的具体性、特殊性、非重复性之间的关系。[②] 社会学最重要的是为人类认识社会、社会机构和社会关系提供基本的理论和方法技术。社会学的理论包括结构功能论、符号互动论、社会冲突论、社会交换论、批判理论、社会有机体论、社会发展论、社会公平论等。

大遗址保护涉及复杂的人地关系问题，如社区、社区居民、大遗址及其彼此之间关系的冲突与协调等。要实现大遗址的有效保护，必须妥善处理大遗址保护利用与大遗址区社区发展和居民生活质量改善的问题，以及大遗址与整个区域经济社会协同发展的问题。因此，有必要以社会学的相关理论如结构功能论、社会冲突论、社会发展论等为指导，运用社会学的研究方法去解决大遗址区社区居民、社区、大遗址系统结构与功能、保护利用后果等之间的关系。社会学对于大遗址保护及大遗址保护规划的作用表现在以下几个方面。

一是为大遗址与社区及社区居民及其他利益相关者关系分析评估和大遗址保护管理制度及政策建设提供理论指导。利益相关者分析包括地方政府、保护管理机构、保护管理者、社区和社区居民、公众（周边非社区居民及旅游者）等对大遗址保护的态度及诉求；社区居民对外来的旅游者或其他公众的相关反应规律；地方政府、保护管理机构和管理者对社区发展、居民生活质量改善及旅游者等的相关反应规律。并以此为指导，在规划中提出针对性的对策，并体现在规划的管理制度或政策中。

二是为大遗址保护规划人地关系系统（人口与聚落调控、产业发展引导）相关要素分析评估和对策研究提供理论指导。

---

① 参见唐岑玉《社会学理论、方法在高中历史教学中的运用研究》，硕士学位论文，华中师范大学，2016 年，第 3 页。

② 参见郑杭生、杨敏《社会学方法与社会学元理论——个人与社会关系问题的方法论意义》，《河北学刊》2003 年第 6 期。

三是为大遗址保护规划提供基本的技术方法指导。社会学研究方法可以说是“社会学对比其他社会科学来说最具特色和优势的学科领域”①。社会学研究方法体系包含方法论、研究方式和具体研究技术三个主要层次。方法论包含实证主义和人文主义两种基本的哲学与价值倾向；研究方式包括调查、实验、实地和文献四种方式；研究技术包括问卷法、访问法、观察法、量表法、抽样方法、测量方法等具体的研究手段。② 社会学的研究方法为大遗址保护规划提供了最基本、最重要的调查研究技术方法手段。

3. 文化人类学相关理论及其在大遗址保护规划中的应用

人类学与其他学科一样，研究的目的不是一成不变地记录或搜集资料，而是通过归纳、演绎等方法，建构一套科学的理论，用以描述、解释及预测复杂的社会和文化现象。③ 人类学包括体质人类学和文化人类学，体质人类学主要研究现代人类的体质变异；文化人类学主要研究人类社会与文化行为，“是描述、分析、阐释和说明社会和文化异同的分支学科”④，尤其是主客体文化碰撞及其后果。区别于体质人类学专注于对人的种属性研究，认为文化是人类的产物，能反映出人类的更多特征。这也与社会学不尽相同，社会学关注的是人与人、群体与群体、个人与群体之间的关系；而文化人类学则以文化为核心，重于研究人与群体的行为，“往往关注社会及人的行为的外来成分”⑤。文化人类学分为广义和狭义，广义上包含民族学、语言学和考古学三门学科；狭义上则是指民族学，它以整个人类文化的起源、成长、变迁和进化为研究对象，从风俗习惯、人群组织、宗教信仰、社会结构以及物质生产等方面进行深层剖析，并对世界各社团、各地区、各国家、各民族文化的相同以及异同点进行比较，进而在比

---

① 风笑天：《社会学研究方法：走向规范化与本土化所面临的任务》，《华中师范大学学报》（人文社会科学版）2005 年第 6 期。

② 参见唐岑玉《社会学理论、方法在高中历史教学中的运用研究》，硕士学位论文，华中师范大学，2016 年，第 9 页。

③ 参见何星亮《文化人类学理论的类型及其构建方法》，《中南民族大学学报》（人文社会科学版）2016 年第 2 期。

④ ［美］康德拉·菲利普·科塔克：《人类学：人类多样性的探索》（第 12 版），黄剑波、方静文等译，中国人民大学出版社 2012 年版，第 9 页。

⑤ 席焕久主编：《体育人类学》，北京体育大学出版社 2001 版，第 12 页。

较中发现个别的文化模式也就是文化的普遍性，然后再对社会发展的一般规律作出总结。① 其理论包括文化整体论、文化进化论、文化传播论、文化相对论、文化圈层论、文化模式论等；其研究方法以实地调查为主，包括田野调查、参与式观察及全面考察等方法。

在大遗址保护及大遗址保护规划过程中所涉及的人类学以狭义的文化人类学为主，主要以其相关理论与方法为指导来研究大遗址区内的文化进化及文化传播，以及村落、建筑等生产活动、社会文化的物质载体与人民生产活动、社会结构以及精神文化生活的关系。人类文化学及其相关理论对大遗址保护规划的指导作用体现在以下几方面。

一是为大遗址保护规划提供了整体的文化观。文化整体论要求大遗址保护者或规划编制者在大遗址保护及大遗址保护规划编制过程中，不能以单纯的考古遗址为主，还要考虑到区域及周边与之相关联的文化。尤其是在规划中不能将区域内的文化系统分割，只重视某一时期或者某一地点的，而忽视其他遗存或文化。同时在保护中不但要重视遗址本体及其考古学历史学文化，还要重视区域整体物质与非物质文化，将其作为相互影响或演变的文化综合体统一考虑保护利用。

二是为大遗址保护规划提供了人本主义规划理念。我国当前的大遗址保护规划更多关注的是对遗址本体的保护利用，对人的关注则明显不足。强调对遗址本体的刚性规划，而忽略了人的能动性。文化人类学的人本主义（文化人类学的主客体）要求保护者及大遗址保护规划者在保护或者保护规划的编制过程中，在强调对遗址本体的刚性保护的同时，要从大遗址保护的利益相关者入手，对大遗址保护利益相关者的特性、活动以及社会环境加以关注，以促进刚性保护的实现。

三是进一步强调了社会调查对于大遗址保护规划编制的重要性。韦伯认为“‘人类活动由主、客观两个方面构成’，主观的‘意义和动机是不能被直接观察到的，必须联系具体的历史环境’”②。观察社会事项特别是一

① 参见童恩正《文化人类学》，上海人民出版社 1989 年版，第 7—8 页。

② 转引自吉明坚《变迁中的田野作业：作为一种人类反观自身社会与文化的工具》，《沈阳师范学院学报》（社会科学版）1999 年第 4 期。

种文化现象，应避免采用绝对化的、一般化的自然科学方法去调查，而是要针对其具体而特殊的特点，在实际的情境中进行深入的田野调研，与被研究者互动，在被研究者的环境中思考和认识异文化提供真实情境，同时使被研究者获得与观察研究者、研究者沟通交流的机会，获得详细的体验和信息。①

4. 心理学相关理论及其在大遗址保护规划中的应用

心理学是以人的心理现象及其活动规律为主要研究对象的科学。② 心理学研究的是人的一般心理活动，包括心理过程（认识过程、情感过程、意志过程）和个性心理（个性倾向、个性特征）。心理学以观察法、实验法、测量法、访谈法、个案分析法、模拟法等为指导，以实现对人类心理和行为活动的描述、分析、预测和控制，促进人类增强对自我的认知，提高人类的认知能力和生活质量。

在大遗址保护规划中，以心理学为指导，一是有助于研究大遗址保护利用利益相关者（管理者、保护利用工作者、专家学者、当地居民、旅游者等）的心理活动、行为及其规律，解释公众为什么到大遗址游览体验、影响公众出行决策的因素是什么，以及依据这些决策的购买行为具有什么规律；二是有助于研究为公众提供服务的大遗址保护管理机构（主要是保护管理者）的保护利用及服务心理，“探讨提高服务的技巧、满足公众需求、提供高质量的服务产品的途径”③。因此，心理学及其相关理论对大遗址保护规划的指导作用体现在以下几方面。

第一，为大遗址保护提供满足公众需求的展示利用项目和文化旅游体验。大遗址要实现传承弘扬，必须在保护规划中考虑公众的需求，即对大遗址的展示利用需求。因此，以心理学为指导，有助于了解公众的需求，科学合理地设计和安排展示利用项目、展示线路、旅游基础设施，为公众提供丰富多彩的文化旅游体验。

---

① 参见黄丽坤《基于文化人类学视角的乡村营建策略与方法研究》，博士学位论文，浙江大学，2015 年，第 42 页。

② 参见朱从书主编《心理学》，浙江大学出版社 2015 年版，第 1 页。

③ 徐文燕编著：《旅游心理学原理与应用》（第二版），上海人民出版社、格致出版社 2015 年版，第 4 页。

第二，有助于转变保护和服务理念，提高大遗址服务质量。传统的大遗址保护管理者、研究者或规划编制者只考虑大遗址本体及作为管理者的角色定位，而对大遗址的展示利用、传承弘扬等问题考虑不足，未能考虑到大遗址保护真正的目的是惠及民生和满足公众文化等需求。这要求在大遗址保护规划中转变保护及服务观念，在规划中做好保护的同时重视展示利用和参观游览等基础服务设施的规划设计，以提高公众对大遗址认知的参与度和满意度。

第三，有助于增强大遗址保护利用竞争力。大遗址展示利用必然成为重要的旅游景区或休闲文化服务区等，在此过程中就需要考虑到受众面或服务面的问题，涉及公众对大遗址的认可度和接受度的问题，如果一个大遗址经过保护没有公众来参观游览学习体验，不能惠及民生，则保护的意义大打折扣。而以心理学理论与方法为指导，有助于规划设计出科学、合理、有效的管理体制和机制，在实践中提升大遗址的运营和管理水平，提升其知名度和美誉度，让更多的公众来参观游览体验。

第四，有助于指导大遗址保护规划的统筹协调性。以心理学为指导，有利于开展大遗址保护利用相关利益者利益需求分析，针对各方利益诉求，在大遗址有效保护的基础上，为政府制定大遗址政策、保护管理者科学决策、大遗址区构建和谐稳定的社会秩序提供理论依据，在大遗址保护规划中构建起大遗址保护与当地居民、保护管理者和政府管理部门之间的统筹协调发展关系，以增强大遗址保护规划的操作性。

总之，大遗址保护规划涉及的学科或理论较多，其他还包括了历史学、管理学、建筑学、规划学、行为学等相关学科的理论，这些学科及理论都对大遗址保护规划有一定的指导作用，但限于篇幅，在这里不再赘述。大遗址保护规划的理论是编制科学、合理的大遗址保护规划的基础，我国大遗址保护规划的理论主要来自对相关学科的借鉴，根据我国大遗址特性和大遗址保护规划内容涉及的学科领域，其理论概括为基础理论和专题理论两个层面。大遗址保护规划基础理论是指在大遗址保护过程中具有普适性的理论，包括价值论、系统论、控制论、人地关系论等。大遗址保护规划专题理论是指在大遗址保护规划研究或编制过程中针对大遗址保护规划开展的保护调查、保护评估、保护规划、保护工程技术、保护展示、保护利用和保护管理等系统性保护过程中各专项工作展开研究和支撑编制内容的具体理论，从学科角度划分，包括人文社会科学版块、自然科学版块。大遗址保护规划理论既为大遗址保护规划编制提供了原理或方法实践指导，也为我国大遗址保护规划理论与方法体系建设提供了指导与借鉴。

第三章　大遗址资源调查及基础评估

第一节　大遗址保护环境分析评估

大遗址保护易受到保护环境变化的影响。因此，编制大遗址保护规划时必须对经济、社会、生态及遗存构成和遗存环境等进行系统、全面的调查，总结分析大遗址保护的影响因素，为制订大遗址保护规划奠定基础。

一　大遗址保护环境分析的原则和流程

大遗址保护环境分析是指对影响大遗址保护的环境要素进行调查、分析与评价，其是大遗址保护规划编制的基础。大遗址保护环境涉及宏观的遗产地和遗址区的经济社会、历史文化、生态科技等，以及微观的大遗址遗存的保存保护、展示利用、考古研究等。一般围绕大遗址的区位环境、自然地理环境、经济社会环境、法规政策环境和遗存构成、遗存价值、保存现状、保护管理现状等方面进行分析评估（见图 3－1）。

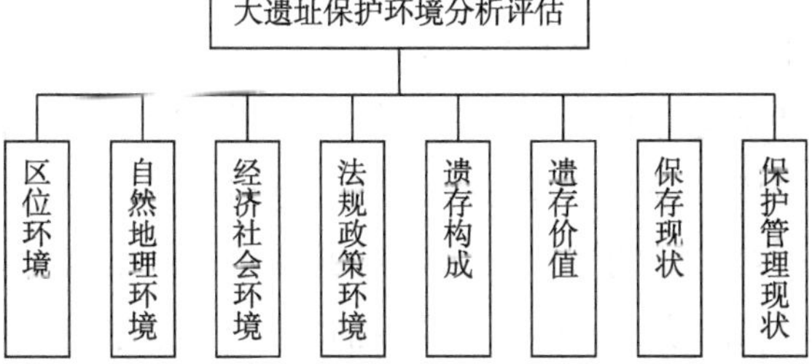

图 3－1　大遗址保护环境分析评估的主要内容

（资料来源：作者自制）

（一）大遗址保护环境分析的原则

大遗址保护环境分析应坚持目的性、全面性和客观性等原则。

1. 目的性。大遗址保护环境要素分析的核心目的是发现大遗址保护存在的问题，以便为进一步的规划设计提供基础。因此，在大遗址保护环境分析过程中应主要围绕环境要素对大遗址保护的影响这一出发点进行认真调研、总结、分析和评价。

2. 全面性。大遗址保护涉及遗址本体、自然与人文环境、经济社会、人口聚落、基础设施等诸多要素。因此在分析中应对涉及的相关环境要素有一定的认知和分析，在发现核心问题的同时，还要发现其他影响因素。同时，在分析过程中不仅要分析取得的成绩和积极影响，还要发现存在的不足和消极影响等。

3. 客观性。在大遗址相关环境要素调查、总结与分析评估阶段，应认真深入调研和搜集整理资料，在获得详细的一手资料并认真总结分析及听取各利益主体意见的基础上，对各个要素展开分析与评价。不能道听途说，以二手资料或一方意见作为分析评价的基础。在分析评价过程中不能带入个人主观色彩或先入为主的观念，应坚持科学、公正、客观原则。

（二）大遗址保护环境分析的流程

大遗址保护环境分析工作一般包括三个方面。①大遗址调查。在进行大遗址保护环境分析时，首先必须进行大遗址调查，以获取详细的第一手资料，并对整个遗产地和大遗址区有一个直观的认知。②基础资料的收集与整理。在大遗址调查的同时，要积极开展基础资料的收集，主要包括与遗产地和大遗址区相关的经济社会、历史文化、政治科技等资料，以及与大遗址遗存相关的考古、保护、研究等资料。在调查结束后结合收集的基础资料进行整理总结。③分析评估。这是大遗址保护环境分析的关键，通过对田野调查和收集资料的整理，总结相关要素环境的现状、分析其取得的成绩（优势）和存在的问题，从而提出解决这些问题的对策。总结分析后，如果发现收集整理的资料不能满足保护规划编制需求，可针对具体问题进行专项补充调查或开展考古工作以完善规划编制所需要的基础资料。

二　大遗址调查的内容与方法

（一）大遗址调查的目的与任务

大遗址包括遗址、大遗址的承载体——土地及其之上的自然环境与地文景观、除遗址本体以外的物质文化景观和非物质文化景观。大遗址调查是指以目的为导向，运用科学的技术方法，系统地收集、整理、分析大遗址遗存本体及其相关环境要素的相关信息资料，确定大遗址资源的存量状况并为大遗址保护规划和管理提供客观决策依据。大遗址资源调查是为了详细了解大遗址遗存构成及遗存保护利用、保护管理现状，自然环境与地文景观、除遗址本体以外的物质文化景观和非物质文化景观以及相关的经济社会、历史文化、生态科技等发展现状，为大遗址价值评价和保护环境评估以及保护规划编制和管理等工作提供必要的依据。

大遗址调查的基本任务是全面系统地掌握遗存构成的类型、数量、质量、分布、级别、价值、存在的环境、保护利用现状、保护管理现状等基本情况；了解大遗址区经济社会发展现状以及区域发展与大遗址保护之间的关系等。大遗址调查是大遗址保护规划编制过程的重要组成部分，在正式编制大遗址保护规划之前应根据规划目的目标等，开展系统、全面的大遗址调查工作。

（二）大遗址调查的内容

大遗址调查的内容包括自然环境、人文环境（经济社会环境）及遗存构成与分布、保护和管理现状等。

1. 自然环境的调查

自然环境调查的内容包括遗产地及大遗址区的自然概况、气候气象要素、水文要素、地质地貌要素、土壤要素和动植物要素的数量、质量、存在形态及组合情况，并对自然环境作出综合分析（见表3－1）。[①]

---

① 参见刘卫红《秦始皇陵文化遗产管理综合实习教程》，科学出版社2020年版，第120页。

表 3－1　　自然环境调查的内容

调查要素	调查内容
地质地貌	遗址区岩石、地层、地质构造、地形地貌的分布特征、发育规律和活动强度等
水体	遗址区地表水与地下水的类型和分布，季节性水量变化规律和特征，可供开采的水资源，已发生和可能发生的水灾害及其对文化遗产资源保护的不利影响等
气象气候	遗址区的年降雨量及其分布，气温、光照、湿度及其变化，大气成分及其污染情况，气候类型、特色及其变化规律等；气象气候条件对自然景观的形成和文化遗产资源保护的影响
动植物	遗址区动物和植物特征与分布，具有观赏价值的动植物的类型和数量及其分布数量、生长特性和活动规律；了解动植物可供游人观赏的客观条件和防护措施以及对文化遗产资源保护的影响等

资料来源：作者自制。

2. 人文环境的调查

人文环境调查的内容包括遗产地及大遗址的历史沿革、体制机制、行政区划、聚落人口现状、经济发展现状、企事业单位现状、教育文化医疗卫生现状、基础设施建设现状，以及遗产地行政机构和企事业单位主要领导和工作人员、居民、游客等对大遗址保护的态度（见表 3－2）。①

表 3－2　　人文环境调查的内容

调查要素	调查内容
历史沿革	了解遗产的发展历程及遗产地的发展历史。包括遗产的建造及发展和遗产地建制的形成，行政区划的调整，曾经发生的历史事件，重要名人及其活动、经历对当地历史景物的影响
经济环境	主要调查遗产地和大遗址区经济简况、国民经济发展状况、国内生产总值、工农业生产总值、国民收入、居民收入水平、消费结构与消费水平、物价指数与物价水平、就业率与劳动力价格范畴等，同时包括产业发展类型及规模等

① 参见刘卫红主编《秦始皇陵文化遗产管理综合实习教程》，科学出版社 2020 年版，第 121 页。

续表

调查要素	调查内容
社会文化环境	主要调查遗产地人口（民族分布、职业构成、受教育程度、文化水平、宗教信仰、风俗习惯、社会审美观念、价值观念、文化禁忌）、聚落分布及形态、基础设施（道路交通、给排水设施、电力通信）、医疗环卫等

资料来源：作者自制。

3. 遗产构成的调查

遗产构成调查的内容包括遗址的类型、数量、结构、特征、成因、级别、规模、分布和组合结构、附属文物等基本情况。同时应注意对有关的重大历史事件、名人活动、文化作品、神话传说等情况进行调查。

4. 保护和管理现状调查

保护和管理现状调查的内容包括遗址的保存现状、保护现状、展示利用现状、保护管理现状及旅游环境容量控制、游客管理等。①

（三）大遗址调查的方法

大遗址调查常用的方法包括传统的田野调查法、考古调查法、文献资料搜集查阅法和访谈问卷法等，还包括航空摄影调查法、“3S”技术调查法和地下勘探调查法等利用现代科学技术调查的方法。

1. 田野调查法

田野调查法即野外实地考察法。这是通过规划组现场综合考察，核实、获得各种资料，得出相关大遗址分析评估意见的方法。实地调查时应对遗址的类型、分布范围、形态布局、结构等和大遗址保护环境现状等做详细的记录。要充分运用现代勘查技术、装备和手段，将各类大遗址要素的位置标明在相应比例尺的地形图或航空图片上；同时应对遗址及其他环境景观要素进行摄影、摄像等工作，以留下第一手资料；对遗址性质、年代、形制、分布范围等不能判定或不清楚的，应开展考古调查。②

---

① 参见刘卫红主编《秦始皇陵文化遗产管理综合实习教程》，科学出版社2020年版，第122页。

② 参见刘卫红主编《秦始皇陵文化遗产管理综合实习教程》，科学出版社2020年版，第129页。

2. 考古调查法

考古调查属于田野调查的范畴，是一种专门针对遗址的调查方法。其是在对大遗址实地踏查的基础上，针对遗址性质、年代、分布范围、形态布局等不清楚或不能判定等情况，开展考古勘探或考古试掘，以厘清遗址的性质和分布范围等。踏查即实地步行调查。通过观察、辨别、测绘、照相等方式、方法了解、记录遗址的情况。包括确定遗址的地理位置、行政隶属和所处环境；确定遗存的分布范围、面积，绘制图表；采选遗物标本，分类记录；依断面观察文化层的堆积情况；初步判定遗址的文化性质、年代、保存状况等。考古勘探是在地面遗迹露头不多或不足以了解有关地下埋藏状况时，配合以钻探了解。试掘是对一些重要遗址，为了进一步了解其内涵，在适当部位进行小面积发掘，以了解遗址地层堆积或遗迹关系，试掘一般采用探沟法，有时也可用探方法。试掘应在踏查或钻探的基础上进行，在需要了解的部位划布探沟，正常情况下探沟应采用正方向（即正南北或东西方向），有时可根据地形或需要布方。如为了解城墙或围沟转角处的情况而必须在该处布设的探沟，就不一定要采用正方向。① 除了传统的方法外，还可以借助地球物理勘探技术等新技术开展考古勘探，即根据大地物理性质的差异勘查地下遗迹、遗物的方法。由于古代的遗迹、遗物同周围土壤的电阻率不同，并存在着磁性差异，可用地电阻率计（电探测）、磁性测量仪器（磁法探测）或地震雷达等进行探测，对获得的信息进行计算机处理分析和人工解读，从而对地下的遗迹、遗物作出准确的判断。这避免了钻探可能对遗址本体的过度影响，也便于了解遗址的形态布局和结构。

3. 文献资料收集查阅法

文献资料收集查阅法是指通过收集整理与遗产地及大遗址区与遗址、保护环境相关的各种资料来了解大遗址遗存等资源的类型和分布及其保护环境现状。该方法根据工作现状和需要可以贯穿整个调查阶段，在工作前、工作中或调查结束后都可以进行。文献资料收集查阅是对遗址考古研

---

① 参见刘卫红主编《秦始皇陵文化遗产管理综合实习教程》，科学出版社 2020 年版，第 130 页。

究资料、自然环境资料、经济社会发展资料、基础设施建设资料、历史文化资料等进行收集整理，以便于对大遗址区考古工作、历史文化和保护环境等有一个全面客观的了解。

4. 访谈问卷法

访谈问卷法是指通过现场访问座谈和针对特定群体发放问卷的形式从调查对象处获取信息的方法。这种方法有利于弥补田野调查和文献收集整理只能了解直观现状等的不足，一方面可以了解田野调查所不能发现或观察到的信息，另一方面可以了解特定群体对大遗址保护管理的态度、意见和建议等。但访谈问卷法有可能掺杂访谈问卷者主观因素的一些信息，因此应对访谈问卷的群体和内容进行认真甄选。

5. 航空摄影调查法

航空摄影调查法是指利用无人机、热气球等航空器从空中向地面观察和摄影，以取得大遗址区整体宏观和微观影像的一种调查方法。通过航空摄影，一方面能够对大遗址区有一个整体的认知，另一方面能够从更广阔的视野发现地面上难以观察到的现象，如土壤、地形的细微差别，阳光斜射产生的地物阴影，不同季节植物生长状态的对比及土壤湿度等因素在调查区域内形成的不同标志。[①] 通过分析对比各种现象的差别，就可能找到地面或地下遗迹。同时也可以了解土地利用现状、聚落分布现状以及遗址本体和周边相关环境的关系。

6. “3S”技术调查法

“3S”技术是指遥感（RS Remote Sensing）、地理信息系统（GIS Geographic Information System）和全球定位系统（GPS Global Positioning System）技术的集成。这种方法是用航空或航天遥感手段对地面情况进行测量观察获得地学信息；用全球定位系统对大遗址构成要素如遗址、自然环境景观和人文景观、聚落道路等准确定位，以确定其位置、范围、大小、面积、体量、长度等；用地理信息系统在计算机中建立大遗址的空间数据库，对大遗址进行调查、评价及动态管理。这种方法具有信息量大、覆盖

① 参见刘卫红主编《秦始皇陵文化遗产管理综合实习教程》，科学出版社 2020 年版，第 131 页。

面广、方位准确性高、所需时间短、费用较少、现实性强等优点。① 在大遗址调查中，“应尽量充分运用各种现代科学技术手段，提高调查的准确性、精确性和科学性，但需要有运用专门知识和先进技术设备能力的人，才能够进行信息判读、解译和选择”②。

（四）大遗址保护规划的基础资料

大遗址保护规划涉及面较广，在大遗址保护规划前，应结合大遗址调查，积极收集、整理大遗址保护基础资料，以便于为大遗址遗存构成分析和保护环境分析提供依据。大遗址保护规划应具备的基础资料包括勘察测绘图纸资料、考古资料、历史文化资料、保护环境资料等。

1. 大遗址区勘察测量资料

符合国家勘察、测量规定的大遗址区测绘图，包括涵盖规划范围的地形图、遗址考古测绘图等，以及各个时期的卫星影像图、航拍图、地形地貌图等。

2. 大遗址区文物基础资料

大遗址区文物基础资料主要包括：

（1）与遗址相关文物保护单位记录档案（全套电子版）；

（2）文物调查、勘探、发掘的相关资料和报告；

（3）历年保护措施的实施情况与监测记录资料；

（4）现有保护管理体制机制及法规制度等资料（机构、经费、人员编制、保护法规及政府管理文件等）；

（5）保护展示、服务设施情况，历年游客人数与收费统计等。

在这部分需要重点收集下列相关考古资料内容，以及遗址本体的保存状况和破坏因素等内容：

（1）大遗址遗存分布图；

（2）遗址和遗迹的考古测绘图；

---

① 参见刘卫红主编《秦始皇陵文化遗产管理综合实习教程》，科学出版社 2020 年版，第 131 页。

② 董建辉主编：《旅游资源开发》，电子工业出版社 2009 年版，第 16 页。

（3）遗址的考古文化类型、年代分析和沿用时间；

（4）遗址本体的分布范围、功能格局、分布位置、基本尺寸、材质与形状、遗存埋深等情况；

（5）典型出土文物的描述和图片；

（6）动植物遗存的鉴定报告和/或遗址的环境考古与历史气候研究资料；

（7）遗址本体的保存状况、保存环境以及人为与自然的主要破坏因素资料；

（8）与遗产地和大遗址相关的历史文献资料；

（9）与该遗址价值相关联的遗址群（或文物点）分布情况。[①]

3. 大遗址区历史文化资料

大遗址区历史文化资料包括遗产地及大遗址区历史资料，如城市和大遗址的历史沿革、变迁、规划历史等基础资料，与大遗址相关的地方志及相关历史文化研究性著作、文章、文史资料汇编等。

4. 大遗址区保护环境资料

大遗址区保护环境资料包括大遗址区自然环境、经济社会、人口与聚落、医疗教育、环境卫生、基础设施、土地利用、旅游业、生态环境等资料。

三　大遗址保护环境分析的内容和方法

（一）大遗址保护环境分析的内容

1. 大遗址遗存构成分析

大遗址保护环境分析的前提是对大遗址遗存构成与分布情况的总结与分析。遗址的构成要素主要从遗址本体构成及可移动文物和遗址历史环境三个层面进行分析总结。遗址本体构成包括遗址本体的类型、分布范围、

---

① 参见中华人民共和国国家文物局《大遗址保护规划规范》（WW/Z 0072—2015），文物出版社2016年版，第5页。

功能格局、分布位置、基本尺寸、材质与形状、遗存埋深等情况；可移动文物主要是对大遗址区出土文物的总结分析；遗址历史环境主要是对古环境状况的基本阐述，包括古代可能的地形地貌、水文地质或生态环境等及其变化。遗址构成分析是确定大遗址保护对象、开展大遗址价值评估和保存评估以及保护管理评估和保护规划的基础。

2. 大遗址区位条件分析评估

区位条件是指一个地区与周围事物关系的总和，包括地理位置关系、地域分工关系、地缘经济关系以及交通、信息关系等。[①] 区位条件对大遗址保护和保护规划的影响是通过地理位置、交通、经济、文化、信息等相互作用、密切联系而发挥的。在大遗址保护规划中，通过对规划区区位条件的调查分析，并形成区位图，可以明确规划区的位置及其与周边地区的关系，不同区位类型的大遗址保护存在的主要问题及规划的侧重点不同，区位分析有助于“结合区位特征分析大遗址保护潜在的破坏因素及其影响程度，制定出针对性的、可操作的、具有分期实施步骤的规划措施”[②]，从而明确大遗址保护的方向和区域整体发展的前景。区位条件的调查分析包括规划区的地理区位、交通区位、经济区位、文化区位、旅游区位的分析（见表3－3）。

表3－3　　区位条件分析的要点

序号	区位类型	分析要点
1	地理区位	遗址区的绝对位置（如经纬度位置、气候地带性等）、相对位置（如与周边地区的空间距离等）
2	交通区位	遗址区在交通大格局中的位置；遗址区周边主要大城市的空间距离及可达程度；区域之间、区内各种交通工具的时间距离；遗址区区内或周边机场、火车站、码头之间的依托关系

① 参见李庆雷、明庆忠编著《旅游规划：技术与方法（理论·案例）》，南开大学出版社2008年版，第112页。

② 中华人民共和国国家文物局：《大遗址保护规划规范》（WW/Z 0072—2015），文物出版社2016年版，第5页。

续表

序号	区位类型	分析要点
3	经济区位	遗址区的绝对区位条件（如经济发展水平、发展速度等）、相对经济区位条件（与周边地区的主要经济指标比较）
4	文化区位	遗址区所处的文化区域、区内的文化类型；遗址区与周边文化的关系；客源地与目的地文化的相似程度、差异程度
5	旅游区位	遗址区与旅游客源地、周边旅游中心城市（集散中心）、重点旅游区（点）之间的关系

资料来源：作者自制。

3. 大遗址自然地理环境分析评估

自然地理环境分析的内容包括地质地貌、水文条件、气候条件、生物条件等。自然地理环境是大遗址形成和演变的主要背景和物质条件基础，对于了解大遗址形成的原因和发展演变历程具有重要意义。大遗址所处的自然地理环境不同，潜在的破坏因素及影响程度不同，保护规划的对策措施自然不同。自然地理环境分析有助于了解遗址区自然环境的变迁、潜在的破坏因素及影响程度、潜在的自然或地文景观分布，为大遗址保护规划大遗址系统构成要素分析、保护条件分析和保护区划、生态环境保护利用规划、展示利用规划等提供支持和依据。

（1）地质地貌

地质地貌决定了大遗址区的选址和整体形态布局，同时也在很大程度上影响到自然或地文景观的形态特征。大遗址保护规划中应分析规划的大地构造、地质作用、地貌类型，并结合各种地质地貌分析其潜在的景观价值和灾害可能性等。

（2）水文条件

水文条件对大遗址选址和大遗址破坏因素及潜在的自然景观环境都有一定的影响。大遗址保护规划中应分析规划区的水系、水文要素、水文特征，并结合区域环境分析水文要素潜在的景观价值和灾害可能性等。

（3）气候条件

气候条件对大遗址破坏因素及潜在的自然景观环境都有一定的影响。

大遗址保护规划中应分析规划区所处气候带和类型、各类气候要素指标（温度、湿度、降水、蒸发、风向、风速、日照、冰冻等）、旅游适宜性等，并分析典型气候要素潜在的景观价值和气候灾害可能性等。

（4）生物条件

生物条件对大遗址破坏因素及潜在的自然景观环境都有一定的影响。大遗址保护规划中应分析动植物种类与特征及相关要素潜在的景观旅游价值和灾害可能性等。

4. 大遗址经济社会环境分析评估

经济社会环境分析能为评价大遗址区的经济水平、社会环境、保护投资能力等提供依据，其内容包括历史沿革、聚落人口、经济水平、土地利用、社会条件等。经济社会环境对大遗址保护破坏因素和保护管理条件等有一定的影响，直接影响到大遗址保护的效果。大遗址经济社会环境分析有助于了解大遗址区及遗产地经济社会发展水平及潜在的破坏影响因素，为大遗址保护规划人地关系系统规划提供重要的依据，有利于大遗址保护规划的统筹协调，促进大遗址保护规划的实施。

（1）历史沿革

历史沿革反映了一个地区的历史演变历程及历史文脉。大遗址保护规划中应对规划区的历史演变过程、重大历史事件和著名的历史人物及其影响进行分析评估，以突出规划区的历史文脉，客观评价其历史底蕴。

（2）聚落与人口

聚落与人口对大遗址保护破坏因素和物质文化景观等有一定的影响。大遗址保护规划中应对规划区的行政区划、聚落分布及其数量、人口种族与结构等进行分析，以评估聚落特色性、人口素质、民族文化及其可能对大遗址潜在的破坏影响和景观影响。在大遗址保护规划中体现为聚落与人口分析评估。

（3）经济发展水平

经济发展水平是一把双刃剑，对大遗址保护环境和保护条件产生直观影响。经济发展较好的大遗址区可能对遗址造成较大破坏，也可能促使其为大遗址保护提供较多经费支持，促进大遗址保护；反之亦是。大遗址保护规划中应分析规划区的经济发展水平、产业结构构成和发展水平、企业数量和结构、人均收入水平、旅游业发展水平等，以及经济发展水平可能对大遗址保护的影响。在大遗址保护规划中体现为经济社会发展分析评估。

（4）社会条件

社会发展直接关系到民生和公众对大遗址保护的态度和行为。大遗址保护规划中应分析规划区的社会事业、基础设施等，如文化教育、医疗卫生等方面。此外，还应注意作为地域“性格”表现形式的民风特征。在大遗址保护规划中体现为基础设施分析评估。

5. 大遗址遗存价值分析评估

大遗址遗存价值分析评估是基于大遗址整体及遗址群体或个体等对大遗址系统的研究或与区域、同文化类型等遗址的比较研究，它对研究成果进行系统整理、综合提炼，以定性大遗址及其遗存文化地位等。大遗址价值分析评估的内容包括大遗址的文物价值（包括历史价值、艺术价值和科学价值）和社会文化价值（对社会、文化、经济的影响作用）。

6. 大遗址保护利用发展现状评估

大遗址保护利用发展现状评估包括大遗址保存现状、保护现状和展示利用现状三个方面。大遗址保存现状是对遗存从目前的保存自然状态进行现实性描述，并从真实性、完整性和延续性等角度进行评价保存的好坏及影响因素、存在问题等。大遗址保存现状分析评估是专项评估的重点，主要是“基于应根据考古工作及研究现状，对大遗址的遗存分布现状进行评估，并在充分调查遗址本体与历史环境的病害状况与残损程度的基础上，分别做出相对量化的真实性评估、完整性评估与延续性评估，必要时还应包括遗址占地范围内的地质与水文状况专项评估”①，以了解大遗址整体和遗存群体及个体保护存在的问题，为大遗址保护区划及管制、保护措施制定等提供指导。大遗址保存现状分析评估的内容包括对大遗址整体及遗址遗存群体或个体真实性、完整性、延续性的分析评估。真实性评估主要内容为现存各类工程干扰情况；完整性评估主要内容为保护区划状况、文物

① 中华人民共和国国家文物局：《大遗址保护规划规范》（WW/Z 0072—2015），文物出版社2016年版，第6页。

残损状况以及病害类型；延续性评估主要内容为破坏速度与破坏因素等。①大遗址保护现状评估是对遗址已经实施的保护工程或保护措施进行现状梳理并进行评估，明晰优点和不足等。展示利用现状评估是在展示利用现状进行总结的基础上，对展示利用的成效进行评估，包括社会教育效益、旅游经济效益、开放容量情况、交通与服务设施的配置与使用情况、展示设施的使用情况等。

7. 大遗址保护法规政策环境和保护管理分析评估

大遗址保护法规政策环境分析是对国际、国内和本地区大遗址保护或文化遗产保护及相关法规政策进行系统研究，以全面评估规划所需的社会、经济、文化、环境、政府行为、保护技术方法和措施等，进而指导大遗址保护规划使其符合法规政策及相关规范要求。大遗址保护法规政策环境分析的内容包括与文化遗产保护利用和大遗址保护利用相关的国际公约条约及国内法律法规、标准规范、规划设计、党政文件等。法规政策级别越高则越宏观，级别越低则越具体，对于具体的大遗址而言，对法规政策的分析必须是对与具体大遗址保护利用内容等相关的法规政策的分析，但一般是将相关法规政策罗列即可，在大遗址保护规划中主要体现为规划依据。

大遗址保护管理现状分析评估是在法规政策基础上对保护管理进行的系统评估。保护管理评估要求评估文物保护单位的管理状况，包括“四有”建档情况、管理措施现状（保护级别公布、政府文件、管理机构、管理规章）、管理设备、技能与人才队伍以及历年保护工作的重要事件等相关工作评价。②保护管理评估根据具体遗址发展现状，有的还包括灾害和安全、游客管理、监督检测等评估。

大遗址保护环境分析评估的内容较多，根据具体需求还可能包括考古研究、土地利用、产业发展等，具体根据需求按照法规制度要求具体开展实施。

---

① 参见中华人民共和国国家文物局《大遗址保护规划规范》（WW/Z 0072—2015），文物出版社 2016 年版，第 6 页。

② 参见中华人民共和国国家文物局《大遗址保护规划规范》（WW/Z 0072—2015），文物出版社 2016 年版，第 6 页。

（二）大遗址保护环境分析评估的方法

大遗址保护环境分析评估是指基于调查研究，综合运用文献分析法、定性分析法、定量分析法、层次分析法、趋势分析法和结构分析法等对相关专题展开分析评估。这些方法的运用是影响大遗址保护环境分析结果的重要因素。在分析评估中可能是一种方法的运用，也可能是多种方法的综合运用。

1. 文献分析法

文献分析法，又称间接研究法，是一种借助文献资料对历史事件和社会现象等进行分析研究的方法。文献分析法在大遗址保护规划中的运用是指针对大遗址保护环境分析评估的具体内容，在前期田野调查、问卷访谈和文献资料收集查阅等工作的基础上，通过对已有文献资料的室内统计、分析、研究，了解相关内容的发展现状、存在的问题及产生的原因，并对可能发展的趋势进行研判的一种方法。文献分析法是大遗址保护规划相关保护环境分析评估的主要方法手段，基于调查研究的文献检索和总结、分析及评估，是一项实践性、操作性很强的活动，有助于客观、准确地分析大遗址保护环境，为大遗址保护规划提供指导。大遗址保护环境分析的文献来源包括两个方面，一是来自实地的田野调查和访谈问卷等第一手调研所获得并整理的资料；二是来自搜集的书籍、报刊、论文、规划文本、法规政策等印刷性文献、视听文献或网络文献。

2. 定性分析法和定量分析法

定性分析法是对于事物质的方面的分析与研究，“是认识事物的质、寻找事物的本质联系的一种方法，质是指一事物成为其自身并使之区别于其他事物的内部规定性”①。定性分析法通过对事物内部或外部所具有的各种矛盾的分析与研究达到对该事物内在质的规定性的深刻把握。② 大遗址保护规划在保护环境分析评估中基于调查研究和文献资料整理研究，以定性分析法为指导，对分析评估的内容运用归纳和演绎、分析与综合以及抽

① 施丽丽：《定性分析、定量分析与规范分析、实证分析》，《经营管理者》2010 年第 16 期。

② 参见孙瑞英《从定性、定量到内容分析法——图书、情报领域研究方法探讨》，《现代情报》2005 年第 1 期。

象与概括等方法，对获得的各种材料进行思维加工，以达到认识事物本质、揭示研究对象内在规律的目的。

定量分析法是指对事物量的方面的分析与研究，事物的量就是事物存在和发展的规模、程度、速度以及构成事物的共同成分在空间上的排列组合等可以用数量表示的规定性。它不仅局限于具体的数学统计和运算，还包括进一步的定量分析，以便从量的关系上认识事物发展变化的规律，作出更为精确的科学的说明。①

定性分析是定量分析的基础，是认识事物的起点；定量分析是定性分析的深化，是认识精确化的相对客观支撑。大遗址保护环境分析的相关内容既需要定性分析也需要定量分析，有的可能更需要二者的结合。只有正确地对事物的质作出科学、合理的描述，才能构建起正确的理论假设以指导定量研究，以进一步深化对事物质的认识。在大遗址保护规划保护环境分析中定性分析与定量分析相辅相成，互为支撑。

3. *层次分析法*

层次分析法是一种定性与定量分析相结合的多目标决策分析方法。主要是将定性问题进行定量分析，把复杂问题中的各种因素通过划分为相互联系的有序层次，使之条理化，根据对一定客观现实的主观判断结构（主要是两两比较）把专家意见和分析者的客观判断结果有机结合，将每个层次元素两两比较的重要性进行定量描述，利用数学方法计算反映每一层次元素的相对重要性次序的权值，通过所有层次之间的总排序计算所有元素的相对权重并进行排序。② 层次分析法是一个数学方法，但其本质是一种思维方式，把复杂系统分解成各个组成因素，又将这些因素按支配关系组成递阶层次结构，通过每一层次各元素的两两比较对其相对重要性作出判断，构成判断矩阵，并通过计算确定决策方案相对重要性的总的排序。③

---

① 参见孙瑞英《从定性、定量到内容分析法——图书、情报领域研究方法探讨》，《现代情报》2005 年第 1 期。

② 参见罗艳芬《乡镇领导干部经济责任审计评价研究》，博士学位论文，西南大学，2012 年，第 66 页。

③ 参见夏海钧《中国高新技术产业开发区发展研究》，博士学位论文，暨南大学，2001 年，第 6 页。

层次分析法在大遗址保护环境分析中主要应用于保存环境、价值评价和区域经济社会及土地利用等内容的分析评估中，以便于确定保存等级、破坏因素的主次和定性比选分析遗存价值等。

4. 趋势分析法

趋势分析法是指运用一定的数学分析方法，对一定时间内社会经济、环境、人口聚落、土地等变量的某一特性长期发展情况进行统计分析，找出该特性的发展变化的规律和趋势，进一步分析造成这种变化趋势的原因，并提出针对性的对策措施等。从大遗址保护环境分析评估的内容来分析，趋势分析法被运用于经济社会、生态环境、聚落人口与土地等的分析中，囿于内容的不同，具体分析评估的方法又有所差异。如经济环境分析的具体方法有直线趋势分析、指数曲线趋势分析、抛物线趋势分析、生长曲线趋势分析、周期变动趋势分析等；社会环境分析有人口变动趋势分析、因素分析、消费倾向变动分析等方法；生态环境分析中有环境恶化指数分析、污染排放趋势分析、资源衰减趋势分析等方法。①

5. 结构分析法

结构分析方法是指对经济系统中各组成部分及其对比关系变动规律的分析。结构分析法在大遗址保护环境分析评估中都有所涉及，但主要运用于大遗址系统及大遗址价值、保护管理等分析评估中。其将大遗址或大遗址保护管理等内容作为一个整体来进行研究，主要视角是对大遗址、大遗址价值及大遗址保护管理等内容的要素构成、特点、功能、要素与要素之间的相互关系状况以及单个要素与要素整体之间的关系等从结构的角度开展分析。结构分析法通过对相关内容要素的形成在时间上的分布、质与量上的分布、层次与等级的排列、功能表现，以及大遗址保护与各环境要素之间的表现形式、关联性和内在规律性等层面的分析，在调查研究和定性定量等传统方法分析基础之上，建立相应的评价指标体系，以进一步加强对研究对象的认知或揭示研究对象的变化规律和趋势等，为大遗址保护规划提供基础指导。

① 参见李庆雷、明庆忠编著《旅游规划：技术与方法（理论·案例）》，南开大学出版社2008年版，第123页。

第二节　大遗址价值评价体系构建

大遗址价值认识与评价既是大遗址保护环境分析评估的核心和重点，也是大遗址保护规划与管理的核心。大遗址保护规划的编制、保护措施和相关制度的规划建设有赖于对大遗址价值的全面、准确、科学的评价认知。①

一　大遗址价值评价范畴及原则

（一）大遗址价值评价的范畴

要明确界定大遗址价值评价的范畴、评价应涉及的要素，构建并完善其价值评价体系，首先应明确什么是大遗址价值评价。

价值属于事物的本体范畴，是事物本身所有的。而价值评价是在对事物了解认识的基础上，对事物附着的价值（不是其具体结构、形态，甚或属性，而是相较于现在所留存的客体自身所体现出来的），实践改造客体后的意义、成果等进行的评价。大遗址是人类智慧的结晶和历史进步的标志之一，是人类在劳动实践中创造的，它的价值是客观的、本身所固有的，是大遗址价值评价的基础，需要通过科学研究去认识。从现代社会需求出发，在一定的科学方法、理念指导下，对遗址本体价值、实践改造遗址后其意义、成果满足人类需要及满足程度的认识就是对大遗址价值的评价。其实质是在科学的考古发掘与文献资料以及实践调查的基础上，对其进行深入剖析和研究。大遗址价值评价是大遗址保护、规划、利用的前提和依据，评价结果会对大遗址保护、利用及大遗址保护规划的编制产生重要影响。

通过对大遗址价值评价概念的分析界定可以发现，大遗址价值评价包含三个方面：一是对遗址本体价值的认识，即文物价值的认识；二是对遗址实践、改造后意义的认识；三是对遗址实践改造后成果的认识。这三个

---

① 参见刘卫红《大遗址保护规划中价值定性评价体系的构建》，《西北大学学报》（自然科学版）2011 年第 5 期；刘卫红《中国大遗址保护理论与方法研究》，科学出版社 2020 年版。

方面中遗址本体价值是根本，后两个方面是以遗址本体价值为基础的衍生价值。因此，在大遗址价值评价体系构建中，应主要对大遗址本体价值及衍生价值进行评价。

（二）大遗址价值评价应遵循的原则

1. 客观性原则

对大遗址价值的评价，应依据考古发现、文献记载及历史研究，从实际出发，公正客观地对遗址本体及外延价值作出评价。避免个人主观价值取向对评价过程和结果的影响，保证遗址价值评价过程和结果的客观性和公正性。在评价过程中，尽量在现有考古及文献资料的基础上全面、准确地对大遗址价值评价作出界定，避免出现以偏概全，从局部或个体进行评价整体的非理性评价。尤其要注意对大遗址的规模、关联性、重要性、完整性、代表性、感染力等要素与因素的客观评价。

2. 真实性原则

价值评价是一项科学性很强的工作，在评价过程中，要充分运用科学合理的评价体系、评价知识和评价理论，对大遗址各方面内容作出科学、严谨的评价，而真实性是科学性的核心。大遗址是历史的产物，在它的建设与传承中必然打上了历史的烙印，如何真实地记录和反映历史文化的真实形态与价值，正是价值评价工作的重要任务。因此，在评价过程中，必须尊重大遗址既有的历史性遗存与特征，不得过分夸大。

3. 独特性原则

时代不同，所处地域及发生的历史事件等不同，从而形成或表现出不同的特征，即使同类型的遗址之间亦具有明显的差异性。在大遗址价值评价过程中应深刻认识并准确地将大遗址最典型、最有代表性、最富特色、价值最高的要素、特征等界定出来，以提升大遗址的内在价值，这些既是大遗址价值的核心所在，是大遗址作为大遗址的价值所在，也是在整体保护的基础上，展示、利用的重点。在内在价值基础上，以大遗址保护、利用价值取向为指导，阐释最独特的衍生价值，将其效用最佳化。一般来说，大遗址差异越大、独特性越强，产生的衍生价值、发挥的效用也就越大。可以说独特性是大遗址保护与利用的灵魂，独特性原则是大遗址价值评价的中心原则。

4. 动态性原则

大遗址价值评价以遗址本体为基础，遗址本体自身的完整度、考古工作的完善度等决定了对遗址本体价值的认识。衍生价值不能脱离本体价值而存在，其是对遗址本体价值的衍生和延伸，是人们在现代社会背景下，依托对本体价值的认识，而发现大遗址满足了人们某种需求进而认识到的某种价值。这种认识是以社会发展背景、社会需求、人的意志、人的需求来判断的。社会发展背景不同，人的需求及意志表现形式不同，对其评价就不同。大遗址是人类智慧的结晶和历史进步的标志，面积广大，对其的认识需要通过几代人，甚至十几代人、上百代人的努力。因此，大遗址本体价值评价要随着考古工作及研究工作的发展需要不断修正、深化。衡量和评价大遗址价值的尺度，也要随着社会的进步而不断变化。

5. 系统性原则

大遗址价值评价应形成一定的价值体系，将大遗址本体价值评价与现代社会条件不同价值取向下的衍生价值评价相结合，从历史、科学、艺术、社会、经济、文化、教育等各个方面进行系统评价，使大遗址的价值得到科学、准确、全面的反映。总之，系统性的评价是大遗址保护实践获得成效，价值得到实现的重要保障。

二 大遗址价值评价体系的构建

价值评价既是明确价值的过程，又是在科学化、可操作层面上确定评价对象在系统中的相对地位的过程，包括了能对照和衡量各个不同的、具体的评价对象的统一尺度的“评价指标体系”①。在前述分析基础上，对大遗址价值及其评价体系的构建主要从本体价值和衍生价值两个方面进行界定，同时包括了整体与个体价值的认知。

（一）本体价值评价体系

本体价值即遗址的内在文物价值，是遗址本体自身所特有的价值。主

① 陈蔚：《我国建筑遗产保护理论和方法研究》，博士学位论文，重庆大学，2006 年，第 200 页。

要包括历史价值、科学价值和艺术价值，其是对遗址基础的、独立的、客观的、不受外界影响的内在价值的评价，是对遗址历史事件、事物、人物及对现今和未来影响的客观评价。

1. 历史价值

历史价值是指大遗址本身的历史沿革、发展演变及在此过程中发生、形成的事件、行动或物体所具有的客观存在，具有“反映历史、证实历史、补全历史和传承历史的作用”①。大遗址是一定历史条件下的产物，是过去客体本身、某一重要发展阶段、某一重要事件与重要人物密切相关的线索与物证，其本身必然打上时代的印记，反映当时的自然生态状况和社会、政治、经济、军事、文化等状况，具有历史价值。历史价值既是大遗址的核心价值，也是其他价值的基础，其他本体价值以及衍生价值不能离开它而单独存在。在历史价值评价时主要从遗址历史沿革、遗址历史地位、遗址时代、遗址规模、遗址级别、历史事件、历史人物、蕴含信息、独特的遗迹或遗物的历史价值等对于其所在地而言，在历史发展上的代表性、关键性与影响性等几方面去界定阐释。

2. 科学价值

科学价值是指一定条件下对大遗址自身的创新性、合理性或优化性等特性所反映出的知识性、技术性、方法性及实践的描述。大遗址是当时先民们智慧的结晶，是当时社会条件下生产力发展水平、科学技术水平和人们的创造能力的反映，不但能够为人类提供重要的、有价值的知识与信息，为科学技术或科学史的研究提供实物资料，还能够为现代科技的发展提供参考和可借鉴的资料，为今天的科学技术发展作出贡献。科学价值评价主要从大遗址的选址、大遗址当时的规划思想、规划布局、遗址建造技术、独特遗存自身的科学性等角度去阐释。

3. 艺术价值

艺术价值是指大遗址能够体现或表现出来的给人带来想象、思考、感受的手法、技艺、文化气韵等，是反映大遗址内在与外在精神意蕴的意识

---

① 蔡靖泉：《文化遗产价值论析》，《三峡大学学报》（人文社会科学版）2010 年第 1 期。

形态，艺术价值的认识包含了审美过程。大遗址本身的规模气势、设计构造、总体布局、建筑情调、整体和谐等，以及今日表现出来的历史感、沧桑感、残缺感等带给人们精神上或情绪上的感染即属此类范畴。大遗址的艺术价值包括物质载体的艺术类型、风格、创作手法的同时还包括了作为非艺术品创造出来的各个部分以及当地传统的手工艺及民俗文化等。因此，大遗址艺术价值评价主要从大遗址所象征或表现的特殊美学成就或特殊技艺的审美价值、观赏价值、美术史料价值等几方面去界定阐释。其中审美价值可细化为审美感知、审美体验与审美理想三个层面，但具体评价操作中主要以审美价值体现。审美感知指人在观赏客观对象时因其形态、色彩、声音、质地等内在和外在各种表现所引起的美的感受和知觉；审美体验指审美主体认识审美客体后，也就是在对其有了审美感知的基础上，进一步结合自己的审美经验而作的情感心理体悟和验证；审美理想指审美主体对审美客体的外在形态美和内在本质美的综合性认识和理想化追求，具体表现为审美趣味，是审美意识的核心。[①]

表 3-4　　大遗址本体价值评价体系

<table>
<tr><th>类型</th><th>价值指标</th><th colspan="2">评价要素</th><th>主要评价内容</th></tr>
<tr><td rowspan="7">本体价值评价体系</td><td rowspan="7">历史价值</td><td rowspan="3">岁月价值</td><td>历史沿革</td><td>大遗址及其所在地主要的历史沿革与发展演变</td></tr>
<tr><td>遗址时代</td><td>大遗址在同类型或特定时期相对年代的久远性</td></tr>
<tr><td>历史地位</td><td>大遗址在同时期遗址或特定时期、特定地域或特定文化系统中的地位或作用</td></tr>
<tr><td colspan="2">遗址规模</td><td>大遗址在同时期、同类型遗址中或特定时期中遗址规模的大小</td></tr>
<tr><td colspan="2">遗址级别</td><td>主要评价大遗址在同时期或特定时期、特定地域的等级级别及唯一性等</td></tr>
<tr><td colspan="2">遗址完整性</td><td>大遗址现存价值的真实性和保存的完整性程度</td></tr>
<tr><td colspan="2">与历史事件或人物的关联性</td><td>对大遗址产生重大性、决定性的历史事件或人物或说明是相关事件的发生地或某个重要历史人物的历经地</td></tr>
</table>

① 蔡靖泉：《文化遗产价值论析》，《三峡大学学报》（人文社会科学版）2010 年第 1 期。

续表

<table>
<tr><th>类型</th><th>价值指标</th><th colspan="2">评价要素</th><th>主要评价内容</th></tr>
<tr><td rowspan="12">本体价值评价体系</td><td rowspan="2">历史价值</td><td colspan="2">历史背景</td><td>是否代表了社会、经济、文化、政治、军事、科学、工业发展的阶段性成果</td></tr>
<tr><td colspan="2">独特遗存体系的历史价值</td><td>主要对遗址内具有典型性、代表性或独特性价值的遗存进行评价。评价包括该类遗存的时代性、地位、规模、级别等。主要介绍年代最早、规模最大、级别最高或知名度最大的遗存。同时包括非物质文化遗产范畴</td></tr>
<tr><td rowspan="5">科学价值</td><td rowspan="3">科学价值</td><td>大遗址的选址</td><td>主要从自然地理、政治、经济、军事等角度评价大遗址选址的科学性</td></tr>
<tr><td>大遗址规划思想</td><td>遗址规划思想的先进性、科学性</td></tr>
<tr><td>规划布局</td><td>遗址建设规划与功能布局的合理性、科学性，包括遗址内具体系统的介绍如功能分布、宫殿衙署布局、道路交通、给排水、城防体系等要素</td></tr>
<tr><td>技术价值</td><td>具体技术</td><td>遗址各种工艺操作方法和技能的创新性、有效性、科学性</td></tr>
<tr><td colspan="2">独特遗存的科学价值</td><td>某些典型的、独特的单体遗迹或遗物本身就是某种科学实验及生产的设施或场所或者在其中记录和保存着重要的科学技术资料</td></tr>
<tr><td rowspan="5">艺术价值</td><td rowspan="3">审美价值</td><td>审美感知</td><td rowspan="3">遗址规划、设计、布局、风格、建筑技术在整体、单体上所体现的象征、表现价值。如遗址的功能布局构思、巧妙设计所体现的对称、和谐、有序及文化内涵与美学意境</td></tr>
<tr><td>审美体验</td></tr>
<tr><td>审美理想</td></tr>
<tr><td colspan="2">观赏价值</td><td>遗址本体总体布局、巧妙的构思、严整的布局、奇特的造型、精湛的工艺对人精神的愉悦及陶冶</td></tr>
<tr><td colspan="2">美术史料价值</td><td>主要评价大遗址区发现的独特的、精美的在某一时期，对于某一工艺艺术具有重大价值或意义的实物资料</td></tr>
</table>

资料来源：作者自制。

（二）衍生价值评价体系

大遗址的本体价值在不同的时期可以满足社会或公众某方面的需求，这些价值都是依托遗址本体价值而衍生的。大遗址保护的目的，一是将其完好地保存下来传承后人，二是实现这一宝贵资源在当代的全民共享，服务于人民群众美好生活的需求和文化认同、国家认同的需求。我国也强调大遗址保护应服务公众并有利于社会发展。因此，在大遗址价值评价时，应对大遗址可产生的衍生价值进行评价，促进大遗址的保护与展示利用。

1. 社会价值

社会价值是指大遗址在现代社会背景下满足现代社会或个体物质与精神需求及在此过程中所体现的社会作用或意义。大遗址是重要的文化遗产，是民族精神在一定时期的载体和象征，体现着遗址所承载的前人的精神品格和精神力量，通过有形的遗址表达了无形的精神。大遗址的保护、传承为现代社会发展提供了精神文化借鉴，为民族进步、文化认同提供了精神支持，为公众了解历史、丰富知识、增加阅历、愉悦身心、提高修养提供了途径或场所。因此，大遗址的社会价值评价应主要从大遗址的社会借鉴、情感价值（文化认同或情感认同）、科普教育价值、政治价值、旅游观赏（休闲娱乐）、社区发展等方面进行。

2. 文化价值

文化价值是指大遗址所具有的在特定社会背景需求下能够满足一定社会群体文化需要的特殊性质或者能够反映一定的文化形态属性，是社会发展的产物。大遗址是某一历史时期人类社会活动的真实反映，从不同侧面反映了当时社会的生产力、生产关系、经济基础、上层建筑以及社会生活和自然环境状况，是民族文化的象征之一，反映了人类社会的历史背景、社会关系、文化传统、生活习俗等，能够告诉我们人类历史中一个群体的文化史或一个地区的发展史的相关方面。文化的多样性决定了文化价值的多样性。时代不同，社会共同体不同，对同一客体文化价值的评价就不同。大遗址文化价值评价主要从遗址本体所蕴含的价值特性和属性对现代文化的充实、完善、借鉴及对现代文化思潮的社会影响等角度去界定和阐释。

3. 经济价值

经济价值是指大遗址以内在价值如历史价值、科学价值、艺术价值为核心在特定时期和特定需求下派生出来的一种通过货币化外在度量遗址价值的间接表现形式，脱离历史、科学、艺术等价值将不存在。经济促使资源达到最佳配置以满足需求，大遗址的经济价值可被理解为由遗产资源或保护行动而产生的价值。这一价值受社会制度和经济体制的影响，当社会发展到一个高级阶段或经济比较发达时，其将完全转变为社会价值。我国现阶段大遗址的经济价值是与现在我国社会发展阶段及社会需求相适应的一种价值派生。现阶段大遗址经济价值评价主要是大遗址带来的经济效益，包括直接和间接的经济效益，以及因经济效益带来的社会发展、社区发展和社区居民收入增加、生活质量改善等。具体包括大遗址保护与利用过程中的旅游价值、商业价值、使用价值和相关设施带来的潜在的收入。

4. 环境价值

环境价值是指大遗址所处的周边环境以及对周边环境有目的改造后所体现出来满足社会及公众景观美化、自然环境改善、人文环境改善的需求或意义。大遗址依附于其所处的自然和人文环境而存在，如果周边环境被破坏，其内在价值和社会价值等都将大打折扣。保护、恢复、改造大遗址周边的环境，有利于塑造生态景观、美化遗址环境、提升遗址形象、改善人居环境等。大遗址环境价值评价主要从对遗址本体及遗址所在区域生态环境的保护、恢复、改造等体现出来的环境改善、景观美化等角度展开。

表 3－5　　　　大遗址衍生价值评价体系

类型	价值指标	评价要素	主要评价内容
衍生价值评价体系	社会价值	社会借鉴	大遗址本体价值对现代社会发展具有重要的借鉴、参考价值或意义
		情感价值	大遗址所表征、体现的文化或精神价值对于大众的文化认同或在情感上的归宿认同，主要是文化认同感、国家与民族的认同和象征、历史的传承感、精神象征性、记忆载体、宗教信仰及延伸的爱国主义教育载体或民族自信心回归

续表

类型	价值指标	评价要素	主要评价内容
衍生价值评价体系	社会价值	科普教育价值	大遗址的历史传承、文化知识传播对公众社会素质及文化的影响
		政治价值	大遗址历史、科学、艺术价值中涉及地区或国家的特定相关事件，事件与当今政治目标相一致，促进资源的现今意义，如文化强国战略、国家统一需求等
		旅游观赏	大遗址是否具有休闲观光、体验娱乐价值及对大众、社会产生的意义
		社区发展	遗址保护、传承及利用对于社区或社会的意义
	文化价值		遗址本体所蕴含的价值特性和属性对现代文化的充实、完善、借鉴及对现代文化思潮的社会影响等评价
	经济价值		经济效益包括直接和间接的，以及因经济效益带来的社会发展、社区发展和社区居民收入增加、生活质量改善等价值。具体包括大遗址保护与利用过程中的旅游价值、商业价值、使用价值和相关设施带来的潜在的收入
	环境价值		遗址本体及所在区域生态环境的保护、恢复、改造等体现出来的环境改善、景观美化等价值

资料来源：作者自制。

大遗址价值是多层面的综合体，认识的角度不同，价值体现就不同。同样，大遗址不同，价值构成及其评价内容的各个方面的表现也并不一致，有的可能在某一方面或若干方面的价值表现得比较突出、显著，重要性高于其他价值，也可能各个方面的价值都十分突出，都很重要。以历史价值、科学价值和艺术价值为代表的本体价值是大遗址本身所固有的，是价值体系的基础。在本体价值基础上，随着历史的发展演变，后来的不同时期的人类基于现当代价值观和自身的需求，对大遗址本体价值的重新认识和利用等所产生的效益，属于大遗址的衍生价值，这包括了社会、文化、经济和环境等价值。

现代社会背景下人们之所以对大遗址感兴趣，并主动地去保护它，主要的动机就是基于它的价值，并在漫长的历史与自然的交流融入社会与文化过程中，以批判的术语表达出来。社会发展中，不同社会背景下有不同的文化差异并形成不同的价值需求，在此过程中，大遗址价值观逐渐形成。从对大遗址历史、科学和艺术价值的提出到笼统、抽象与明晰具体的认知，再到大遗址社会、文化、经济等价值的认知及整个价值体系的构建，反映出人类对大遗址及其所表征的文化遗产价值认知的不断拓展和深化。

大遗址考古发掘与认识的长期性，社会的动态发展性及价值理念与价值取向的多元性，要求避免孤立静止地对待大遗址的现实状态，应该以发展的观点进行评价工作。大遗址价值在不同的文化背景及社会需求下存在差异，其价值需要不断去发掘、认识。随着社会、经济的快速发展，大遗址价值内涵的不断拓展，利益相关者的介入，大遗址必将形成多元化的价值脉络。多元化的价值脉络，必然需要多元化的价值评价体系。在大遗址保护中，只有结合社会实际及多元化的社会需求，全面、科学、准确地对大遗址价值作出评价，才能使大遗址保护关注焦点，解决实际问题，使大遗址真正得到保护。

总之，大遗址价值评价是一个不断深化发展的过程，只有全面深刻地认识到大遗址价值的多元性和具体性，才能针对具体大遗址作出科学的价值评价，对其开展科学、有效的保护和充分、合理的利用。

三　以桥陵为例的大遗址价值分析

桥陵位于陕西省渭南市蒲城县，遗址分布范围占地面积约四十三平方公里，是中国古代大型陵墓的重要代表之一。桥陵是唐代帝陵形制确立阶段的帝王陵墓，是唐代帝陵中形制最为规整、设施最为崇厚、气势最为宏伟的一座陵墓，是唐代繁盛时期的代表，石刻艺术被称为唐代陵墓石刻艺术之最。通过桥陵七十多年的考古工作，基本明晰了桥陵陵园的基本结构、遗存分布与主要内涵，发现了以陵山为核心，由数量众多规模庞大的陵寝建筑、陪葬墓等共同构成的丧葬遗存体系。这些发现为桥陵的结构、布局与内涵研究奠定了坚实的基础，为桥陵的丧葬体系、中国古代陵墓制度及唐代社会、文化、经济、军事、科技等研究提供了丰富的资料。

（一）历史价值

1. 桥陵是唐代帝陵形制确立阶段的帝王陵墓，是“乾陵模式”的典型帝陵，奠定了中晚唐时期帝王陵园的基本形制与格局。

2. 桥陵平面形状与唐长安城最为相似，是体现“陵园仿都城”帝陵设计思想的典范。

3. 桥陵神道是唐代帝陵中最宽阔的，南门阙楼遗址是唐代帝陵中保存最完整、规模最大的三出阙遗址，下宫遗址是唐代帝陵中保存最好、设计最规整的，唐惠陵是唐代帝王陵墓中规格最高的一座陪葬墓。

4. 桥陵石刻体积巨大、雕刻精美、内涵丰富、结构严谨，有“桥陵石刻甲天下”之美誉，充分体现了盛唐文化艺术的繁荣景象。

（二）科学价值

1. 桥陵建设在渭北的黄土台原和北山的“岛状”陵山之中，地势北高南低、因山面水，选址科学，陵园布局形制规整，是中国古代帝陵规划思想的见证。

2. 桥陵的建筑遗址和出土文物全面反映了唐代在建筑、手工制作、冶金铸造等技术制造方面的发展水平，展现了唐代科技水平的最高成就。

（三）艺术价值

1. 桥陵的规划设计充分利用自然山形水系，体现了陵园格局与山水环境“天人合一”的和谐感和唐人营陵的风水美学思想。

2. 桥陵石刻及出土文物，集中反映了唐帝国在建筑、雕塑、手工、书法等方面的极高艺术造诣，在世界艺术领域体现了“形具而神生”的中国传统审美价值。

（四）时代价值

1. 桥陵是唐文化发展演变的重要载体，是国家文化自信的重要彰显地，是增强民族凝聚力、民族自豪感的重要爱国主义教育基地，是展现博大精深的中华文明的重要文化窗口。

2. 桥陵是重要的文化旅游资源，桥陵的保护利用有助于促进当地旅游业的发展和民生改善。

总之，大遗址价值评价是大遗址保护规划工作的基础，是大遗址保护环境分析评估的重要内容。针对我国大遗址保护规划价值评价体系不健全、大遗址价值实践不足和缺乏大遗址价值评价指标体系的现状，借鉴法理学和国内外学者在文物古迹价值评价方面研究的成果，采取文献查阅、田野考察和规划实践相结合的方法。在客观性、真实性、独特性、动态性、系统性等原则指导下，构建起以历史、科学、艺术等文物价值为主的本体价值评价体系和以遗址实践、改造后成果与意义认识为主的包括社会价值、文化价值、经济价值和环境价值在内的衍生价值评价体系。本体价值是一切价值的基础，衍生价值来源于当代人对大遗址本体价值的当代需求认知。尤其是随着民众的物质生活与精神生活等社会需求的发展，人们对大遗址经济价值的认知越来越重要，其也成为大遗址价值重要的一方面。

第四章　大遗址保护战略与保护区划

大遗址保护战略、保护区划及管制规定的确定是大遗址保护规划的核心环节之一。大遗址保护规划只有明晰了保护战略、确定了保护区划和管制规定才能为大遗址保护指明方向，提供具体保障措施，保证大遗址的安全，并为后续规划措施提供导引。

第一节　大遗址保护战略规划的内容与方法

一　大遗址保护战略规划的内容

（一）大遗址保护战略规划的内涵

大遗址保护战略是大遗址保护规划中保护战略规划的简称。大遗址保护规划具有战略规划的特性，是对大遗址系统的统筹协调。因此，在大遗址保护规划中应明确提出大遗址的保护战略。同时，大遗址保护规划对于大遗址保护和区域经济社会的推进作用决定了大遗址保护规划又具有发展规划的属性。因此，这里的大遗址保护战略规划既包括了战略规划的属性，又包括了发展规划的属性。大遗址保护战略是指对大遗址保护过程中的整体性、系统性、长期性和基本性问题，如大遗址保护与利用方向、目标、模式、实现路径等的谋划，在实施政策或规划过程中所采用的行动计划或方式方法，是实现大遗址保护政策和规划建议的手段。因此，在大遗址保护规划框架中应制定大遗址保护战略，包括调研分析大遗址自身保护利用及区域发展的优势劣势，“外部的机会和威胁，内部的优势和缺点等，确定正确的方向和长期目标，制定供选择的战略以及如何实施战略”[①]。大遗址保护战略规划从宏观层面确定大遗址保护、利用以及区域统筹协调发展的方向、定位与对策等，决定了大遗址或大遗址区可以做什么、不可以做什么，以及需要开展工作的主次重点等。

（二）大遗址保护战略规划的内容

大遗址保护战略规划包括战略定位、战略目标、战略重点、战略部署和战略措施五方面内容。其中，战略定位是中心、战略目标是导向，战略重点、战略部署和战略措施是战略定位和战略目标的具体体现和落实。[②]

1. 大遗址保护战略定位

大遗址保护战略定位是指在规划期内大遗址保护的性质、目标、市场、产品和形象等内容，其既是对大遗址保护利用方向的引导，也是对大遗址保护利用的限制。大遗址保护战略定位决定了大遗址或大遗址区可以做什么，不可以做什么，以及需要开展工作的主次重点等。大遗址的保护战略定位主要结合保护和利用的发展方向和内容来确定，如果规划只是单纯的保护，则主要是对单一保护的定位，如整体保护、重点保护等；如果规划涉及利用及区域发展问题，则应该是综合性的定位，主要以预期的最终目标来表现，如建设为国家考古遗址公园或大遗址保护的示范区、旅游景区或著名的文化旅游休闲地等。一般来说，大遗址保护战略定位以性质定位为主；如果涉及利用等问题，则还包括市场定位、产品定位、产业定位、形象定位等，以便于能够更加全面、准确地阐述大遗址保护利用的方向，限定大遗址保护利用及发展的内容。这些内容在规划文本和图纸中不一定体现，但在编制阶段一定要明晰，其是指导专项规划编制的重要指引和遵循，直接影响到保护规划的操作件。

（1）性质定位

大遗址保护战略性质定位是确定大遗址在一定时期内规划或保护发

---

① 沙雪斌：《中国县域文化产业发展战略研究》，博士学位论文，曲阜师范大学，2012 年，第 39 页。

② 参见李庆雷、明庆忠编著《旅游规划：技术与方法》，南开大学出版社 2008 年版，第 182—183 页。

展中的总体特色与主要功能，或大遗址在未来区域保护发展格局中的地位，即大遗址是什么性质的文物保护单位或保护区，未来的发展应达到哪种发展层次。大遗址保护战略性质定位包括两个层面的内容，一个是保护性质定位，一个是发展（利用）性质定位。如秦雍城遗址在保护规划中的性质定位是中国先秦文明标识地和乡村型大遗址保护利用示范区。

（2）市场定位

大遗址保护战略市场定位是在大遗址在保护利用过程中，基于大遗址特性和预期发展目标，确定大遗址保护利用面向的公众即可能的客源市场的地域、公众结构等。大遗址只要展示利用，即使是免费面向公众，也必然涉及面向公众市场的问题。大遗址的特性决定了其面向市场的划分应以公众结构划分为主，地域划分为辅。大遗址展示利用项目或遗址区产业发展定位等需要以其为指导来确定。如从年龄结构划分，是以青少年为主，还是中老年为主；从知识结构来说，是面向普通公众，还是面对高学历人群等。地域上主要集合遗址的价值高低、知名度和观赏度等来确定是面向本地还是一定大的区域，抑或是全国或国际。

（3）产品定位

大遗址保护战略产品定位是确定大遗址展示利用项目等在旅游产品谱系中的位置，包括产品的类型、特色和核心产品等。如大遗址未来是以观光游览产品为主，还是以科考科普、文化旅游、研学旅游或休闲康体等为主或者兼有之。如秦雍城遗址保护规划中关于秦雍城遗址的产品定位为以文化旅游为主，以休闲康体和民俗体验为辅。

（4）形象定位

大遗址保护战略形象定位是确定大遗址的主题形象，用鲜明、凝练的语言对其独特的风格形象进行高度概括，以便于公众认知。形象定位受到性质定位、产品定位等影响，反之也对其他定位内容产生影响。但一般以价值评价为基础，通过对整体价值的评价来表现或者通过某一典型性的遗存来表现。如秦雍城遗址保护规划中关于秦雍城遗址的形象定位为“秦雍城——先秦城市典范”。

（5）产业定位

大遗址保护战略产业定位是确定大遗址区保护利用及区域发展过程中可以发展哪些产业，以哪些产业为主，哪些产业为辅等，以推动大遗址保护与区域经济社会的统筹协调发展。大遗址区可以发展的产业主要基于遗址区现有产业环境的分析和未来保护利用发展的方向来确定。如汉长安城遗址从产业角度来看，结合汉长安城遗址保护和区域发展的需求，整个汉长安城遗址区首先应充分保护和利用好遗址区的农业用地，继续发挥其功能和效用，打造优美的田园环境和现代农业，形成以现代农业为基础的第一产业链条，包括后续的第二产业食品加工等产业；在此基础上，结合汉长安城遗址特性，发展与汉长安城遗址相关的文化产业、旅游产业及相关服务产业等，形成第一产业为本底，第二产业为支撑，第三产业为核心和驱动的“田园文化城市”产业发展模式。

2. 大遗址保护战略目标

大遗址保护战略目标是指在规划期内大遗址保护所要达到的状态，一般用定性或定量指标来界定。目标是指在对研究对象基础背景和未来发展趋势分析的基础上，对研究对象未来预期发展趋势或结果的计划或期望。大遗址保护规划必须围绕着公认的价值取向来开展。而这些根本性的价值取向具体化后即形成了大遗址保护规划的根本目标。大遗址保护的战略目标确定了大遗址保护规划的方向和规划内容体系。

（1）大遗址保护战略目标制定的原则

大遗址保护战略目标是编制整个保护规划的核心起始点，起到引领方向的作用，直接决定大遗址保护规划的发展方向和未来大遗址保护的方向。因此，在大遗址保护战略目标制定过程中应遵循以下几项原则。

①保证遗址安全原则

大遗址保护规划的核心目的之一就是保证遗址的安全，使其遗存得到有序传承。因此，在大遗址保护战略目标制定过程中，应首先坚持这一原则，将保护作为整个目标的基础和核心。

②保护与利用相结合原则

在坚持保护这一基础和核心的同时，要坚持新时代文物保护“22 字方针”，协调考古科学研究与遗址展示利用、历史风貌保护与生态环境建设的关系，将保护和利用有机结合起来。利用是保护的延续，是保护的有效手段或途径之一，也是实现大遗址保护根本目的“传承弘扬”的有效途径。在大遗址保护战略目标制定过程中，应结合大遗址保护实际，在注重保护的同时，将保护和利用有机结合，同时也应和大遗址区经济社会及民生发展相统筹协调，以促进区域和谐发展。

③前瞻性与可达性原则

大遗址保护战略目标的制定应基于基础背景分析，结合对经济社会和文化遗产及大遗址保护利用发展趋势的研判，提出具有超前性和预见性的目标，即要站得高、看得远，立足于历史和现时发展现状和未来需求及发展趋势等，科学预测大遗址保护及其发展的各种需求或预期效果。但与此同时，还应注意规划目标在超前或预见的过程中，应符合事物发展规律，符合客观条件，使其能够实现。不能在制定过程中不结合大遗址保护环境现状和经济社会发展趋势，提出不切合实际的目标，导致不能发挥保护规划的价值。

④概括性与协调性原则

大遗址保护战略目标应高度凝练概括，能够体现未来发展效果，指引未来发展方向。协调性包括三个层面：一是规划总目标、分目标之间以及和专项规划中的分目标之间，必须和谐一致，互相协调；二是大遗址保护与利用及区域经济社会、民生改善等协调一致；三是还应注意总目标、分目标与国家和地区大政方针、经济社会、技术发展水平及其发展趋势之间的协调一致。

（2）大遗址保护战略目标制定的依据

大遗址保护战略目标的制定主要依据基础分析和背景资料分析。

基础分析包括两个方面：一个是对大遗址系统的调查研究，即对大遗址系统的构成要素、大遗址保护环境相关要素的分析评估；一个是对大遗址利用必要性及可行性分析、利用市场的调查和分析，市场调查是确定大遗址未来利用的活动策划、服务设施、基础设施规模和档次的前提条件，市场调查分析也是大遗址市场宣传营销战略和促销计划的决策依据。市场调查分析可能不需要出现在规划中，但在大遗址保护规划的目标确定过程中必须有相关的分析，否则大遗址保护规划的前瞻性和操作性及规划的目的意义都将受到影响。

背景资料调查分析包括两个方面：一是对大遗址所处的宏观经济社会环境发展现状和趋势，以及国内外文化遗产和大遗址保护利用理念、发展现状和趋势的分析；一是对现行的国内外文化遗产和大遗址保护利用以及相关的法规政策的分析。在制定大遗址保护规划目标的过程中，规划编制者应当对大遗址保护规划所处的整个大环境背景进行调查研究，总结归纳出与大遗址保护利用相关的一些背景特征及其发展趋势，为规划编制者提供借鉴或参考。

（3）大遗址保护战略目标指标体系

确定大遗址保护规划战略目标和指标是指从构建大遗址保护体系的目标出发，预测大遗址保护活动对大遗址的保护效果及对区域经济社会和相关产业的重要性和联动效应，预估大遗址保护对社会、经济、生态环境等可能产生的效益。大遗址保护战略目标的确定既是目标分析的结果，也是提出问题、界定问题和解决问题的方法。当有多个目标时，还应当确定各个目标之间的层次性、可能性和优先性等。① 大遗址保护战略目标指标体系根据分类标准不同，可划分为以下三种类型。

①按详略程度划分

按照目标的详略程度可将目标划分为总体目标和具体目标或分目标。

总体目标是指大遗址保护规划期望在规划期末所能实现的综合或整体效果，其一般高度凝练，对预计要达到的目标进行概括性综合阐述。

具体目标或分目标是指为了实现总体目标，而针对具体的活动或对象提出来的预期可能达到的效果或期望，如保护目标、展示利用目标、景观环境整治目标、聚落人口调整目标、保护管理目标、基础设施建设目标等。

总体目标是大遗址保护规划的纲领，具体目标或分目标是大遗址保护规划的支撑。总体目标明确了大遗址保护规划总的预期效果，具体目标或

---

① 参见张国强、贾建中主编《风景规划——〈风景名胜区规划规范〉实施手册》，中国建筑工业出版社 2003 年版，第 49 页。

分目标为大遗址保护规划总体目标的实现提供了保障，二者相辅相成。

②按时间划分

大遗址保护规划的目标按照时间长短可以划分为近期目标、中期目标和长期目标，为了和我国国民经济发展规划或计划相一致，一般以 5 年或 10 年为期限单位。近期一般指 5 年以内，中期一般指 5—10 年，长期一般指 10—15 或 15 年以上。按照时间划分的规划目标主要体现在规划分期章节，以促进大遗址保护规划的操作性。

③按属性划分

大遗址保护规划的目标按照属性划分为定性目标与定量目标。

定性目标也称为概念目标，是指对大遗址保护规划未来在实施过程中预期达到的发展状态进行的定性描述，包括对保护区划、保护措施、展示利用、景观环境整治、聚落人口调整、基础设施建设等发展指标的界定和阐释。

定量目标是对大遗址保护规划未来在实施过程中预期达到的效果的定量预测。如对展示利用相关项目、基础设施、聚落与人口调整、土地利用、游客管理等相关发展、调整数量的预测。

3. 大遗址保护战略重点

大遗址保护战略重点是指在规划期内大遗址保护或大遗址保护规划所需要解决的关键性问题。这些关键性问题在保护环境分析评估和专项规划中都应重点说明，对相关内容作出详细的分析评估并提出解决对策方法。在大遗址保护规划编制实践中，战略重点可以细分为：大遗址构成要素的分析（构成、分布等）；保护环境分析评估（保存环境、保护管理环境、区域社会经济发展环境等）；价值评估；保护区划问题（保护区划范围的划定、空间管制规定的制定）；保护措施问题（遗址本体保护、自然景观环境或人文景观环境保护等）；展示利用问题（展示主题、内容、分区、布局或博物馆建设等）；考古研究问题（考古工作计划、宣传研究计划）；人地关系问题（产业结构调整、聚落与人口调整、土地利用调整等）；保护管理问题（保护管理体制机制、保护管理人才结构问题、保护管理安防问题、游客管理问题等）。关于大遗址保护规划的战略重点应结合遗址保护利用现状和目标等具体遗址具体分析。遗址不同，保护管理过程中存在的主要问题或矛盾不同，保护规划的战略重点不尽相同。

4. 大遗址保护战略部署

大遗址保护规划战略部署是指基于战略重点等，在规划期内对所有规划内容在空间安排和内容轻重缓急等方面作出的统筹安排。战略部署一般包括空间部署即布局规划和分期规划。布局规划是指在空间上落实大遗址保护规划的目标和任务，确定大遗址保护规划的总体布局，明确大遗址保护的层级、展示利用的功能分区、重点保护或展示利用区等。分期规划是指在时间上落实大遗址保护规划的目标和任务，一般通过分期建设规划来表现。在规划框架部分一般只显示规划分期即可，不出现具体内容；具体分期内容体现在分期规划中。分期规划结合规划目标、规划时间、规划内容及规划重点等，一般分为近期、中期和远期三个阶段。一般来说，规划分期以规划目标、规划重点和规划内容为指导，按照保护、展示、考古研究、人地关系调整、保障体系建设等相关项目的轻重缓急确定分期规划的内容。近期规划一般选择保护比较紧迫、急需抢救保护的遗址和生态环境保护整治项目，急需开展的基础性考古研究项目和保护管理项目，或有利于推动整个大遗址保护、利用展示项目，必要的基础设施和配套设施等。中期规划主要以完善近期规划中的实施项目，或有助于推动大遗址保护、展示利用和管理进一步发展的相关项目为主。远期主要以预期能够实现相对全面保护利用的项目，以及需要进一步完善的已建成项目或能够深化遗址生态景观、文化展示的项目为主。

5. 大遗址保护战略措施

大遗址保护战略措施是指为了落实战略目标、部署和重点等内容，需要制定具体的实施措施，以保证战略内容的可操作性。战略措施应从完成目标出发，围绕保护措施、发展（利用）措施、保障措施等重点进行阐述。

（1）保护战略措施

保护战略措施是针对大遗址整体及相关遗存或资源的保护方向、模式、路径等进行的谋划。一般包括四种类型：一是整体保护战略，对大遗址区整体进行保护管理，并明确分级分类保护的对象、区划和管制措施；二是重点保护战略，基于对大遗址的调研分析，确定在无法整体保护的前提下，依据大遗址区资源现状及价值，结合分级分类对重要的遗址等进行保护；三是保护与利用结合战略，即在做好大遗址整体保护或重点保护的基础上，强调大遗址的利用，将保护与利用有机结合；四是区域统筹协同发展战略，即在强调保护、利用的同时，也关注大遗址区经济社会和社区居民民生改善等统筹协调发展。前两者强调单一的保护，后两者既重视大遗址保护，又重视大遗址利用，同时还重视与社区及居民的协同发展。具体选择何种保护战略，必须结合大遗址保护环境分析来确定。

（2）发展战略措施

发展战略措施是对大遗址及其相关遗存在确定利用的基础上制定的发展谋略，主要由大遗址保护战略确定的战略类型决定，一般针对保护与利用结合战略和区域统筹协同发展战略而定。整体保护战略和重点保护战略一般不涉及发展战略问题。发展战略包括四种类型。

一是市场竞争战略。市场竞争战略是指大遗址确定利用后，如何在市场中求生存、吸引更多的公众来参观游览，实现大遗址价值的传承与弘扬。有利用就必须面对公众，面对公众也就面向了市场，就必须有吸引力，以实现在市场中的生存。因此，必须针对可能的竞争对手，根据自身的资源特色和价值及由此确定的市场定位等制定竞争战略。市场竞争战略主要包括：①核心产品战略，是指大遗址能够提供具有独特性或唯一性、稀缺性的核心产品，以实现在竞争中的生存；②成本领先战略，是指大遗址在保护管理过程中能够尽可能降低运营成本，以降低产品价格，维持竞争优势；③差异化战略，是指大遗址发挥自身优势，创造出个性或突出的产品或服务，以更有效地满足公众的需求，在这里的产品差异化是指核心产品之外的产品的差异化；④集中化战略，是指大遗址将目标市场锁定在特殊的群体，以满足特殊群体的需求，实现专业化保护运营。在大遗址保护市场竞争战略中应以核心产品战略和差异化战略为主，成本领先战略和集中化战略次之。

二是产业发展战略。产业发展战略是大遗址保护管理机构对运营活动内容的选择，即大遗址确定利用后，发展何种产业，以何种产业为主导的问题。产业发展战略主要包括：①单一资源发展战略，是指大遗址在利用过程中依托大遗址本体系统资源进行展示利用，在运营上只收取门票，而没有相关的食、住、行、游、购、娱项目或产业；②单一产业发展战略，是指大遗址在对大遗址本体系统展示利用的同时，在大遗址区开展食住行游购娱等服务产业，形成旅游产业链；③复合产业发展战略，是指在发展旅游产业的同时，对大遗址的文化资源深入发掘，开发相关的文创产品等，形成文化产业链；④多业共生发展战略，是指在发展旅游业、文化产业的同时，结合大遗址实际，开展景观农业产业、食品加工产业等，形成以大遗址保护利用为核心，旅游业、文化产业、服务业、食品加工业、农业产业等多业共生、共同发展的多产业链条。

三是产品发展战略。产品发展战略是指大遗址保护管理运营机构结合大遗址资源实际和公众需求，对大遗址本体系统的展示利用或相关产品的开发设计、大遗址区景观环境的塑造和改造提升，以满足公众参观游览、休闲度假、康体健身等目标需求。产品发展战略主要包括：①品牌产品战略，是指依托大遗址本体系统，选择最具代表性或唯一性、垄断性或特色性的资源进行展示利用，形成人无我有、独此一家的特色；②专题型产品战略，是指依托大遗址本体系统，进行文化发掘，运用文脉延伸和内涵提升等产品设计方法，形成独特的专题型产品，以满足特殊群体的需求；③综合型产品战略，是指在资源独特性上无法超越的背景下，注重展示利用及参观游览产品的多样化，既能满足观光需求，又能满足休闲度假、康体健身或餐饮娱乐等需求。其他还包括如发展过程中的产品升级改造或优化整合等战略。

四是空间发展战略。空间发展战略是指大遗址保护管理或运营机构在大遗址保护利用过程中，结合人遗址的实际和市场竞争、产业发展及产品发展的优劣势或发展趋势分析，在空间地域上进行产业统筹协调发展的选择。空间发展战略主要包括：①大遗址空间扩散发展战略，是指为了有效促进大遗址区整体统筹协同发展，在产品和产业布局的过程中，有意识地将相关产品或产业分散布局在大遗址区，以促进大遗址区整体发展，扩大大遗址区的生态环境承载力；②大遗址空间集聚发展战略，是指在发展过程中，为了发挥集聚和综合优势，将大遗址相关展示利用等产品或产业集中布局在大遗址某一区域，形成规模效应；③大遗址空间结构优化发展战略，是指为了有效促进大遗址保护、利用和区域经济社会等的协调发展，在对大遗址区整体布局和构成及产业产品发展统筹分析的基础上，在大遗址区科学、合理地进行产品和产业布局，以实现大遗址空间合理布局和区域可持续协调发展。

（3）保障战略措施

保障战略措施一般是从管理体制、运作模式、资金筹措、项目建设等角度去阐述的，包括以下几种。

①政府主导、国家扶持

政府主导、国家扶持战略是指大遗址的保护主要由地方政府来主导推动，在资金来源上以国家相关专项经费或申请特别资助，以及地方政府筹措资金为主。大遗址保护的公益性决定了国家和地方各级政府是大遗址保护的核心，通过政府主导和国家扶持，有效解决大遗址保护在政策和资金等方面存在的问题，以实现大遗址的有效保护和社会服务功能的发挥。该战略措施是目前大遗址保护的主要模式。

②政府主导、社会参与

政府主导、社会参与战略是指大遗址保护以政府为主体的同时，应积极鼓励社会公众参与大遗址保护。政府在此战略中的主要作用体现在制定规划、出台政策、宣传促销、提供导向性投入和人力资源培训、培育产业环境和社会氛围等方面①；鼓励公众参与大遗址保护，主要是由于我国的大遗址数量众多，单纯依靠政府无法实现对其的全面、有效保护，因此，应发挥企业和社会公众的力量，积极鼓励公众参与大遗址保护。

③企业主导、市场运作

企业主导、市场运作战略是指在大遗址保护利用过程中由企业作为主

---

① 参见李庆雷、明庆忠编著《旅游规划：技术与方法》，南开大学出版社2008年版，第190页。

体参与保护利用或运营管理等工作，企业利用其规划设计、宣传营销、建设运营等特长，对遗址的本体区域实施保护工程和景观环境整治与塑造以保证遗址安全。同时开展展示利用活动，通过市场化的融资、建设和运营实现大遗址保护的可持续发展。

④体制创新、部门联动

体制创新是指针对大遗址保护中存在的体制机制不足问题，应积极探索，建立起跨行业、跨部门的，能够促进大遗址保护利用和区域经济社会统筹协调发展的管理体制机制，以实现大遗址的有效保护和利用。部门联动是指在大遗址保护中应树立以文物行政部门为核心，多部门联动，协同促进大遗址保护利用的机制，为大遗址保护创造良好的环境，充分发挥大遗址保护在统筹城乡发展、统筹区域发展、统筹经济社会发展、统筹人与自然和谐发展中的作用。

⑤资源整合、多元驱动

资源整合是指大遗址保护应充分整合、利用大遗址区的自然、人文资源，以及农业、工业、商贸、科技、文化等发展所提供的资源，创新保护和展示利用模式，重视大遗址保护的整合带动效应，延长产业链，培育大遗址保护利用综合体，促进大遗址区以保护为核心的多业共生发展。为有效促进整合效果，应根据大遗址实际和保护利用需求综合运用政府驱动、资源驱动、市场驱动、品牌驱动或资本驱动等发展方式，形成统筹协调、核心驱动的保护战略。

⑥规划先行、和谐发展

规划先行是指在大遗址保护过程中，应树立规划引领保护与发展的理念，在开始保护工作之前，先制定全局性、宏观性、战略性的保护蓝图和指导措施。大遗址面积大、环境复杂以及保护的统筹协调性决定了大遗址保护是一个系统工程，应让规划走在保护的前面，以规划引领大遗址保护、利用和区域经济社会协调发展。在保护规划中应将大遗址保护与利用、区域经济社会、民生改善等有机结合，实现大遗址保护的社会效益、经济效益和生态效益的有机统一，促进大遗址区的和谐发展。

二 大遗址保护战略规划制定的原则与方法

（一）大遗址保护战略制定的原则

大遗址保护战略是指导大遗址保护利用及区域经济社会协调发展的方针政策性规定，明确了大遗址保护利用的发展方向及主要措施等。因此，其必须既具有指导性，又具有操作性。这要求大遗址保护战略的制定必须契合大遗址的实际，遵循大遗址保护的一般规律和一定原则。大遗址保护战略的制定应遵循以下原则。

1. 保护优先原则

保护优先原则是指在大遗址保护战略制定的过程中，既要重视对大遗址遗存本体的保护，也要注重对大遗址区的自然环境和人文环境等的保护，树立保护第一、生态友好、景观和谐的理念。大遗址保护规划的根本目的首先是确保遗址本体的安全，这是大遗址保护规划工作的根本出发点。

2. 因地制宜原则

因地制宜原则是指大遗址保护战略的制定应根据大遗址的保护环境、文化遗产保护和大遗址保护发展的趋势、大遗址区及遗产所在地经济社会等发展的实际等，在综合分析研判的基础上确定大遗址保护战略的定位和战略目标，制定大遗址保护的战略重点、战略部署和战略措施等。在战略规划制定中，应对大遗址内外部因素作出统筹分析和综合评判，实事求是地从大遗址的实际出发，围绕着核心目标制定保护战略，从而增强大遗址保护规划的针对性和实效性。

3. 前瞻性原则

大遗址保护规划是对大遗址未来保护方向、保护模式、保护内容、实现路径和措施等的统筹部署安排。这要求大遗址保护战略制定应具有跨越式的思维，结合社会经济科技及文化遗产或大遗址保护发展的趋势，在对未来综合研判分析的基础上，制定出高瞻远瞩、适度超前的规划战略，以保证规划在一定时期的先进性。

4. 循序渐进原则

大遗址保护是一项系统工程。大遗址分布范围广、遗存丰富、保护环境复杂，在保护过程中涉及大遗址系统的保护、展示利用和区域人地关系的调整、保障体系的建立等一系列问题，在具体实施过程中还需要考虑到具体的保护资金、保护技术和管理体制机制等的影响。因此，在大遗址保护战略制定的过程中应根据大遗址保护的实际和目标需求等，分期、分区、分项目地确定大遗址保护工作的先后顺序和保护主次等，以保证保护战略与大遗址保护实际相一致。

5. 统筹协调发展原则

大遗址保护战略的制定应结合大遗址保护环境分析评估，注意大遗址保护、利用与大遗址区经济社会及民生改善等问题的协调，注意大遗址保护社会、经济、生态效益的综合协调。以促进大遗址保护与区域社会的共同进步、繁荣和发展。

（二）大遗址保护战略制定的方法

大遗址保护战略制定的方法包括头脑风暴法、德尔菲法、系统分析法、问题导向法、SWOT 分析法等，在大遗址保护战略制定的过程中，一般是几种方法的结合。鉴于后文相关章节将对头脑风暴法、德尔菲法有所描述，在此不再赘述。

1. 系统分析法

系统分析法是指通过对大遗址保护和大遗址保护规划所涉及的要素等进行系统分析与评估，结合大遗址保护目标，进行大遗址保护核心问题的诊断和辨识，在总结分析的基础上确定大遗址保护规划战略。

2. 问题导向法

问题导向法是指通过对大遗址保护环境的分析评估，确定大遗址保护的核心问题，然后以相关核心问题为中心，结合行业和经济社会发展趋势，来研究相关问题的特征、规律，并提出宏观统筹性解决方案的方法。

3. SWOT 分析法

SWOT 分析法是指将与大遗址保护密切相关的大遗址内部因素（优势

和劣势）和外部因素（机会和威胁）等，通过调查列举出来，并依照矩阵形式排列，然后用系统分析的思想，把各种因素相互匹配起来加以分析，从而对大遗址保护现状、问题及趋势等进行全面、系统、准确的研究，从而根据研究结果制定相应的保护战略、计划以及对策等。按照大遗址保护战略的完整概念，大遗址保护战略应是一个大遗址“能够做的”（即强项和弱项）和“可能做的”（即环境机会和威胁）之间的有机组合。

第二节　大遗址保护区划和空间管制规划

大遗址保护区划的划定和管制措施的制定是大遗址保护规划的重要环节。只有科学、合理地划定保护区划、制定管制措施，才能实现大遗址的有效保护及区域的协调、可持续发展。

一　大遗址保护区划的内容和依据

（一）大遗址保护区划的内容

大遗址保护区划是指依据我国法律法规规定和大遗址本体系统及实际保护需求，科学、合理地划定大遗址的保护范围、建设控制地带，并针对每个区域提出管控规定和措施的活动。通过对大遗址保护区划的分析可以发现，大遗址保护区划包括两项工作：确定保护区划层级范围和制定管制措施（管理要求和控制措施）。

1. 保护区划层级范围

保护区划层级范围包括保护范围和建设控制地带。《全国重点文物保护单位保护规划编制要求》规定，保护规划应根据确保文物保护单位安全性、完整性的要求划定或调整保护范围；根据保证相关环境的完整性、和谐性的要求划定或调整建设控制地带。在考古调查、勘探工作尚未全面展开的情况下，编制保护规划应当分析文物分布的密集区、可能分布密集区和可能分布区，以此确定文物保护单位的分布范围、重点保护对象和不同的区划等级或类别；各类保护区划必须明确四至边界，注明占地规模，制定管理规定。[1] 保护范围可根据大遗址的价值和分布状况进一步划分为重点保护区和一般保护区；建设控制地带可根据控制力度和内容分类，如可划分为一级建设控制地带、二级建设控制地带，也可在建设控制地带中划定风貌协调区。同时针对特殊的区域或保护工作需要，也可以在保护范围之外划定文物埋藏区或环境控制区等（见表 4－1）。

2. 制定管控措施

大遗址保护区划划定后，应当依据《中华人民共和国文物保护法》等法律法规，结合文物保护单位的实际情况编制管控措施，包括管理规定（要求）和控制措施。大遗址保护区划管控措施包括不同保护区划范围内禁止做什么、限制做什么、适宜做什么等内容。涉及城镇建设用地的建设控制地带应提出详细的建设控制要求，包括建筑物的体量、高度、色彩、造型等，必要时应提出建筑密度、适建项目等要求。[2]

表 4－1　　　中国文化遗产保护法规关于保护区划层级的界定

<table>
<tr><th>序号</th><th>法规名称</th><th colspan="4">保护区划层级及名称</th></tr>
<tr><td>1</td><td>《中华人民共和国文物保护法》（2017 年）</td><td colspan="2">保护范围</td><td colspan="2">建设控制地带</td></tr>
<tr><td>2</td><td>《中华人民共和国文物保护法实施条例》（2017 年）</td><td colspan="2">保护范围</td><td colspan="2">建设控制地带</td></tr>
<tr><td>3</td><td>《历史文化名城名镇名村保护条例》（2017 年）</td><td>核心保护范围</td><td>保护范围</td><td colspan="2">建设控制地带</td></tr>
<tr><td>4</td><td>《城市紫线管理办法》（2011 年）</td><td colspan="2">保护范围</td><td colspan="2"></td></tr>
<tr><td>5</td><td>《历史文化名城保护规划标准》（2018 年）</td><td colspan="2">保护区</td><td>建设控制地带</td><td>环境协调区</td></tr>
<tr><td rowspan="2">6</td><td rowspan="2">《全国重点文物保护单位保护规划编制要求》（2004 年）</td><td colspan="2">保护范围</td><td colspan="2" rowspan="2">建设控制地带</td></tr>
<tr><td>重点保护区</td><td>一般保护区</td></tr>
</table>

① 参见中华人民共和国国家文物局《全国重点文物保护单位保护规划编制要求》，2004 年。
② 参见中华人民共和国国家文物局《全国重点文物保护单位保护规划编制要求》，2004 年。

续表

<table>
<tr><th rowspan="3">序号</th><th rowspan="3">法规名称</th><th colspan="3">保护区划层级及名称</th></tr>
<tr><td rowspan="2">保护范围</td><td colspan="2">建设控制地带</td></tr>
<tr><td>文物埋藏区</td><td>环境控制区</td></tr>
<tr><td>7</td><td>《大遗址保护规划规范》(2015 年)</td><td></td><td></td><td></td></tr>
</table>

资料来源：作者自制。

（二）大遗址保护区划划定的依据

1. 法规政策

大遗址保护区划划定最基本的依据是《中华人民共和国文物保护法》《中华人民共和国文物保护法实施条例》及地方各级公布的关于文物保护单位保护区划划定的法规政策。《中华人民共和国文物保护法》第十五条规定："各级文物保护单位，分别由省、自治区、直辖市人民政府和市、县级人民政府划定必要的保护范围，作出标志说明，建立记录档案，并区别情况分别设置专门机构或者专人负责管理。全国重点文物保护单位的保护范围和记录档案，由省、自治区、直辖市人民政府文物行政部门报国务院文物行政部门备案。"第十八条规定："根据保护文物的实际需要，经省、自治区、直辖市人民政府批准，可以在文物保护单位的周围划出一定的建设控制地带，并予以公布。"《中华人民共和国文物保护法实施条例》第九条规定："文物保护单位的保护范围，是指对文物保护单位本体及周围一定范围实施重点保护的区域。文物保护单位的保护范围，应当根据文物保护单位的类别、规模、内容以及周围环境的历史和现实情况合理划定，并在文物保护单位本体之外保持一定的安全距离，确保文物保护单位的真实性和完整性。"第十三条规定："文物保护单位的建设控制地带，是指在文物保护单位的保护范围外，为保护文物保护单位的安全、环境、历史风貌对建设项目加以限制的区域。文物保护单位的建设控制地带，应当根据文物保护单位的类别、规模、内容以及周围环境的历史和现实情况合理划定。"

2. 大遗址本体系统

大遗址保护区划划定应基于对大遗址本体系统的认知开展。大遗址本体系统是指大遗址外延所指的大遗址区内遗址本体及其地脉和文脉，包括大遗址的遗址本体以及大遗址所依托和发展演变的自然景观环境和人文景观环境，是大遗址保护系统的核心和基础对象。大遗址保护工作都是从对大遗址本体系统的认知研究开始。由于对大遗址认知不足，传统的大遗址保护区划主要以遗址的分布及其范围界限来划定保护区划，在区划划定中没有考虑到大遗址产生和发展的环境系统，严重地割裂了大遗址的整体性和系统性，使大遗址不能实现整体保护。因此，大遗址保护区划的划定应依据对大遗址本体系统的研究认知开展，保护区划应包括遗址本体的分布及其范围界限和依托的自然地理环境、人文景观环境等。

3. 大遗址统筹协调保护的实际需求

大遗址保护区划在划定过程中，还应考虑到大遗址保护、利用及区域经济社会统筹协调发展的实际需求。随着文化遗产保护理念的发展，大遗址保护已经由传统的限制性保护向保护与利用结合，与区域经济社会发展及民生改善结合。因此，在大遗址保护区划划定过程中，不仅要考虑保护的需求，还应该在保护的基础上，考虑到大遗址利用和区域经济社会及民生发展的需求，以促进大遗址保护区划的操作性和实践性。

二　大遗址保护区划划定的原则和方法

（一）大遗址保护区划划定的原则

1. 安全性和最小边界原则

安全性原则是指大遗址保护区划的划定应保证遗址本体和其承载体——土地及其自然景观环境的安全。安全性原则是大遗址保护区划划定应遵循的最基本原则，大遗址的核心是遗址本体，遗址本体一旦遭到破坏，则大遗址的价值将受到影响；同时也要注意其承载体——土地及其自然景观环境的安全，一旦其承载体——土地和依托的环境被破坏，大遗址遗存及其完整性、真实性也必将受到破坏。最小边界保护原则是指在划定大遗址保护区划的过程中，基于安全性原则，结合对大遗址本体系统的调查研究，在相对有限的范围内划定最大可能的边界范围，以保证大遗址本体系统的安全。

2. 完整性和真实性原则

完整性原则是指在划定大遗址保护区划的过程中，应在依据其遗址本体分布范围等的基础上，考虑到大遗址的承载体和延续体——自然地理环境和人文景观环境。不能只见树木，不见森林。真实性原则是指在划定过程中要结合调查研究和考古工作确定大遗址及其遗存的“整体格局、位置、材料和形式以及遗址的景观要素与空间关系之间、其他与遗址价值相关的物质与非物质”① 等信息来源的真实性，以免将不属于大遗址保护范畴的要素划入。

3. 系统性和延续性原则

系统性和延续性原则是完整性原则的延伸，是指在大遗址保护区划过程中不仅要考虑遗址过去的构成、环境构成，还要考虑现在的遗存构成和环境构成，更要考虑未来大遗址保护利用可能的需求。大遗址是一个系统，大遗址保护更是一个系统工程，因此，大遗址保护区划的划定要考虑大遗址系统的时空构成，更要考虑大遗址的过去、现在和未来之间的彼此延续，不能只看到某一时空节点的现状而忽略过去的时空分布或未来的传承及区域的可持续发展。

4. 可识别性和稳定性原则

可识别性原则是指大遗址保护区划的每个层级的区划范围四至都有固定的可参照的标识，以便于公众或保护管理者能很好地识别并确定其分布范围边界。稳定性原则是指大遗址保护区划的划定应具有前瞻性，四至边界具有固定性或不可变动的参照标识，如与周边的地形地貌相结合，保护区划各级四至范围划定后在一定的时期内或长期时间内不会发生大的变动。

（二）大遗址保护区划划定的要求

1. 一般性要求②

（1）保护范围的界限应根据保护遗址本体的完整性与安全性要求划定或调整。

（2）建设控制地带的界限应根据保护遗址环境的完整性与协调性

① 中华人民共和国国家文物局：《大遗址保护规划规范》（WW/Z 0072—2015），文物出版社2016年版，第2页。

② 参见中华人民共和国国家文物局《大遗址保护规划规范》（WW/Z 0072—2015），文物出版社2016年版，第6页。

要求划定或调整。

（3）文物埋藏区的界限应根据遗存分布的特性或已有考古成果的局限性划定。

（4）环境控制区的界限应根据遗址历史环境要素保护和空间景观协调的需要划定。

（5）保护区划的边界划定应同时满足边界识别与管理操作的要求，应与地形地貌、地物、行政区划边界等背景环境的现状因素以及城乡规划内容相结合。

2. 保护区划的分级分类划定要求①

（1）保护范围内可根据遗存的重要程度和分布的疏密程度划分为重点保护区和一般保护区。

（2）建设控制地带内可根据不同的建设控制目标与控制强度划分为不同类别的控制地带。

（3）文物埋藏区可根据遗存分布状态和考古勘探工作进展划分为埋藏区和可能埋藏区。

（4）环境控制区内可根据不同的保护与控制要求划分为不同类别的控制区。

（三）大遗址保护区划划定的方法

1. 调查研究法

大遗址保护区划划定的最基本方法是调查研究法，大遗址保护区划的调查研究法包括田野调查法和考古调查法等。田野调查法是指对大遗址本体系统相对的分布范围和内容及其遗存边界范围相对清晰的大遗址，通过实地踏勘，并结合文献研究以确定大遗址保护区划。考古调查法是针对大遗

① 参见中华人民共和国国家文物局《大遗址保护规划规范》（WW/Z 0072—2015），文物出版社 2016 年版，第 7 页。

址本体系统性质和分布范围等不清楚的大遗址，通过考古调查、勘探或者发掘的形式，确定遗存的性质及分布范围，在此基础上结合文献研究等为保护区划的划定提供科学依据。田野调查法和考古调查法二者相辅相成，考古调查法是针对大遗址这种特殊的文化遗产特有的一种深入调查研究方法。

2. 边界控制法

边界控制法是在大遗址保护区划划定过程中，以完整性和可识别性等原则为指导，从整个大遗址的自然地理环境去考虑大遗址保护区划的划定，一般依据大遗址所处的相对固定的地形地貌、固定参照物、行政区划边界等背景环境的现状或过去的古地理环境背景等来分析划定。

3. 影像分析法

影像分析法是指针对大遗址边界比较模糊，田野调查或边界控制不便的大遗址，借助“3S”技术或现代科学技术手段如航拍、航空影像分析等，通过对相关影像的分析，结合调查研究和文献研究等来确定大遗址可能的保护区划，以促进大遗址保护区划的划定。

4. 头脑风暴法

头脑风暴法也称集体思考法或智力激励法，是指采用会议的形式，如集中专家开座谈会征询意见，把专家对过去历史资料的解释以及对未来的分析，有条理地组织起来，最终由规划编制者作出统一的结论。① 大遗址保护区划划定过程中使用头脑风暴法可以分为规划编制组内座谈或邀请专家召开咨询座谈会的方式，或者二者结合，在规划组内商量确定形成一个方案的基础上，邀请专家咨询座谈进行讨论，规划编制者对专家意见进行统计分析，划定出比较可行的保护区划。这种方法适用于价值比较高、遗存和环境构成比较复杂、不易形成定论的大遗址。在运用这种方法时，规划编制者或主持人应说明讨论的主题，提出必要的相关信息，创造出一个自由的空间，让规划组成员或各位专家充分表达自己的想法。如有必要，可组织规划组成员或专家组成员集体到现场调查。

5. 德尔菲法

德尔菲法也称专家意见法或专家函询调查法，是指采用信函咨询的方

① 参见王要武、李晨洋《项目风险辨识》，《企业管理》2005 年第 8 期。

式或使用电话、网络等通信手段，反复咨询专家对大遗址保护区划的建议，然后由规划编制者作出统计，如果结果不趋向一致，那么就再征询专家意见，直至得出比较统一或趋于集中的建议，最后确定出比较符合该大遗址保护区划的方案。该方法适用于价值比较高、遗存和环境构成比较复杂、不易形成定论、专家无法集中开会咨询的大遗址。这一方法的不足就是需耗费大量的人力、物力和时间。因此，为了弥补上述不足，可以在采用德尔菲法的同时，使用头脑风暴法作为补充，以节约成本。

三　大遗址保护区划空间管制规定

（一）大遗址保护区划空间管制的概念及管制要素分类

空间管制是指在对规划或管制区域经济社会及资源环境等分析评估的基础上，通过划定区域内不同建设发展特性的类型区，制定其分区发展标准和控制引导措施，以协调区域社会、经济与环境等可持续发展的手段或措施，是一种有效而适宜的资源配置调节方式。空间管制分区政策包括政策性分区和建设性分区两种情况。政策性分区指根据区域经济、社会、生态环境与产业、交通发展的要求，结合行政区划进行次区域政策分区，不同政策分区实施不同的管制对策，实施不同的控制和引导要求。建设性分区为禁止建设区、限制建设区、适宜建设区。[①] 禁止建设区是指根据对规划区或管制区内的资源保护、安全或景观维护等需求，原则上禁止任何建设活动的区域，如因特殊原因需要建设，必须符合相关规定并需要作出可行性评估并报批。一般包括地质灾害极易发区和高易发区、地下采空区、基本农田保护区、文保单位的绝对保护区、河流水系、地表水源一级保护区、地下水源核心保护区、公共绿地、组团生态隔离绿地、坡度大于35度的山体、基础设施廊道（高速公路防护绿带、高压走廊、排水干渠、道路两侧绿带等）等。限制建设区是指根据对规划区或管制区内的资源保护、安全或景观维护等需求，对建设活动进行适当控制的区域，限制建设区如有建设需求，需要作出相应的建设评估，在不影响安全、破坏功能的前提

① 参见崔功豪等编著《区域分析与区域规划》（第三版），高等教育出版社2018年版，第206页。

下，可以适当建设。主要包括地质灾害中易发区和低易发区、地表水源二级保护区、地下水源防护区、文保单位的建设控制地带、工程地质条件较差的三类用地和坡度为25—35度的山体等。适宜建设区是指已经划定为建设发展用地的范围，需要合理确定开发模式和开发强度的区域。

大遗址保护区划空间管制是指在确定了大遗址保护范围和建设控制地带等保护区划的层级和范围后，以建设性分区为主导、政策性分区为辅助，针对不同层级的保护区划范围提出保护管理规定和控制措施，以实现大遗址的有效保护和区域经济社会的协同发展。保护管理规定和控制措施包括了每个层级保护区划范围内禁止做什么、限制做什么、适宜做什么等；同时还可以根据大遗址保护利用及区域经济社会发展需求，对其社会经济及产业发展模式、用地类型进行控制和引导（见表4-2）。

表4-2　　大遗址保护区划空间管制要素分类一览表

限制要素	禁止建设区	限制建设区	适宜建设区
文物保护单位	保护范围	建设控制地带	
	地下文物埋藏区	历史文化保护区	其他外围地带
农业用地	基本农田保护区	一般农田区	
地质遗迹	地质公园	矿产资源开发控制区	
地质环境	灾害极、高易发区	灾害中、低易发区	灾害不易发区
山体	坡度大于35度地区	坡度为25—35度的地区	坡度在25度以下的地区
河流水系及河道	地表水源一级保护区	地表水源二级保护区	
	地下水源核心区	地下水源防护区	
	河湖湿地保护区	河湖湿地生态控制区	
	河道管理范围		
重点廊道	铁路安全保护区	铁路安全保护区外的铁路用地	
	公路禁建区	禁建区外公路用地范围	
	水利工程管理范围		
	重大工程设施防护区及廊道		

续表

限制要素	禁止建设区	限制建设区	适宜建设区
重点廊道	电力电缆线路保护区（架空）		
其他安全防护设施	重要蓄滞洪区	一般蓄滞洪区	
	军事禁区	军事管理区	
	危险品仓库安全防护区	通用机场区域（航线区）	

资料来源：作者自制。

（二）大遗址保护区划管制规定制定的原则

1. 依法制定原则

大遗址保护区划管制规定应按照《中华人民共和国文物保护法》第十五条至第十九条的规定以及相关法律法规的规定来制定。不能违背文物保护最基本的法律法规和相关规范要求。

2. 统筹协调原则

大遗址保护区划管制规定制定的过程中，在强调保护管理需求的同时，还应结合大遗址所处区位、遗产类型及特征，保存与保护所面临的主要影响因素，以及大遗址展示利用需求和区域经济社会发展需求等综合因素。保护管制规定既强调保护又要充分考虑大遗址利用和区域经济社会发展的综合需求。

同时，大遗址保护区划管制规定，应根据地下遗存的安全性和完整性的保护需求，对区划内的其他历史文化遗存（包括不可移动文物、历史建筑、历史街区、历史文化名村名镇，以及各类新型文化遗产等）的保护管理工作提出要求。①

3. 刚性与弹性结合原则

大遗址保护区划管制规定制定的过程中，应根据保护区划和国家法律法规等要求，在强调禁止即不能做什么的同时，还应结合大遗址及区域经

① 参见中华人民共和国国家文物局《大遗址保护规划规范》（WW/Z 0072—2015），文物出版社2016年版，第7页。

济社会发展需求，对其可以做什么、适合做什么进行评估确定，在加强控制的同时，积极引导区域产业结构和土地利用等优化调整，以促进区域的综合协调可持续发展。

（三）大遗址保护区划管制要求

大遗址保护区划按照传统划分为保护范围和建设控制地带，在具体实践中可根据实际需求再次细分。

1. 保护范围管制要求

大遗址保护范围的管制规定应针对可能影响大遗址安全的因素制定，包括限制性要求和引导性要求。限制性要求包括建设限制要求、空间管制要求、聚落人口调控、土地使用性质规定、扰土深度限定要求等内容；引导性要求包括允许的建设活动、允许的土地利用类型或者产业发展类型或模式等。

（1）保护范围的限制性要求

①保护范围一般应禁止与遗址保护、展示和考古无关的建设项目入内。

②一般不得进行其他建设工程或者爆破、钻探、挖掘等作业，如禁止有损遗址保护的取土、挖坑、烧砖、钻探、采砂、挖池塘、建房屋、造坟墓、修渠道、爆破等各类生产和生活活动。

③遗址保护范围一般不得保留与遗址保护、展示无关的聚落、房屋建筑或其他设施；已有的非文物保护单位型现代村落、房屋建筑和相关设施如对遗址安全或景观环境造成影响，则应根据保护利用需求逐步搬迁或拆除；在保护范围内经考古工作确认地下无保存价值遗迹的区域，现有的现代村落或房屋建筑等设施在不破坏遗址安全或影响遗址景观的条件下可保留，但必须限制其发展边界，禁止现有房屋建筑的扩建，控制居民迁入；同时根据大遗址保护利用需求及相关规划要求，逐步按照遗址景观保护的要求对村落布局、建筑形式和材料进行改造，并提出建筑高度控制要求，维修和改建方案也必须经文物行政部门审查批准。

④禁止新建任何对遗址和遗址景观造成破坏的工业企业，关停并拆除保护范围内的所有违法、违章企业；不得建设污染文物保护单位及其环境

的设施，不得进行可能影响文物保护单位安全及其环境的活动，对已有的污染文物保护单位及其环境的设施，应当限期治理。

⑤保护范围内的基础设施如道路、给排水、电力通讯等基础设施，必须按照保护规划设计的要求修建。随着遗址保护或展示利用道路系统的建设，逐步废弃拆除或改造不符合规划要求的现有道路和其他基础设施。

（2）保护范围的引导性要求

①保护范围可以开展遗址保护、展示和考古工程；所有符合遗址保护和遗址景观保护要求的新增建设项目和工程设计方案，必须按法规规定程序报批后方可实施。方案论证前，必须经过考古钻探，必要时要进行考古发掘。

②保护范围内的植被，应符合遗址保护、遗址景观和改善生态环境的需要；对保护范围内现有的用地类型和产业结构进行规划引导，按照遗址保护和展示利用的需要，调整、优化土地用地类型和产业结构。

③结合大遗址保护积极开展保护范围内相关文化遗产的保护利用工作，包括其他不可移动文物、历史文化名城名村名镇、历史街区、历史建筑以及各类新型文化遗产等。

2. 建设控制地带管制要求

大遗址建设控制地带的管制规定应针对可能影响大遗址环境协调的因素制定，包括建设控制要求、空间管制要求、土地使用性质规定等内容；涉及城镇建设用地的建设控制地带应提出详细的建设控制要求，包括建筑物的体量、高度、色彩、造型等，必要时应提出建筑密度、适建项目等要求。①

（1）建设控制地带的限制性要求

①禁止在该区域内的取土、烧砖、采矿、采砂、爆破等破坏地貌的生产活动。

②禁止在该区域内随意倾倒垃圾、排放污水，禁止区外向区内排放

① 参见中华人民共和国国家文物局《大遗址保护规划规范》（WW/Z 0072—2015），文物出版社 2016 年版，第 7 页。

污水。

③不得建设污染文物保护单位及其环境的设施，不得进行可能影响文物保护单位安全及其环境的活动，对已有的污染文物保护单位及其环境的设施，应当限期治理。

④建设控制地带内进行建设工程，不得破坏文物保护单位的历史风貌；工程设计方案应当根据文物保护单位的级别，经相应的文物行政部门同意后，报城乡建设和规划部门批准。①

⑤建设控制地带内的景观应以绿化为主，严格控制建筑物的数量、规模和高度，建筑物的布局和形式应与遗址景观相协调，所有违法、违章建筑必须拆除。

（2）建设控制地带的引导性要求

①建设控制地带可以建设与大遗址展示利用相关的食、住、行、游、购、娱设施，并开展相关的活动；但相关工程的设计方案应与大遗址整体环境及格局和保护利用的需求相协调，不得破坏已有的历史风貌；同时工程设计方案应当根据大遗址的级别，经相应的文物行政部门同意后，报城乡建设和规划部门批准，并在工程实施前开展相关的考古勘探或发掘。

②建设控制地带内的生态环境保育，应符合遗址保护、遗址景观和改善生态环境的需要；对建设控制地带内现有的用地类型和产业结构进行规划引导，按照遗址保护和展示利用的需要，调整、优化土地用地类型和产业结构。

③结合大遗址保护利用需求，积极开展建设控制地带内相关文化遗产的保护利用工作，包括其他不可移动文物、历史文化名城名村名镇、历史街区、历史建筑以及各类新型文化遗产等。

（四）大遗址保护区划管制规定的用词要求

为便于保护区划管制规定的执行，在制定过程中应对要求严格程度或

---

① 参见《中华人民共和国文物保护法》，《中华人民共和国全国人民代表大会常务委员会公报》2017年第6期。

限制与引导程度不同的用词进行区分。主要如下。

(1) 表示很严格，必须这样做的用词：正面词采用“必须”；反面词采用“严禁”或“禁止”。

(2) 表示严格，在正常情况下均应这样做的用词：正面词采用“应”；反面词采用“不应”或“不得”。

(3) 表示允许稍有选择，在条件许可时，首先应这样做的用词：正面词采用“宜”或“可”；反面词采用“不宜”。

(4) 表示有选择，在一定条件下可以这样做的，采用“可”。

(5) 管制规定中指明应按其他有关标准执行的写法为：“应按……执行”或“应符合……规定”。①

第三节　大遗址保护措施规划

根据大遗址构成要素分析，大遗址保护措施规划包括对遗址本体、自然景观和文化景观环境等的保护。在保护过程中，应结合大遗址资源构成类型和大遗址价值、特性等进行分类分级保护，在保护区划分级保护、整体保护的基础上，对大遗址构成要素进行保护的主次重点区分，开展分类分级保护，以有效地保护大遗址资源。

一　大遗址保护措施规划的内容

这里的大遗址保护是狭义的大遗址保护，是指运用科学的技术方法对大遗址遗存本体及其他构成要素的维护、保存、修复和培育等，以及对相关环境的控制与整治等。因此，这里的大遗址保护规划也是狭义的大遗址保护规划，是指针对大遗址本体系统的保护开展的基础性、专题性规划设计。为了和宏观的大遗址保护规划相区分，在这里将其称为大遗址保护措施规划。大遗址或大遗址保护规划的基本任务和作用之一就是保护遗址及

① 参见中华人民共和国住房和城乡建设部《历史文化名城保护规划标准》（GB/T 50357—2018），中国建筑工业出版社 2019 年版，第 15 页。

其相关构成要素的安全，形成良好的景观环境，传承弘扬我国的文化遗产，树立起国家和地区的外在景观环境形象和内在文化形象。因此，大遗址保护规划尤其是总体规划阶段，应将大遗址保护措施规划作为一项基本的保护规划来做。

大遗址保护措施规划是对大遗址需要保护的对象与要素等实施的系统控制与具体安排。目的包括三个方面：一是使被保护的对象和因素等能够得到安全保障和永久保存或永续发展；二是在保护前提下能被合理利用或能够在利用中得到保护；三是通过保护使其价值得到增强。

大遗址保护措施规划包括三个方面的基本内容。第一，调查登录需要开展保护的大遗址资源，明确保护的具体对象和因素。首先，开展对大遗址本体系统的调查登录。在大遗址本体系统中又以遗址本体为主，在此基础上包括大遗址自然环境和地文景观以及文化景观等。其次，相关的生态和环境因素、建设条件或利用条件也可被列入保护因素。

第二，划定保护范围，确定保护原则。在调查研究的基础上，依据大遗址保护对象的类型、特性、价值和级别等，在保护区划的基础上，划定具体保护对象的保护范围和保护原则。如遗址本体的不可再生性要求加强对其遗存本体及其承载体——土地和周边环境的保护；地形地貌的不易变动性和不可恢复性要求加强对大遗址自然环境或地文景观本体资源及承载体——土地等的保护；具体的生物系统或类别的再生性就需要保护其本体及其生存的条件；水体的流动性和循环性要求加强对汇水区及流域的保护；非物质文化的地域性和传承性要求加强对固有文化场所或传承技艺及传承人等的保护；传统村落或建筑的规划布局、地域特性和脆弱性等要求加强对其整体格局、日常维护及防灾保护等。

第三，确定保护措施。依据保护区划等级和具体对象分类分级保护的范畴、保护原则等，结合保护对象的类型、特性等制定保护措施，并建立保护体系。保护措施要有针对性、科学性、有效性和可操作性，要坚持因地因时因对象和具体特性、构成、材料等确定，也要结合区域保护利用的总目标和展示利用的需要等。同时在具体实践过程中构建起其保护体系和资源库，以便于随时查阅和回溯、参考借鉴。

二　分类分级保护

大遗址构成要素或大遗址本体系统的复合性、多样性等特点决定了大遗址保护措施的制定应在保护区划分级整体保护的基础上，结合大遗址构成要素的种类和特性、价值等和大遗址保护环境分析，对大遗址保护对象进行保护主次重点区分，运用分类分级的规划和管理方法开展对大遗址保护对象的具体保护。

（一）分类保护

大遗址分类保护是指依据大遗址构成要素中保护对象的种类及其属性特征，结合土地利用方式等因素来确定大遗址保护的类型范畴或区域并针对具体类型或区域提出保护原则和保护措施。针对大遗址构成要素或环境相对简单的大遗址，主要以类型划分保护为主；针对大遗址构成要素比较多样或区域范围比较大、环境比较复杂的大遗址，则需要划分类型和区域，基于保护对象的类型区域提出保护原则和保护措施，一般包括对宏观区域的保护措施，同时也包括针对具体对象或要素的保护措施。本书结合对大遗址系统构成要素的划分，将分类保护的对象确定为遗址本体、自然景观环境要素（自然环境和地文景观）、人文景观环境要素（物质文化景观和非物质文化景观）三类，按照类型提出保护措施。

1. 遗址本体保护规定

遗址本体是大遗址的核心构成要素，是大遗址保护的重点和大遗址保护规划的重点。遗址本体的不可再生性、脆弱性等决定了其保护措施与自然景观环境要素和人文景观环境要素的差异性。一般来说遗址本体以保护为主，在研究评估后如果展示利用对遗址本体整体布局、结构和价值等不产生大的破坏影响，可在设置或开展必要的保护措施的基础上，开展一定的展示利用；但需要做好安全评估和保护防护，并科学制定、控制游客容量；严禁建设或增设与展示利用无关的设施，严禁机动交通及其设施进入，严禁公众直接在遗址本体之上参观游览，严禁任何不利于保护的因素进入。具体保护管理措施以保护区划中保护范围空间管制规定为主。

2. 自然景观环境要素保护规定

自然景观环境要素的可再生性和地文景观如地形地貌的不可再生性等决定了其保护措施与具有活态化特性的人文景观环境要素的保护措施的差异。自然景观环境要素类资源在保护的基础上，可以规划设计开展一定的展示利用项目，配置一定必要的步行游览或安全防护设施。在保护范围内的自然景观环境要素应参照保护范围管理规定来执行，一般应控制游客容量。对于比较珍稀、脆弱、价值比较高的自然景观环境要素则应加强保护，限制游人进入。

3. 人文景观环境要素保护规定

人文景观环境要素资源在保护的基础上，可以规划设计开展一定的展示利用项目，配置必要的步行游览或安全防护设施。在保护范围内的自然景观环境要素应参照保护范围管理规定来执行。但针对人文景观环境要素保护措施的制定等还需要综合考虑聚落、建筑等的历史文化价值等。

（二）分级保护

大遗址分级保护是指依据大遗址构成要素中保护对象的种类及其属性特征，在分类的基础上，结合大遗址保护对象的保存现状、价值评估等对保护对象划分级别，针对保护对象的价值和级别制定保护措施。由于大遗址构成要素的复杂多样性，每一种大类型分级的原则或标准不尽相同，在结合相关类型资源在相关领域划分标准的同时，主要以大遗址保护对象的保存现状和价值高低来确定。

1. 遗址本体分级标准

遗址本体按照遗存的保存现状、保护紧迫度和价值高低等划分为一级、二级和三级三个级别，主要以价值高低为主确定，其次参考保护紧迫度和保存现状情况（见表4－3）。一级是保存较好、保护较为紧迫、价值高的遗址，但是如果价值比较高、保存比较紧迫、保存相对一般的也可列入一级；二级是价值一般、保护紧迫度一般和保存一般的遗址；三级是价值较低、保护不紧迫、保存较差的遗址。

表 4－3　　遗址本体分级评价标准

	一级	二级	三级
价值高低	价值高	价值一般	价值较低
保护紧迫度	保护紧迫	保护较为紧迫	保护不紧迫
保存现状	保存较好	保存一般	保存较差

资料来源：作者自制。

保存现状分为保存较好、保存一般和保存较差，保存较好是指遗址本体整体布局、结构和形态等比较完整、真实，延续性较强；保存一般是指遗址本体整体布局、结构和形态等遭到一定的破坏，对完整性和真实性产生了一定的影响，但不影响整体认知；保存较差是指遗址本体整体布局、结构和形态等整体或某一方面遭到严重破坏，对完整性、真实性影响较大，甚至无法复原其布局、结构或形态等。一般保存越好级别越高。

保护紧迫度分为紧迫、较为紧迫和不紧迫。一般越紧迫的级别越高。紧迫度主要依据遗存破坏情况和延续性、展示利用需求等来确定。

价值按照本体价值和社会价值两方面进行判断，本体价值是核心，分为价值高、价值一般和价值较低三个层级。价值高低主要结合遗址的历史、科学、艺术价值，以遗存的文化度、规模度、古悠度、科普度、珍稀度、奇特度、审美度、知名度、时代性等来确定（见表 4－4）。只要某一方面达到“最”都可以列入价值高的范畴，相关要素如规模较大、历史比较久远、比较珍稀、比较奇特或有一定的审美价值和知名度，则可以列为价值一般；其他的都可以列入价值较低。

表 4－4　　遗址本体价值评价标准①

	价值高	价值一般	价值较低
文化度	文化内涵高	文化内涵较高	一般

① 关于遗址本体价值在这里主要指的是大遗址区内的单体遗址，评价标准参考了卢云亭、郭康和宋剑霞等提出的“八度”评价指标体系的内容。

续表

	价值高	价值一般	价值较低
规模度	世界或国内之最	省内或地区之最	一般
古悠度	历史久远①（唐及唐以前）	很悠久（宋元）	比较悠久（明清）
科普度	具有重要的科学研究价值	科学研究价值较高	一般
珍稀度	世界或国内罕见或独有	省内或地区罕见或独有	一般
奇特度	非常奇特	比较奇特	一般
审美度	非常好	比较好	一般
知名度	非常高	比较高	一般
时代性	时代需求高	比较高	一般

资料来源：作者自制。

2. 自然景观环境要素的分级标准

自然景观环境要素根据构成要素的规模度、珍稀度、奇特度、审美度、组合度、濒危度及经济价值和科学文化价值等，结合自然景观环境要素对象的种属类型保护等级评价标准来确定等级，一般分为一级、二级和三级。一般而言，如果所属类型有国家保护等级评价标准，则依据国家保护等级评价标准来确定保护等级。古树名木的分级参考古树名木分级标准；河流湖泊和湿地等参考水域保护及湿地等级划分标准；植被或动物的保护等级划分参考国家重点保护野生植物和国家重点保护野生动物的相关分级评价标准；相关自然气候景观要素等参考旅游资源等级划分标准。自然景观环境要素构成的种类不同，则选择的标准不尽相同。在自然环境景观要素中其所依托的地形地貌等是保护的基础，不在分级评价范畴内。

表 4－5　　自然景观环境要素的分级标准

	一级	二级	三级
规模度	世界或国内之最	省内或地区之最	一般
珍稀度	世界或国内罕见或独有	省内或地区罕见或独有	一般

① 关于唐以前历史时期在价值评价中的作用，应单独考虑史前时期遗址类型及其遗存的具体情况，不能以时间简单划定。

续表

	一级	二级	三级
奇特度	非常奇特	比较奇特	一般
审美度	非常好	比较好	一般
组合度	易形成景观景点	景观整治或塑造后比较容易形成景观景点	不易形成
经济价值	经济价值高	比较高	一般
科普价值	价值高	比较高	一般
知名度	非常高	比较高	一般

资料来源：作者自制。

3. 人文景观环境要素的分级标准

人文景观环境要素根据构成要素的规模度、珍稀度、奇特度、审美度、组合度、濒危度及历史科学文化价值等，结合人文景观环境要素对象所属类型已有国家保护等级评价标准来确定等级，一般分为一级、二级和三级。一般而言，如果所属类型有国家保护等级评价标准，则依据国家保护等级评价标准来确定保护等级。历史城镇、村落等参考历史文化名城、名镇、名村及传统村落的相关标准确定保护等级；单体或群体文物建筑参考文物保护单位相关标准确定保护等级；非物质文化遗产参考非物质文化遗产相关评定标准确定保护等级。

表 4－6　　人文景观环境要素的分级标准

	一级	二级	三级
规模度	世界或国内之最	省内或地区之最	一般
珍稀度	世界或国内罕见或独有	省内或地区罕见或独有	一般
奇特度	非常奇特	比较奇特	般
审美度	非常好	比较好	一般
组合度	易形成景观景点	比较容易形成景观景点	不易形成
历史科学文化价值	历史科学文化价值高	比较高	一般
知名度	非常高	比较高	一般

资料来源：作者自制。

总之，大遗址保护措施规划应依据大遗址具体情况和保护对象的类型、特征、级别等进行编制。在大遗址保护分级分类保护过程中重点应以遗址本体为主，提出相对具体的保护措施；自然景观环境要素和人文景观环境要素可结合保存现状及类型、特征和级别提出分类分级的宏观保护措施建议，以相关专项保护规划保护为主。针对比较独特的与大遗址保护利用关系十分紧密的则可单独提出比较详细的保护措施。

三　遗址本体保护措施规划的原则与内容

（一）遗址本体保护措施规划的原则

大遗址遗存本体保护措施规划过程中应坚持以下原则。

1. 确保安全原则

确保安全原则是指在大遗址遗存本体保护措施的规划、设计及实施过程中，都应以保证遗址本体现存状态的完整性、真实性和延续性为主，不能因为保护措施方案的实施导致遗址本体遭到破坏。确保安全原则是遗址本体保护措施规划设计应遵循的基本原则。

2. 原址保护原则

原址保护原则是指遗址本体都应在原来的发现地保存、保护，以使其与原有的环境形成统一体，进而保证其真实性的一项指导原则。原址保护首先强调原地性，其次是与周边环境及其构成部分的整体性。一旦离开原地，则其完整性与真实性即受到影响。因此，在大遗址保护措施规划中，一般应对遗址本体及其环境在原址保护，但如果原环境不适合现场保存的，则可以在科学论证及科学方法指导下迁移保护。

3. 可识别性原则

可识别性原则是指保持遗址本体的历史纯洁性，为修缮和加固所添加的构件需要整体和谐，但又需要与原有部分明显区别，让人可以识别并区分真假。可识别性原则对于文化遗产保护真实性具有重要的意义。可识别性原则在大遗址保护措施规划中，应遵循这样几个要求：一是根据遗址保护需求，选择在修复中是否以可识别性原则作为指导，如果可识别不利于遗址的保护和展示、解读，则尽量不用；二是在以可识别性原则指导保护修复时，不一定要严格相区别，只要符合完整和谐性即可；三是为了实现其完整性，可采用“修旧如旧”的原则，但应借助图片、视频、人员等解说手段予以说明，以使添加部分与原有部分相区别。

4. 可逆性原则

可逆性原则是指在大遗址保护修复中对遗址本体的一切干预，即使经过了很长时间也应能在所需之时被清除，并使遗址返回到被清除时的状态，并不造成保护对象的真实性丢失。根据其概念定义，包含了可再处理原则。可逆性不仅仅是材料上的可逆，还包括技术方法上的可逆和材料的无妨碍性，而材料的可逆是最直接的。这要求在遗址保护中，首先，应在保护干预实施前认真地研究材料和技术的可行性，并在实验室做好模拟实验，检验其是否有损于遗址整体性、真实性；其次，要在实施中和实施后注意监测，针对发生变化、不利于遗址保护的可逆性材料和技术手段应及时清除纠正；再次，对于清除不掉的材料也不会对后续的处理造成妨碍；最后，要认识到文物保护、修复工作，绝不能追求一劳永逸，一次处理解决一切问题，应当相信，随着对文物本身认识的深化，随着整个社会科学技术水平的发展和提高，后人会比我们做得更好。这要求应为未来更加有效的保护技术、材料和理念预留空间，当有了新的技术、材料和理念的突破，可以更好地保护对象真实性，能够清除之前的干预部分，进行新的保护；当保护对象再利用的功能需要改变时，能够清除相应的附加措施，而价值真实性没有改变。[①]

5. 最小干预原则

最小干预原则是指在遗址本体保护中对遗存的保护工作应被控制在不得不做的最小需求限度内，有时也被称为最有必要原则。尽量不要对文物本体进行干预，因为对本体的任何干预措施都有可能对文物及其价值产生不同程度的伤害。[②] 这要求我们在大遗址保护措施规划中只有当遗址面临重要威胁，即可能处于濒危的情况下，在遗址本体如不采取干预措施将无法正常保存的情况下才采取抢救性保护、修复的干预手段。即在干预的次数、干预的程度

---

① 参见肖金亮《中国历史建筑保护科学体系的建立与方法论研究》，博士学位论文，清华大学，2009 年，第 228 页。

② 参见陆寿麟《我国文物保护理念的探索》，《东南文化》2012 第 2 期。

等方面进行严格控制，把握住最少的、最小的处理就是最好的处理。但这并不意味着将遗址陷于“完全”的险境，这个濒危状态主要是在调查、发掘或保护、监测中发现其如果不干预处理可能将处于危险状态。而且这种“干预”，是在结合当前先进技术措施，认真论证与实验基础上认为是当前可能最有利于遗存长久保存和减少价值真实性损害的最为可靠与有效的方法。

（二）遗址本体保护措施规划的内容

遗址本体保护措施规划包括制定保护措施和制定专项保护工程两项内容。

1. 制定保护措施

保护措施的制定包括以下程序。

（1）开展保存评估、确定保护工程性质。根据遗址本体的价值与现状评估，针对破坏因素，结合保护目标，明确遗址保护工程性质定位，区分保护力度。

（2）确定保护措施等级。以各项评估为依据，结合工程性质定位和保护力度，划定保护措施等级。保护措施等级可分为重点、一般、特殊措施。重点保护措施应满足本体保护的安全防范与主要病害防治要求；一般保护措施应满足文物的保存、管理和日常维护要求；特殊保护措施应经由专业技术论证，保护措施要考虑可持续性。涉及防火、防洪、防震等急性灾变的保护措施应制定应急措施预案。

（3）制定保护措施内容。保护措施应包括技术路线和管理控制要求；根据工程性质、技术路线提出保护项目，同时应针对保护项目对遗址本体的干预或影响程度作出评估。

2. 制定专项保护工程

涉及遗址修缮、岩（土）体加固、防灾工程等专项保护工程时，应提出具体规划要求、技术路线、实施方案计划等，注明其对文物保护单位本体的干扰程度，测算工程量，制定分期实施计划；说明保护范围内规划建造项目的必要性，编制选址策划，提出建筑功能设定、规模测算和建筑设计的规划要求。①

---

① 参见中华人民共和国国家文物局《全国重点文物保护单位保护规划编制要求》，2004 年。

（三）遗址本体保存主要病害的防治措施与要求[①]

1. 本体加固

维护大遗址地上遗存的本体稳定性是保护规划的重要内容，保护措施应以监测工作为基础，针对病害、问题及其隐患提出针对性保护措施。任何加固措施都应严格遵守“最小干预原则”，加固工程应提交文物影响评估报告。

2. 扰土限定

扰土威胁主要来自各种经济生产与建设活动，包括遗址保护范围内的居民建房、工业开发等村镇建设活动，交通、水利等大型基建工程，苗木栽培、水产养殖等经济活动，旅游与服务设施，甚至废料或垃圾填埋场等。保护措施应根据考古工作提供的遗存整体分布状况与埋深数据，按照保护要求制定保护范围内允许扰土的深度限定。占地规模较大的遗址可结合考古成果与实际用地情况分地块制定。

3. 水患防治

水患是大遗址面临的最普遍的自然灾害，保护措施应与地方生态保护措施或城乡防灾措施结合制定。大遗址的防洪标准按照《防洪标准（GB 50201—94)》规定的I级防洪标准执行。

4. 风蚀防治

风蚀防治应列为西北地区大遗址的重要防灾减灾措施。规划措施编制要求可参照相关生态措施与工程措施制定，防治技术应以物理保护和环境控制措施为主。

（四）遗址本体保护的主要技术方法

1. 土坯或夯土砌补

采用与遗存土相近的粉土制备土坯、泥浆、垛泥，对必须加固的夯土遗迹悬空面或坍塌区进行砌筑加固或夯土加固，砌补的材料与土遗址之间应用锚杆连接，填充密实。

---

① 参见中华人民共和国国家文物局《大遗址保护规划规范》（WW/Z 0072—2015），文物出版社 2016 年版，第 8 页。

2. 锚杆锚固与裂隙灌浆

采用锚杆和灌浆相配合的方法，对濒临崩塌的夯土遗迹本体进行锚固和加固。锚固后的裂缝必须进行灌浆填充，防止裂缝中渗入雨水导致土体软化，使锚杆失去锚固作用；另外，裂隙中应不断填充沙土，防止裂隙两壁长期风化，影响锚固效果。锚固后裂隙灌浆填充的密实与否，是保证锚固作用的关键。①

3. 顶面排水

对夯土遗址顶面的各类冲沟和可能的汇水面进行填补，并科学设计遗址顶面排水系统，避免雨水进一步对土遗址的破坏。

4. 表面防风化渗透加固

采用化学溶液进行多次喷洒渗透与针孔注入渗透相结合的注浆方式，对夯土遗迹本体表面进行加固，防止遗迹本体进一步风化。注浆渗透深度应超过墙面疏松风化层厚度，施工时应以实际的疏松风化层厚度为准，并根据墙面疏松风化层的厚度，制定相应的具体渗透加固措施。对局部夯土遗迹表面因风蚀、雨蚀作用形成许多片状割离剥蚀的小块，应采用锚钉锚固与针孔注入相结合的工艺进行加固。②

5. 生物保护

在科学研判的基础上，清除遗址上对遗址本体及景观环境造成破坏的植被；根据遗址保护或展示需求，可对部分规模较大、水土流失严重的墙体性土遗址，在保护回填的基础上，覆土采用浅根系植被进行覆盖保护。

四 自然景观环境要素保护措施规划的原则与内容

（一）自然景观环境要素保护措施规划的原则

1. 遗址安全原则

遗址安全原则是指在大遗址自然景观环境保护措施的规划、设计及实

① 参见郭青林等《银川西夏陵六号陵的保护现状与对策》，载中国文物保护技术协会、故宫博物院文保科技部编《中国文物保护技术协会第五次学术年会论文集》，科学出版社 2008 年版，第 18—25 页。

② 参见郭青林等《银川西夏陵六号陵的保护现状与对策》，载中国文物保护技术协会、故宫博物院文保科技部编《中国文物保护技术协会第五次学术年会论文集》，科学出版社 2008 年版，第 18—25 页。

施过程中，应依据大遗址本体的分布、特性等，遗址区的自然环境保护和景观环境整治等必须保证遗址本体安全和遗址景观不被破坏，逐步恢复遗址的历史环境风貌。

2. 生态保护原则

生态保护原则是指在大遗址自然景观环境保护过程中应保持和维护原有地形地貌和生物种群、结构和功能特征，保护典型而有示范性的综合体。注重结合大遗址特性的生态环境保护培育和景观环境的整治和塑造；注重将大遗址内部景观环境整治和塑造与外围大环境的生态建设相结合，建立一个内外结合、层次有序的景观生态系统。

3. 体现格局原则

体现格局原则是指在大遗址自然景观环境保护过程中，遗址环境的景观形象应符合遗址的文化价值，在景观环境整治与塑造过程中，能够结合大遗址文化特性和布局等，使自然景观环境保护措施规划布局与大遗址及其相关的遗址的格局相适应，以遗址本体周边的绿化为重点，以道路等线性绿化为骨架，突出大遗址或重要遗存整体布局及形制，用生态景观诠释遗址的空间格局，体现大遗址及其构成要素的历史特色。

4. 景观协调原则

景观协调原则是指在大遗址自然景观环境保护规划中，以景观生态学为理论指导，合理进行植被选择与景观布局，注意遗址环境的保护应与生态、土地、景观等自然资源的综合保护与利用相结合，遗址环境的保护要与社会和谐发展相协调。通过对自然景观环境的保护培育，促使遗址区历史人文景观与自然生态景观关系的协调，改善遗址的保存环境和生态环境，为大遗址有效保护和展示利用创造良好的基础条件。

5. 控制保护原则

控制保护原则是指在大遗址自然景观环境保护规划过程中，应对大遗址区自然生态环境的利用提出限制性规定或控制性指标，制止对自然环境的人为消极作用，控制和降低人为负荷，以避免过度利用对大遗址自然生态环境的破坏。限制性规定或控制性指标是指依据大遗址保护环境的分析评估，分析大遗址各个区域及整体利用过程中可能的参观人数、活动方式与停留时间，分析设施的类型、规模、标准，以及用地的开发强度等，以合理确定大遗址利用过程中的游客容量及各个区域的控制措施。

（二）自然景观环境要素保护措施规划的内容①

自然景观环境要素的保护措施包括历史环境要素保护、生态环境保护、环境质量保护、人文景观环境整治等。人口密度偏高的地区还应关注遗址环境的生态承载力。

历史环境要素保护措施应依据历史环境资料，结合生态保护，确定植被类型与品种，提出与遗址历史环境相和谐的景观保护设计要求。

生态环境保护措施应针对维护地形地貌、防治水土流失、疏浚水系、防治风蚀沙化、农业综合治理等需求，结合生态环境的综合保护与利用，参考《水土保持综合治理技术规范》（GB/T 16453.1～6—2008）等标准规范制定。

环境质量保护措施应针对环境质量达标、垃圾处理和污染治理等需求制定。

自然景观环境整治措施应与大遗址保护、展示利用及区域生态环境改善等紧密衔接，针对遗址区自然环境修整、园林绿化和景观环境塑造等需求制定。

（三）自然景观环境要素保护的方法

自然景观环境要素保护的方法包括保护培育、场所基底保护和环境整治。

保护培育是指在大遗址自然景观环境保护规划中应注重对自然生态环境成因的分析，“提高自然生态环境的复苏能力，提高区域自然环境如植被、水、相关生物的再生能力与速度，提高其生态系统或自然环境对人为负荷的稳定性或承载力”②。通过对植被和生态环境的保护培育，实现自然景观环境的保护与改善。

---

① 参见中华人民共和国国家文物局《大遗址保护规划规范》（WW/Z 0072—2015），文物出版社 2016 年版，第 8 页。关于景观环境整治结合大遗址构成和大遗址本体系统有调整。

② 张国强、贾建中主编：《风景规划——〈风景名胜区规划规范〉实施手册》，中国建筑工业出版社 2003 年版，第 53 页。

场所基底保护是针对自然景观环境要素如气候条件要素、地形地貌条件要素以及生态保护要素对生存、发展环境的依赖性，强调对景观环境背景和场地的保护，以保证自然景观环境相关要素的安全和生态链的可持续发展。

环境整治是指针对大遗址区的水土流失、大气污染、水污染和自然景观环境景观性差等问题通过水土流失治理、大气和水污染治理、环境卫生治理和园林景观治理以促进自然景观环境的恢复和保护。

五　人文景观环境要素保护措施规划的原则与内容

（一）人文景观环境要素保护措施规划的原则

人文景观环境要素保护措施规划的原则既包括遗址安全原则、可识别性原则、最小干预原则，还包括结合其物质环境要素和非物质环境要素所具有的一些独特保护原则。

1. 突显遗产本体原则

突显遗产本体原则是指在大遗址人文景观环境保护规划中，应以遗产本体为核心，相关的人文景观环境保护与景观整治应当以突显遗产本体为主，服务于遗址本体保护展示的需求。在大遗址区，遗址本体是最重要的核心要素，“是整个遗产环境中的核心，对周边环境中的其他各种构成要素产生重要影响，是形成整体环境构成的形象定位、文化定位、社会定位的依据”①。因此，在人文景观环境保护规划中要注意遗址本体与其他人文景观环境的统筹协调，在对除遗址本体以外的人文景观环境保护的时候，不能过分地突出自身的形象特质而影响展示遗产本体的效果。

2. 物质与非物质并重原则

大遗址经历了产生、发展、灭亡的过程，在其消亡后可能依然有人在其上生产生活传承着其已有的文化传统等。因此，大遗址本体自身既具有实有的物质形体，又包含非物质的历史、文化、民俗、传统等精神要素；

① 张倩：《历史文化遗产资源周边建筑环境的保护与规划设计研究》，博士学位论文，西安建筑科技大学，2011 年，第 89 页。

相应的除遗址本体以外后来形成的人文景观环境也既有物质的又有非物质的要素。因此它也是从物质实体与精神文化两个层面，同时影响着周边环境在物质与精神方面的表现。[①] 这要求在人文景观环境保护规划中，应当既重视物质文化景观的保护，又重视非物质文化景观的保护。

3. 可读性原则

可读性原则是指在人文景观环境要素保护规划中，应认识到大遗址区除遗址本体以外的人文景观环境也是在漫长的历史发展中形成的，是大遗址历史文化的延续或传承，通过其也可以了解大遗址的历史演变，因此要承认不同时期留下的痕迹，不能按现代人的想法去抹杀它，大片拆迁和大片重建，应该在对其保护的基础上，结合大遗址保护利用，让公众去重新认识了解，以实现其和大遗址的和谐共生。

4. 可持续性原则

可持续性原则是指保护大遗址不仅是为了保存珍贵的历史遗存，重要的是传承弘扬大遗址承载的文化内涵，促进大遗址整体的保护与利用。可持续性还表现在协调好保护与利用的关系。首先对人文景观的利用以不损坏景观为前提，以继续原有使用方式为最佳，也可作为博物馆、遗址公园、历史文化景区或历史文化休闲场所等，以减缓进一步破坏。

（二）人文景观环境要素保护措施规划的内容

人文景观环境要素保护措施规划的内容包括物质景观环境保护、非物质景观环境保护和人文景观环境整治。

物质景观环境保护措施应结合大遗址保护利用，针对大遗址区重要的历史或文化城镇、村落及历史悠久的古建筑或建筑群及相关重要的历史文化遗产的保护利用需求制定。

非物质景观环境保护措施应结合大遗址保护利用，针对大遗址区相关的各种实践、表演、表现形式、知识体系和技能及其有关的工具、实物、工艺品和文化场所的保护利用需求制定。

---

① 参见张倩《历史文化遗产资源周边建筑环境的保护与规划设计研究》，博士学位论文，西安建筑科技大学，2011 年，第 89 页。

人文景观环境整治措施应与地方社会经济发展措施相衔接，针对控制开山采石、保持视线通廊、控制建筑高度、整治空间景观、优化道路交通、调控居民搬迁、拆除或整饰不协调建筑物等需求制定。

（三）人文景观环境要素保护的方法

人文景观环境要素包括物质的历史文化村落、历史建筑等；非物质的各种实践、表演、表现形式、知识体系和技能及其有关的工具、实物、工艺品和文化场所等。环境要素不同，保护的方法不尽相同。

物质文化景观环境要素保护的方法包括整体保护、重点保护和生态博物馆等形式。整体保护是对历史文化城镇或村落、建筑群等整体布局、格局等的保护；重点保护是对物质文化景观环境要素分类分级，重点保护价值比较高的；生态博物馆是对传统村落保护利用的一种比较好的方式。物质文化景观环境要素保护的主要技术方法是原址保护、重建和异地搬迁保护。原址保护是对物质文化景观环境要素在原地的保护，包括日常维护（预防性保养和维修）、修缮、修复、复原或改造与更新等；重建是对于已经破坏或毁损严重的，甚至是已经不存在的重要文化景观依据文献典籍或考古工作等重新建设的保护方法；异地搬迁保护是对于在原址已经无法实现保护或需要集中保护的历史建筑、建筑小品等进行迁移保护的一种方法。

非物质文化景观环境要素保护的方法包括抢救性保护、整体性保护、生产性保护和传承性保护等。抢救性保护是指对那些有着巨大艺术价值、科学价值、历史价值又濒危的文化遗产，通过影像资料、文字资料保存下来，供后人研究；整体性保护也可以称为文化场所保护，是指对在一定地域范围里某种有地方特质的非物质文化景观比较的区域，可以划定文化生态保护区或生态博物馆的形式保护；生产性保护是指对既有历史价值又有实用价值的非物质文化遗产等可以开发为产品，通过批量化生产实现技术技艺的保护；传承性保护是指对一些重要的非物质文化景观可以通过师徒或父子等传承的方式进行保护。

第五章　大遗址展示规划

大遗址展示是实现大遗址价值传承弘扬的重要方式和手段。只有通过对大遗址科学、合理、有效的展示规划设计，公众才能增强对大遗址的认知，才能参与到大遗址的保护中，促进全面保护运动的实现。

第一节　大遗址展示规划的原则与内容

一　大遗址展示规划的概念与原则

（一）大遗址展示规划的概念

大遗址具有深厚而独特的文化意义，它的构成不仅仅是遗址本体，还包括了遗址的承载体——土地及其地形地貌、水体、植被等自然景观，与遗址有关的历史性事件、活动、人物以及现代聚落和传说、故事、民俗等文化景观和精神文化。而展示是能够揭示大遗址文化意义的最有效方式。因此，大遗址展示是指对大遗址区以遗址本体为主的自然与人文景观环境的展现或显示，包括内在价值或精神的表达和外在形态的展现或显示。大遗址展示规划是指以遗产价值为导向，对大遗址区以遗址本体为主的自然与人文景观环境要素的形态和景观化展现形式进行统筹安排，以增强大遗址的观赏性和可读性，进而促进大遗址价值的传承弘扬。

（二）大遗址展示规划的原则

大遗址展示是实现大遗址保护与利用的有效途径之一，在大遗址展示规划中，应摆脱传统就保护而保护的限制性保护观念束缚，树立科学、合理的展示理念，以实现大遗址的有效展示。

1. 保证遗址安全原则

保证遗址安全原则是指在大遗址展示利用规划设计过程中，所有的规划设计内容和展示工程项目都不得对遗址本体及其环境等造成损害或破坏。遗址安全原则是大遗址展示规划过程中应坚持的基本原则。在展示规划环节，考古专业人员应配合遗址保护，特别是展示工程设计，提供相关考古成果依据及指导意见，以保证遗址安全和展示对象、方式等符合遗址价值需求。

2. 保护与利用相结合原则

保护与利用相结合是指在大遗址展示规划设计中，应树立起大遗址保护和利用并重的意识。我国在很长一段时间内对大遗址保护坚持一种“死保”的传统理念，认为一定要保护好遗址留给后人。于是将遗址作为一种类似神物的东西供奉起来，不敢碰，不敢动，甚至它的破碎都被视为无意而不敢修补。对遗址除少数专业人员外，一概不准进入，时间一长，公众对遗址不再有兴趣。遗址和文物一样，只是保存于库房，必然导致它与人的距离越来越远，保存成本越来越高。① 这既不符合我国“保护第一、加强管理、挖掘价值、有效利用、让文物活起来”的新时代文物保护工作方针，也不利于大遗址价值的实现和传承。大遗址保护不应狭隘地停留在简单的“保”这个基础上，应以文物法规和保护实践为指导，改变观念，正确处理保护与利用的关系，树立保护是基础，考古是前提，研究是关键，利用是目的，展示是保护与利用的有效途径这一理念。认识到在坚持保护为主的同时，通过科学、合理的展示，进行有序的利用，反过来能促进大遗址的保护，实现大遗址保护的目的。

3. 价值导向原则

价值导向原则是指大遗址展示规划应以遗址本体及其价值和文化内涵为依托，确定大遗址展示的主题、内容、结构和分区等。价值是大遗址存在与保护的基础，大遗址是人类生产生活等形成的文化及环境遗产，具有高的历史、科学、艺术价值。因此，应以大遗址价值为导向，进行大遗址

① 参见周冰《大明宫：灼热的大遗址》，人民出版社 2009 年版，第 31 页。

展示规划设计工作。价值导向原则要求在遗址展示前，一定要对遗址进行充分的考古研究，准确地掌握遗址的分布与保存、遗址环境和遗址的价值，结合遗址本体及价值和文化内涵，确定展示的主题、展示的对象、展示的方法及策划展示的内容。

4. 市场导向辅助原则

市场导向辅助原则是指大遗址展示规划在强调保护和以遗址价值为导向的同时，应考虑展示目标群体需求和资源竞争态势等，展示规划的产品等应符合市场或公众的需求。大遗址展示的目的是在遗址保护的基础上，遗址为大众所用，能够发挥积极的社会效益及延伸的经济文化效益。通过遗址展示，增强大遗址的可视性、可读性、可赏性，让大众去认识了解我国璀璨的文化，接受教育，增强认同感。这就要求大遗址展示规划以价值为导向的同时，还应考虑大众的需求。在展示规划前，一定要进行市场调查和市场预测，准确掌握市场需求和竞争状况，结合遗址资源特色，采用多种展示设计方法展示符合大众需求的“产品”，而不能只从“文物”出发“闭门造车”，不考虑大遗址展示的终极对象需求。

5. 独特性原则

独特性原则是指大遗址展示规划应突出大遗址独特的时代特色、地域特色、遗址类型特色、周边古环境特色及文化特性，在展示时要有创意，尽可能在保持遗址原始风貌的同时，运用多种技法，再现历史与环境。大遗址时代不同，所处地域及发生的历史事件等不同，形成或表现出不同的特征，即使同类型的遗址之间都具有明显的差异性，这种差异性也是大遗址自身独特性所在。遗址差异越大，独特性越强，价值也就越高，保护、展示意义也就越大。独特性不是单一性，大遗址展示在突出核心价值和元素的基础上，还应具有多样化特点，以提升大遗址的内在价值，丰富大遗址外在表现形式，满足公众多样化的观赏、游憩需求。

6. 参与性与体验性原则

参与性与体验性原则是指大遗址展示规划应运用游憩化手法设置科普体验产品，将遗址文化展示及游乐设施和手段相融合、科普教育和主题教育相融合，强调人与遗址的近距离接触和深度体验。大遗址是开展历史文化宣传教育，宣扬爱国主义的精神基地。大遗址保护、展示的目的之一就是让大众认识了解我国悠久的历史文化，通过遗址展示获得科普教育，而这样的场所，最大的群体应该是大中专在校学生和小学生。由于我国大遗址多为土遗址，保存较差，多已毁损，观赏性较差，吸引性不强。且从旅游学角度来看，现代旅游已经进入体验和休闲旅游时代。因此，在大遗址展示利用的过程中，应重视大遗址资源的参与性与体验性展示。而寓教于乐是更易为青少年群体和成人群体所接受的方式。

7. 利益协调原则

利益协调原则是指在大遗址展示规划中，应对大遗址的社会、生态环境、经济三大效益综合考虑，要将遗址保护、遗址展示、遗址利用、大众需求、社区发展、居民生产生活等统一考虑，注意各方利益关系协调，通过大遗址展示规划及其实践，实现遗址社会价值，满足公众精神追求和休闲生活的需求，带动遗址区所在区域经济社会发展，提高遗址区居民生活水平。大遗址展示的目的是实现遗址保护利用，主要表现为社会效益，但是在满足遗址保护、文化传承、教育等社会效益的同时也不能忽视生态环境效益和衍生的经济效益。

8. 可操作性原则

可操作性原则是指在大遗址保护展示内容的规划设计、统筹安排过程中，应综合考虑大遗址保护环境背景、遗址本体资源承载力和区域经济社会发展水平及社会公众需求等，以保证展示规划内容的科学性、可行性和可操作性。大遗址展示项目的实施是一个系统工程，必须在理论联系实际的基本指导思想统领下和相关原则指导下开展。只有能够保证遗址安全、符合公众需求和满足当前经济、社会、技术发展水平的展示内容或项目才能纳入展示规划。

二　大遗址展示规划的内容

大遗址展示规划的目的是促进大遗址保护利用，增强大遗址的可读性和观赏性，通过大遗址吸引物的统筹规划和安排，吸引公众来此参观、游览，实现大遗址价值的传播和传承。认真考察公众观赏古迹遗址的过程不难发现，观赏性不是一个孤立的问题，而是与遗址本身所承载的信息量、信息的表达方式、观赏者接受古迹遗址所承载的历史文化信息的能力有关。① 我国大遗址展示规划的内容包括确定展示对象、明晰展示主题及功能布局、策划展示项目、组织展示线路、设置服务设施、控制游客容量等。

1. 确定展示对象

根据对大遗址内涵、特性和展示的界定，大遗址展示的内容包括遗址本体、大遗址的承载体——土地之上的自然环境与地文景观、除遗址以外的物质文化景观和非物质文化景观三个层面的要素对象。

2. 明晰展示主题及功能布局

在展示内容确定的基础上，通过对展示内容的分析评估，基于价值和市场导向等原则，明晰大遗址展示的主题与结构，进一步明确展示的具体对象，提出展示的原则和展示方式；确定空间布局并划分功能分区，提出展示和使用要求。

3. 策划展示项目

根据大遗址和展示对象价值的分析评估和展示主题等，开展大遗址展示项目的策划。大遗址展示项目策划是大遗址展示规划的重要内容，直接影响到大遗址展示的水平和对公众的吸引力。在策划展示项目中的遗址博物馆时，应包括馆舍选址、使用功能确定、建设规模测算和建筑设计的规划要求；如果遗址博物馆位于遗址保护范围内或遗址本体之上，则应论证建设的必要性和可行性，并提出选址比选方案和专项环境评估报告，说明建设项目对遗址本体与环境的干预程度。

4. 组织展示线路

展示线路是大遗址参观游览的游览路线，是保护管理者宣传推广和管理大遗址及其资源的重要方式。

5. 设置服务设施

应结合大遗址展示的主题、空间布局、功能分区和展示项目及展示线

---

① 参见郑育林《古迹遗址的文化形象再现——对古迹遗址展示利用形式的思考》，《考古与文物》2009 年第 2 期。

路设计，规划设计相应的服务设施。服务设施包括标识解说系统和旅游基础设施。

6. 控制游客容量

控制游客容量包括游客容量测算（包括最大控制容量/日、控制容量/年等）和游客管理措施制定。游客容量限定值的测算应满足遗址保护要求，结合人员安全与观赏效果等因素，针对遗址开放场所的不同条件和环境特色进行测算；游客容量限定值须经监测检核进行修正。

第二节　大遗址展示规划主题诠释

党的十八大以来，以习近平同志为核心的党中央从国情出发，站在实现中华民族伟大复兴中国梦的战略高度，就加强文物保护利用多次作出重要指示和批示，要求统筹好文物保护与经济社会发展，在切实做好文物保护的基础上，推进文物合理适度利用，“让收藏在禁宫里的文物、陈列在广阔大地上的遗产、书写在古籍里的文字都活起来”①。随着党和国家领导人对文化遗产保护活用的重视，大遗址保护活用也受到越来越多的重视，但是在保护活用中普遍存在互相模仿缺乏个性、趋同化严重、缺乏核心竞争力等问题。不少大遗址保护活用项目开放运营后参观的人员寥寥无几，有的甚至不能维持日常运营开支，出现这一系列问题的主要原因在于展示规划定位不准，其中展示利用主题定位不准是根本原因之一。

主题是大遗址展示规划的核心，文化是展示主题的灵魂。大遗址展示规划过程中，主题定位决定着展示规划的成败，也是大遗址展示规划要解决的核心问题。大遗址展示规划及保护活用实践中，展示利用空间布局、功能分区、项目和产品的设计、参观游览线路的组织设计等都受到展示主题的影响。大遗址展示规划决定了展示利用的“主题定位、产品定位、市场定位和形象定位，其中，主题定位是核心，它是产品、市场和形象定位

① 习近平：《习近平在中共中央政治局第十二次集体学习时强调 建设社会主义文化强国 着力提高国家文化软实力》，《人民日报》2014年1月1日第1版。

的基础”[①]。我国当前大遗址展示规划实践中，一方面存在着展示利用主题缺失的现象，只是就既有遗存谈如何展示利用，未能基于主题定位展开系统性探讨；另一方面提出主题定位的，又普遍存在主题定位文化内涵不足或趋同雷同等问题，导致大遗址保护活用特色不明显、不突出，不能有效实现大遗址价值的传承弘扬。因此，大遗址展示主题定位及诠释研究对于大遗址展示利用及大遗址价值传承弘扬具有重要的指引作用。

一　大遗址展示主题定位的概念意义

（一）大遗址展示主题的概念及特性

“主题”一词源于德国，最早是指音乐的旋律，后来，“主题被移植到文艺创作和文章的写作中来，成为具有核心意义的专门术语”[②]。主题的原意是指蕴含于文艺作品中的基本思想，它不是赤裸裸的抽象思想，而是与具体的题材和艺术形象的特殊性密不可分地结合在一起的，并随着作品的完成而最终完成。[③] 通过上述对主题的界定可以看出，主题是指某一成果的中心思想、核心或主要内容，是对某一现实问题的认识、评价和理想的表现，具有思想理念的指导作用。

主题引入文化旅游领域的主要标志是以 1955 年迪士尼乐园为创始的主题公园的出现和发展。迪士尼乐园用主题情节暗示和贯穿各个游乐项目，使游客在主题故事中旅行，成就了主题公园这一新的旅游目的地形态。迪士尼乐园的成功，奠定了主题公园规划设计和运营管理的基本模式，也使得旅游业界和学界开始关注和研究旅游目的地的主题性开发。[④] 随着文化旅游业的发展，对于景区“主题”的研究实践越来越重视，并成为文化旅游发展的核心理念和灵魂。而这一理念灵魂随着文化遗产保护规划和保护活用的推进，也被引入了文化遗产保护规划和保护活用的过程中。

---

① 郑凤英：《旅游规划主题提炼策略研究》，硕士学位论文，华中师范大学，2011 年，第 1 页。

② 李素珍：《主题界定新论》，《韶关大学学报》（社会科学版）1996 年第 3 期。

③ 参见孟华《主题：旅游产品创新的切入点》，《泰安师专学报》2001 年第 5 期。

④ 参见郑凤英《旅游规划主题提炼策略研究》，硕士学位论文，华中师范大学，2011 年，第 11 页。

通过对主题及旅游主题的分析，大遗址展示主题是指根据大遗址的资源禀赋和区域地脉和文脉特征，结合市场选择机制的作用，在深入挖掘阐释大遗址资源、地脉和文脉等价值的基础上，总结提炼出能够彰显大遗址资源内涵和地脉及文脉灵魂精髓、符合市场需求的核心理念，作为大遗址展示利用规划或保护活用过程的文化主线，以指引大遗址展示空间布局、功能分区及旅游产品和项目的设计，最终实现大遗址价值的有效传承弘扬。其是大遗址展示利用的核心理念和中心思想，是大遗址展示利用活动的主线，也是大遗址展示产品、项目和区域空间布局及功能分区的根本遵循和指引。大遗址展示主题应源于并反映大遗址的特殊显著性，“而额外的视角则可能是在识别并分析基础资源和价值以及其他重要资源和价值中获取的”①。

大遗址展示主题一般具有显著特色性、精练全面性、完整准确性、可操作实践性等几个特点。显著特色性是指大遗址展示主题是大遗址资源及其价值独特性的体现；精炼全面性是指大遗址展示主题应足够明晰简洁，但同时又能反映或代表大遗址资源和价值独特显著性的所有重要资源和价值信息；完整准确性是指大遗址展示主题是对大遗址资源和价值的全面完整体现，同时总结概括的内容是客观准确的；可操作实践性是指大遗址展示主题应相对明晰易懂，不同的人对同一主题会有相同或相近的理解，而且这些主题是能够被具象化诠释并落地实施的，最终能够促进大遗址保护活用目的的实现。

（二）大遗址展示主题定位及特性

大遗址展示主题定位是在综合分析大遗址资源、区域地脉和文脉及市场需求的基础上，通过科学的途径去挖掘、总结提炼大遗址资源和文化特色，将其确定下来作为大遗址展示规划的核心发展理念和主导思想，以明确大遗址展示发展的基调性质、方向和目标的过程，大遗址展示主题定位包括定性、定向、定位和定型四方面内涵。定性也即定基调，就是深入挖掘、比较、总结分析大遗址本体资源、相关自然和文化资源及特色和文化价值，确定大遗址本体资源及相关自然或文化资源中具有独特性的主要资

① 贺艳、殷丽娜主编：《管理总体规划动态资源手册》（最新版），上海远东出版社 2017 年版，第 105 页。

源和文化特质；定向也就是定方向，即以资源为核心，以市场为导向，在统筹分析区域资源竞争、合作态势的基础上，确定大遗址展示利用的发展方向和主要功能；定位也即目标具体化，根据前期分析，在既定的发展方向和功能定位下，进一步明确大遗址展示利用的核心主题和形象；定型即在主题或核心思想明确的背景下，相对明晰未来功能布局、产品设计和展示利用项目设置。大遗址展示定位的关键是基于资源特色和市场需求，确定展示主题，以明确大遗址展示利用的理念路径、大遗址未来传承弘扬的价值核心，以及以何种特色去吸引公众，并在公众心中形成一定的独特形象和优势心理地位。

（三）大遗址展示主题的作用意义

从大遗址展示规划角度分析，大遗址展示主题既是大遗址展示规划体系的重点内容，也是大遗址展示规划需要解决的核心问题之一。

1. 大遗址展示主题是大遗址展示利用的核心

大遗址展示主题既是大遗址展示利用理念的核心和灵魂，也是贯穿于整个大遗址展示利用规划的中心思想。首先，大遗址展示主题具有理念的性质和意义，是在大遗址保护活用过程中“被不断地展示和体现出来的一种理念和价值观念”①，存在于整个规划过程中，具有提纲挈领、方向引导和推动的作用；同时，从规划主体认知角度，要把主题看作规划编制行为的表现内容，使主题真正体现规划编制行为特征。其次，大遗址展示主题是大遗址展示规划的灵魂，作为大遗址展示规划的核心理念和主线，贯穿于整个大遗址展示规划全过程，影响着展示空间布局和功能分区，“统率着整个项目策划的创意、构想、方案、形象等要素，使其有机组合成一个完整的规划作品”②。最后，大遗址展示主题是大遗址展示利用的核心和依据，有助于明晰展示利用的核心和方向，形成展示利用的特色，提升展示利用项目的综合品质，增强对公众的吸引力。展示主题的确定关系到大遗址展示策划的目标和特色。因此，主题选择和定位必须注重立足高、前瞻

① 陈扬乐主编：《旅游策划原理、方法与实践》，华中科技大学出版社 2009 年版，第 16 页。
② 沈祖祥：《旅游策划——理论、方法与定制化原创样本》，复旦大学出版社 2007 年版，第 422 页。

性好地进行“创意”和“立意”。[1]

2. 大遗址展示主题是大遗址展示利用的关键和竞争力所在

首先，大遗址展示主题是大遗址保护规划编制者或保护活用者对大遗址及所在地地脉、文脉等资源价值和特色的高度总结概括，同时结合保护利用趋势及公众需求，从中抽象出用于反映展示项目特色的基本理念和思路，并通过空间布局和功能分区以及产品的规划设计和项目形象等集中表达出来，其是大遗址资源独特性的集中体现，对于大遗址展示利用具有重要的意义。其次，大遗址展示主题在一定程度上决定了大遗址展示利用的发展方向、发展战略、核心产品开发设计等关键性策略问题，是大遗址保护利用发展方向、功能和形象的统一体。[2] 再次，大遗址展示主题有助于提高遗址的传播效应和竞争力。大遗址展示利用，只有明确了主题，才能基于此开展主题诠释，进行规划空间布局、功能分区、展示利用遗址遴选和项目设计、安排基础设施、塑造旅游品牌和形象、进行品牌和形象宣传营销等。通过主题的系统构建，大遗址核心资源和价值才能得到有效的挖掘阐释，也才能最终实现价值的传承弘扬。最后，大遗址展示主题有助于提升大遗址特色及品牌效应。通过主题凝练和诠释，可以建立独特的品牌形象。基于此，通过对价值的传播弘扬，增强公众对文化价值和大遗址的认同，逐渐树立项目的品牌效应。

总之，大遗址展示主题是基于大遗址区资源价值和特色挖掘阐释而总结提炼的一种理念或价值观念，是大遗址“资源配置的凝聚点，是产品设计的创意点，是市场营销的兴奋点，是形象阐释的出发点，是项目收拢的归宿点”[3]。

二　大遗址展示主题定位的原则及影响因素分析

（一）大遗址展示主题定位的原则

大遗址展示利用的核心竞争力其实就是展示主题的竞争，大遗址展示

---

① 参见郑凤英《旅游规划主题提炼策略研究》，硕士学位论文，华中师范大学，2011 年，第 11 页。

② 参见陈扬乐主编《旅游策划原理、方法与实践》，华中科技大学出版社 2009 年版，第 16 页。

③ 李庆雷：《旅游策划论》，南开大学出版社 2009 年版，第 98 页。

主题既是对大遗址资源独特性的总结概括，也是对大遗址展示利用形象的传播。因此，一个特色鲜明的主题可以使大遗址展示利用后形成的景区特色在较长时间内具有竞争优势。大遗址展示主题定位有其自身的规律，必须遵循一定的原则。

1. 资源特色和市场导向相结合原则

大遗址展示主题定位首先要立足于大遗址资源禀赋和特色，同时兼顾大遗址区地脉和文脉等资源及特色。大遗址区各类自然和文化资源是大遗址展示主题总结概括、挖掘提炼的基础，大遗址展示主题也是这些资源价值特色的外在化表现。在以大遗址区自然和文化资源为基础的同时，还要兼顾市场导向性。大遗址展示利用面对的是社会公众，展示利用的根本目的和目标是实现大遗址价值的传承弘扬。因此，在大遗址展示主题定位的过程中，既需要考虑资源的禀赋和特色，还要考虑市场公众的需求，要将二者有机融合。

2. 易识别性和难替代性相结合原则

大遗址展示主题定位的本质是让公众增进对大遗址核心资源和文化价值的认知，这就要求大遗址展示主题一定是大遗址核心资源和价值的总结提炼，一定要有特色性，要容易和其他大遗址展示利用区别开，主题容易识别，容易留下较深的印象，在语义表达上要有高度和深度，但是不能太晦涩。同时基于独特性需求，大遗址展示主题要对于大遗址区资源中得天独厚的、无与伦比的资源，通过采用至尊性、唯一性、第一性等开展领先性分析定位，以实现展示主题的难替代性。大遗址展示主题的特色性是易识别性和难替代性的基础，只有特色，才容易识别，才难以替代。

3. 整体性和层次性相结合的原则

大遗址展示主题基于对整个区域资源的统筹，首先根据资源禀赋和分布等，要总结提炼出最宏观最特色的显性、突出主题；基于此，结合资源分布和不同区域资源禀赋，以核心主题为指引，总结区域资源特色，提炼区域分主题，与核心主题或整体主题形成呼应。

（二）大遗址展示主题定位的影响因素分析

大遗址展示主题定位受大遗址区资源禀赋、市场需求及市场竞争力状况影响，只有对这三个主要影响因素进行统筹总结分析，才可能准确地提炼出一个相对独特新颖的、具有竞争力的展示主题。

1. 大遗址区资源禀赋

大遗址展示主题的确定必须以大遗址区资源禀赋为基础，以大遗址本体资源为核心的大遗址资源禀赋直接影响着大遗址区对于公众的吸引力大小，是影响大遗址展示主题吸引力的关键因素。大遗址资源禀赋是指大遗址本体资源、大遗址区自然资源和其他文化资源（即地脉和文脉）。大遗址本体资源是大遗址保护规划和展示利用的核心对象，是大遗址展示主题提炼、诠释的基础资源，是影响大遗址展示主题选择的根本因素，直接制约着大遗址展示利用的功能定位和发展方向。大遗址地脉和文脉是大遗址区的重要资源构成，对大遗址本体资源起着支撑和提升品质的作用，也是大遗址展示主题重要的基础资源之一。大遗址展示利用要实现既定目标，就必须提炼出独具个性特色的、彰显大遗址资源及其价值内涵的展示主题，以指引大遗址展示利用工作的开展。

2. 大遗址展示利用的市场需求

大遗址保护和展示利用的根本目的和目标是实现大遗址价值的传承弘扬。而要实现这一目的和目标，首先必须基于大遗址资源，将其价值挖掘阐释出来，然后通过空间布局、功能分区、产品设计和项目设置、游线组织等将大遗址需要展示的资源展示给公众，通过展示的遗存本体让公众认知其价值。这需要大遗址展示利用一方面充分挖掘阐释大遗址代表性资源及其价值，另一方面根据公众需求将这些资源和价值以多种方式展陈展示给公众，让公众来参观体验，认知价值。因此，大遗址展示利用的市场需求对大遗址展示主题及其资源和价值的选择产生重要影响，而这个市场又受到公众精神需求、文化需求和对展陈展示方式模式喜好的影响。也即大遗址展示主题的确定要从公众的喜好角度出发，反映“旅游者的态度、爱好和动机，贴近游客的求新、求奇、求特的心理需求，符合游客当前和未来一段时间的兴趣取向”①，这样的展示主题才能获得公众的认可，才能在

① 郑凤英：《旅游规划主题提炼策略研究》，硕士学位论文，华中师范大学，2011 年，第 26 页。

激烈的市场竞争中取胜并实现可持续发展。

3. 市场竞争力状况

大遗址展示主题的确定不仅要关注大遗址资源禀赋、大遗址展示利用的市场需求，同时还要关注市场竞争态势，了解竞争对手的主题选择。旅游景区生存的根本是基于资源独特性而形成发展主题的独特性。大遗址型景区要实现可持续良性发展，必须形成自己的独特主题及品牌，形成人无我有、人有我优的资源和价值主题，一定要通过特色化和差异化发展获取竞争优势。总之，关注竞争对手的主题选择，有助于提炼独特的展示主题，一方面明晰自己的资源和文化特色，另一方面形成差异化独特性，产生巨大的吸引力，增强市场竞争优势。

三　大遗址展示主题诠释的概念及意义

（一）大遗址展示主题诠释的概念

大遗址展示主题研究实践包括大遗址展示主题定位和大遗址展示主题诠释两个方面。大遗址展示主题定位是基于大遗址资源及文化价值等总结提炼主题，这属于对大遗址价值进行客观评价阶段。大遗址展示主题定位工作完成后，即进入大遗址展示主题诠释阶段。大遗址展示主题诠释是对大遗址展示主题的动态认知和具体化阐述及具象化表现的过程，即确定主题后，在展示利用规划编制过程中或展示利用活动中，对展示主题进行具体细化阐述，通过空间布局、功能分区、项目设计等表现出，其意义在于有效指导展示规划编制或展示利用实践。大遗址展示主题是影响大遗址展示规划和大遗址保护活用发展的重要因素，决定了大遗址保护活用的效果和能否有效实现大遗址价值传承弘扬，是大遗址保护活用后占领市场的竞争力和可持续发展的生命力。而大遗址展示主题最终要通过对大遗址展示主题的诠释来实现。因此，大遗址展示主题定位和主题诠释是大遗址展示规划和保护活用过程中的关键环节和发展基础。

（二）大遗址展示主题诠释的意义

1. 大遗址展示主题诠释为展示利用项目配置提供了指引

大遗址展示主题一般相对精炼和全面，一方面为大遗址展示利用提供了理念和思想指引，另一方面反映了大遗址资源和价值的特殊显著性。由于大遗址展示主题相对精练和全面，具有宏观导引性，所以在展示给公众之前需要将其具体化。大遗址展示主题诠释是为了让公众进一步深入认知理解并鉴赏大遗址资源及其价值和特殊显著性，而对大遗址展示主题进行阐述的内容及表现形式。公众对大遗址展示主题的认知主要是通过展示利用产品、展示利用项目及相对抽象化的空间布局和功能分区来体现认知的。因此，通过对大遗址展示主题的诠释，将主题细化并具体化表现在空间和具体项目范畴，“为明确游客和公众可使用的服务、资源和体验提供了指导”①。有助于增强公众对大遗址主题的理解，促进公众对大遗址价值的认知。

2. 大遗址展示主题诠释有助于公众认知大遗址价值

大遗址展示主题源于大遗址并反映大遗址的资源和价值特色，是大遗址资源和价值独特显著性的体现和表征，为大遗址展示利用项目和活动及实现教育目的提供了基础指引，为实现大遗址价值传承弘扬这一教育目的提供了展示项目、教育设施和讲解服务发展和建设建议。大遗址展示主题诠释不仅体现了大遗址保护活用的目的和使命，而且有助于深化公众对大遗址资源和价值的认知及体验，建立公众与大遗址的情感联系，在实现大遗址价值传承弘扬的同时，促进大遗址保存保护及可持续发展。

第三节　大遗址展示空间布局与功能分区

一　大遗址展示空间布局的模式与方法

大遗址展示空间布局也称大遗址展示空间结构，是指为了在大遗址规划范围内将大遗址展示规划设计的构想和展示项目等全面系统的部署安排在合适的空间位置，为充分发挥规划对象各组成要素和子系统的作用创造最佳条件，使大遗址展示内容在空间上相互衔接、主次分明、和谐有序，形成合理的区位关系和布局形式。只有大遗址展示内容形成一个有机统一

① 贺艳、殷丽娜主编：《管理总体规划动态资源手册》（最新版），上海远东出版社 2017 年版，第 105 页。

的空间布局模式，才能使大遗址保护规划的内容、保护区划、展示功能分区和展示项目、游线组织等落到实处，才能为大遗址保护规划的具体实施提供保护利用依据。因此，大遗址展示空间布局是否合理，对于大遗址保护展示活动的顺利开展、大遗址产业要素的优化配置、旅游体验环境的提升、内部空间结构的优化、外部合作关系的改善以及大遗址的健康、持续发展等具有重要意义。

（一）大遗址展示空间布局规划的原则

大遗址展示空间布局规划应依据规划对象的空间分布、资源价值和展示利用主题等组织部署，形成科学、合理而又独具特色的整体布局。

1. 系统性原则

大遗址展示空间布局的规划，应系统考虑大遗址系统及大遗址保护规划系统各组成要素的内容、关系及主次重点等。首先应充分考虑大遗址本体系统的构成和分布，发挥大遗址的优势和特色，并结合大遗址保护系统的规划设计和人地关系的规划调整，以及大遗址区内部交通、地理环境等条件，按照总体布局、突出重点、分期实施，保证足够的可持续发展空间的理念，进行空间布局的统筹安排。

2. 统筹协调原则

大遗址展示空间布局的形式是大遗址系统各组成要素空间分布、结构类型等形态规律的反映，同时会对大遗址保护的有序开展和区域经济社会的协调发展产生一定的影响。大遗址展示空间布局模式的提出，有助于更好地理解和把握大遗址资源优势以及大遗址局部、整体和外围环境三个层次的关系和影响因素，有助于从区域统筹协调和可持续发展的角度对大遗址及其保护环境等作出前瞻性的规划抉择。

3. 有序发展原则

大遗址展示的实现路径在时空上应该是逐步向着理想的发展方向有序进行的。因此，大遗址展示空间布局也应该遵循这一基本规律，分清主次先后，做到有序发展。大遗址展示空间布局的有序发展体现在规划设计的展示发展轴在时间和空间上有主次先后之分。展示内容的规划设计上应主次分明，在展示布局中应突出重点项目和发展环节等；展示内容在地域分工的基础上综合开展，是一个完整的体系，不同地域展示内容构成要素之间存在着主导或依赖的关系，同一地域内或功能区内的展示内容也存在着主次之分，这要求在展示布局中突出重点、带动全局。展示内容和配套设施在保护利用进程布局中应结合展示内容的主次，循序渐进地开展。

4. 可持续发展原则

可持续发展原则首先在于确定科学合理的布局模式，在大遗址展示布局模式抉择中，应把大遗址展示预期的布局形态同若干典型的布局模式相比较，有助于确定大遗址保护与展示的主要框架，进一步调整指导大遗址保护规划的保护模式和发展路径及规划主要解决的问题。在此基础上，结合有序发展原则，进一步明确大遗址保护内容和展示内容的重点和时序，进一步与城市、国土空间和经济社会发展等规划在时空布局上协调一致、相互统一。

（二）大遗址展示空间布局模式

大遗址展示空间布局的模式以同心圆模式（保护范围和建设控制地带）和圈层式模式为主。同心圆模式是针对只涉及保护不涉及展示利用的大遗址，也就是依据保护区划确定。圈层式模式是针对涉及保护和展示利用的大遗址，其一般以保护区划的保护等级分区为基础，确定展示功能分区与保护区划分区在规划空间范围内部的配置与部署关系。这里主要探讨的是大遗址展示功能分区的空间布局，即遗址建成开放后，作为景区或景点层次的布局，着重研究点与点、点与大遗址区甚至整体的相关性，“通过比较与调整，形成性质分类、功能分区、成组布局、整体最优的多维网络结构”①。大遗址展示空间布局的形式有线型布局、核式布局、组团布局和多组团布局等模式。

1. 线型布局模式

线型布局也称为带状布局，是指大遗址展示功能区（项目）和服务设施主要沿交通线路分布，有时候交通线也构成游览的主要内容。这种模式的优点是有利于通过一条线路将展示内容串联起来表现，可以节约基础设施建设投入；不足是不易形成环线，游线组织可能单一。

---

① 李庆雷、明庆忠编著：《旅游规划：技术与方法》，南开大学出版社2008年版，第211页。

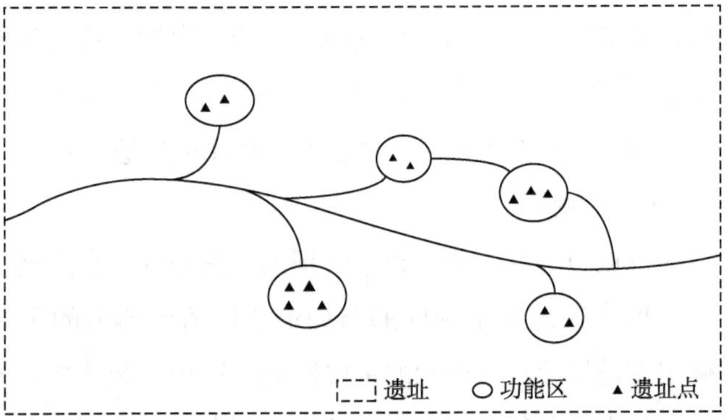

图 5－1　线型布局模式

（资料来源：作者自制）

2. 核式布局模式

核式布局模式是指大遗址展示功能区（项目）和服务设施相对集中，主要围绕着某一中心功能区（项目）或两个价值相当的功能区（项目）来布局配置相关项目和设施。这一模式有利于发挥重点功能区或重点项目的带动作用，不足是由于展示项目集中在一个或两个区域，可能影响公众在大遗址游览体验的停留时间或效果。

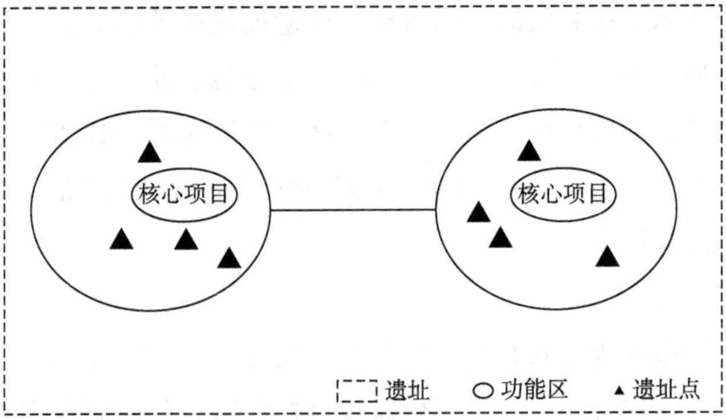

图 5－2　核式布局模式

（资料来源：作者自制）

3. 组团布局模式

组团布局模式是指大遗址展示功能区（项目）和服务设施布局相对紧

凑，各个功能区之间没有明显的主次或核心之分，空间上相距较近，形成综合性的组合型布局模式，通过聚集发挥出整体的集聚效应。这种模式有利于拓展展示内容和展示空间，增加公众在大遗址的停留时间，增强体验效果。

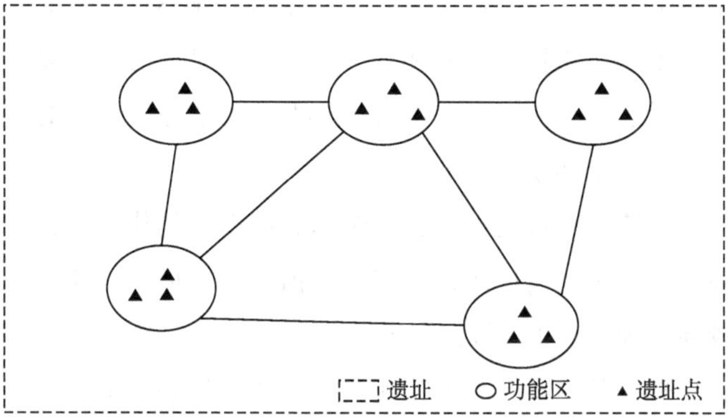

图 5-3　组团布局模式

（资料来源：作者自制）

4. 多组团布局模式

多组团布局模式是指大遗址展示空间布局是由多个展示功能区组团构成的，是组团布局模式的一种复合形式。即每个组团下又分为若干亚组团或亚区。这种模式极大地拓展了展陈内容和利用空间，可以开展多产业多业态的保护利用。

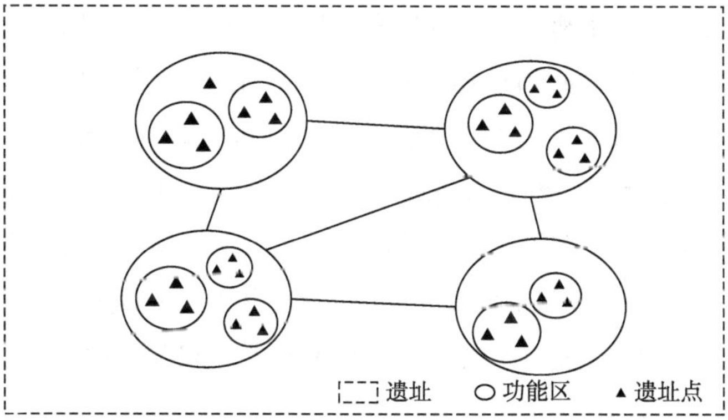

图 5-4　多组团布局模式

（资料来源：作者自制）

（三）大遗址展示空间布局规划的方法

在大遗址保护规划实践中，大遗址展示空间布局的描述方法是按照核心项目或中心地（中心项目或集散中心、接待中心等）、展示轴（带）、展示片区（或核心功能区）、重点展示区（重点功能区）、展示线路（或展示圈层）等层次顺序来概括性陈述的。最主要的是核心项目或中心地、展示轴和重点展示区，其他可以在空间布局概括性陈述时不表述。

1. 确定核心项目的方法

大遗址展示核心项目是指大遗址展示利用中最具代表性或价值最高的遗址展示项目，一般是遗址保存较好、价值较高、展示效果较好、知名度和美誉度较高的项目，且项目配套设施相对完备，具有良好的交通、接待、信息、管理服务和集散服务，其在大遗址保护利用的过程中起到确立展示主题或树立形象的作用。确定核心项目的方法包括定性分析和定量分析。定性分析是指根据核心项目应具备的条件，结合大遗址保护现状和价值高低等进行遴选确定大遗址核心项目的方法。定量分析是指通过分析大遗址展示项目的旅游流和服务设施的空间分布状况来确定大遗址核心项目的方法，包括平均中心点法、区位商法和集中指数法等。①

2. 展示区划的方法

展示区划是指按照一定的原则对大遗址规划范围内展示空间分布状况进行单元实体的划分，以便于明确大遗址展示的主题、方向，开展不同展示区的比较分析，便利于公众认知和识别，以促进大遗址保护和展示利用。大遗址展示区划必须遵循一定的原则，主要包括：①大遗址资源的相对一致性，它决定了大遗址资源在大遗址区内地域分异与组合的一致性；②展示项目的网络性，大遗址展示内容应形成点、线、面相互联系和衔接的网络共同体；③展示项目的配套性，大遗址展示项目应有一个或几个中心，并围绕中心项目形成较为完善的旅游基础服务设施，以满足参观游览、休闲娱乐或体验参与的需求；④考虑地形地貌和行政区域的完整性，

① 参见李庆雷、明庆忠编著《旅游规划：技术与方法》，南开大学出版社2008年版，第200—203页。

在大遗址展示分区或布局的过程中，应充分考虑地形地貌等自然景观环境和人文景观环境分布的完整性，同时也应考虑展示项目或分区布局的行政区划实际，便于各级政府或各类行政部门的管理。展示区划的方法包括绘图区划法、识别区划法、认知绘图法、功能区划法、结构区划法和行政区划法等。①

3. 确定重点展示区的方法

重点展示区是指按照展示区划的方法规划设计的具有核心吸引力的展示项目集聚区。重点展示区具有带动和示范效应，是大遗址保护利用的基础。大遗址重点展示区的确定方法包括定性分析、定量分析和列表比选三种方法。定性分析法是指根据大遗址展示区划对每个展示功能区的总体价值和发展潜力等进行综合评判分析，以价值高低和发展潜力高低确定重点展示区。定量分析法是指通过构建定量化的大遗址展示利用价值评价指标体系来确定每个展示区的发展潜力，最终通过定量化的分值来遴选重点展示区。列表比选法是指通过分析每个展示区的价值和可供展示利用、旅游发展的条件，然后对比分析每个展示区的优劣，最后综合确定重点展示区，这种方法介于定性和定量之间，但仍以定性为主。

二　大遗址展示功能分区的原则及类型

大遗址展示功能分区是指基于大遗址构成要素、资源布局特征，结合大遗址展示项目的规划设计及其空间分布规律，对主题相近、空间毗邻的展示利用项目进行的功能区划。大遗址展示功能分区的目的是结合对规划对象属性和特征等的分析，确定规划对象的区划关系，通过合理的规划和设计，明确展示功能区的展示主题、性质、特点和地位，以及功能区可能的范围界限，实施恰当的保护措施、建设强度和管理制度，以促进大遗址展示利用的科学、合理、持续开展。大遗址展示功能分区不仅有利于大遗址展示规划设计，也有利于大遗址的保护管理。

---

① 参见罗明义主编《旅游经济学：分析方法·案例》，南开大学出版社2005年版，第203—206页。

（一）大遗址展示功能分区的原则

大遗址展示功能分区应坚持突出主题、功能主导、统筹协调等原则。

1. 突出主题原则

突出主题原则是指在大遗址展示功能分区中应结合大遗址展示主题和规划对象的属性、特征等，充分发掘每个功能区的资源特色和文化内涵，规划设计相关展示项目或产品，以支撑展示主题形象。突出主题原则不仅是突出整个大遗址展示的主题，还应突出各个功能区的主题，进而明确展示项目的主题；展示区、功能区和项目之间的主题应相互依托、相互支撑。突出主题原则最终体现在具体的项目设计上，在主题明确后，通过景观培育、建筑风格和环境风貌的整治、服务方式、主题活动、基础设施或标识解说系统等方面来塑造与强化功能区的鲜明形象，以增强对公众的吸引力。

2. 功能主导原则

功能主导原则是指应结合大遗址资源特性，以保护和展示利用功能为核心原则，根据大遗址资源的分布和空间结合特征，将具有资源类型相似性、历史文化相近性、景观环境一致性、展示利用功能同一性、主题形象支撑性的展示项目集中配置，以突出规模效应和集聚优势，促进大遗址展示功能分区和保护利用工作的开展。功能主导原则还包括统一展示功能区的规划原则、措施及其成效特点应基本一致。

3. 统筹协调原则

统筹协调原则是指大遗址展示功能分区既应重视保护和展示利用，也应考虑区域经济社会和民生改善；既应重视对遗址本体的展示利用，还应重视对区域自然与人文景观环境的展示利用；既应重视单体项目的规划设计，也应注意其与功能区和整个展示区主题或功能的协调。展示功能分区应突出各个分区的特点，结合保护、展示需求确定展示项目和展示规模，并明确各个功能区展示主题；展示功能分区应解决好各个功能区之间的分隔和过渡连接问题，使各个功能区能够形成合理有效的衔接；展示功能分区应维护遗址区原有自然与人文环境、景观视通走廊等的相对完整性，处理好展示功能分区范围的大小、层级的细化程度、规划措施的详略程度等问题。

（二）大遗址展示功能分区的类型

1. 功能分区的构成

根据展示功能区的范围、资源特色和规划的深浅度，展示功能分区可划分为功能区和功能小区两个层次。

功能区一般根据主题功能和资源特色进行划分，是展示功能分区的一级区，有时也可称为片区，其下可根据需要进一步划分次级展示功能区。展示功能区应明确以下内容：功能区名称、功能区范围、功能区展示主题定位、区内主要展示项目及其设计说明。

功能小区一般是根据功能区之下主体资源的区域差异进一步细分的区域，是展示项目的核心区。功能小区需要明确的内容除功能区的内容之外，有的甚至还会涉及项目的位置、面积、功能、性质和主要设施内容，甚至景观节点及其名称等。

2. 大遗址展示功能分区的主要类型

大遗址展示规划涉及的规划空间尺度不同、遗址本体及其自然环境和人文环境不同，功能分区的类型和内容就不尽相同，很难有一个统一的功能类型划分。尤其是规划区的性质不同，功能分区要求就不同。① 大遗址展示功能分区结合大遗址资源特性、分布和自然、人文环境的要求，保护利用环境和建设用地的强度要求，大遗址保护利用模式和展示利用的内容、功能及产业发展模式的要求等，可以划分为若干个功能区，一般包括入口引导区、综合服务区、观光游览区、文化体验区、休闲度假区、康体娱乐区等。

（1）入口引导区

入口引导区是指为了引导公众进入大遗址展示区和方便公众的集散而设置的入口引导空间和疏散集聚空间。一般设置有入口大门、入口集散（文化）广场、游客服务中心和入口停车场等。

（2）综合服务区

综合服务区是指为了发挥集聚效应，减小对环境的负面影响，在大遗

① 参见马耀峰主编《旅游规划》，中国人民大学出版社 2011 年版，第 118 页。

址展示区的建设控制地带或外围合适场所将各类服务设施集中设置。一般根据需求可能包括集散广场、游客服务中心、停车场、餐饮娱乐设施、宾馆酒店、购物场所等相关设施，有的保护管理机构也设置在该区域。在一些大遗址，也有可能将入口引导区和综合服务区合并为一处。如海昏侯国家考古遗址公园入口功能区，既包括景区大门、停车场和游客服务中心等，也包括餐饮设施和宾馆酒店等。

（3）观光游览区

观光游览区是指结合大遗址资源构成、特性和分布等规划设计的主要供公众游览、休憩的观光旅游产品的集中区域。根据吸引物的类型和性质，观光游览区可进一步细分，如有的以遗址等为主，有的依托大遗址所依存的自然景观环境，有的依托人文景观环境，需要结合具体遗址具体分析。该区域的文物古迹和自然、人文景观环境以保护为主，严禁与展示利用不相关的设施进入，尤其是在遗址保护范围内。如海昏侯国家考古遗址公园观光游览区主要划分为遗址博物馆区、墓葬展示区、紫金城展示区等，展示对象不仅包括遗址本体，还包括遗址区的自然景观和其他人文景观；秦始皇陵观光游览区主要划分为兵马俑博物馆和丽山园两大功能区。

（4）文化体验区

文化体验区是指依托大遗址区内的文化资源，向公众提供深层次的文化体验参与、休闲娱乐的功能区。根据资源构成、性质、分布和主题等，可细分为历史文化体验区、宗教文化体验区、民俗文化体验区、农耕文化体验区、乡村文化体验区等。文化体验区除了能够观光游览外，最核心的是能够体验参与，展示项目规划设计不单是静态的展陈，还多了互动性内容，能够让公众在参与中体验认知。如海昏侯国家考古遗址公园依托自然资源设置了历史体验生态休闲区。

（5）休闲度假区

休闲度假区是指依托大遗址独特的自然景观环境和人文景观环境，规划设计相关的休闲度假旅游产品，以满足公众参观游览之后休闲、放松的需求。休闲度假区一般位于建设控制地带范围，主要依托良好的自然生态环境或传统村落等人文景观环境区建设。

（6）康体娱乐区

康体娱乐区是指依托大遗址先天的自然环境如山地、丘陵、温泉等，或后天规划设计的康体健身场所和休闲娱乐场所，以满足公众康体健身和休闲娱乐的需求。对于大遗址展示区而言，尤其是自然地形地貌环境独特或区位优势明显的大遗址，这应是大遗址展示的主要功能区之一。但应在项目设计上尽可能深入挖掘大遗址历史文化，设计出符合大遗址历史文化的康体建设或休闲娱乐项目。

总之，大遗址所处的区位、环境等情况各异，因此功能分区也不尽相同。需要结合大遗址实际，具体情况具体分析，因地制宜地确定大遗址展示功能分区。在展示功能分区过程中，还应参考保护区划来确定功能分区的主题、功能和展示项目的内容等。同时，应综合考虑大遗址所处的环境，如有的大遗址与森林公园、风景名胜区或自然保护区等重叠或交叉，在这种情况下要结合相关法律规范对这类性质的保护区或景区等的功能分区来确定大遗址展示功能的分区。

大遗址展示功能分区区划在遵循相关原则的同时，更多是按照主导遗址或展示项目的功能指向和行政区划因素来进行的。一般程序首先是确定大遗址相关规划对象的范围；其次进行现状分析评估；最后基于现状分析评估，结合整个展示区的展示主题确定功能区的发展方向和主题等。大遗址展示功能区区划的方法主要是基于主题定位法和功能区划法，结合绘图区划法、识别区划法、认知绘图法、结构区划法和行政区划法等来确定的。

第四节　大遗址展示项目设计的方法

一　大遗址展示项目的内涵

（一）大遗址展示项目的概念

大遗址展示项目是指为有效实现大遗址价值的传承弘扬，增强大遗址的观赏性和可读性，为公众创造一定的文化体验环境，以遗产价值等为导向，对大遗址区以遗址本体为主的自然与人文景观环境要素进行规划设计和建设而形成的旅游吸引物。大遗址展示项目规划设计是大遗址展示规划的核心内容，它既是基于大遗址系统对未来大遗址展示活动的策划，也是形成大遗址或大遗址展示主题、形象和品牌的关键；既是大遗址价值传承弘扬的直接载体，也是公众前往大遗址观光游览和文化体验的动力。

（二）大遗址展示项目的主要类型

根据不同的标准，大遗址展示项目可以划分为不同的类型。基于对大遗址构成要素和特性等的分析，大遗址展示项目以遗址展示项目为主，在此基础上涉及对相关自然景观环境和人文景观环境的展示；进一步延伸也包括旅游基础服务设施的规划设计。

（三）大遗址展示项目设计的原则

大遗址展示项目设计在坚持大遗址保护展示规划相关原则的同时，还应坚持“针对性、本土性、适应性、独特性、新颖性、文化性、持续性和延展性”①等原则。这些基本原则是大遗址展示项目设计人员在进行展示项目的主题构思时必须考虑的内容。

二 大遗址展示项目设计的内容

大遗址展示项目设计的对象不同，项目性质不同，展示设计的内容也存在较大差异，但一般展示项目设计的内容包括展示项目名称、展示项目的定位、展示项目设计的思路、展示项目的产品体系和展示项目的实施和管理等。大遗址展示项目设计内容叙述的详略主要依据规划的深度要求或规划的性质确定。作为独立专项规划的大遗址展示项目规划设计方案则要求项目设计方案较为具体，能够指导建设。

（一）展示项目的名称

大遗址展示项目的名称是大遗址展示项目设计的重要内容，起到提纲挈领、点明主题和形象及展示内容的作用。因此，大遗址展示项目的命名应认真分析展示对象的资源特色和文化内涵，力争通过一个具有代表性的

---

① 李庆雷、明庆忠编著：《旅游规划：技术与方法》，南开大学出版社2008年版，第257页。

名称点明主题、树立形象，加深公众对项目的认知和体验。

（二）展示项目的定位

展示项目定位一般包括主题形象定位和功能定位，针对比较独特的项目或特殊群体市场的项目，也可以提出市场定位，这是展示项目设计的核心。通过定位进一步明确和点明了展示项目的主题、设计方向和具体设计内容，对于展示项目的设计起到导向作用。主题形象定位是指基于展示项目资源特色和市场需求等，对展示项目在公众心目中可能的形象进行保留、强化或改良重造，以便于增强公众对展示项目的认知。功能定位是指基于资源特色和保护、市场需求，对拟提供的展示项目应具备的主要功能作出具体的规定。市场定位是指在综合考虑项目性质、功能的基础上确定展示项目可能面向的主要公众群体，在大遗址展示项目中市场定位一般是对面向特殊群体的展示项目的进一步界定，以利于展示项目的宣传促销和公众对其的认知了解。

（三）展示项目设计的思路和内容

展示项目设计的思路和内容是指对大遗址展示项目设计的指导思想、路径和设计的具体内容、资金来源、开发模式以及项目最终目标等进行规划设计或策划。这部分的内容详略度主要依据规划的深度要求或规划的性质确定，在大遗址展示规划中，涉及项目设计思路和内容要求等。设计思路是对展示项目设计的理念、指导原则和设计步骤等进行阐述。展示项目设计的具体内容是对展示项目设计的具体要求和活动策划的具体内容进行阐释，具体要求包括项目的位置、规模、格局以及风格等，活动设计的具体内容包括活动的性质、时间、方式等。资金来源、开发模式或运作模式等主要在独立的专项展示设计规划或招商引资型的展示项目策划方案中分析。

（四）展示项目的产品体系

展示项目的产品体系是指在展示项目设计完成后应对规划设计的展示项目进行分类，形成一个综合性的产品体系，以便于公众认知选择。大遗址展示项目的产品体系以传统的名胜古迹观光或文化旅游产品为主。但是，不管哪一类的产品都不可能是单一的产品，且随着对大遗址认知的不断深化和我国社会经济的发展，已经在以遗址本体为主的同时，向大遗址的承载体或延伸体——自然景观环境和人文景观环境拓展，同时也结合当前的农业发展、乡村发展和城镇化建设不断创新保护利用模式，这使得大遗址展示内容和展示项目的类型不断丰富完善。因此，在大遗址展示项目的策划设计中，要明确表明什么是主导产品或品牌产品，什么是支撑产品，并具体规划展示项目所能提供的产品的类型和体系。大遗址展示项目的产品体系一般包括以遗址本体和自然人文景观为核心的观光产品及依托大遗址保护利用开展的休闲度假产品、休闲体验产品等。具体产品类型应以大遗址展示内容和展示项目为主。

（五）展示项目的实施与管理

展示项目的实施与管理是指大遗址展示项目设计是一个系统性工程，它既涉及前期的规划设计，也涉及项目的具体建设以及建成后的运营管理和监测。因此，在大遗址展示项目规划设计过程中还应对展示项目的项目运作、工程建设、日常运营管理等提出规定。这一部分内容主要体现在专项的展示项目规划设计方案中，有的也体现在后续保障措施规划中。

针对比较重大或复杂的大遗址展示项目，还可能涉及建设可行性分析。如在大遗址保护范围内的一些复原或重建项目，遗址博物馆的建设项目等都需要在项目规划设计或建设前开展项目建设可行性分析。大遗址展示项目建设可行性分析主要是明晰项目建设是否符合大遗址保护、经济社会发展、环境保护、技术条件等要求，以确定项目实施的有利和不利因素、项目是否可行，预测实施的社会、经济和生态效益，为决策者和主管机关提供决策和审批依据。

三　大遗址展示项目设计的方法①

方法是人类认识客观世界和改造客观世界应遵循的某种方式、途径和

① 参见刘卫红《大遗址展示理念方法问题的探讨》，《地域研究与开发》2013 年第 2 期；刘卫红《中国大遗址保护理论与方法研究》，科学出版社 2020 年版，第 187—193 页。

程序的总和。做任何事情，只要掌握了理念方法，就能事半功倍，取得好的效果，并增强事件过程和结果的科学性、合理性、有序性、客观性以及理论性。大遗址展示应形成比较科学的展示设计方法，结合大遗址实际，创新思维，提出科学、合理，具有前瞻性和操作性的结论。根据大遗址展示的对象、内容、目的等，大遗址展示项目设计的方法可细分为遗址本体展示、自然环境即地脉展示和以文化景观为主的文脉展示。

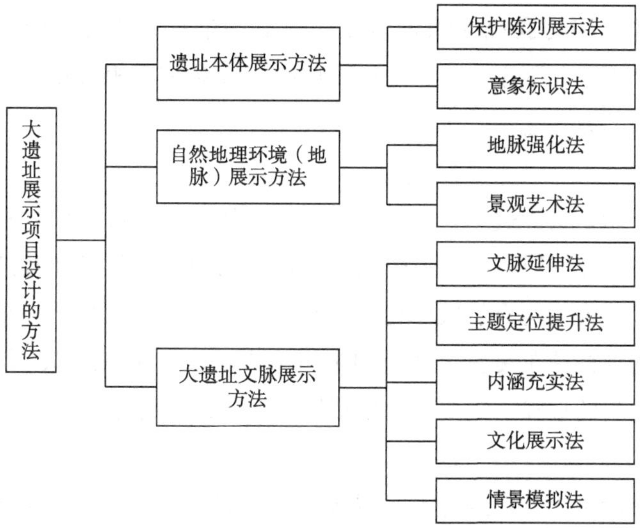

图 5－5　大遗址展示项目设计的方法体系图

（资料来源：作者自制）

（一）保护陈列展示法

保护陈列展示法是指以遗址本体为载体，依据遗址现状、特定的文化内涵和价值体系，通过科学保护措施和艺术加工，使已经消失或局部破坏的遗迹本体及价值通过具体的形态展示出来的方法。大遗址经过漫长的历史变迁，大多只剩下残垣断壁或深埋地下的建筑基址，基本形式已不复存在。大遗址区的文化内涵主要体现在现存的遗址本体上，离开形式大遗址无所谓美，文化内涵也失去承载体。只有通过对遗址本体科学、合理的有效保护，展示出遗址本体的形式，才能体现出大遗址的真实性、可读性、完整性和历史文化价值，实现遗址的社会教育功能目标。保护陈列展示法是我国大遗址展示设计的主要方法，方式有露天原状展示、围护展示、覆盖展示、标识展示、模拟复原展示、考古发掘现场展示。

1. 露天原状展示

露天原状展示指针对地上的遗址本体及其环境在运用一定技术保护措施维修、加固后，在其原址进行展示的方式。这种方式主要是针对一些体量大、保存较好、遗址本体及其环境风貌观赏性强、不必做过多维护、修复即可长期保存的遗址。一般以夯土基址、墓葬封土、城墙及石质基址或墙体等为主。因为我国大遗址数量多、遗存丰富，加之资金、技术等有限，在最小干预原则影响下，是我国现阶段针对破坏相对较小的大遗址展示较为普遍的方式之一。①

2. 围护展示

围护展示是指为避免人为与自然环境破坏，运用可逆性材料构成的围栏、墙体、篱笆等对一些价值较高、易损坏的地上地下遗址及其环境进行展示的方式。人为与自然破坏包括取土、攀爬、蹬踏及自然风雨侵蚀、水土流失对遗址构成的威胁。可逆性材料包括木材、钢铁、砖石和夯土等，对可逆性材料的选择一定要与遗址环境相适应，并具有景观性。

3. 覆盖展示

覆盖展示是指针对经考古发掘或正在发掘的，遗址保存状况较好、学术研究价值较高、观赏性较强的部分或全部地下遗迹，在运用可逆性材料进行覆盖保护的同时，展示这些重要的遗址本体及环境。可逆性材料包括有机玻璃、木材、钢铁等；覆盖的设施包括修建遗址博物馆、保护展示大厅或大棚、地罩等。保护和展示遗迹的覆盖设施，必须具备适于遗迹保护的温湿度条件，并对遗迹采取相应的保护技术措施，防止遗迹的风化、霉变及其他损害遗迹的现象出现。覆盖设施的建筑形式、风格和体量，应与遗址环境风貌相协调。通过覆盖，为遗址提供安全的保护条件，减少自然或人为对遗址的破坏，同时也为科研工作、游览观赏等提供必要的条件。

4. 标识展示

标识展示是指对经考古勘探或发掘，布局形式和结构基本清楚的地下

---

① 参见刘卫红《大遗址展示理念方法问题的探讨》，《地域研究与开发》2013 年第 2 期。

遗址，或破坏严重地表已无存的地上遗址，覆盖保护后，在不对遗址本体造成破坏的情况下，在其上种植浅根系植被或用卵石等非植被材料，标识展示遗址的平面布局和范围。植被标识和非植被标识的方式均可以清楚地展示遗迹的布局和结构，可以根据遗址的具体情况决定采用何种标识展示方式。

5. 模拟复原展示

模拟复原展示是指运用可逆性、无损害材料，对大遗址具有代表性、典型性和价值比较高的遗址本体进行局部或全部模拟复原的展示方式，是一种再现历史、展示遗址可能原初形态、发掘其深刻内涵的有效方式。包括基址模拟复原展示和原状模拟复原展示两种形式。①

（1）基址模拟复原展示

基址模拟复原展示是对经过考古发掘、布局形制和结构基本清楚、价值较高、遗迹保存较好的建筑基址，在运用沙土等材料覆盖保护后，依据考古资料及文献资料，按照当时的建筑形式和材料，在遗迹之上对建筑基址实施复原展示的方式。覆盖保护的材料和厚度应结合具体遗址进行充分考虑，科学论证后实施。这种展示方式尊重遗址的真实性，是一种科学严谨对待遗址保护工作的展示方式。

（2）原状模拟复原展示

原状模拟复原展示即重建，指对经过考古发掘、布局形制和结构基本清楚、价值较高、遗迹保存较好的建筑基址，在运用沙土等材料覆盖保护后，依据考古资料及文献资料，按照当时的建筑形式和材料，在遗迹之上对建筑基址实施原状复原展示的方式。原状模拟复原展示意味着对遗址的重建，目的是将其恢复到遗址的初始状态，但这是不现实的，所谓的重建，只是基于考古资料和古代文献在有一定事实依据的基础上，对其的模拟复原。这种方式一般需谨慎使用。

6. 考古发掘现场展示

考古发掘现场展示是指在考古发掘中，应充分利用大遗址得天独厚的

① 参见刘卫红《大遗址展示理念方法问题的探讨》，《地域研究与开发》2013 年第 2 期。

考古条件，根据大遗址的考古工作进程，选择部分地点进行考古发掘现场展示。这样不仅可以让公众直观感受、认识大遗址，提高大遗址的知名度，更能够激发民众对大遗址保护的支持和参与。为方便考古发掘现场展示并有效保护发掘现场的遗迹和遗物，应设计制作简洁方便、可重复利用的考古发掘现场保护展示大棚。

（二）意象标识法

意象标识法是指对已经消失或局部破坏的建筑遗迹本体在实施保护措施后，运用保护性环保、可逆材料将遗迹的整体轮廓表征出来通过公众对遗址外在物象的观赏引起主观情意融合，达到深化意境效果的展示方法。“意象”即“表意之象”，“意象”的本质在于“意”，立“象”的目的是尽“意”，即表达某种思想或理念。① 中国的传统建筑是一种意象化的建筑，从立意构思到平面规划、建筑造型、装饰装修，处处都映射着象征主义的神奇光彩，洋溢着象征主义浓郁的情趣。② 中国古建筑并不是一种本身无足轻重的符号，而是一种在外表形象上就已可暗示要表达哪种思想内容的符号。中国古建筑一旦无存，其承载的文化内涵、意境和精神境界等将不复存在。因此，对我国以土遗址为主体的大遗址的展示，要增强其“可读性”，就必须对其重建或通过轮廓复原表征意境，而后者更符合国际保护惯例要求。形状、颜色或是布局都有助于创造个性生动、结构鲜明、高度实用的意象表征，有助于事物象征意义感性观照于公众思维，增强大众对遗址的认同。如大明宫遗址在展示中对城楼、建筑屋顶、宫墙等采用了意象展示，丰富了展示内容，增强了观赏效果。

（三）地脉强化法

地脉强化法是指在大遗址区地理环境、遗址分布和文化内涵调研基础上，对与大遗址区遗址联系紧密的地理环境和自然风貌的突出和强化，以再现大遗址天人合一思想。大遗址的地形地貌等自然环境是大遗址的重要

① 参见曹桂生《中国建筑艺术与审美意象》，《陕西师范大学学报》（哲学社会科学版）2010 年第 2 期。

② 参见李仙《中国传统建筑的文化意象》，硕士学位论文，江南大学，2009 年，第 20—23 页。

组成部分。《西安宣言》明确说明，遗址周边环境既是大遗址区重要的构成，也是保护展示的对象。大遗址离开其承载体——土地及周边环境，其真实性、完整性与价值必将受到破坏与影响，文化内涵也将缺失，并使大众的感知形象不一致，制约观赏、体验的效果。因此，大遗址展示需要通过各种手段突出、强化与大遗址密切关联的大遗址区地理环境特征，保护大遗址的整体性与文化内涵的连续性。如凤翔秦雍城在保护展示过程中，就充分考虑到北边的城，中间的国人墓地和南边的陵寝。在总体展示布局上，将其界定为“北城南陵中墓地”的地理格局，在分区上，形成以秦公一号大墓所在的宝鸡先秦陵园博物馆和马家庄宗庙朝寝建筑群遗址为核心的北城和南陵的双核心；依据遗迹的特征、功能、分布范围等将遗址分为六区，包括：寝庙市场展示区、西城垣遗址公园、南城河风貌游憩区、雍城苑囿展示区、秦公陵园展示区、考古教学科研基地。南城河风貌游憩区是考虑到古老的雍水河，而苑囿展示区则是对古雍城城北“饮凤池”的强化，也是对现在的东湖的凸显。

（四）景观艺术法

景观艺术法是指大遗址借鉴生态学、景观设计学和大地艺术设计等学科先进的理论方法，在考古勘探发掘、技术保护的基础上，结合传统的标识展示，在大遗址展示设计中，对大遗址本体和周边自然环境景观进行艺术化创造，形成大地艺术作品，以恢复遗址区生态环境、塑造大遗址景观体系。景观是可欣赏、可识别并能带给人直观美感的事物对象。通过景观艺术化的设计，一方面增强了大遗址的可读性与观赏性，另一方面实现了文化与自然的和谐共生，保存并改善了人类生存的环境，扩展了大遗址自然景观的美。如良渚古城遗址公园以玉琮和玉鸟这两个标志性的良渚文化图腾为图案，种出巨幅彩色稻田画，象征稻作文明与良渚玉器的完美结合，旨在以当代农业技术展现五千年前的文明。再如城头山遗址管理机构为了传承弘扬城头山遗址价值，设置了城头山稻田彩绘节，并携手稻田彩绘团队共同打造了城头山稻田彩绘——用五色水稻“绘制”的一幅面积达50 亩的“米宝一家亲”巨型创意稻田彩绘图案，以创新遗址展示形式、丰富遗址展示内容，彰显“中华城池之母、世界稻作之源”这一价值和主题。

（五）文脉延伸法

文脉延伸法是在大遗址考古勘探、资料收集整理、遗址区文化资源调查和价值评价的基础上，按照时间、空间和其他线索，将遗址区内资源既有的文脉或价值进行延伸，以丰富遗址价值内涵、展示对象与游客体验的方法。文脉是大遗址区文化脉络的特征，是一个大遗址区及所在区域价值和文化的特色所在，是大遗址保护、展示的重要依据，包括了遗迹、遗物及其蕴含或承载的历史文化、民族特色、区域文化、物质文化以及与遗址相关的历史事件和历史人物等。如安阳殷墟因为发现了甲骨文，以此为基点，当地建设了甲骨文景观长廊和以文字为主题的文字博物馆；山东淄博的中国古车博物馆，其以考古发现的后李春秋殉车马为基点，以中国古车的发展为历史轴线，集中再现了中国古车的演化发展，使其成为国内最丰富、最系统的古车展示博物馆。

（六）主题定位提升法

主题定位提升法是指在大遗址展示规划或设计时，依据遗址本体、遗址布局、遗址价值及文化内涵提炼出遗址展示主题，以凸显大遗址展示内容和提升大遗址展示内涵。主题定位提升法既适用于大遗址展示主题定位，也适用于展示分区的展示定位和内涵提升。在运用主题定位提升法时一定要对遗址区资料进行详尽的掌握搜集整理，主题定位一定要能凸显遗址展示区的文化内涵、展示内容和功能等。但应当注意其不是区域展示内容的简单总结，而是一种理性层次的文化提升和拔高。在秦雍城遗址保护展示规划中，对各个展示区就设定了主题以提升遗址的文化内涵和展示主题。如寝庙市场展示区展示主题：前朝后市，左祖右社；西城垣遗址公园区展示主题：筑城以卫君，造园以娱民；南城河风貌游憩区展示主题：水天之际，秦都风情。

（七）内涵充实法

内涵充实法是指在对现有资源特征、文化信息和展示现状进行分析的基础上，结合现有资源、未来展示方向等寻找与遗址展示相关的资源信息，对大遗址展示内容和展示内涵进行充实提升和拓展的一种方法。主要是针对一些大遗址区遗址本体、文化价值较为突出，但由于考古勘探、发掘不充分，研究不足，对遗迹分布、类型、保存状况、遗址性质、遗址文化等不是十分清楚，展示内容和功能较为单一，内涵比较单薄的现状，需要通过其他与遗址相关文化体系和资源对其进行充实，以增加展示内容，丰富展示内涵，提升展示功能的展示设计方法。如山东省济南市章丘区的城子崖遗址，是中国学术机构、中国学者自行调查发现和组织发掘的第一处史前遗址，是我国龙山文化的发现地与命名地，在考古学与中国文明史上具有重要的地位与意义。但目前遗址由于考古工作不充分，对遗址本体及遗址布局、结构等还不是很清楚，遗址现在展示出来的只有一处博物馆与一段城墙。展示内容较少，展示方式单一，遗址文化内涵和龙山文化发现地和命名地及在文明史上的价值没有体现出来。因此，在城子崖遗址保护展示中，依托遗址本体在主要展示龙山文化城墙城壕、出土的器物的同时，采用内涵充实法，将中国古代文明起源和考古学纪念地两个主题充实进城子崖遗址展示中，规划要求对城子崖遗址博物馆在整治后重新布展体现中国古代文明起源这一内涵，并将城子崖遗址的发现者与发掘者及1931年第一次发掘的探沟等也列入展示对象，在博物馆专门设置吴金鼎、梁思永等先生的专题性展览，在遗址区将1931年发掘的探沟在保护加固的基础上展示出来，作为我国考古学发展的见证。

（八）文化展示法

文化展示法是指对大遗址的文化内涵、文化景观等的展示，包括历史文化、传说、故事、乡村聚落、乡村建筑和历史建筑等。文化是大遗址的灵魂。大遗址是某一特定群体在特定时期综合创造的承载体，是古代社会、政治和经济的缩影，体现着古代民族的历史发展脉络，是传统文化的重要代表。大遗址“只有通过对传统文化的展示才能够尽可能地揭示其蕴含的‘传统文化信息’，传统文化只有通过考古遗址平台才能够进行‘再现性’的展示”①。在保护好大遗址历史风貌和重点文物的前提下，努力使

① 朱晓渭：《考古遗址公园文化展示问题探讨》，《理论导刊》2011年第4期。

大遗址隐形文化显性化，使在地下的文化走出来、活起来，使之变成可读、可感、可消费的文化产品。[①] 大遗址文化展示有利于将大遗址与其承载的文化内涵连接起来，通过具象的载体对大遗址的文化内涵加以展示，实现展示形式与内容的统一，实现大遗址旅游体验的要求，使人们在了解遗址的同时，认识、体验、参与其相关的历史文化。文化展示的方式包括静态与动态的，静态的包括展馆展示、聚落或民居或传统历史建筑等的原场景展示、广场主题文化景观展示等；动态的包括乡村大舞台、景观嘉年华、民俗表演等形式。

（九）情景模拟法

情景指情形、景象，即事物呈现出来的样子、状况[②]；模拟是指用物质的或观念的形式对实际物体、系统、过程或情境的仿真。情景模拟是指借助科学技术手段，对事物或事件发生与发展的环境、过程的虚拟或模拟再现。[③] 情景模拟法包括两种形式，一种是情景模拟展示，一种是情景虚拟展示，二者既有联系，又有区别。模拟展示是利用声光电技术或其他材料对真实事物或者过程的虚拟再建，包括声光电技术模拟、模型模拟、仿古景观（仿造古代景观建筑或场景）、景观雕塑（运用形象思维将传说故事通过景观建设项目静态表现出来）或真人场景化表现某一事件等；虚拟展示是利用声光电技术，通过计算机模拟三维环境，对真实事物或者假想事物及其过程的再现，使参观者可身临其境，并操纵系统中的每一个对象，同时又具备听觉、触觉、嗅觉的多媒体功能，如幻影成像技术、数字孪生技术等。情景模拟可在馆场内进行，也可在室外对遗迹或遗址的结构进行复原展示。如金沙遗址的4D电影，汉阳陵遗址博物馆内的3D电影等；考古遗址内的模拟考古和对遗迹进行室外三维立体虚拟展示等。

总之，大遗址展示不应仅仅停留在对大遗址遗存本体的静态展示，应根

① 参见周冰《大明宫：灼热的大遗址》，人民出版社2009年版，第31页。

② 参见王衍用、宋子千、秦岩编著《旅游景区项目策划》，中国旅游出版社2007年版，第147页。

③ 参见李庆雷、明庆忠编著《旅游规划：技术与方法》，南开大学出版社2008年版，第280页。

据大遗址的综合构成要素及历史文化沉淀，在保护、展示遗址本体的同时，将遗址承载的文化、环境等也运用多种方法展示出来，增强遗址的可读性、观赏性和宣传教育的效果，为普通大众所用，实现真正的文化传承。上述只是对大遗址展示理念、方法的宏观探讨，也可从具体的遗址类型或展示对象方面细分，针对不同的遗址类型或展示对象等，采取不同的展示方法。我国目前对大遗址展示研究相对较少，在具体的展示理念、展示方法研究与实践方面有待于更多的人加入进来，以促进我国大遗址的保护和利用。

第五节　大遗址展示解说系统规划方法

通过解说我们才得以了解，通过了解我们才懂得欣赏，通过欣赏我们才能加以保护。① 科学、全面、系统的大遗址解说和完善的大遗址解说系统是大遗址保护、展示、利用和管理诸要素中重要的组成部分，是大遗址教育功能、服务功能得以发挥的必要基础，是大遗址游客管理的重要手段之一。大遗址解说系统目的在于借助各种媒体，通过游客的亲身经历，在使用大遗址资源的过程中体现大遗址意义和其间的关系。科学、系统、全面的解说系统可以有效地传播、弘扬大遗址价值，使公众认识大遗址，增进公众大遗址保护意识，促进大遗址的可持续发展。

一　大遗址解说系统的概念与功能

（一）大遗址解说系统的概念

大遗址解说是指运用一定的媒介与表达方式，把大遗址的相关信息传达给包括潜在旅游者、旅游者以及其他相关群体在内的受众，使其在享受服务的同时，引导公众全面、客观地理解、认识大遗址形态布局及其文化内涵，增强公众的欣赏水平和游憩品质，达到教育、启迪与管理的效用。

---

① 参见 Freeman Tilden，*Interpreting our heritage*，Raleigh：University of North Carolina Press，1957，p. 1。

大遗址解说系统是指针对大遗址资源，在解说组织的统筹安排和协调下，运用一定的媒介和表达方式，将其相关信息传达给包括潜在旅游者、旅游者以及其他相关群体在内的受众，帮助受众了解相关事物的性质和特点，以实现服务、教育、启迪、塑造形象与管理的系统。也就是说大遗址解说系统借助不同的传播媒体进行多种方式的解说，将大遗址的构成要素包括遗址本体、自然地理资源、人文历史、风土人情、服务设施及道路交通等大遗址景观信息传播给受众，帮助受众了解大遗址景观构成要素的性质和特点，同时实现服务和教育等基本功能。

（二）大遗址解说系统的功能

大遗址解说系统是公众在大遗址参观游览中理解、认知大遗址形态布局、环境风貌与文化内涵的重要手段，是大遗址服务功能、教育功能、使用功能得以发挥的必要基础。一个完整的大遗址解说系统通常具有服务、解说、引导、教育和管理等功能，其中服务和教育是最基本的两种功能，服务功能是一切功能的基础，主要体现为解说、引导等功能，最终促使教育功能和管理功能的实现。

1. 服务功能

解说的目的是向公众群体提供各种需求信息，这首先属于服务的范畴。大遗址解说系统构建的目的就是为公众在大遗址参观游览提供基本的信息服务、导向服务、咨询服务等，以方便公众的参观游览，安全、顺利、愉悦地完成对整个大遗址的享受。这种服务贯穿于公众在大遗址的整个参观游览活动之中，包括显性的如人员导游、咨询服务等；而绝大多数都是通过标牌、宣传资料等隐性的方式完成的。

2. 解说功能

大遗址通过标牌、导览图、导游讲解人员、旅游指南、图书等资料向公众传递关于大遗址的信息，帮助公众了解、认识并欣赏大遗址的所有构成要素，如遗址本体形态布局、自然与人文景观等，进而在讲解基础上，使其深入地了解大遗址的价值内涵、承载的历史文化信息以及其地位和意义等，使其对大遗址的认知从表象深化到内涵，增强公众的大遗址认知度和审美度。

3. 引导功能

旅游是一种异地体验，其本质是给游客提供一种时空异化、时空强化的异地新鲜经历，是一种以一定物质条件为依托的服务。首先，公众到达大遗址区后，通过大遗址解说系统可以快速地提供遗址区内关于售票点、大遗址区资源分布、游览线路等基本信息，在时空顺序上引导公众对大遗址的游览活动。其次，展示和解说为公众创造了理解、欣赏和享受大遗址的机遇，公众如果对大遗址的基本历史文化信息不懂或误解，可能会导致对大遗址的不尊重或破坏，而大遗址解说系统通过动态和静态的，显性和隐性的解说可以正确引导公众，纠正公众对大遗址的误解或偏见，使他们在正确认知的基础上，增强对大遗址的感情。

4. 教育功能

教育功能是大遗址解说系统的一个基本功能，主要体现在三个方面。首先，通过大遗址解说系统提供的相关信息，如大遗址介绍、历史文化知识、自然地理知识、大遗址保护忠告、注意预警等，可以使公众更加深入地理解大遗址的历史价值、科学和艺术价值，了解大遗址与周边地区的关系以及整个大遗址保护的价值和意义，使公众在参观、游览的同时获得知识的补充和启发。其次，大遗址解说系统可以让公众学习在大遗址内参加各种运动及游憩活动所必需的技能，如使用考古工具的技能、参与考古发掘的实践技能、修复陶瓷器或制作陶瓷器等技能。最后，通过大遗址解说系统使公众在认知大遗址价值的基础上，通过大遗址解说系统的解说、提示等信息，增加人们对旅游资源及旅游产品的理解和欣赏，在游览中达到寓教于乐的目的，提升体验价值，增强大遗址和文化遗产保护意识，参与到保护大遗址和文化遗产的行动中来，为保护我国珍贵的文化遗产作出贡献。

5. 管理功能

大遗址面积广大，单纯依靠遗址保护机构工作人员不可能做到全面管理，而大遗址解说系统是一种针对游客和其他公众的有效管理策略，可以起到辅助管理作用。解说在保护大遗址资源方面扮演着重要的角色，解说减少了故意破坏行为，它鼓励公众采取恰当的行为，以促进大遗址区的持续发展。科学、合理的大遗址解说系统有助于提高游客的体验质量，同时一定程度上也避免了不必要的人、财、物的浪费投入，在保护资源、教育与服务大众等方面发挥更大的作用；有助于更好地挖掘大遗址的文化内涵，塑造大遗址区整体形象；能够有效地弘扬大遗址价值，促进公众对大遗址的认知，使公众产生保护大遗址和文化遗产的意识，使他们自觉参与到大遗址保护中。进而通过大遗址解说系统的引导，为公众安排各种实践活动，提供一种对话途径，使旅游者、社区居民、大遗址管理者、旅游管理者之间加强交流沟通，促进公众对大遗址保护管理工作的理解和支持，使他们共同参与到大遗址适当的管理、建设和发展等活动中，实现大遗址保护与价值的传承弘扬。

二　大遗址解说系统的构成要素

关于解说系统的构成要素，国内外学者基于旅游学的主体、客体和媒介分析，普遍认为包括解说对象、解说受众和解说媒介三大要素；但该要素体系中未包括解说组织和解说内容。也有学者认为包括提供解说者、被解说的对象和接受解说者三要素，并将其称为“传递者—信息—接收者”模式①；这一模式其实包含四个要素，注意到解说组织，但未将解说内容纳入。唐鸣镝认为，“景区旅游解说系统主要包括认识对象（信息源）、使用者（接受者）、旅游解说（沟通媒介）3个基本构成要素，认识对象、使用者通过旅游解说相互沟通，以达到景区在使用、教育、保护等功能上提升互动的目的”②，该要素系统是对传统三要素名称的重新诠释，仍未凸显解说组织和解说内容。张立明、胡道华认为，景区旅游解说系统由解说员、受众、解说信息和解说设施四个基本要素构成。③ 在前述基础上，李红翔依据传播模式理论中拉斯韦尔的

---

① 参见 R. Peart and J. Woods, “A communication model is a framework for interpretive planning ”, *Journal of Interpretive Canada*, No. 5, 1976, pp 22 – 25。

② 唐鸣镝：《景区旅游解说系统的构建》，《旅游学刊》2006 年第 1 期。

③ 参见张立明、胡道华《旅游景区解说系统规划与设计》，中国旅游出版社 2006 年版，第 9 页。

“5W”模式理论，结合研究对象的具体情况，在唐鸣镝构筑的“使用者、旅游解说、认识对象”三足鼎立式的解说结构基础上，认为景区解说系统由解说组织、解说对象、解说内容、解说方式、解说受众五个要素构成。[①] 本书以李红翔的研究为基础，认为大遗址解说系统包括解说对象、解说内容、解说方式、解说受众、解说组织五个方面的要素，并结合大遗址实际对大遗址解说系统的构成要素进行较为详细的分析。

（一）解说组织

解说组织是大遗址解说系统中负责组织、策划、设计、管理解说过程的领导机构或协调实施机构。解说组织涉及的工作包括解说对象信息的收集和分析、解说方式的选择、解说受众的调查研究、解说策划和解说方案制定、对相关解说人员的管理、解说效果信息的收集与评价、解说方案的修改和完善等。[②] 一个完善的大遗址解说系统必须有一个健全的解说组织，来负责统筹安排、策划设计、协调实施解说系统各要素的运行。但这并不意味着解说组织必须配备各方面的人才，亲自做各方面的具体工作，其可以在解说组织的协调与管理指导下，委托相关的规划设计机构来完成。因此，解说组织并不仅仅局限于大遗址管理机构内部。

（二）解说对象

解说对象是指大遗址保护与展示的一切事物或现象及其相关的服务、导引标识图示或警示系统等。解说对象是大遗址解说系统的基础，没有解说对象，也就无所谓大遗址解说系统。大遗址解说对象包括大遗址所有的资源构成要素和标识引导等服务要素。但大遗址保护、展示的进程不同，旅游发展阶段不同，具体时段解说对象则不同。具体解说对象的确定应根据大遗址保护、展示的需求来确定。

① 参见李红翔《景区解说系统构建及解说方式适用性研究》，硕士学位论文，东北财经大学，2007年，第23—28页。

② 参见李红翔《景区解说系统构建及解说方式适用性研究》，硕士学位论文，东北财经大学，2007年，第26页。

（三）解说受众

解说受众指解说对象、解说内容、解说方式传递信息的接受者。解说受众包括组织和个人，组织一般指相关管理部门、当地社区、政府和社会团体；个人一般包括旅游者、当地居民、保护工作者等。由于解说受众类型多样，他们的性别、年龄、文化程度、人生经历、职业等不同，导致他们人生观、价值观、世界观的不同，因此对于解说对象、解说内容和解说方式的要求也千差万别，多样化的人群导致多样化、多层次的需求，并导致大遗址解说系统的复杂性。同一解说对象、解说内容和方式对不同的解说受众产生不同的信息接受程度，产生不同的解说效果。这促使大遗址解说系统要获得良好的解说效果，就必须对解说受众进行研究和分类，并策划出多个有针对性的解说方案。

（四）解说内容

解说内容是根据大遗址保护、展示、利用的需求，在对大遗址解说对象进行科学、全面、客观分析和筛选的基础上形成的能反映具体解说对象的性质特征及内涵的凝练信息。它是大遗址解说系统的核心构成要素，只有科学、全面、客观地对具体解说对象进行解说，才能使公众比较清晰、准确地接收到解说对象的信息，增强对解说对象的认知，进而实现教育功能，增强旅游体验，实现美的享受。解说内容一般应根据保护、展示、利用需求和解说方式、解说受众的层次等来具体确定。随着保护展示对象的变化和大遗址保护的发展，应在保持相对稳定性的同时，不断调整更新解说内容。

（五）解说方式

解说方式是指能够有效传递、表达大遗址解说对象及解说内容的一切媒介。解说对象需要通过解说内容传递给解说受众，而解说内容必须有相应的承载媒介。只有借助媒介，解说内容才能到达目标客体。因此，解说方式是大遗址解说系统的重要环节。一般来说，解说媒介包括物理性的标牌解说、技术解说、人员解说、可携式解说及非物理性的展示陈列和情景再现等（见表5－1）。

表5-1　大遗址解说系统的解说方式及载体

类型		内容
标牌解说	全景标牌	全景图是大遗址整体形象在公众面前的全景展现，能让公众对大遗址有一个整体的认识和了解，因而也是策划、设计的重点。有平面图、鸟瞰图、简介文字等表现形式，一般设置在景区的大门口
	景点标牌	用以说明单个遗址的名称、性质、历史、内涵等信息，可以体现解说系统的教育功能，对公众有较强的吸引力
	保护标牌	用以说明大遗址保护的级别、保护的范围、保护的界限等，主要包括保护碑、保护界桩等
	指路标牌	在游览线路及节点，向受众清晰、直接地标示出前方目标、方向、距离等要素，有时可能包括多个目标地的信息
	警示标牌	即告知受众各种安全注意事项和禁止受众各种不良行为的牌示
	服务标牌	指相关服务功能设施的引导牌示，包括游客服务中心、售票点、停车场、厕所、餐厅等牌示
技术解说		技术解说是指运用现当代先进的科学技术手段和设施对解说对象及内容进行物理处理的方式，如影视播放、3D或4D技术、电脑触摸屏、幻灯片、便携式的语音解说、广播及背景音乐等。充分运用技术解说，可以大大提高观赏及体验的效率
人员解说		人员解说是指承担信息传递过程的人，主要指导游员、解说员、咨询服务人员等，具体解说的方式通常有全程导游解说、定点解说、演出解说、游戏解说、随机解说、专题解说等。人员解说的优点在于解说过程中可以和受众互动，随时回答受众提出的问题
可携式解说		可携式解说主要是指运用印刷品和音像制品等具有纪念意义的、可以方便携带保留的解说物。包括旅游指南、旅游地图（导游图）、宣传画册或书籍、VCD 、宣传彩页、明信片、纪念邮票邮折、刊物或报纸等
展示陈列		展示陈列主要指采用真品实物配以照片、图表和模型的形式，集中展示，这种方式便于参观，容易理解，而且不受外界因素干扰，展示陈列常以博物馆、游客中心等综合性的形式出现
情景再现		情景再现是指运用现代的科学技术和手段方式，再现和大遗址有关的社会活动或情景，多以人物"再现"情景为主

资料来源：作者自制。

总之，在解说组织的统筹安排下，针对具体的解说对象，设计出具体的解说内容和承载体，以使解说对象的信息有效地传达到解说受众。但由于解说受众的多样性和复杂性，要求在对解说受众分类研究的基础上，策划设计多个有针对性的解说方案，以实现大遗址解说系统的效果。同时，应注意到，标牌解说是使大遗址服务功能、解说功能、教育功能等充分发挥的基础设施之一，是大遗址不可或缺的基本解说方式和基本构件。它和遗址本体及环境等共同构成了大遗址可见的有形部分。因此，在大遗址解说方式的标牌策划、设计时，必须兼顾其景观性和保护性；在外形上和材料上，应结合大遗址的文化内涵、景观风貌等科学、合理地选择，以实现与大遗址整体景观环境的协调，增强大遗址的景观效果。

大遗址保护规划中解说系统规划的主要内容是确定解说对象和解说方式。但同时要考虑解说组织、解说内容和解说受众。具体的解说系统内容规划设计等可在专项规划中开展。

三　大遗址解说系统规划的原则

大遗址解说系统规划应根据大遗址资源的一般性和独特性，结合大遗址展示主题和展示内容等，在对解说对象和解说受众的分析基础上来编制。大遗址解说系统的规划应遵循以下基本原则。

（一）特色化原则

特色化原则是指基于对大遗址资源特性和展示项目文化内涵的研究等，在大遗址解说系统规划过程中应体现出大遗址资源和文化个性化的一面，在解说内容和解说方式设计上比较独特，能够形成反映自身文化内涵的解说系统。解说系统也是大遗址展示的内容，只有设计出具有特色性的解说系统，才会丰富展陈内容，弥补大遗址遗存静态展示的不足。

（二）景观性原则

景观性原则是指大遗址解说系统的规划设计应与大遗址整体环境风貌相协调，在解说方式上尤其是标识解说系统的规划设计中，其样式、色彩等应在特色性的基础上，还具有景观观赏性，景观性与特色性息息相关。

（三）生态性原则

生态性原则是指大遗址解说系统的规划应考虑到对遗址的保护，应注意展示标牌等与大遗址展示主题、风格和自然人文环境的协调一致。同时，还应注意大遗址解说标识系统的材料选择应符合大遗址保护与生态环境保护及可持续发展的需要，尽量选用与大遗址文化内涵相匹配的可再生、可逆性材料。

（四）教育性原则

教育性原则是指大遗址解说系统的规划应考虑到大遗址保护和展示利用的核心目的在于大遗址价值的传承与弘扬，要注重对公众的文化和文化遗产保护宣传教育作用。在大遗址游览过程中，大遗址解说是手段，大遗址文化教育和引导公众积极参与到大遗址保护中是大遗址展示的真正目的。完善的大遗址解说系统“应具备寓教于游、寓管理于服务的基本功能”①。

（五）人性化原则

人性化原则是指大遗址解说系统规划设计的主要服务对象是到大遗址参观游览的公众，只有公众对大遗址解说系统认可，才能更好地实现大遗址保护展示的根本目的。因此，在大遗址解说系统规划设计时，应充分考虑解说受众的需求和感受，深入研究解说受众的行为和心理，因人、因地、因时规划设计出具有普遍适宜性的解说系统。

第六节　大遗址展示线路设计

一　大遗址展示线路的概念与类型

（一）大遗址展示线路的概念

大遗址展示线路即大遗址的参观游览线路，是大遗址保护管理或运营部

---

① 梁莺莺：《生态旅游区环境解说系统规划与设计研究——以妙峰山风景名胜区为例》，硕士学位论文，北京交通大学，2008 年，第 19 页。

门依托大遗址资源、大遗址展示项目及其分区布局情况和旅游服务设施布局等，为方便公众前往大遗址并在大遗址内部开展旅游活动而设计，用交通线合理连接客源地和大遗址以及大遗址展示区、项目景观点的线性连续空间。

大遗址展示线路设计是大遗址保护管理者或规划设计者构建大遗址展示产品体系的重要环节，是大遗址展示规划中不可或缺的重要组成部分。公众能否实现对大遗址的有效参观游览和体验，最终须落实到具体的展示线路上。因此，大遗址展示线路设计成功与否，制约着大遗址展示效果及其保护展示目的的实现。

（二）大遗址展示线路的类型

大遗址展示线路的划分标准不同，则划分的类型不同。借鉴国内旅游线路划分的标准，主要有以下几种类型。

1. 按旅游目的地和旅游者行为划分

可以划分为周游型线路和逗留型线路。周游型线路是指为了观光，线路一般串联有多个旅游目的地，大遗址只是周游型线路上的一个点。逗留型是指为了休闲度假，线路上旅游目的地较少，甚至只有大遗址一个点，这主要针对适合休闲度假的大遗址而言。

2. 按空间尺度划分

可以划分为大尺度线路、中尺度线路和小尺度线路。大尺度线路是指展示线路串联的旅游目的地除大遗址之外，还包括省外或省内的其他旅游目的地，这种多以文化相近的专题型展示线路为主，以便于公众系统认知相关文化。中尺度线路是指线路串联的旅游目的地以大遗址和大遗址所在地区域的旅游目的地为主。小尺度线路是指大遗址内部展示项目或展示点线路的串联，以便于公众能够通过设计的线路最大化认知了解大遗址。

3. 按旅游天数来划分

可以划分为一日游、二日游或多日游线路。大遗址展示线路按天数划分主要是针对小尺度范畴线路而言的，一般以大遗址区内展示线路和大遗址周边线路组合为主，不涉及大尺度线路。

4. 从主题定位划分

可以划分为观光旅游线路、休闲度假旅游线路、乡村旅游线路、农业旅游线路、民俗文化体验旅游线路等。如专题文化型线路可设计秦文化旅游线路、唐文化旅游线路等。针对遗址年代分布跨度较大、资源较为丰富的遗存，也可以按照年代划分，如石窟寺类型，可以有贯通式年代路线，也可以有比如隋唐石窟、宋元石窟或明清石窟这类断代性路线，以增强公众对不同年代的认知。

二　大遗址展示线路设计的原则

科学合理的大遗址展示线路具有明确的导向性。大遗址展示线路的设计应尽可能满足公众对大遗址参观游览的需求，同时也应便于保护管理机构对大遗址的保护和展示项目的组织和管理。因此，大遗址展示线路在设计过程中应遵循以下几方面的原则。

（一）市场导向原则

市场导向原则也可以称为旅游者或公众需求导向原则，是指展示线路的设计应以满足旅游者或公众参观游览等的需求和意愿为基本原则。任何没有市场意义的、不能满足公众需求的展示线路设计都是毫无价值的，只有满足了公众的需求才能对公众产生持续的吸引力，才能真正让公众去认识了解大遗址及其文化内涵，进而投入大遗址或文化遗产保护的进程中。

（二）突出主题原则

突出主题原则是指大遗址展示线路的设计应符合大遗址保护和大遗址展示的主题，只有突出主题才能便于公众去了解大遗址，才能凸显大遗址和大遗址展示内容的特色，才能使公众加深对大遗址的认知。展示线路所串联的旅游地或展示项目，既要各具特色，又要共同烘托一个主题特色。突出主题的同时要求大遗址展示线路上内容的“冷热”搭配，避免主题不突出；或者避免只突出核心，全部是热门展示项目，而忽视了公众对大遗址整体的认知。因此，一条科学合理的展示线路应该是主题突出、冷热均衡、动静结合的展示线路。

（三）效益最大化原则

效益最大化原则是指大遗址展示线路的设计应满足公众在最短时间和

最小成本内参观游览最多展示项目的效能需求。在时间上要考虑安排多长时间最佳，如何合理安排具体活动日程，重点在于节省旅途时间，即所谓“旅短游长”；在空间上尽可能使整条线路既串联起较多的景点，又能方便快捷、全程不走回头路。

（四）层次性原则

层次性原则是指大遗址展示线路既要注意展示内容的组合，又要考虑展示内容的主次之分和参观时间的舒缓等，形成主次分明、循序渐进、节奏感、韵律感明显的展示线路。大遗址展示线路如同串珠，将展示项目、旅游基础设施和服务等有机地协调，这要求注意三者之间彼此的关系，合理地进行串联；同时，在时间上，参观游览的时长应长短结合；在产品类型上，观光和休闲游憩结合起来；在展示内容上，主次、冷热相结合，核心项目和辅助项目相结合。大遗址展示线路的安排组织既要使公众对展示内容保持一定的兴奋度，又要按照客观规律，做到张弛有度，整个过程具有节奏感、韵律感。

三　大遗址展示线路设计的内容

大遗址展示线路设计不仅是一项技术性工作，还是一项经验性工作，需要在实地调研和对大遗址展示内容及相关基础设施等综合考虑的基础上来规划设计。

（一）确定展示线路的名称和类型

大遗址展示线路设计的首要工作就是确定展示线路的类型和名称。大遗址展示线路的类型直接影响到展示线路的性质、内容和设计思路等。大遗址展示线路名称是基于展示线路类型和对线路的性质、内容、设计思路等的概括，起到点明主题或类型的作用，一般应综合考虑旅游资源、旅游基础设施、旅游服务节点等情况。展示线路的性质是明确线路是单纯的展示游线，还是涉及旅游要素（包括食、住、行、游、购、娱或休闲度假等相关要素），线路性质不同，设计的内容和思路则不同。

（二）确定展示线路的展示对象

基于展示线路类型和名称、性质等确定展示线路的内容。展示线路的内容首先应满足类型所需，其次应满足线路性质所需，同时还应突出名称所凸显的主题。如果是单纯的展示线路（游线）则以遗址和自然与人文景观环境展示点为主；如果是旅游线路，则既要考虑遗址等展示点，还应考虑休憩、娱乐等内容及游览交通方式等。

（三）合理安排转换节点

大遗址展示线路是连接大遗址展示内容和相关服务设施等的连续空间链，一般由展示游赏节点和过渡转换节点组成。线路上展示的内容或对象确定后，要合理安排线路的转换节点。节点既是展示线路上不同线段、功能区和游览方式的连接处和转换点，也是不同功能区展示项目或服务设施等的分岔点。转换节点的长度和位置选择应当适当，以起到良好的休息转换和衔接作用。转换节点一般安排在停车场、交通换乘中心或不同功能区的交叉地带，在转换节点应安排有适当级别的景观节点或休憩服务设施，以弥补游览线上的情景空缺。

（四）确定展示线路的空间结构

大遗址展示线路有多重组织形式，但主要有带型、辐射型和环型三种结构，按照旅游线路不走回头路的原则，又以环型居多。

（五）合理安排时间结构

大遗址展示线路的设计应综合考虑各个节点吸引公众可能逗留的时间，在综合研判的基础上，确定整个大遗址展示区参观游览或者休闲体验所可能需要的时间。同时应考虑和区域相关景点的线路组合，合理安排组合线路的参观游览时间。

第七节　大遗址旅游环境容量控制规划

大遗址具有遗址本体和原生环境脆弱性的特点，一旦破坏将造成毁灭性的损失。随着大遗址的展示利用，大批游客的到访和参观游览使得大遗址本体及其保存环境变得更加脆弱，一方面为大遗址本体安全、生态环境等带来威胁，另一方面也降低了游客的参观游览体验。因此，许多大遗址景区参考风景名胜区或其他旅游景区惯常做法采取了限流等措施。但随着近年来文化旅游的迅速发展，大遗址类景区面临着越来越大的游客容量压力，针对这一问题，2013 年颁布实施的《中华人民共和国旅游法》第四十五条，首次以法规的形式对文物保护单位类景区的游客容量作出规定，“文物保护单位接待旅游者不得超过文物保护单位主管部门核定的最大承载量”。这为控制大遗址游客容量，有效保护大遗址，提升游客参观满意度等提供了法律保障。

大遗址旅游环境容量控制规划是通过测算游客容量（包括最大控制容量/日、控制容量/年等）以实现对大遗址承载力的限制，是维护大遗址安全和生态系统平衡的保障，是正确处理大遗址保护和展示利用及生态环境保护关系的重要科学依据。大遗址旅游环境容量控制主要借鉴旅游学的旅游环境容量的相关理论和测算方法体系，以实现对大遗址游客容量的控制。

一　大遗址旅游环境容量的概念

（一）旅游环境容量的概念体系

现代旅游环境不是传统观点理解的旅游地的自然环境或物理意义上的空间，而是一个包含了自然、社会、经济环境在内的复合环境系统。[①] 旅游环境容量也不是传统意义上理解的自然环境容量或环境空间容量——旅游地物理空间可接纳的最大游客量，而是指一定时期内不会对旅游目的地的环境、社会、文化、经济以及旅游者旅游感受质量等方面带来无法接受的不利影响的旅游规模最高限度，一般量化为旅游地接待的旅游人数最大值。[②]

旅游环境容量是一个概念体系，包括旅游资源环境容量、旅游生态环境容量、旅游感知容量（心理容量）、旅游社会环境容量、旅游经济发展容量五个方面。[③] 旅游资源环境容量是指在保持旅游资源质量的前提下，一定时间内旅游资源所能容纳的旅游活动量；旅游感知容量（心理容量）

① 参见崔凤军《论旅游环境承载力——持续发展旅游的判据之一》，《经济地理》1995 年第 1 期。

② 参见匡林《论旅游业极限容量及其确定问题》，《南开经济研究》1995 年第 4 期。

③ 参见马耀峰主编《旅游规划》，中国人民大学出版社 2011 年版，第 204 页。

是指旅游者于某一地域从事旅游活动时，在不降低活动质量（保持游客最佳游行状态）的条件下，地域所能容纳的旅游活动最大量；旅游生态环境容量是指一定时间内在旅游地域的自然环境不致退化的前提下，旅游场所能容纳的旅游活动量；旅游社会环境容量是指旅游接待地区的人口构成、宗教信仰、民情风俗、生活方式和社会开化程度所决定的当地居民可以承受的旅游者数量；旅游经济发展容量是指一定时间、一定区域范围内，经济发展程度所决定的能够容纳的旅游活动量。[①] 在旅游目的地或旅游景区旅游环境容量测算过程中，上述五个分量综合后得出的最大游客量，就是旅游环境的最大可容量。

（二）大遗址旅游环境容量的概念

大遗址旅游环境容量是指在一定时期内某一地域的大遗址展示区，在不影响遗址安全，不破坏生态平衡，达到大遗址环境质量要求并能满足公众参观游览需求时所能接纳的最大游客量。大遗址保护的主要目的是保证遗址的安全和大遗址系统的平衡，以实现大遗址价值的传承弘扬。因此，大遗址旅游环境容量的游客测算控制以大遗址资源的环境容量测算为主。大遗址旅游环境容量的作用体现在两个方面：一是作为大遗址保护规划和保护管理中一种强有力的手段，保护大遗址遗存本体安全和自然与人文景观环境的安全，避免因为过多游客的进入对大遗址本体及其环境造成破坏；二是作为一种游客管理的手段，在客观上保证游客在大遗址的参观游览的体验质量。大遗址旅游环境容量具有一般旅游环境容量的特性，如可量性、动态性、季节性、可控性等。

二　大遗址旅游环境容量测算的原则及方法

（一）大遗址旅游环境容量测算的任务与原则

1. 大遗址旅游环境容量测算的任务

大遗址旅游环境容量测算之前首先要基于目标，明确大遗址环境容量测算的任务。大遗址旅游环境容量测算的任务包括：确定大遗址区可供开

---

① 参见马耀峰主编《旅游规划》，中国人民大学出版社 2011 年版，第 204—205 页。

放的文物资源、确定影响大遗址游客承载量的限制条件、确定监测游客容量和游客影响的指标、确定大遗址游客承载量测算方法、确定修正大遗址游客承载量的程序并最终得出大遗址的游客承载量。

2. 大遗址旅游环境容量测算原则

（1）保障文物安全原则

大遗址旅游环境容量测算的首要目的是保证文物安全，包括文物本体安全、生态环境安全等。因此，在旅游环境容量测算的过程中应评估游客参观对文物本体及文物环境的影响。

（2）保障游客安全原则

大遗址旅游环境容量测算的过程中，在保证文物安全的同时，还应考虑到游客的旅游安全。因此，应基于文物分布及展示利用现状等，科学、合理评估涉及游客安全的因素的大遗址景区开放方式、观众参观方式、参观路线设计、开放服务设施等。

（3）保障游客体验参与舒适度

大遗址旅游环境容量测算应保障游客参观游览、体验参与等舒适度要求，通过对大遗址展示内容与方法、管理方式、公共服务环境、参观环境等科学合理的评估，合理设定承载量，使游客对文物能够得到全面的理解和认识并获得满意的参观感受。

（4）保障各利益群体需求

大遗址旅游环境容量测算应当在保障大遗址安全的同时，综合统筹游客、当地居民及政府等各方利益，兼顾大遗址保护、展示利用、区域经济社会发展需求、游客参观体验质量等多种因素，通过有效沟通协作，共同推进并保障参观活动有序进行。

（5）综合平衡各测算指标要素

大遗址旅游环境容量测算应满足遗存安全、生态安全、游览安全、设施承载力、管理能力等的极限要求，在考量生态保护用地指标、文物保护最大承载量等要素指标，包括各种测算方法数据的基础上，有的还应当综合考虑游览安全、用地空间、生活需求等条件，确定合理的游人容量。

3. 影响大遗址旅游环境容量测算的因素

由于大遗址保护环境的复杂性，游客参观游览方式、喜好等的随机性和不确定性等，以及大遗址旅游基础服务设施和自然及生态环境等的不确定等，可能影响大遗址旅游环境容量测算的精确性。综合来看影响大遗址旅游环境容量测算的因素主要包括以下几项内容。

（1）大遗址的区位、规模、遗存分布及遗存价值等。

（2）大遗址的可进入性、开放区域，展示利用内容的丰富度、聚集度及形式多元度等。

（3）大遗址能够接受环境的变化或受冲击的限度、大遗址保存的理想状态及对环境要素的要求、大遗址保护的措施及应急预案的完备度等。

（4）游客对大遗址遗存的影响；保护游客安全的各项措施和预案、游客疏导能力。

（5）为展示文物价值、满足游客体验所提供的基础服务设施、管理人员配备、开放管理模式方式、公共服务等。

（6）大遗址游线组织的科学合理度、游客对服务设施的要求。

（7）大遗址周边环境的优美度、产业的集聚度等及利益相关者可接受游客量影响的程度。

（二）大遗址旅游环境容量测算方法①

大遗址旅游环境容量测算以大遗址展示区资源或展示项目可利用面积或规模或游线长度为计算依据的容量形式，主要的计算方式有：根据每个游人的土地平均利用面积计算某一单元空间量；根据游人的合理间距计算某一游览线的容量。具体可采用线路法、卡口法、面积法、综合平衡法等进行测算。游客容量一般用一次性游人容量、日游人容量、年游人容量三个层次表示。一次性游人容量（亦称瞬时容量），单位以“人/次”表示；日游人容量，单位以“人次/日”表示；年游人容量，单位以“人次/年”表示。关系如下：

日游人容量 = 瞬时游人容量 × 日开放时间/人均周转时间

年游人容量 = 日游人容量 × 每年开放天数

---

① 参见李庆雷、明庆忠编著《旅游规划：技术与方法》，南开大学出版社 2008 年版，第 404—405 页；中华人民共和国住房和城乡建设部《风景名胜区总体规划标准》（GB/T 50298—2018），中国建筑工业出版社 2019 年版，第 12—14 页。

1. 线路法

用线路法来测定游人容量，游人容量取决于游人容量指标，其计算公式为：

$$V = S/r \cdot T/t$$

式中：V—日游人容量；S—游览道路总面积；r—基本空间标准；T—大遗址展示区日开放时间；t—人均周转时间。

其瞬时游客容量为：$V_1 = S/r$。

2. 卡口法

卡口处是大遗址展示区内交通、景观、游乐等因素构成游客所必需的活动“热点”，形成人流集中的“瓶颈”或“卡口”，是环境和资源的脆弱点。卡口容量又叫瓶颈容量，单位以“人次/单位时间”表示。一般说来，大遗址展示区的核心区或著名的景点周围是人流最集中的地区，在旅游旺季往往形成人流过于集中、负荷过重的局面，给环境造成极大的压力。在规划中必须根据大遗址展示区的实际情况，对重点地段规定出此点（m^2/人）或此段（m^2/人）的最大允许容量作为控制标准。公式如下：

$$V = (T/t) \cdot n$$

式中：V 为大遗址展示区内“热点”每天接待游客总数；T 为大遗址展示区内“热点”每天开放时间；t 为前后两批游客进入大遗址展示区内“热点”的间隔时间；n 为前后两批游客的人数（此项取决于每个游览空间的大小，一般要求每个游客拥有 14 m^2/人的园地面积）。

3. 面积法

根据大遗址展示区的总面积、可游活动面积和设施等条件，运用面积容量法可计算出大遗址展示区同一时间的接待能力或饱和量。在不同的大遗址展示区中，游客对这种个人空间的要求是不同的。从物质容量来看，目前主要按照人均占地面积来确定。其计算公式为：

$$V = S/r \cdot T/t$$

$$V_1 = S/r$$

式中：V—日游人容量；S—大遗址展示区总面积；r—基本空间标准；T—大遗址展示区日开放时间；t—人均周转时间；V_1—瞬时游客容量。

4. 综合平衡法

通常情况下，大遗址展示区的环境容量需要综合运用以上三种方法来确定，用线路法计算线性区域的游客容量，用面积法计算块状区域的游客容量，用卡口法确定卡口处对大遗址展示区总的游客容量的制约。大遗址区日极限游人容量不应大于日游人容量的 2.5 倍，瞬时极限游人容量应根据高峰日高峰时段的统计数据进行测算。①

大遗址旅游环境容量测算方法易于准确确定接待数量，但有时也难以精确计算。因为游客的基本空间标准要求不一致，所以参数值不同，尤其是目前大遗址展示区还未有统一的游客基本空间标准，主要是基于相关标准规范和经验来确定。同时，一种资源一旦可以提供多种活动方式，计算也就增添了难度。因此，在具体实践中可能还需要用到科学实验法、问卷调查、统计法和经验法等不同方法作为补充。其中经验法是最为有效的一种方式，这是一种基于规划者或管理部门经验，其他地区或国家的一些经验指标来确定的旅游环境容量的测量方法，需要规划者和管理者对大遗址游客旅游流有一定的了解，并有丰富的实践经验。

（三）大遗址旅游环境容量测算的基本空间标准

基本空间标准是单位利用者占用的最小空间规模或设施量。基本空间标准与不同群体对拥挤的感知程度、管理技术水平和技巧等因素相关。对大遗址展示区的游客容量，应综合分析并满足大遗址保护和生态允许标准、游览心理标准、功能技术标准等因素而确定。通常采用的基本标准有国家标准、经验标准两种。

1. 国家标准

关于游客容量控制的国家标准主要有《风景名胜区总体规划标准》（GB/T 50298—2018）、《文物保护单位游客承载量评估规范》（WW/T 0083—2017）、《景区最大承载量核定导则》（LB/T 034—2014）等几部不同行业领域颁布的标准。在这里主要以《风景名胜区总体规划标准》

① 参见中华人民共和国住房和城乡建设部《风景名胜区总体规划标准》（GB/T 50298—2018），中国建筑工业出版社 2019 年版，第 14 页。

（GB/T 50298—2018）、《文物保护单位游客承载量评估规范》（WW/T 0083—2017）作为主要参考标准来探讨游客容量指标要求。

（1）游憩用地生态容量

根据《风景名胜区总体规划标准》（GB/T 50298—2018）规定，风景区游人容量应根据该地区的生态允许标准、功能技术标准、游览心理等因素进行计算以及采取多种方法校核后综合确定，并应符合下列规定（见表5－2）。

表5－2 《风景名胜区总体规划标准》中的游憩用地生态容量标准①

用地类型	允许容人量和用地指标	
	（人/公顷）	（m^2/人）
针叶林地	2～3	5000～3300
阔叶林地	4～8	2500～1250
森林公园	＜15～20	＞660～500
疏林草地	20～25	500～400
草地公园	＜70	＞140
城镇公园	30～200	330～50
专用浴场	＜500	＞20
浴场水域	1000～2000	20～10
浴场沙滩	1000～2000	10～5

注：表内指标适用于可游览区域。

（2）游人容量计算指标

线路法、卡口法、面积法等游人容量计算宜采用下列指标：

①线路法：以每个游人所占平均道路面积计，5 m^2/人～10 m^2/人。

②面积法：以每个游人所占平均游览面积计。其中：

主景景点：50 m^2/人～100 m^2/人（景点面积）；

一般景点：100 m^2/人～400 m^2/人（景点面积）；

浴场海域：10 m^2/人～20 m^2/人（海拔0～－2以内水面）；

① 参见中华人民共和国住房和城乡建设部《风景名胜区总体规划标准》（GB/T 50298—2018），中国建筑工业出版社2019年版，第13页。

浴场沙滩：5 m^2/人～10 m^2/人（海拔0～+2m以内沙滩）。

③卡口法：实测卡口处单位时间内通过的合理游人量。单位以“人次/单位时间”表示。

（3）文物保护单位游人容量指标

《文物保护单位游客承载量评估规范》（WW/T 0083—2017）规定了不同类型文物保护单位内部开放空间承载量极限值和不同类型文物保护单位公共区域和游步道承载量标准（见表5-3、5-4）。

表5-3　　不同类型文物保护单位内部开放空间承载量极限值①

文物保护单位类型	极限值	展示面积	高度
古文化遗址	≥1m^2/人	≥13 m^2	≥2m
古墓葬	≥0.52m^2/人	≥5m^2	≥1.8m
古建筑	≥1m^2/人	≥10m^2	≥2m
石窟寺/石刻	≥0.52m^2/人	≥13m^2	≥2m
近代、现代建筑	≥1m^2/人	≥10m^2	≥2m
壁画	按所处地点归类于上述类型		

资料来源：《文物保护单位游客承载量评估规范》（WW/T 0083—2017）。

表5-4　　不同类型文物保护单位公共区域游步道承载量标准②

文物保护单位类型	公共区域	游步道
古文化遗址	≥4m^2/人	≥0.8m^2/人，≥0.8m/人
古墓葬	≥4m^2/人	≥0.6m^2/人，≥0.8m/人
古建筑	≥4m^2/人	≥0.8m^2/人，≥1m/人
石窟寺/石刻	≥4m^2/人	≥0.6m^2/人，≥0.8～1m/人
近代、现代建筑	≥4m^2/人	≥0.6m^2/人，≥1m/人
壁画	按所处地点归类于上述类型	

资料来源：《文物保护单位游客承载量评估规范》（WW/T 0083—2017）。

① 参见中华人民共和国国家文物局《文物保护单位游客承载量评估规范》（WW/T 0083—2017），文物出版社2017年版，第7页。

② 参见中华人民共和国国家文物局《文物保护单位游客承载量评估规范》（WW/T 0083—2017），文物出版社2017年版，第8页。

2. 经验标准

经验标准分为规划者经验标准和借鉴经验标准两类。旅游区规划者或管理部门在长期的实践中积累了丰富的经验，在确定基本空间标准时可以根据经验来决定。如我国传统的经验是：城市园林旅游区每位游人所需要的最佳活动面积为 $14m^2$/人；自然风景旅游区每位游人所需要的最佳活动面积为 $20m^2$/人；每人需要 $0.2m^2$/人的商场面积，每个床位需 1.2 辆小车的停车空间，每公顷停车场停车 25 辆等。此外，还可以借助其他地区或国家的一些经验指标。或者结合对大遗址保护需求和大遗址游客容量的统计分析等确定大遗址展示区不同遗址类型所可能的游客容量。

第八节　以秦雍城遗址为例的大遗址展示规划实践探讨①

一　秦雍城遗址展示利用现状评估

（一）秦雍城遗址展示利用现状

秦雍城遗址的展示工作长期处于滞后状态。遗迹展示项目只有馆场保护展示两处；地上遗迹均处于自然露天状态，缺乏展示措施。

1. 城址区展示现状

雍城城址现存遗迹主要是建筑物的夯土基址，包括城垣、城壕、城门、干道、宫殿、朝寝、宗庙、凌阴、市场、手工业作坊、铜器窖藏等重要建筑基址和遗迹。目前，确知的遗迹共有 30 多处，其中较大规模的建筑基址 23 处。在城址区范围内，唯一具有展示功能的只有凤翔区博物馆。博物馆在 144 平方米的陈列室里，设有一个专题陈列——“秦人寻根—雍城史迹展”，展出了近几十年出土和征集的一小部分先秦文物，但陈列室面积较小，陈列方式单一，缺乏必要的声、光、电等辅助展示技术手段，传递给观众的信息十分有限。其余已发现的地面遗迹处于露天裸露状态；地

① 此处引用了笔者撰写的，由西北大学文化遗产保护规划中心、陕西省考古研究院共同编制的《秦雍城遗址保护总体规划（2013—2030）·说明书》中的“展示利用现状评估”“展示规划”部分内容。

下遗迹多被农田、道路、村落和现代建筑叠压，除在城址区四个角和城址中心的马家庄树立了保护标志牌之外，其余均未做标识。

2. 陵园区展示现状

陵园区内目前仅对秦公一号大墓进行了展示。2000年，在陕西省考古研究所雍城考古队的帮助和支持下，由南指挥村村民共同集资，建起了“秦公一号大墓遗址博物馆”，由于经费、体制限制，不利于遗址的保护和利用。2006年，该馆改制更名为“宝鸡先秦陵园博物馆”，成为宝鸡市文物旅游局下属的一个事业单位，负责秦雍城遗址的保护和管理。其余大型墓葬只是进行了考古勘探，确定了范围，地面上未做任何标识。

博物馆展示的措施包括：①加固了大墓南壁，复制了匣殉、箱殉，在展厅内复制了“黄肠题凑”的棺椁室及其他随葬品的模型，用图片展示秦公一号大墓的发掘情况及出土的珍贵文物；②采用了电视播放影像的展示手段，向游客介绍秦公一号大墓的发现、发展及历史背景；③通过植物标识展示和解说牌等展示了秦公一号大墓东墓道；④在考古发掘的基础上，原址展示了大墓西南侧祭祀坑；⑤通过标志解说牌等展示了大墓东南侧车马坑。

3. 国人墓区展示现状

国人墓区主要分布于雍城城区之南、秦公陵区以北。墓葬区以八旗屯为中心，东至上郭店，南至石落务，西至南指挥西村，北至雍水北岸的邓家崖。先后发掘了数批墓葬，考古发掘完成后，采取了回填保护的措施，地面上未做标识。

（二）展示利用评估结论

1. 展示内容过少

秦雍城遗址的保护范围总面积约50.57平方千米，遗迹种类丰富多样。目前仅在秦公一号大墓及凤翔区博物馆实施了展示，展示面积总计约0.07平方千米，占保护范围总面积的0.25%；宝鸡先秦陵园博物馆展示内容简单、方式单一，吸引性较差；大多数经过考古发掘的地下遗迹已回填覆盖，几乎未实施任何标识和展示。

2. 展示方式单一

在秦雍城遗址范围内，遗迹类型多样，既有城墙、宫殿、朝寝、宗庙等大型建筑的基址，又有道路、城壕等遗迹。遗迹类型和保存状态的多样性决定了展示应采用多样化的方式。而秦雍城遗址既有的展示项目中，仅采用了简单馆场展示，形式单一，未能充分利用多种手段来实现全面展示和体现遗址的社会历史价值。

3. 展示对象观赏性差

秦雍城遗址是国内著名的大型土遗址之一，遗迹多存留于地下，地上仅遗留有部分城墙和高台建筑遗迹，观赏性差，导致公众知晓率不高，社会吸引力有限。

4. 展示说明系统及服务体系未能建立

秦雍城遗址未能建立起完善的标识展示说明系统，早期仅在凤翔区博物馆设有遗址整体布局图和少量遗迹平面图，多数遗迹没有标识也未进行任何相关的说明。近年来，随着宝鸡先秦陵园博物馆的建设，在秦公一号墓保护大厅和外部空间设置了一定的遗址平面分布图。但即使有简单平面图的遗迹地点，关于遗迹的详细情况和遗迹的保护范围，在勘探或考古回填后，地面也未能标识，致使有些遗址难以确定其准确位置。

同时因缺乏统筹规划，目前还没有形成展示服务体系，直接制约了遗址的对外开放展示，需要在深入发掘遗址的历史文化价值的基础上，合理规划，建立完善的展示及标识解说系统。

上述原因导致秦雍城遗址公众知晓率低、社会吸引力有限。既不利于秦雍城遗址保护，也不利用体现遗址的丰富内涵和价值，发挥遗址的社会教育功能。为此，努力推进并有效实施展示工程，是实现秦雍城遗址科学保护与可持续发展不容忽视的重要环节。

二　秦雍城遗址展示的目标

（一）总体目标

秦雍城遗址在保护展示中秉承以保护为目的，以展示为手段，以适度利用实现真正保护为最终目标的理念。一方面要保证遗址安全，将秦雍城的整体格局和文化内涵表现出来，实现遗址价值；另一方面是实现遗址保护、遗址展示与区域、居民之间的协同发展。总体而言，通过秦雍城遗址多元化的展示和宣传教育手段，体现秦雍城文化的精髓，增进公众对秦历史与秦文化的了解，提高国民素质和大众的文物保护意识，促进国内外学术交流和文物保护工作，为遗址保护奠定坚实的群众基础。同时将保护展示与国土空间规划、城乡规划、生态环境建设、区域经济发展等相结合，实现社会、经济、生态效益的和谐发展，促进历史文化遗产的永续保存与地方发展的双赢。

（二）具体目标

1. 通过对宫殿、宗庙、市场遗址的展示，恢复雍城前朝后市的基本格局，使公众了解雍城高规格建筑群体的内涵、基本格局及雍城格局与功能的发展与演变。

2. 通过对城垣遗址的展示，再现雍城城市轮廓、范围及城防体系；通过建设西城垣遗址公园和南护城河风貌游憩区，使其成为大众走进历史、陶冶情操的文化场所。

3. 通过对东湖、凤翔区博物馆的展示，再现雍城苑囿区的格局，使公众感受先秦苑囿风貌及凤翔区历史的延展。

4. 通过对秦公陵园的展示，凸显秦公陵园的格局，解读先秦时期和秦国的墓葬制度，使公众从中汲取相关的历史文化知识。

5. 通过对雍城城址、陵墓遗址的展示，展现其“北城南陵中墓地”的总体格局。

6. 通过秦雍城遗址和文物的展示，宣传普及历史文化、考古和文物知识，实现社会、经济、文化、生态效益的和谐共进，促进历史文化遗产的永续保存、社会主义精神文明建设与地方经济发展的三赢。

7. 通过保护展示，形成良好的观赏效果，为建设考古遗址公园奠定基础。

三　秦雍城遗址展示的对象与方式

（一）秦雍城遗址展示的原则

1. 秦雍城遗址的展示，遵循“全面保护、体现格局、重点展示、分步实施”的原则。

2. 展示以体现遗址的真实性、可读性和遗址的历史文化价值、实现遗址的社会教育功能为目标，在此前提下，按保护与游赏需求进行有效组织，合理展示遗址。

3. 在遗址展示中力求实现展示与保护相结合、遗迹本体展示与景观展示相结合、单体遗迹展示与遗址整体格局展示相结合、物质文化遗产与非物质文化遗产展示相结合。

4. 遵循真实性原则，客观准确地反映展示对象的原有形式和内涵。

5. 所有展示措施与配套设施，应与遗址整体格局和环境风貌相协调。

6. 建立科学完善的标识、解释或说明系统，使公众能够较好地理解遗址所蕴含的历史文化内涵。

（二）秦雍城遗址展示的对象

秦雍城遗址保护展示的对象包含四个层面：第一个层面是遗址本体，如城垣、建筑基址、陵墓等地下和地上的各类秦文化遗迹及出土文物；第二个层面是人文景观展示，包括遗址区所承载和传承的历史文脉、场所精神、民风民俗和原住居民的生产生活等；第三个层面是与遗址相关的著名历史人物或历史事件的展示；第四个层面包括大遗址所在的地文景观与环境的展示。

（三）秦雍城遗址展示的方式

参照国际古遗址保护、展示的理念，结合秦雍城遗址的实际，秦雍城遗址古代遗迹和遗物的展示主要采取以下方式（见表5－5）。

1. 露天原状展示

对各类地上遗迹，采用露天原状方式进行展示；遗迹本体需要加固、修复的，应遵循不改变遗址原貌的原则；对遗迹周边环境进行整治，植被选择应与展示对象相协调，以达到凸显遗迹本体的效果。

本规划期内实施露天原状展示的遗迹有四处：南城垣东段，东城垣南段，西城垣中段、北段和南段，穆公冢。

2. 基址复原展示

在经过考古发掘，布局和结构基本清楚的遗迹中，选择历史价值较高、遗迹保存较好的建筑基址，在覆盖保护后，依据考古资料及文献资料，按照当时的建筑形式和材料，在遗迹之上对建筑基址实施复原展示。

本规划期内实施基址复原展示的遗迹有两处：马家庄宗庙建筑群遗址、马家庄朝寝建筑群遗址。

3. 标识展示

对经考古勘探或发掘，布局形式和结构基本清楚的地下遗迹，或破坏严重地表已无存的地上遗迹，在覆盖保护后，在不对遗迹本体造成破坏的情况下，在其上种植浅根系植被或用卵石等非植被材料，标识展示遗迹的平面布局和范围。

本规划期内实施标识展示的遗迹有五处：西城垣·城门·城壕、秦公陵园外隍、六号陵园、姚家岗宫殿建筑群遗址、铁丰·高王寺宫殿建筑群遗址。

4. 馆场展示

对经考古发掘，遗迹保存状况较好、学术研究价值较高、观赏性较强的部分地下遗迹，可采取在其上修建遗址博物馆或遗迹保护展示厅的方式，在馆场内对已揭露的遗迹进行保护和展示。

保护和展示遗迹的馆场，必须具备适于遗迹保护的温湿度条件，并对遗迹采取相应的保护技术措施，防止遗迹的风化、霉变及其他损害遗迹的现象出现。

保护和展示遗迹馆场的建筑形式、风格和体量，应与遗址环境风貌相协调。

遗址博物馆和遗迹保护展示厅内，除对遗迹进行展示外，还可陈列遗址出土的各类遗物，并用复原模型对遗址进行展示。

本规划期内实施馆场展示的有两处：宝鸡先秦陵园博物馆（秦公一号大墓、大墓西南侧祭祀坑、大墓东南侧车马坑）、凌阴遗址保护展示厅。

5. 考古发掘现场展示

充分利用秦雍城遗址得天独厚的考古条件，根据秦雍城遗址的考古工作计划，选择具有代表性的遗址点进行考古发掘现场展示，以增强秦雍城遗址的体验性和参与性。为方便考古发掘现场展示并有效保护发掘现场的遗迹和遗物，应设计制作简洁方便、可重复利用的考古发掘现场保护展示大棚。

6. 虚拟和模拟展示

虚拟展示是利用声光电技术，通过计算机模拟三维环境，对真实事物或者假想事物及其过程的再现，使参观者可身临其境，并操纵系统中的每一个对象，同时又具备听觉、触觉、嗅觉的多媒体功能。

模拟展示是利用声光电技术或其他材料对真实事物或者过程的虚拟再建。包括声光电技术模拟和模型模拟。虚拟展示和模拟展示可在馆场内进行，也可在室外对遗迹或遗址的结构进行复原展示。

本规划期内计划在宝鸡先秦陵园博物馆等展示场馆内，对遗址、寝庙、陵墓等实施包括整体轮廓和内部构造的三维虚拟复原展示，同时在展示大厅陈列展示雍城整体模型和一批具有代表性的遗址复原模型。

表 5－5　秦雍城遗址重点遗迹展示方式

展示区	遗址名称	展示方式	说明
寝庙·市场遗址展示区	姚家岗宫殿建筑群遗址	标识展示	根据钻探资料，在地表标识展示其范围和格局；待考古发掘后，根据考古资料进行基址复原展示
	凌阴遗址	馆场展示	建设保护大厅，展示遗址完整的格局及构造
	马家庄宗庙建筑群遗址	基址复原展示	在覆盖保护后，依据考古资料及文献资料，按照当时的建筑形式和材料，在遗迹之上对建筑基址实施复原展示。在周边有规划地种植草本植物、灌木形成绿化景观
	马家庄朝寝建筑群遗址	基址复原展示	在覆盖保护后，依据考古资料及文献资料，按照当时的建筑形式和材料，在遗迹之上对建筑基址实施复原展示。在周边有规划地种植草本植物、灌木形成绿化景观
	市场遗址	模型展示	制作成 1∶100 的模型，置于宝鸡先秦陵园博物馆展示厅展示。远期拆除占压遗址的现代建筑，在原址进行原状复原展示
	铁丰·高王寺宫殿建筑群遗址	标识展示	根据钻探资料，在地表标识展示其范围和格局；待考古发掘后，根据考古资料进行基址复原展示

续表

展示区	遗址名称		展示方式	说明
雍城城垣展示区	西城垣·城门·城壕		标识展示	根据钻探资料，在地表标识展示其范围和格局；城门以空间标识
			露天原状展示	对西城垣中、北段和南端遗迹周边环境进行整治，在周边规则种植草本、灌木形成绿化景观，植被的选择应与展示对象相协调
	南城垣东段		露天原状展示	对遗迹周边环境进行整治，在周边规则种植草本、灌木形成绿化景观，植被的选择应与展示对象相协调
	东城垣南段		露天原状展示	在遗迹周围设置防护围栏，种植草本、灌木和浅根系低矮乔木进行绿化
秦公陵园展示区	秦公陵园外隍		标识展示	根据钻探资料，在地表标识展示其范围和格局
	一号陵园	秦公一号大墓	馆场展示	建设保护大厅，对已揭露的遗迹进行展示
		大墓西南侧祭祀坑	馆场展示	建设保护大厅，对已揭露的遗迹进行展示
		大墓东南侧车马坑	馆场展示	建设保护大厅，对已揭露的遗迹进行展示
	六号陵园		标识展示	根据钻探资料，在地表标识展示其范围和格局
雍城苑囿展示区	穆公冢		露天原状展示	在土冢周围设置防护围栏，种植草本、灌木和浅根系低矮乔木进行绿化

资料来源：作者自制。

四　秦雍城遗址展示布局结构

依据秦雍城遗址空间分布格局、区域功能定位、展示目标、展示对象和保护展示重点，可将秦雍城遗址展示划分为“双核、三片、六区”的空间结构。

（一）双核

以马家庄宗庙·朝寝建筑群遗址和秦公一号大墓所在的宝鸡先秦陵园博物馆为两个核心，主要展示马家庄宗庙·朝寝建筑群遗址和先秦古墓之最——秦公一号大墓、车马坑以及秦雍城遗址出土文物、遗址模型。

（二）三片

根据秦雍城遗址的性质、分布现状，本规划期内将秦雍城遗址分为城址展示片、国人墓地展示片和秦公陵园展示片，主要体现出“北城南陵中墓地”的一个总体格局。

（三）六区

在双核、三片的基础上，依据遗迹的特征、功能等将遗址分为六区，包括：寝庙市场展示区、西城垣遗址公园区、秦公陵园展示区、考古教学科研基地、雍城苑囿展示区、南城河风貌游憩区。

五　秦雍城遗址展示功能分区与主题

秦雍城遗址可供展示的对象，包括分布于雍城城址区内众多的地下、地上遗迹和区域内的各类非物质文化遗产。根据秦雍城遗址的现状，本规划期内主要实施雍城城址区和陵园区的展示规划。

根据考古发掘成果、展示对象的特征和主题内容、遗址区位关系等，将秦雍城遗址分为寝庙市场展示区、西城垣遗址公园区、南城河风貌游憩区、雍城苑囿展示区、秦公陵园展示区、考古教学科研基地六个展示功能区域进行展示。

（一）寝庙市场展示区

展示主题：前朝后市，左祖右社。雍城的城市结构形态在我国建城史上起着承上启下的作用，而表现最明显的就反映在宗庙与宫殿建筑的关系上。

1. 姚家岗宫殿建筑群遗址

姚家岗遗址是春秋早期的宫殿遗址。展示区包括姚家岗宫殿遗址、凌阴遗址、青铜器窖藏和制陶作坊遗址等。本规划期内主要展示姚家岗宫殿建筑群遗址、凌阴遗址。

（1）姚家岗宫殿建筑群遗址

本期规划主要通过植被、沙石对遗址的基本格局和已有的考古发掘区域进行标识展示，树立保护碑石。待考古发掘完成，依据考古资料，对遗址进行基址复原展示。

（2）凌阴遗址保护展示大厅

凌阴即古代藏冰之设施。遗址位于姚家岗宫殿建筑群遗址区西部，是中国考古史上首次发现的保存完整的先秦时期凌阴实例，拟建一座凌阴遗址保护展示大厅进行展示。大厅总占地 6660 平方米，建筑面积 2800 平方米，包括凌阴遗址原址展示区、办公区、停车场等区域。展示区内，依据考古发掘成果，并参考相关资料，在对遗址进行前期保护加固与处理的基础上，用特殊玻璃对其进行覆盖保护，直观展示遗址原貌，并展示雍城凌阴遗址及其出土文物。同时辅以图片、文字、三维影像、现场表演等手段，展现中国古代藏冰制度及其科技内涵。保护展示大厅的建筑风格应与遗址环境相协调；建筑形式为一层仿秦式建筑，高度不超过 6 米；建筑色调以深色调为主，表现出秦人尚黑的习俗。

2. 马家庄宗庙·朝寝建筑遗址群

马家庄宗庙·朝寝建筑建造于春秋中晚期，包括两座独立的大型建筑遗址：马家庄宗庙建筑群和朝寝建筑群。

（1）马家庄宗庙建筑群遗址

马家庄宗庙建筑（马家庄一号建筑群）建于春秋中晚期，是目前发现的先秦时期规模最大、保存最好、结构清晰的先秦最高级礼制性建筑。

作为本规划期展示的重点，依据考古成果对此进行基址复原展示。在对祖庙、昭庙、穆庙、“亡国之社”、门塾、围墙等遗迹进行加固保护的基础上，整体覆盖至 1 米以上，实施基址复原展示。

（2）马家庄朝寝建筑群遗址

马家庄朝寝建筑群遗址，当是“雍太寝”宫殿区的一座建筑。本规划期内前期主要通过植被、沙石标识展示，将“五门三朝”的早期宫殿格局表现出来。后期待考古发掘完成，依据考古资料对其实施基址复原展示。

3. 铁丰·高王寺宫殿建筑群遗址

铁丰·高王寺宫殿建筑群遗址位于雍城北部，约建于战国中期，应为文献记载中的“雍受寝”。本期规划主要通过植被、沙石对遗址的基本格局进行标识展示。后期待考古发掘完成，依据考古资料实施基址复原展示。

4. 市场遗址

市场遗址位于雍城北部，是我国目前发现先秦时期唯一的市场遗址。因现被雍康花园住宅小区占压，本规划期内难以实施展示。建议远期拆除占压遗址的现代建筑，在原址进行原状复原展示，展现市场基本格局及其建筑模式。并开辟作为商贸活动场所，“真实”再现先秦市场的“原貌”，“古为今用”。

（二）西城垣遗址公园区

展示主题：筑城以卫君，造园以娱民。西城垣遗址公园以西城垣、城门及外侧壕沟为中心，占地面积约360000平方米，主要通过公园式遗址景区模式将雍城的城防格局表现出来，成为展示雍城传统文化和了解凤翔城市历史，集历史文化、自然生态、园林艺术、科学技术于一体，融知识性、教育性、娱乐性于一身的文化休闲娱乐场所。

公园式遗址景区的设计以古城墙追寻、古生态构筑、秦城墙文化再现、休闲体验四个方面为主线，主要展示与此相联系的四个功能部分：景区主入口区域、城垣·城门·城壕遗迹本体展示区域、园林生态景观展示区域、休闲娱乐体验区域。

城墙遗址公园入口规划包括南端、中部和北端三个入口，其中北端入口拟设置为城墙遗址公园主入口。

（三）南城河风貌游憩区

展示主题：水天之际，秦都风情。以南护城河东南段现东风水库为中心，建设南城河风貌游憩区。主要设计以南护城河保护展示、水上休闲、考古体验、农业生态景观欣赏、民俗风情观光等为主线，展示与此相联系的五个功能部分南护城河遗迹本体展示区域、东风水库休闲游憩区域、六营民间工艺文化村、瓦窑头考古体验区域、古村落民俗风情游赏区域。

1. 南护城河遗迹本体展示区域在清除城壕遗迹淤泥堆积，综合环境整治的基础上，引入治污后的河水，通过植被标识保护，恢复沿线生态景观。

2. 东风水库休闲游憩区域主要通过对雍城南护城河东南段——现东风水库加以利用，水上观瞻古雍城风貌，同时开展水上游娱活动，如垂钓、划船、农家乐等，增强游人的参与兴趣。

3. 六营民间工艺文化村位于城东旅游线路旁，距东风水库不足三公里，是源远流长的凤翔彩绘泥塑的集中生产地，游人在此参观，可从另一个角度感受秦文化、西府民间艺术的魅力。

4. 瓦窑头考古体验区域主要依托瓦窑头制陶作坊遗址，根据后期考古工作，模拟复原先秦时期陶窑等作坊设施，辟出专门场所，开展陶艺制作及考古体验活动，丰富和活跃游览的内容和气氛。

5. 古村落民俗风情游赏区域，主要通过规划保留遗址区内南护城河北岸沿线的一批老村落遗址，在保护的基础上，开展古村落民俗风情游。通过独特的农家乐、农业生态观光等体验旅游项目吸引游人。

（四）雍城苑囿展示区

展示主题：凤饮古池，再展秦风。以东湖和凤翔区博物馆·穆公冢为中心，作为凤翔区休憩观光、爱国主义和德育的基地，主要展示凤翔区历代文物和地方民俗文化及古苑囿奇葩“古饮凤池—雍城苑囿—东湖”的园林景观。

1. 东湖雍城苑囿遗址

凤翔东湖位于雍城之内而居其北端，是雍城内的苑囿旧迹。本规划期内以现东湖风景区为依托，加大东湖风景区的保护与周边环境的改造建设，深入开展对东湖苑囿文化内涵的研究，逐步恢复雍城时期苑囿的景观风貌，使其成为远望终南，近看雍山雍水雍城的文化名胜佳境。

2. 凤翔区博物馆

凤翔区博物馆位于东湖雍城苑囿遗址区的西部，为凤翔区唯一展示秦雍城遗址出土文物的场馆。本规划期内，在对凤翔区博物馆改建扩建的基础上，增加展示内容，设计如“建筑构件——金釭、瓦当”等多种专题的陈列展示，丰富其展示内容，扩大展示规模，激发公众对秦文化的兴趣。

同时对博物馆内的穆公冢实施露天原状展示。

3. 民俗文化风情一条街

对雍城苑囿遗址恢复改造的基础上，在东湖苑囿区和凤翔区博物馆之间，建设一条民俗文化风情一条街，主要体现秦文化故地民风民俗如传统节庆、古乐、传统工艺及风味饮食等。

（五）秦公陵园展示区

展示主题：古墓之最，地下奇迹。秦公陵园区位于雍城南郊的三畤原上，是迄今发现最大的一处先秦诸侯国的陵地。根据考古勘探发掘、区位关系及遗址现状，本规划期内秦公陵园展示区以秦公一号大墓所在的宝鸡先秦陵园博物馆为中心，主要展示一号陵园的秦公一号大墓、大墓西南侧祭祀坑、大墓东南侧车马坑、六号陵园的基本格局和整个陵园区的外隍。

1. 一号陵园

位于陵区中部偏北，共钻探出八座大墓，根据考古勘探发掘，本规划期内主要通过馆场展示一号陵园的秦公一号大墓、大墓西南侧祭祀坑、大墓东南侧车马坑。

（1）秦公一号大墓

秦公一号大墓呈长方形，墓室四壁有三层台基，犹如一个“倒金字塔”，是迄今我国发掘的先秦时期最大的竖穴木椁墓，平面呈“中”字形。东西墓道当年没有发掘。本规划期内主要采取保护大厅展示，内容包括：墓圹和墓道、殉人、椁室、木碑等。

（2）大墓西南侧祭祀坑

位于秦公一号大墓西南20米处，坑内埋有车马等。根据考古发掘资料，在保护加固遗迹本体的基础上，建设一座1000平方米的保护大厅。展示大厅为地下及半地下建筑，在距遗迹地面5米处，覆盖特殊的玻璃，以展示祭祀坑的原貌景观。

（3）大墓东南侧车马坑

位于秦公一号大墓东南部，本规划期内主要通过建设4000平方米的车马坑保护参观大厅，采取边发掘边展示的方式，使游人站在遗迹本体上，近距离体味全国最大车马坑的恢宏气势。

2. 六号陵园

该陵园内钻探出墓葬有中字形者两座（M15、M17），目字形者三座（M6、M18、M20），甲字形一座（M19）和一批小型墓。本规划期内主要通过植被标识展示六号陵园内墓葬形制及其分布格局。参照十二号陵园享堂的位置及规模在六号陵园内复原六号陵园享堂。据考古工作计划，该陵园 M15 大墓和 M6 车马坑发掘后，作进一步展示。

3. 宝鸡先秦陵园博物馆

宝鸡先秦陵园博物馆以现在位置为基础，进行扩建改建，增加规模和功能，更名为秦雍城遗址博物馆。将其建设成一座集文物展示、科学研究、科普教育、文物保管等多功能为一体，采用声、光、电等现代布展手段的博物馆。博物馆将划分为遗迹保护展示大厅、文物展示大厅（包括文物展示厅、雍城发掘史展厅、科普活动厅）、播放大厅、文物库房、办公区（包括研究中心、资料文献室）、停车场等多个区域。建成后博物馆占地面积 0.07 平方千米（100 亩），建筑面积 24750 平方米，建筑结构为一层框架式结构，地面以上建筑高度不得超过 6 米。建筑形式以仿秦式建筑风格为主体，以便与所展示的文物和遗址时代氛围协调。

（1）文物展示大厅设计要求及内容

文物展示大厅位于秦公一号大墓附近，建筑设计为一层仿秦式建筑，使用全封闭式人工采光，建筑高度不超过 6 米；建筑色调以灰黑色为主；屋顶以仿秦式庑殿顶为主。建筑格调应大气、壮观、古朴、庄重。

大厅包括文物展示厅、雍城发掘史展厅、科普活动厅三部分。文物展示区主要展示秦公陵园区及雍城出土的有关文物；雍城发掘史展厅主要展示与雍城发掘有关的资料及模型、沙盘等；科普活动厅作为临时展厅，主要开展相关的科普教育活动。

（2）保护大厅设计要求

为了不对遗址产生任何直接的破坏，建筑应采取不开挖基础的工程方式。

选用轻质材料，避免对大墓墓圹坑壁造成过重压力；采用组合式建筑方案，使保护工程具有可逆性。

建筑应造型简洁，高度不超过6米，符合展览建筑及环境的要求。

为了给遗址将来的科学保护创造条件，保护厅的面积不宜过大。

保护建筑应以遗址本体为主体，与展示主题无关的展示设施尽量不在遗迹保护厅内设置。

保护大厅应有符合土遗址保护要求的温湿度控制设备和措施，防止遗迹的风化、霉变及其他损害遗迹的现象出现。

（3）播放大厅设计要求及内容

播放大厅建设应靠近文物保护展示大厅；建筑形式为一层仿秦式建筑，高度不超过6米；建筑色调以深色调为主，表现出秦人尚黑的习俗。播放大厅主要展示一些有关秦雍城遗址的虚拟复原等影像资料。

（六）雍城考古教学科研基地展示区

展示主题：解读历史、传承文明。秦雍城遗址北部紧邻今凤翔城市建成区，随着当地经济建设的发展，城址的北部已被压在今凤翔区城市建成区下。一些重要的大型遗迹已被破坏或面临着被破坏的危险，对雍城遗址的一些重要遗迹进行大规模的抢救发掘和保护工作迫在眉睫。这需要集中大量专业人员参加工作，并对大量出土文物保管、保护和整理研究，急需建设一个能容纳较多的文物考古工作人员进行工作并适应大量的文物保管、保护和考古资料整理研究需要的工作场所。因此，可在此和国内外大学合作建立一个国际化考古教学科研基地，接纳国内外大学考古专业学生教学实习，并对考古发掘现场和出土文物进行技术保护和展示，以提高秦雍城的国内国际地位和知名度，体现出“解读历史、传承文明”的内涵。

以考古教学科研基地为中心，包括教学科研区、生活区、展示区等。主要进行国内外大学考古专业学生教学实习，并对考古发掘现场和出土文物进行展示，以提高秦都雍城的地位和知名度。

六　秦雍城遗址展示标识解说系统

秦雍城遗址在城市选址、城市格局、城市营造制度，陵园选址、陵园格局、陵寝制度等方面具有深厚的内涵，为使游客能够读懂雍城内涵，在最合理的时间内完成相关参观项目，保证游客自己能够依照展示区提供的路线、标识系统完成展示区的旅游，规划以下展示标识解说系统。

1. 在八旗屯北侧，秦雍城遗址与现凤虢路交界进入雍城城址区的入口处，设置一标识性秦汉式门阙形标志物，上书“秦雍城遗址”，作为秦雍城遗址的景观性地标。

2. 在遗址区内各道路路口设置指示标牌，指示附近的遗迹方位。

3. 在各遗址展示点设置标牌，标注遗址的名称和遗址在秦雍城遗址内的位置。

4. 在经考古发掘的遗迹展示点设置文字说明标牌，并附遗迹平面详图，说明遗迹的布局、结构、功能和性质，解说遗迹的历史文化内涵。

5. 在秦公一号大墓所在的宝鸡先秦陵园博物馆安排景点导游，为游客提供解说。

6. 配置便携式语音解说系统，供参观者使用。

7. 解说语言至少应有汉英两种语言。

七　秦雍城遗址展示线路组织

（一）省内参观路线

一日参观路线：西安——法门寺——雍城遗址——西安

两日参观路线：西安——乾陵——法门寺——周原遗址——周公庙——雍城遗址——西安

（二）市内参观路线

宝鸡——雍城遗址——周公庙——周原遗址——法门寺——宝鸡

（三）秦文化寻根游

秦始皇陵——秦阿房宫遗址——秦咸阳宫遗址——雍城遗址——秦汧城遗址——秦亭遗址——大堡子山秦公陵园遗址

（四）雍城参观路线

1. 一日参观路线

（1）秦公陵园展示区（宝鸡先秦陵园博物馆）——马家庄宗庙・朝寝建筑群遗址——姚家岗宫殿建筑群遗址・凌阴遗址——凤翔区博物馆・穆公

冢——东湖雍城苑囿遗址

（2）凤翔区博物馆·穆公冢——东湖雍城苑囿遗址——西城垣遗址公园——姚家岗宫殿建筑群遗址·凌阴遗址——马家庄宗庙·朝寝建筑群遗址——东风水库——秦公陵园展示区（宝鸡先秦陵园博物馆）

2. 两日参观路线

第一日历史文化游：

秦公陵园展示区（宝鸡先秦陵园博物馆）——雍城考古教学科研基地——马家庄宗庙·朝寝建筑群遗址——姚家岗宫殿建筑群遗址·凌阴遗址——西城垣遗址公园——县城

第二日民俗风情游：

县城——凤翔区博物馆·穆公冢——东湖雍城苑囿遗址——六营民俗村——南城河风貌游憩区

八　秦雍城遗址旅游环境容量控制

（一）旅游环境容量控制原则

1. 坚持以保护遗址原状为前提，加强对遗址的管理。

2. 旅游活动的强度和游客人数必须控制在资源和环境的承载力范围内，使资源和环境免遭破坏。

3. 保证文物资源的可持续利用，并取得社会、经济、生态三大效益的协调发展。

4. 在保护文物古迹的同时，应满足旅游活动所必需的安全、舒适、愉悦、便利等基本要求。

（二）旅游环境容量测算

1. 参观容量测算依据

参照《中华人民共和国旅游规划通则》（GB/T 18971—2003）标准中关于旅游容量测算的规定。在测算生态环境容量和空间容量的基础上，取两者的最小值作为秦雍城遗址最终的参观开放容量。

2. 参观游览空间容量

游人容量计算采用面积法，以每个游人所占平均游览面积计。根据秦雍城遗址展示区域空间面积，综合测算每天 2.5 万人左右。

3. 生态环境容量

依据《风景名胜区游憩用地生态容量指标》，参考城镇公园游憩用地生态容量 330 平方米—50 平方米/人及遗址保护的特殊性需求，取基本空间指标为 150 平方米/人，秦雍城遗址保护区游览面积约 1047344 平方米，生态环境容量为 6982 人次/日。

4. 最大旅游容量

综合参观空间容量和生态环境容量的计算结果，取两者的最小值，得到秦雍城遗址参观的最大控制日容量为 6982 人次/日。

第六章　大遗址人地关系调控规划

大遗址人地关系调控是对与大遗址保护相关的人口与聚落、土地利用、产业经济结构和基础设施建设等作出优化调整。通过大遗址人地关系调控规划能够系统地对大遗址区人地关系进行优化配置，有助于促进大遗址保护利用与区域经济社会的协同发展。

第一节　大遗址人口与聚落调控规划

大遗址人口与聚落调控规划是针对内部环境复杂、有聚落和人口分布，并影响到大遗址保护的大遗址而编制的专项规划，是大遗址保护规划人地关系调控规划的重要组成部分。它以保护大遗址本体和生态环境、促进大遗址保护与区域社会的协调发展为目的。其对大遗址区内与大遗址保护相关的常住人口和聚落等在人口规模、居民点等方面提出限制、控制或发展等调控要求，使大遗址区人口、聚落发展与大遗址保护利用协调发展。

一　大遗址人口与聚落调控规划的原则

大遗址一般属于全国重点文物保护单位，按照文物保护的有关要求，遗址范围内以保护利用文物为主，规划范围内的人口与聚落的调控应遵循确保遗址安全、以人为本、与上位规划协调的原则。

（一）确保遗址安全的原则

对大遗址实行整体保护，需对遗址范围内的人口与聚落进行调控，消除对遗址造成破坏的各类人为因素，确保遗址安全。调控应严格控制人口规模，建立合理的居民点或居民点系统，并构建起适合大遗址保护需要或特性的社会运转机制，以保证大遗址保护与区域社会的协调协同发展。因此，居住在遗址本体范围内的人口和聚落必须搬迁，所有与文物保护和展示无关的建筑物和构筑物必须拆除；遗址保护范围内考古工作确认无保存价值遗迹的区域内，现有人口和聚落可暂不搬迁，但需根据遗址保护展示和遗址景观保护的要求，对聚落布局、房屋建筑形式进行改造；建设控制地带范围内现有人口与聚落可以保留，但应根据遗址景观保护的需要，对聚落布局、房屋建筑形式进行改造。

（二）以人为本的原则

大遗址规划范围内的人口与聚落调控必须将遗址范围内现有居民的搬迁安置、聚落改造与乡村建设及相关保护和展示工作结合起来，将居民的生产活动与遗址保护、展示和环境整治和绿化、旅游服务等工作结合起来，使居民成为遗址保护的重要力量，并逐步提高遗址区居民经济收入、改善居民生活水平。

（三）与上位规划协调的原则

由于人口与聚落是社会经济发展规划与国土空间规划等规划的重要内容。因此，大遗址人口与聚落调控规划与区域经济社会发展规划和国土空间规划等密切相关。这要求大遗址人口与聚落调控规划除遵循以上原则外，还应与区域的相关上位规划协调一致，以保证大遗址人口与聚落调控规划的实施。

二　大遗址人口与聚落调控规划的内容与方法

大遗址人口与聚落调控规划可以根据大遗址的区位、类型、规模、区内人地关系复杂程度、保护和展示利用需求等实际情况确定是否需要编制。大遗址人口与聚落调控规划应基于大遗址人口与聚落现状评估来确定规划内容和方法。

（一）人口调控规划

大遗址人口调控规划的主要任务是科学预测和控制大遗址规划范围内，尤其是遗址本体区域及保护范围内常住人口的规模。主要方法是根据大遗址保护和展示需求、生态环境保护需求、经济社会发展条件、居民生存发展条件、基础设施配置等因素对大遗址人口进行相应的分区分期控制，但应以实现遗址资源的可持续保存保护为第一要务。分区主要是根据大遗址保护需求“划定无居民区、居民缩减区和居民控制区”①，分期是确定不同规划期不同分区的人口调控实施计划或措施；具体分区分期及控制规定或措施应根据大遗址保护环境和保护需求来确定。无居民区是指居住在大遗址本体范围内的人口必须搬迁，不允许常住人口居住或落户；人口缩减区是指大遗址保护范围内考古工作确认无保存价值遗迹的区域内，或不影响遗址保护、展示与景观环境等需求的区域内，现有人口和聚落可暂不搬迁，但不应再迁入人口，同时从长远来说应按计划逐步搬迁，减少区域人口；人口控制区是指对建设控制地带范围内现有人口可予以保留，但应制定出区域居民发展数量的控制性指标。人口调控规划的分区分期及其指标，应与大遗址保护区划、展示规划、环境保护规划等规划要求和内容指标相协调。

（二）聚落调控规划

大遗址聚落调控规划的主要任务是基于人口调控科学预测和严格限定大遗址规划范围内聚落（农村居民点）的规模和调控类型及要求。聚落调控规划应与国土空间规划或城乡规划相协调，从区域经济社会和城乡发展、产业发展等要素出发，在与大遗址聚落调控规划相互协调的基础上，对大遗址规划范围内的聚落从保护、展示利用和管理的角度提出调控要求。主要方法是根据大遗址保护和展示需求、生态环境保护需求、社会经济发展条件、居民生存发展条件、基础设施配置和人口调控计划等因素对大遗址聚落进行相应的分型分期控制。分型是指依据人口调控规划和大遗址保护、展示需求等，划分出大遗址规划范围内聚落调控的类型，主要分为“疏解型、控制型和发展型”② 三种基本类型，并分别提出各类居民点

---

① 中华人民共和国住房和城乡建设部：《风景名胜区总体规划标准》（GB/T 50298—2018），中国建筑工业出版社 2019 年版，第 32 页。

② 中华人民共和国住房和城乡建设部：《风景名胜区总体规划标准》（GB/T 50298—2018），中国建筑工业出版社 2019 年版，第 32 页。

调控建议，明确居民点建设风貌、用地规模等相关建设控制要求。分期是确定不同规划期不同类型聚落调控实施计划或措施；具体分型分期及控制规定或措施应根据大遗址保护环境和保护需求来确定。

疏解型是指对直接威胁或影响到大遗址保护、展示或环境保护需求的聚落，结合人口调控规划，对聚落建筑进行搬迁、拆除，以缩小聚落规模或者直接将聚落搬迁。控制型是指对大遗址保护、展示和环境保护等影响不大的聚落，在保留的同时提出控制措施，包括聚落的规模、环境景观整治的措施和建设的限制与风格的控制等。发展型是指根据大遗址保护、展示和环境保护等需求，对一些传统村落或对遗址影响不大、未来可作为遗址保护利用辅助生活功能区的聚落，在环境整治的基础上，进行创新性发展。如果在保护范围和建设控制地带实施迁村并点或人口集聚，应对新建区域进行详细的考古勘探，确定地下无遗址等遗存。同时对聚居的村落布局、规模和环境整治、建设风貌风格等提出控制要求。

第二节　大遗址土地利用调控规划

大遗址土地利用调控规划是指依据大遗址保护、展示和区域经济社会发展等需求和自然特性等，对大遗址规划范围内的土地资源在空间和时间上进行科学分配和合理的部署安排，制定大遗址土地资源利用的宏观控制性战略措施。土地是大遗址的直接承载体，随着我国工业化、城市化进程的不断加快及区域经济社会发展过程中不合理的土地开发和利用，使大遗址土地遭到严重破坏，直接威胁着遗址的安全。为了保障社会的整体利益和长远利益，消除遗址区土地利用中各种非理性现象，处理好遗址区土地利用中的各种矛盾，保证遗址的安全及传承、遗址区土地类型的多样性，提高遗址区土地利用效率、保护和改善遗址区生态环境，实现遗址保护与区域经济社会文化发展及社区居民生活改善①，有必要编制大遗址土地利用调控规划，以指导大遗址保护、展示、管理等工作的开展，保证大遗址

① 参见刘卫红《大遗址土地用途分区管制研究》，硕士学位论文，西北大学，2010年，摘要。

保护项目的顺利实施。

一　大遗址土地利用调控规划的原则

由于我国人均土地少，文化遗产保护用地严重不足。因此，在大遗址保护中要科学、合理地组织安排大遗址区用地，综合统筹部署各种土地利用方式，以最大化发挥大遗址区土地的特有价值和功能。基于大遗址的特性和保护的目的、目标等，大遗址土地利用调控规划应遵循以下原则。

（一）保护遗址本体与遗址景观原则

大遗址土地利用调控规划的首要目的就是保护遗址本体，保证遗址安全。根据大遗址的特性以及《西安宣言》等要求，除了必须进行遗址本体保护，还必须营建与大遗址相协调的良好的大生态、大环境、大景观，保存和恢复遗址原有的历史环境和自然风貌，为文化遗产资源的有效保护和合理利用创造良好的条件。大遗址区的土地是遗址本体及其周边环境的载体，通过大遗址土地利用调控规划，能够消除对遗址本体的不利影响，引导大遗址区土地的利用类型及发展方式向遗址保护和可持续发展方向调整，使大遗址本体资源得到保护、景观环境得到维护、生态环境得到改善。①

（二）保护耕地原则

我国大遗址多位于城乡接合地带或农村区域，遗址所在区域一般以农业经济为主，用地类型也以耕地为主。随着经济社会等的发展，遗址区内农民非法租售土地、非法将耕地流转为建设用地的现象逐年增加，不仅不利于遗址保护，也不符合我国土地法及国家政策规定的耕地保护制度。尤其是在现行的大遗址保护管理过程中，许多人认为保护遗址就是将大遗址所在区域的土地全部征收过来，归为国有或划转为完全的遗址保护用地就万事大吉，就是最好的保护策略或方法。这种模式对于一些面积较小的封闭性的遗址可能适用。但对于面积广大、遗存丰富、环境复杂的大遗址而

---

① 参见刘卫红《大遗址土地用途分区管制研究》，硕士学位论文，西北大学，2010 年，第 47 页。

言，全部征收，一方面既减少了国家耕地，另一方面导致遗址所在区域居民失去赖以生存的基本生产资料，加剧了遗址保护与当地社区和居民的矛盾，同时可能导致征地闲置，不能发挥效益。因此，为了最大化地保障遗址安全，保证居民的基本生存条件，应在大遗址保护利用调控规划中突出大遗址土地利用的重点与特点，在扩大大遗址保护用地的同时，强调对耕地的保护，处理好耕地保护和遗址保护与经济社会发展的辩证关系，对遗址区土地利用进行积极引导规范，优化土地利用结构和布局。①

（三）因地制宜原则

大遗址土地利用调控规划的内容与大遗址保护、展示、基础设施建设、人口与聚落调控等规划内容紧密相关。同时也与大遗址的性质、面积大小、遗迹分布密度、遗址保存现状等以及所属地域及区位等紧密相关。不同的大遗址在自然条件和经济社会条件方面也千差万别，诸如遗址区地形地貌、区域气候、产业结构、农业结构、居民生活水平、文化习惯、劳动供应量及劳动费用、就业需要、交通条件、基础设施、社会所能接受的土地利用方式及资本有效供应量、技术水平等都会有很大的不同，它们直接影响遗址区土地利用的布局、方向、方式、深度和广度，使各类型遗址区土地利用具有明显的特性与地域差异。② 因此，在大遗址土地利用调控规划编制的过程中，要因地制宜，结合大遗址的特性、地域、区位、自然条件和社会条件，以及保护利用发展的目标等来合理调整大遗址土地利用，形成符合大遗址特征的土地利用方式与结构。

二　大遗址土地利用调控规划的内容

大遗址土地利用调控规划应基于大遗址区土地利用现状分析评估来确定大遗址土地利用规划及其平衡表等内容。大遗址土地资源分析评估是指在现状评估阶段对大遗址“土地资源的特点、数量、质量与潜力等方面进

---

① 参见刘卫红《大遗址土地用途分区管制研究》，硕士学位论文，西北大学，2010 年，第 47—48 页。

② 参见刘卫红《大遗址土地用途分区管制研究》，硕士学位论文，西北大学，2010 年，第 48 页。

行综合评估或专项评估"①。其目的是了解大遗址区土地的特点、数量、质量及利用中的问题，为评估遗址区土地利用潜力、平衡用地矛盾等提供依据。大遗址土地利用现状评估是指对大遗址规划范围内各类土地利用现状及特征、保护用地与生产生活用地之间的关系及其存在的问题等所作的分析。其目的是了解大遗址区文物保护用地和其他生产生活用地利用的现状、遗址保护在用地方面存在的问题，以及遗址区土地利用的主要特征及其发展趋势和规律等，为大遗址土地利用调控规划提供基础依据。

大遗址土地利用规划是在大遗址土地利用现状评估和土地利用策略研究的基础上，根据大遗址保护规划的目标、任务，在保障大遗址保护和利用用地的基础上，重新对遗址区土地资源和利用方式进行优化配置，构建起符合大遗址保护利用的土地利用方式及结构体系。规划方案最终以大遗址土地利用平衡表来表现，大遗址土地利用平衡表应清楚表达规划前后遗址区土地利用方式和结构的变化。其中，大遗址土地利用分区及管制措施的制定既是大遗址土地利用调控规划的基本方法，也是规划的主要成果。它是控制和调整各类用地、协调各种用地矛盾、限制不适当开发利用行为、实现宏观控制管理的基本依据和手段。② 大遗址"土地利用规划重在协调，不同的规划阶段、不同的规划任务、不同的基础条件，规划的深度和重点不尽相同"③。

第三节　大遗址经济发展引导规划

大遗址经济发展引导规划，也称为大遗址经济发展调控规划，是对大遗址保护环境比较复杂，涉及对区域经济社会发展要素进行调控的大遗址而编制的一项专项规划，是大遗址保护规划的组成部分之一。大遗址区的经济发展活动包括保护管理机构对大遗址资源的保护、利用和管理等活动，当地社区和居民的生产生活活动，外来游客的旅游活动等。大遗址保

① 中华人民共和国住房和城乡建设部：《风景名胜区总体规划标准》（GB/T 50298—2018），中国建筑工业出版社 2019 年版，第 34 页。

② 参见付军主编《风景区规划》，气象出版社 2004 年版，第 206 页。

③ 付军主编：《风景区规划》，气象出版社 2004 年版，第 206 页。

护不能回避大遗址区的经济活动及其发展，要实现对人地关系比较复杂的大遗址的保护，必须正视大遗址区的经济发展问题，并能够引导其向有助于大遗址保护的方向发展，通过大遗址区经济结构和布局的调控，促进大遗址保护与区域经济社会的协调、协同发展。大遗址经济发展引导规划应以大遗址保护与管理战略为基础，以区域国民经济社会发展规划、区域文化产业和文化旅游等发展战略为依据，构建起符合大遗址特性的区域经济结构体系和发展运营模式。

一 大遗址经济发展引导规划的原则

大遗址保护与区域经济发展在形式上是一个矛盾体，为了实现大遗址保护与区域经济的协同融合发展，必须对大遗址区的经济发展进行调控，引导其向有利于大遗址保护的方向发展。因此，在大遗址经济发展引导规划编制过程中，应遵循保护优先、以人为本、和谐发展等基本原则。

（一）保护优先原则

大遗址经济发展引导规划应以大遗址保护规划的目的和目标为指导，大遗址区经济的经济结构、布局、发展方向与措施等不得与大遗址保护相背离，不能影响大遗址保护。大遗址经济发展的模式应体现保护优先的原则，在此前提下尽可能兼顾大遗址保护与区域经济统筹协调发展的目标。在规划中要禁止一切对大遗址本体资源和环境造成破坏的经济发展模式。规划的经济发展模式要控制在不影响遗址本体安全和适宜发展的区域和一定强度范围内。

（二）可持续发展原则

大遗址区的经济发展模式应坚持生态经济原则，经济结构和类型上要以绿色、生态、可持续发展的第一产业和第三产业为主，以第一产业延伸的第二产业为辅，尽可能减少或者控制第二产业在大遗址区的发展。同时大遗址经济发展应鼓励能够实现大遗址价值传承弘扬的产业类型的发展。应注意大遗址保护与区域经济发展模式的协同和和谐共生。

（三）以人为本原则

大遗址保护不仅要重视对遗址本体及其环境的保护，还应关注区域社区的发展和居民生活质量的改善，要重视区域经济社会的发展，通过对经济发展模式的引导，促进大遗址保护。但是在规划大遗址区经济发展模式的时候，要做好调研，要充分考虑大遗址区社区和居民的文化科学素质、思想精神观念、原有的经济发展模式的适宜性和对未来发展的需求及期盼等问题。只有对大遗址区居民的生产生活和发展的传统及需求有了深入的了解，提出的经济发展模式才有可能让社区居民容易理解和接受，才能够真正实现对大遗址区经济发展模式的调控和引导。

（四）因地制宜原则

大遗址区经济发展的类型或模式除了要考虑社区和居民的需求，坚持以人为本的原则外，还应当考虑大遗址区的自然环境条件，第一、二和第三产业在当地发展的基本条件和经济发展的规律；同时还应符合区域经济社会发展的相关政策和规划的目标要求等。只有综合考虑区域自然环境条件与经济社会发展条件，结合大遗址保护与管理的需求，制定出科学、合理、有效的经济发展引导规划，才可能促进大遗址保护与区域经济社会及民生等的和谐发展。

二　大遗址经济发展引导规划的内容

（一）大遗址经济发展引导规划的特性

大遗址区经济发展应立足于大遗址保护，尽可能服务于大遗址保护和价值的传承弘扬。这决定了大遗址区经济发展具有服务性、限制性的特性。服务性一方面是指大遗址区的经济发展服务于大遗址保护，另一方面是指大遗址区经济应该以服务型的经济发展类型或模式为主，如旅游业、其他服务业等。限制性是指大遗址区不是任何经济发展类型和模式都可以开展的，只能是服务于大遗址保护和有利于大遗址保护的绿色、生态、可持续发展型产业才可以。同时，相关产业类型的选择及其布局也应受到一定的限制。

（二）大遗址经济发展引导规划的内容

大遗址区经济发展的特性决定了大遗址经济发展引导规划的内容包括

两个方面：一是调整大遗址经济发展的方向和结构，提出管控措施等；二是基于方向提出大遗址经济发展的引导措施。大遗址经济发展引导规划的内容必须立足于对大遗址区经济发展现状的分析评估，以及大遗址保护规划的目标和大遗址保护、利用与管理的需求等来确定。

1. 大遗址经济发展引导方向规划的内容

大遗址经济发展引导规划首先是对大遗址经济发展引导方向的规划，大遗址经济发展引导方向是对大遗址区未来主要发展的产业及其结构类型和相关产业的空间布局及管控措施进行合理的配置与安排。其规划内容包括大遗址经济结构调整的内容、产业空间布局及其控制措施等。大遗址经济发展引导方向，应以大遗址保护和可持续发展为前提，“以经济结构和空间布局的合理化结合为原则，提出适合其经济发展的模式及保障经济可持续发展的步骤和措施”①。

经济结构合理化是指大遗址区经济发展要以大遗址保护为前提，基于大遗址保护规划的目标和保护管理的需求等，结合大遗址区的经济资源和发展条件，确定大遗址区未来的主导产业和产业结构类型，明确主导产业合理发展的途径，追求规模与效益的统一，充分发挥主导产业的引导作用，形成符合大遗址特征的经济结构。基于大遗址区经济的服务性与限制性特征，大遗址区经济结构类型中应以第一产业和第三产业为主，适当地发展基于第一产业为基础、第三产业发展为需求的第二产业。核心在于确定主导产业及支撑产业，形成多业共生的形态，以追求规模与效益的统一。

空间布局合理化是指大遗址产业类型空间位置的选择要以有利于大遗址保护、展示和管理等需求为前提，“把生产要素分区优化组合，合理促进和有效控制各区经济的有序发展，追求经济与环境的统一，充分争取生产用地景观化，形成经济能持续发展”②，大遗址产业服务与大遗址保护、

① 中华人民共和国住房和城乡建设部：《风景名胜区总体规划标准》（GB/T 50298—2018），中国建筑工业出版社2019年版，第33页。

② 张国强、贾建中主编：《风景规划——〈风景名胜区规划规范〉实施手册》，中国建筑工业出版社2003年版，第70页。

展示、管理协同共生的经济布局。大遗址经济的空间布局是大遗址能否在保护的前提下进行相关产业活动的保障。因此，在大遗址经济发展引导规划中应明确大遗址区内经济的分区分级控制和引导方向，同时还应对大遗址区内、区外和大遗址所在地经济的空间关系和内在联系等进行分析，并提出相应的管控措施。

2. 大遗址经济发展引导措施规划的内容

大遗址经济发展引导措施规划是指对大遗址经济发展方向具体规划落实的方法。大遗址经济发展引导措施主要包括三种模式。

（1）调整产业结构模式。其是指对传统的不适应大遗址保护和大遗址展示、管理等需求的，不利于大遗址环境保护的产业进行调整优化，提高土地利用率，促进大遗址保护、展示与管理。大遗址经济结构的调整应利于大遗址保护、展示和管理需求，如关闭不利于大遗址保护和展示的加工制造业等工业企业或厂矿等，积极发展有助于大遗址景观提升或环境优化的高附加值第一产业等。该模式的目标是通过对产业结构的调整，引导区域经济向有利于大遗址保护、展示和管理的方向发展，最终促进大遗址保护与区域经济社会的协调发展。

（2）优化升级产业结构模式。其是指产业的整体生产结构由低级形态向高级形态演变的过程，或是表现出的特征及不同的效应，包括对传统产业的改造和新兴产业的创生。① 该模式的主要目标是通过对大遗址区产业结构的优化升级，控制或限制第二产业发展，形成以第一产业或第三产业为主的相互结合或单一发展的产业链，实现产业结构升级，提高投入与产出效率，以达到经济效益的显著提高，促进社区发展和居民经济收入的提升，进而提升社区和居民对大遗址保护的意识。

（3）支柱产业主导模式。其是指通过大遗址保护和展示利用，带动区域文化产业或旅游产业的发展，进而促进大遗址区经济结构的优化完善。这种模式主要是针对适合发展旅游或文化产业的大遗址而提出，基于大遗址保护与展示，发展旅游业，进而以旅游业为带动，促进大遗址区第一、

① 参见丁云龙、李玉刚《从技术创新角度看产业结构升级模式》，《哈尔滨工业大学学报》（社会科学版）2001 年第 1 期。

二产业和其他产业的发展和产业链的形成，形成“一业主导，多业共生”的经济发展模式。

第四节　大遗址基础设施规划

大遗址基础设施规划是指为有效开展大遗址保护、展示与管理工作，依据大遗址保护规划目标和对不同类型基础设施的具体需求状况，“科学预测确定各项基础设施的具体规划建设方案，合理有效布局各项设施，制定相应的设施建设策略与保护措施”①。大遗址区规划建设的基础设施，包括道路交通设施、给排水设施、电力电信设施、环境卫生设施、安全设施、供热燃气设施、防震减灾设施、防火防洪设施等，具体内容根据大遗址保护与区域经济社会发展需求来规划确定。由于大遗址的保护环境条件十分复杂，大都涉及城镇或大量村民点，这使得大遗址区所涉及的基础设施建设工程十分复杂。大遗址基础设施规划是大遗址保护规划重要的组成部分，对于有效协调、促进大遗址保护、展示与管理以及大遗址区经济社会发展具有重要的意义。因此，要根据大遗址保护规划目标和大遗址保护、展示利用、管理与区域经济社会发展等的需求，科学、合理地开展大遗址区的基础设施专项规划。

一　大遗址基础设施规划的原则

大遗址区所涉及的基础设施规划内容多数已有各自的国家或行业标准与规范，但为了使大遗址区的基础设施建设符合大遗址特征，以及大遗址保护规划目标和大遗址保护、展示利用与管理等需求，在大遗址基础设施规划中还应坚持以下基本原则。

（一）安全性原则

安全性原则是大遗址基础设施规划应坚持的最基本的原则。安全性原则包括两层含义。一是大遗址基础设施规划首先应保证大遗址本体资源的

① 唐晓岚主编：《风景名胜区规划》，东南大学出版社2012年版，第158页。

安全，同时包括自然景观环境与人文景观环境的安全。基础设施规划的内容等应与大遗址的特征、功能、级别、规划目标、保护区划与布局等相适应，不得破坏或影响资源本体及其环境风貌；相关基础设施工程施工前一定要开展相关的考古勘探工作，以保证施工场地地下没有遗存。二是基础设施建设应符合国家或行业标准，具有安全性，不能对社会安全和人身安全等造成威胁。

（二）统筹协调原则

统筹协调原则是指大遗址基础设施规划内容的选择和要求等应满足大遗址保护规划目标，满足大遗址保护、展示、管理以及区域经济社会发展的需求与要求。大遗址基础设施规划项目的选择应适合大遗址保护的实际需求，具体规划的内容、深度及技术标准应符合大遗址保护、展示利用与管理等的要求；要结合大遗址保护规划的目标及具体规划内容等确定基础设施规划的发展目标、布局和要求等，统筹协调彼此之间的关系，以形成有机整体。相关基础设施构筑物、设备的安装和管道布置应避开遗址本体，隐蔽设置，必要时应通过植物种植、地形处理等进行遮挡，各种管道宜埋地敷设。①

（三）科学规划原则

科学规划原则是指在大遗址基础设施规划中，应对规划项目、规划内容、规划指标体系等进行科学的调研、论证与分析，以保证规划设计的基础设施项目科学、合理、安全。对于大型工程或干扰性较大的工程项目及其规划，应进行专项可行性分析或评估报告，以避免对大遗址本体资源及其景观环境等的破坏，或工程实施性不强、利用效率不高或重复建设等。不同类型的基础设施规划的技术标准应与国家或行业技术标准、规范相一致，并遵循各自专业的国家或行业技术标准、规范。

（四）经济性原则

经济性原则是指大遗址基础设施规划一般项目多、投资大，资金回收

① 参见中华人民共和国住房和城乡建设部《风景名胜区详细规划标准》（GB/T 51294—2018），中国建筑工业出版社 2019 年版，第 13 页。

期长或者几乎为公益性投入，这要求大遗址基础设施在满足大遗址保护与区域发展等需求的基础上，应结合区域经济社会发展水平和基础设施的经济性等来规划相关项目，注意节约成本，提高设施利用效率，避免过大的投资造成的浪费。如对于道路交通、给排水等基础设施，在现有的基础上，可以通过改扩建、补充、提高等方式来构建科学、完善的基础服务体系。这样做既可以节省资金投入，减轻财政或投资负担，又可以减少对大遗址本体资源及其景观环境的影响和破坏。

二　道路交通设施规划

道路交通分为内部交通和外部交通，内部交通是指大遗址区内部规划的道路交通体系，包括保护或游览道路及公路；外部交通是指从外界进入大遗址区，与大遗址区内部道路交通相连接的道路交通。大遗址道路交通设施规划以内部交通体系规划为主，对外交通主要是内外部交通的衔接规划，一般在大遗址保护规划的道路交通规划中不涉及。因此，在道路交通设施规划中不过多涉及大遗址区外交通规划，相应标准及依据参照国家或行业道路交通标准或规范，同时应以区域国土空间规划或道路交通规划为主。

（一）大遗址区内部道路交通设施规划的内容

大遗址道路交通设施规划的内容包括车行道、人行道和交通设施。大遗址区内部道路交通按照使用主体分为车行道、人行道，以满足大遗址保护、展示和管理及区域经济社会发展需求为主。车行道是指供大遗址区内机动车或非机动车行驶的道路；人行道是指供保护巡查、公众步行参观游览的道路，车辆不能进入。有的时候在大遗址区也设置一定的人车混行道路交通，但在规划中以车行和人行道路交通规划为主。

（二）大遗址区内部道路交通设施规划的要求

1. 选线总体要求

大遗址区内部道路交通设施规划的选线应满足以下要求：①有利于大遗址保护、展示与管理需求，以及大遗址区经济社会发展的需求；②有利引导和疏散游人和公众；③应顺应地形地貌，避让遗址本体和自然与人文景观本体、生态敏感地段，减少对大遗址本体资源的不利影响或破坏；④保护、展示、管理线路应注意与大遗址保护规划目标和各专项规划内容相衔接和协调；⑤区域经济社会发展或对外沟通的交通主干线应在遵循上述要求的同时，考虑区域经济社会发展的实际需求来确定其规模、等级等。

2. 车行道路规划要求

车行道路分为参观游览车行道和对外车行道两类。参观游览车行道主要服务于大遗址保护、展示、管理需求，在规划中应以相关需求为依据进行规划设计；对外车行道是连接大遗址区内外的交通主干道，以公路为主，在规划中以大遗址保护和区域经济社会发展需求等为依据，应远离大遗址本体资源。规划中应坚持以下要求：①车行路设置应根据地形条件和需求目标、车流量等，确定其道路等级（主干道、次干道等）和规模，包括路幅宽度、转弯半径与纵向坡度；②参观游览车行道应避开遗址本体或环境敏感区，对外车行道应远离大遗址资源本体，避免对其本体及其景观环境造成影响与破坏；③车行道规划设计宽度等应在考虑大遗址保护、展示与管理需求的同时，以《城市道路设计规范》（CJJ 37—2022）为主要参考；④参观游览车行道的建设应在对路基在原地面抬高的基础上，以可逆性材料为主，且透水性等应较强。

3. 人行道路规划要求

人行道路以为大遗址保护和展示管理修建的参观游览步行道为主，一般属于支路的范畴。具体规划中应坚持以下要求。①步行游览路应结合地形地貌、遗址保护需求及遗址展示点分布确定，并宜形成环路。②主路应串联主要景点与景物，形成重要游览线，宽度大于2.0m。次路串联其他景点、景物，形成一般游览线，路宽0.8m—2.0m。步行交通量较大或地形坡度较大，在有条件地段应将步行主路分幅设置，每幅路宽控制在3m以内。[1] ③建筑材料上以砂石、石块、卵石、木材和各种砖材等生态环保材料为主，风格形式上应体现地方或民族、文化等特色。

---

① 参见中华人民共和国住房和城乡建设部《风景名胜区详细规划标准》（GB/T 51294—2018），中国建筑工业出版社2019年版，第11页。

4. 交通设施规划要求

交通设施是道路交通的重要组成部分，主要由交通车站（码头）、停车场及交通标志组成。

（1）车站（码头）规划

大遗址车站（码头）是指为了科学、合理地规划、布局大遗址道路交通网络，有效疏导游客和区域居民，为游客和公众参观游览和出行提供便捷的交通设施而设置的交通中转节点。如果大遗址涉及河流或者湖泊等水源地，基于保护和展示需求，可设置游览码头等设施。大遗址区的车站（码头）应满足大遗址保护、展示、管理及区域经济社会发展的需求，功能布局应科学合理，便于公众乘坐中转或集散；设施的整体环境风貌等应与大遗址区整体环境风格相协调、相一致。

（2）停车场规划

为了满足大遗址保护、展示与管理需求，在大遗址区应设置一定数量的停车场，便于参观游览的公众车辆停放和集散。大遗址区规划停车场建设的主要目标是建设与大遗址保护利用、游客承载量相适应、分布合理、配套完善、管理科学的生态停车场。

停车场要综合考虑三方面因素：一是大遗址保护与展示、管理的需求；二是保护区划及其管理规定的要求；三是遗址保护利用后建设成为景区的等级要求，每个等级的景区对停车场的规模要求不尽相同，因此在前期规划的时候要做好预估。停车场建设的要求包括五个方面。①停车场选址一般设置在建设控制地带对外交通和内部游览专用车行道接口处，或对外交通和步行游览道接口处，以方便游客集散和换乘车辆。保护范围内一般不设置停车场，但根据保护、展示或管理需求可在保护范围外围不影响遗址安全的区域设置一定的停车场，但这类停车场规模一般不应过大，以临时性中转停车为主。②停车场的建设应因地制宜，但应以生态停车场为主，尽量选用生态环保的材料铺设地面，如砂石或草坪砖；保护范围内的停车场应尽量以生态环保的生态停车场为主，尽可能避免用水泥等材料。③较大型的停车场内须通过设置分车带种植树木，对停车场进行绿化遮阴；停车场周边应利用乔木、灌木、微地形等进行视觉遮蔽，最大限度地减少对周围自然景观的破坏，把优美的景观展现在人们的视线范围内。[①] ④停车场的面积应根据大遗址的规模、性质、游客流量及对外交通方式、内部交通方式等因素综合确定，鼓励按照土地节约集约原则新建停车场，不鼓励巨型停车场建设。⑤游客集中场所停车场规划建设须与大遗址及当地生态环境相协调，与游客量基本相符，配套设施完善。

三　给排水设施规划

给排水设施规划涉及大遗址区给水规划和污水排放。

（一）给水规划

1. 给水规划的内容

给水规划是指为保障大遗址区各项用水需求，对相关的给水设施进行全面系统的安排和布局，以保证安全可靠、经济合理地供给大遗址区所需的各种用水。大遗址区的用水类型，以当地居民和游客的生产生活用水、景观环境用水、消防用水、灌溉用水等为主。生产生活用水包括餐饮、洗涤及冲厕用水等；景观环境用水包括人工水景（如喷泉、瀑布、跌水等）、景观河湖补水等，以及广场道路保洁用水、植物浇灌、车辆冲洗用水等；消防用水包括防火安全所需要的用水；灌溉用水包括大遗址区农业生产活动所需的用水。因此，给水规划的内容包括合理选取确定供水水源、供水指标和预测供水负荷，确定给水设施的规模、容量和布置供水管网，以满足各类用水对象对供水水量、水质和水压的要求。

2. 给水规划的要求

大遗址给水规划应根据大遗址保护、展示、管理及区域经济社会发展需求等统筹安排。规划应坚持以下基本要求。①合理确定给水的模式，用水分散的区域，可采用分区就近取水的原则，并安排供水管网；用水集中的居民区、服务管理区等可以根据需要设立水厂或由市政用水供给。②合理确定供水水源，靠近城镇建成区的争取与市政给水系统相连；远离城镇的或不具备与市政供水连接的，可选择合适的

① 参见唐晓岚主编《风景名胜区规划》，东南大学出版社2012年版，第156页。

独立水源地及用水模式。③对于水资源匮乏的区域，尽量避免设置用水量大的设施。④给水系统布置应满足用水要求和安全，应根据大遗址保护总体规划方案、未来发展目标、用户分布和对用水的要求，以及地形、设施布局、景观要求、技术经济等因素经综合评价后确定；同时应充分考虑近期建设和远期发展的需要，留有发展余地。⑤给水设施包括水厂、管线、水质等应符合相关国家或行业标准要求，如生活用水水质应符合《生活饮用水卫生标准》（GB 5749—2022）；给水处理设施应靠近主要用水设施，不受洪水威胁、工程地质条件及卫生环境良好；当水压、水量不能保证供水要求和安全时，应设提升泵站和蓄水设施。[①] ⑥供水厂规划布置应综合考虑大遗址区的给水模式、大遗址保护利用的需求和自然与工程条件。⑦给水工程不能对大遗址资源本体及其完整性和周边环境等造成影响或破坏，水厂、蓄水池、水塔、水泵、管线等工程设施位置应该隐蔽。⑧给水管线布置应经济合理，避开不良地质构造处，宜沿道路埋地敷设；当埋地敷设施工困难、工程量大必须明设时，应满足景观、安全供水、巡线检修、防冻等要求。[②]

3. 用水量估算[③]

大遗址用水规划首要的就是确定用水指标体系，并基于此对用水量进行估算。用水量一般以用水高峰时期的用水量作为参考指标。用水量指标是指规划期内大遗址不同用水对象所采用的用水量定额。用水量指标的确定既是大遗址用水量预测的基础，也是大遗址区给水、排水工程规划设计的主要依据。用水量指标的确定必须科学合理，指标选取得过高或过低，都会影响风景名胜区的正常运转和长远发展。不同用水对象，应采用不同的用水量标准。不同地区自然条件以及经济社会发展水平的差异，也将直接影响到用水量标准的大小。确定大遗址区各不同用水对象的用水量指标，除参照国家现行《城市给水工程规划规范》（GB 50282—2016）、《室

① 参见中华人民共和国住房和城乡建设部《风景名胜区详细规划标准》（GB/T 51294—2018），中国建筑工业出版社 2019 年版，第 13 页。

② 参见中华人民共和国住房和城乡建设部《风景名胜区详细规划标准》（GB/T 51294—2018），中国建筑工业出版社 2019 年版，第 14 页。

③ 参见唐晓岚主编《风景名胜区规划》，东南大学出版社 2012 年版，第 160 页。

外给水设计规范》（GB 50013—2018）、《建筑给水排水设计规范》（GB 50015—2019）和《风景名胜区总体规划标准》（GB 50298—2018）等相关规范规定之外，还应结合当地用水的实际情况和未来发展趋势，经综合考虑后再确定。其中，散客用水量指标建议为 10L～30 L/人·d；管网漏失水量和未预见水量之和按最高日用水量的 10%～15%计。为提高给水工程规划的适应性和指标选取时的可操作性，用水量指标应保持一定的弹性，即指标值包含一定范围的变化幅度。

用水量预测是指采用一定的预测方法，对某一规划时期内的大遗址用水需求总量进行预测。针对大遗址区内用水对象和用水类型的特殊性，用水总量预测通常采用分类用水量求和的方法得到，如下式：

$$Q = \sum Q_i$$

式中：Q——大遗址区总用水量；Q_i——大遗址区各类用水量预测值，用水量主要分为生活、养护、造景、消防四大类。

（二）排水规划

1. 排水规划的内容

排水规划是指对大遗址区产生的各种污水、雨水的达标处理和顺利排出进行全面系统的安排和布局，以保护环境免受污染。按照来源和性质，大遗址区内需要排出的水可分为污水和雨水两大类。污水主要为生活污水，来源于客房用水、餐厅、厨房、商业娱乐、办公管理场所及居民点等处，这类污水中含有较多的有机污染物质，必须经过处理，达到相应的标准后，方可排放；雨水则可进行适当回收再利用。排水工程是根据大遗址保护展示需求、用水需求和周边城镇的排水设施规划建设情况，合理确定规划区内大遗址区污水排放量、污水处理方式和处理设施规模，雨水排放方式和排放设施规模，制定相应的大遗址污水治理和利用对策建议等。

2. 排水规划的要求①

大遗址排水规划应保证污水、雨水的排出，不能影响或破坏大遗址资

① 参见中华人民共和国住房和城乡建设部《风景名胜区详细规划标准》（GB/T 51294—2018），中国建筑工业出版社 2019 年版，第 14 页。

源本体或景观环境。规划应坚持以下基本要求。①合理确定排水体制，一般采用雨水、污水分开排放。②合理确定排水模式，从类型来分，各种生活污水，经污水管道收集、输送至污水处理设施处理达标后排入水体或进行再生利用；雨水的排除通常通过地面径流，就近进入大遗址区内明沟、小溪流或较大的排放水体。从聚居情况来分，污水或雨水排放比较分散，规模不大的区域，一般采用分区就近处理后排放；在聚居区或城镇、村落等污水排放量大的区域宜采用集中排水系统，主要污水处理设施可安排在居民村镇及其附近。从与城镇的关系来分，如果距离城镇较近，一般应将污水处理纳入城镇污水处理系统；如果无条件，则可独立配置。③排水系统布局应以重力流为主，不设或少设排水泵站，无法采用重力流或重力流不经济时，应采用压力流；雨水系统宜按照高水高排、就近分散的原则排放，一般雨水无须建设排水系统，但在特殊的不能自然排水或者排水不畅的地段，要设置排水暗渠；在道路交通施工时要预留足够的排水通道。④污水不得随意排放，污水处理排放点分散采用就近处理的方式，有条件的地方还可将处理后的污水用来作为景观环境用水或消防用水；当污水无法接入市政污水管网时应设污水收集、处理系统。污水处理设施宜集中设置；污水处理程度和处理工艺应根据受纳水体要求、再生利用确定。污水处理宜采用一体化污水处理设施，在地质条件允许开挖时应埋地设置。⑤排水系统布置应满足大遗址其余排水要求和安全，应根据大遗址保护总体规划方案、未来发展目标、用户分布和对排水的要求，以及地形、设施布局、景观要求、技术经济等因素经综合评价后确定；同时应充分考虑近期建设和远期发展的需要，留有发展余地。⑥排水设施包括污水处理厂或处理站、污水管道系统等的规划应符合相关国家或行业标准要求。污水处理水质应符合《地表水环境质量标准》（GB 3838—2002）和《城镇污水处理厂污染物排放标准》（GB 18918—2002）中的相关规定；雨水应参照《室外排水设计标准》（GB 50014—2021）。⑦污水处理厂规划布置应综合考虑大遗址区的排水模式、大遗址保护利用的需求和自然与工程条件。⑧排水工程不能对大遗址资源本体及其完整性和周边环境等造成影响或破坏，相关设施如污水处理厂或处理站、污水处理池、污水处理管线等工程设施应该根据当地的地形地貌条件布局，位置应该隐蔽；排水管渠应根据当地水文、地质、气象及施工条件确定材质、构造基础、管道接口和埋深；污水管道一般选用抗渗性能好、耐腐蚀性强、有一定强度、经济可行的管材。

3. 污水量估算

大遗址区污水产生量的预测可以通过综合用水量（平均日）乘以污水排放系数求得。污水排放系数是指在一定计量时间（年）内的污水排放量与用水量（平均日）的比值。由于大遗址区的用水主要由各类生活用水组成，大遗址污水产量由综合用水量（平均日）乘以综合生活污水排放系数得到。相对城市而言，大遗址给排水设施完善程度和排水设施规划普及率都将更高，污水排放系数可取0.85～0.9，即污水产量可按综合用水量（平均日）的85%～90%进行估算预测。地下水位较高地区，还应适当考虑地下水的渗入量。①

四　电力电信设施规划

（一）电力设施规划

1. 电力设施规划的内容

电力设施规划是指以大遗址所在地的供电系统为基础，结合大遗址区电源现状和电网现状、用电量和用电负荷等，根据大遗址保护与区域经济社会发展需求对大遗址区电力系统的规划设计。规划的内容包括：①合理预测规划期内可能的最大用电量负荷，并确定供电电源点等；②科学布局变电所（站）等变配电设施和配电网络（包括高压走向、高压走廊位置、低压接线方式、架空线距游览线的最小平行距离、地下电缆的位置）；③制定或提出各类供电设施和电力线路的具体保护措施。

2. 电力设施规划的要求

大遗址电力设施规划应坚持以下基本要求。①在遗址区尤其是保护范围尽可能不安排高压铁塔建设及高压线缆、架空电线穿过。②主要供电设施应配置于博物馆、游客服务中心等用电中心附近。③大遗址区电力负荷预测和

① 参见唐晓岚主编《风景名胜区规划》，东南大学出版社2012年版，第162页。

相关设施的规划设计应以《城市电力规划规范》（GB 50293—2014）、《全国民用建筑工程设计技术措施电气》（2009 版）、《电力工程电缆设计规范》（GB 50217—2018）和《风景名胜区详细规划标准》（GB/T 51294—2018）等国家和行业的相关标准为指导，具体应根据实际需求确定；电力负荷预测采用综合用电水平法预测电力负荷，预测指标主要参考单位建筑面积用电负荷指标（见表6－1），也可借鉴单位建设用地负荷密度法进行复核预测（见表6－2），涉及博物馆或旅游区的，参照表6－3和表6－4；供电负荷容量应有发展的空间，以满足中远期可能用电需求。④科学、合理地确定供电电源，尽可能使用生态环保的电源。⑤电力设施如变电站、电力线路等尽量隐蔽，既要保证大遗址本体资源和景观环境的安全，又要使供电安全经济。

表6－1　　规划单位建筑面积负荷指标

建筑用地类别	单位建筑面积负荷指标（W/m^2）
居住建筑	30～70（4KW－16KW/户）
公共建筑	40～150
工业建筑	40～10
仓储物流建筑	15～50
市政设施建筑	20～50

资料来源：《城市电力规划规范》（GB 50293—2014）。

表6－2　　规划单位建筑建设用地负荷指标

城市建设用地类别	单位建筑建设用地负荷指标（kW/hm^2）
居住用地（R）	100～400
商业服务业设施用地（B）	400～1200
公共管理与公共服务设施用地（A）	300～800
工业用地（M）	200～800
物流仓储用地（W）	20～40
道路与交通设施用地（S）	15～30
公用设施用地（L）	150250
绿地与广场用地（G）	1030

资料来源：《城市电力规划规范》（GB 50293—2014）。

表 6-3　　单位建筑面积用电指标

建筑类别		用电指标（W/m^2）	变压器容量指标（VA/m^2）
公寓		30~50	40~70
宾馆、饭店		40~70	60~100
商业建筑	一般	40~80	60~120
	大中型	60~120	90~180
展览馆、博物馆		50~80	80~120

资料来源：《全国民用建筑工程设计技术措施电气》（2009 版）。

表 6-4　　供水供电及床位用地标准

类别	供水	供电	用地（m^2/床）	备注
简易宿点	（80~130）L/（床·d）	（1000~2400）W/床	50 以下	一级旅馆
一般旅馆	（120~200）L/（床·d）	（1200~3000）W/床	50~100	二级旅馆
中级旅馆	（200~300）L/（床·d）	（1500~3400）W/床	100~200	三级旅馆
高级旅馆	（250~400）L/（床·d）	（1700~4800）W/床	200~400	四五级旅馆
居民	（60~150）L/（人·d）	（150~900）W/人	—	—
散客	（10~30）L/（人·d）	—	—	—

资料来源：《风景名胜区总体规划标准》（GB/T 50298—2018）。

（二）电信设施规划

1. 电信设施规划的内容

大遗址电信设施规划是指以大遗址所在地的电信系统为基础，结合大遗址区电信设施现状，根据大遗址保护与区域经济社会发展需求，对大遗址区邮政设施（邮政所）、通信设施（有线电话系统与无线通信系统）、有线电视、广播等电信设施系统规划。规划的主要内容包括：①确定规划期内大遗址通信发展目标；②合理预测通信需求并合理确定规划期内大遗址邮政、电信、广播、电视等各种通信设施的规模和容量；③科学布局各类通信设施和通信线路；④制定或提出通信设施综合利用相关对策与措施以及通信线路的保护措施。[①]

2. 电信设施规划的要求

大遗址电信设施规划应坚持以下基本要求。①大遗址电信设施的选择应根据大遗址区保护和大遗址区经济社会发展的需求来确定。②邮政设施主要方便公众办理邮政业务，应根据大遗址保护、展示和管理以及大遗址区经济社会发展需求合理确定。③有线通信系统（有线电话、有线广播、计算机信息网络等）和线路材料（电缆、光缆、金属）应根据需求确定。④无线通信系统应按照智慧景区或数字化景区的标准建设，能够实现区域无线网络全覆盖；如存在信号不好地区或信号盲区，可通过增设信号基站的方式解决。⑤电信设施如信号塔、线路等尽量隐蔽，既要保证大遗址本体资源和景观环境的安全，又要方便经济。⑥大遗址保护范围和展示区域不得安排电信设施架空线路穿过；电信设施的线路一般应采用硬塑料管或混凝土管块埋地敷设。⑦监控系统设置应包括监控中心地点和主要摄像机位置、线路走向等，并应确定系统配置。[②]

五　环境卫生设施规划

（一）环境卫生设施规划的内容

大遗址环境卫生设施规划是指以大遗址所在地的环境卫生系统为基础，结合大遗址区环境卫生设施现状，根据大遗址保护与区域经济社会发展需求，对大遗址区公共厕所和生活垃圾处理设施两类环卫设施系统的规划，以保障大遗址区环境的干净整洁。环境卫生规划的内容包

① 参见唐晓岚主编《风景名胜区规划》，东南大学出版社 2012 年版，第 159 页；马耀峰主编《旅游规划》，中国人民大学出版社 2011 年版，第 171 页。

② 参见中华人民共和国住房和城乡建设部《风景名胜区详细规划标准》（GB/T 51294—2018），中国建筑工业出版社 2019 年版，第 15 页。

括：①制定大遗址环境卫生设施配置标准；②合理预测大遗址各类生活垃圾产生量，确定垃圾收集、运输、处理方式；③合理确定大遗址环境卫生设施的类型、数量和规模；④科学布局垃圾收集、转运设施和公共厕所等各种环境卫生设施；⑤制定环境卫生设施的隔离和防护措施并提出垃圾回收利用对策。[①]

（二）环境卫生设施规划的要求

大遗址环境卫生设施规划有以下六点要求[②]。①公共厕所规划按照大遗址保护总体规划方案，以数量满足需要、布局合理、建设标准与未来发展需求相一致、建筑风格与周边环境相协调的原则进行布置；公共厕所的选址既要从游客行为特征和需求方面考虑，又要注意厕所对大遗址资源本体、景观和环境的影响；公共厕所应优先布置于入口服务区、停车场、观光游憩区等游客数量多的场所，服务区公厕宜设在服务建筑内，游览线路上一般1000米/座，旅游公路一般20公里/座；公共厕所的造型及外观装饰等应与大遗址区景观环境协调一致，公共厕所的材质应选择具有当地特色的，且经久耐用、便于维修的材料；大遗址展示区的厕所需要设置化粪池，应该采用环保式循环水冲式厕所，在给水管道不能到达区域应设置环保生态的免水冲厕所。②环境卫生设施的规划设置应满足大遗址垃圾收集、运输、处理和处置等功能；大遗址保护范围内不宜设置垃圾处理设施；一般生活垃圾应采用分类收集方式。③垃圾箱的设置应该本着方便、实用、美观、协调的原则，合理安排数量和布点；入口服务区、观赏游憩区等数量应较多，道路沿线主干游览道路100m左右、游览道路200m—400m应设置一个垃圾废物箱；垃圾箱的造型和体量应根据大遗址的文化和环境特点以及不同造型垃圾箱的功能进行设置；垃圾箱的造型应该与周围环境协调一致；垃圾箱的制作材料包括金

① 参见唐晓岚主编《风景名胜区规划》，东南大学出版社2012年版，第169页。

② 参见中华人民共和国住房和城乡建设部《风景名胜区总体规划标准》（GB/T 50298—2018），中国建筑工业出版社2019年版，第31页；中华人民共和国住房和城乡建设部《风景名胜区详细规划标准》（GB/T 51294—2018），中国建筑工业出版社2019年版，第16页；唐晓岚主编《风景名胜区规划》，东南大学出版社2012年版，第159页；马耀峰主编《旅游规划》，中国人民大学出版社2011年版，第176—177页。

属、塑料、木质、水泥等，材质应根据当地的自然状况、周边环境基调等方面来考虑。④大遗址区内不应设置垃圾处理设施，在主要服务建筑附近可设置小型垃圾转运站。⑤环境卫生如公共厕所、垃圾处理站等尽量隐蔽，既要保证大遗址本体资源和景观环境的安全，又要方便经济。⑥大遗址环境卫生设施的规划还应根据需求，参考相关国家标准或行业标准指导具体规划设计，如《旅游厕所质量要求与评定》（GB/T 18973—2022）、《城市环境卫生设施规划规范》（GB 50337—2003）、《风景名胜区总体规划标准》（GB/T 50298—2018）和《风景名胜区详细规划标准》（GB/T 51294—2018）等。

六　防灾减灾设施规划

（一）防灾减灾设施规划的内容

防灾减灾设施规划是指为了保障大遗址资源本体、相关设施和居民、游客等不受火灾、洪水、地质灾害等危险因素的威胁或影响，以预防为主、突出重点的原则为指导，对相关防灾减灾设施如建筑、场地工程、设备器材等进行的系统规划。防灾减灾设施规划的内容包括：①确定防灾目标和各项防灾标准；②合理确定各项防灾设施的类型、等级、规模；③科学布局各项具体防灾设施；④制定防灾设施统筹建设、综合利用、防治管理等的对策与措施。[①]

（二）防火设施规划的要求

大遗址区的防火设施规划涉及建筑防火和森林防火两个方面的内容。大遗址防火设施规划应坚持以下要求。①各类建筑和设施的防火规划应执行《建筑设计防火规范》（GB 50016—2014）、《文物建筑防火设计导则（试行）》相关规定。②森林防火规划应执行或借鉴《森林防火条例》、《森林防火技术规程》（DB21/T 2732—2017）、《林火阻隔系统建设标准》（LY/T 5007—2014）等国家法规和行业标准。③各类防火设施的建设应在满足防火需求的同时，尽量隐蔽，既要保证大遗址本体资源和景观环境的

---

① 参见唐晓岚主编《风景名胜区规划》，东南大学出版社 2012 年版，第 159 页。

安全，又要方便经济。

（三）防洪排涝设施规划

大遗址区防洪排涝对策应从源头的保护与治理入手，蓄排结合、共同防治。在规划中具体要求如下。①大遗址区域防洪排涝规划及其编制内容的深浅应依据大遗址区所处自然环境和大遗址保护、展示及管理需求等来确定。②河湖的防洪规划应执行和参考《防洪标准》（GB 50201—2014）、《城市防洪规划规范》（GB 51079—2016）、《堤防工程设计规范》（GB 50286—2013）、《疏浚工程技术规范》（JTJ 319—99）的规定，并参考《国家防汛抗旱应急预案》。③防洪排涝规划一般要明确规划依据、规划目标、规划原则与防洪标准，明确防洪水位计算与分析，明确防洪排涝的方针、对策和防治措施，制定防洪排涝工程设施规划、防洪排涝工程规划方案。④大遗址防洪设施一般包括堤防工程、河道整治工程、水库、分蓄洪工程等；基于大遗址本体资源保护需求，防洪设施至少应是百年一遇的防洪标准。⑤各类防洪排涝设施的建设应在满足需求的同时，尽量隐蔽，既要保证大遗址本体资源和景观环境的安全，又要方便经济。

（四）地质灾害设施规划要求

大遗址区地质灾害包括大遗址分布区的山体崩塌、滑坡、泥石流、地面塌陷、地裂缝、地面沉降等与地质作用有关的灾害。大遗址区地质灾害设施规划的目的是针对大遗址区常见的地质灾害，进行有效的监测和防治。在规划中具体要求如下。①地质灾害设施的规划应参考《地质灾害防治条例》要求，大遗址保护规划的各类防灾减灾措施应纳入遗址所在地的国土空间规划防灾减灾体系，并贯彻实施。②地质灾害规划的内容包括地质灾害现状与发展趋势预测；指导思想、基本原则和目标；主要任务；防治分区划分和评价，包括地质灾害易发区、重点防治区及地质灾害防治重点项目；防治方案；防治实施安排和保障措施等。[①] ③泥石流治理措施包括蓄水工程、引水工程、拦挡工程、排导工程、排淤工程等；滑坡治理措

① 参见唐晓岚主编《风景名胜区规划》，东南大学出版社 2012 年版，第 179 页。

施包括消除或减轻水对于滑坡的影响，改变滑坡地形增加滑坡的抗滑力，改变滑带土石性质阻滞滑坡体的滑动。① ④大遗址的防灾减灾设施应满足遗址本体的安全性要求，位于保护范围内的防灾减灾工程设施应兼顾景观环境的协调要求。②

大遗址区基础设施规划除道路交通、给排水、电力电信等主要规划内容之外，还涉及大遗址区的供热设施规划和供气设施规划等专项规划内容，这类基础设施规划可根据大遗址保护和区域经济社会发展需求提出要求，具体规划内容参照相关国家或行业相关标准执行。

第五节　以秦雍城遗址为例的聚落调控规划探讨

一　建设环境现状评估

（一）人口与聚落现状

秦雍城遗址区共包括21个行政村，分属于凤翔区的城关镇、南指挥镇和彪角镇郭店社区，共计人口约48950人。③ 遗址区除南大街社区、西大街社区、南环路社区、东大街社区、铁丰村等7个社区和村落位于城镇建成区和城乡接合部，其他14个村落全部位于乡村区域（见表6－5）。雍城城址区内村落与遗迹距离普遍较近，一些现代建筑物或构筑物直接叠压在遗迹之上，对遗迹造成较大破坏，城镇建成区内的5个社区和村落直接占压在遗址之上，豆腐村和铁丰村随着城镇南扩，也多数占压在遗址之上，已严重影响到遗址安全。秦公陵园区除南指挥村和西村一部分直接占压在陵墓遗迹本体之上，其他村落也基本与陵墓遗迹交错毗连分布。国人墓葬区除八旗屯村、高社村部分占压在墓葬之上，其他村落也基本与墓葬遗迹交错毗连分布。

---

① 参见马耀峰主编《旅游规划》，中国人民大学出版社2011年版，第175页。

② 参见中华人民共和国国家文物局《大遗址保护规划规范》（WW/Z 0072—2015），文物出版社2016年版，第10页。

③ 此部分为全面了解遗址区人口和聚落分布情况，所用数据截至2019年；到2023年，秦雍城遗址保护区内村庄经过合并现为18个行政村，人口约5万。

表 6-5　　秦雍城遗址涉及镇村信息表

乡镇	村庄数量	遗址区域	遗址涉及村庄/社区	人口数量（人）	人均可支配收入（元）
城关镇	27	城址区	南大街社区、南环路社区、东大街村、行司巷村、西大街村、铁丰村、高王寺村、马家庄村、瓦窑头村、南关村、豆腐村	104000	15144
南指挥镇	16	国人墓区、秦公陵园南指挥陵区	西村、南指挥村、铁黄塬村、八旗屯村、高社村、东指挥村、西指挥村	37500	18700
彪角镇	20	秦公陵园三岔陵区	三岔村、上郭店村、礼包务村	63200	14800

资料来源：作者自制。

（二）建设环境现状

1. 遗址区北部与凤翔区城市建成区直接叠压，城市南扩和城市更新建设对遗址本体及其环境风貌影响严重。

2. 随着城市扩张，城市建设区内居住用地呈迅速增长之势。

3. 县城以南遗址区内主要为乡村，随着村庄民房翻建和新建高度增加，房屋基础开挖深度超过地下遗迹平均埋深，遗迹面临威胁增加。

4. 部分村庄通过出租土地用于企业园区建设获取收益，企业远期新建厂房仓库等建构筑物，其风貌、体量和高度色彩加重了对遗迹本体的威胁和破坏，其建筑风格与遗址风貌景观不协调。

5. 村庄房屋建设由于人工物料价格上涨，造成搬迁成本增加，加大遗址保护难度。

（三）涉建对象与遗址位置关系

1. 雍城城址区

城址区内的现代聚落与遗迹距离普遍较近，一些现代建筑物或构筑物直接叠压在遗迹之上，对遗迹造成较大破坏，尤其是豆腐村的北部因出租大量土地设厂建房，已严重影响到遗址安全；同时当地居民取土、修渠灌溉等生产生活活动已严重威胁到遗址安全。

2. 秦公陵园区

本区大型墓葬分布较密集，有的村落占压于陵区和墓葬本体之上，区内居民取土、修渠灌溉等生产生活活动已威胁到陵园内墓葬安全。

3. 国人墓区

本区内地下遗迹分布较散，当地村落对此区域内遗迹影响较小。

4. 城址区外其他遗址

城址区外其他遗址主要包括其他时期和文化内涵的遗址和墓葬等遗存，遗存分布较为分散，位于城址区外西南和国人墓区位置，该区域内遗址普遍保存较好，地表无涉及对象占压破坏。

（四）人口与聚落评估结论

1. 城镇建设直接影响遗存本体保护

秦雍城遗址城址区北部处于城市建成区，随着城市扩张和更新，城区内房建、交通、管网等建设项目较多，建设强度和规模较大，基坑和管沟开挖对于地下埋藏遗存造成破坏最为严重。凤翔区县城南扩趋势尚未加以遏制，新建项目增多，建设用地增加，不断侵蚀遗址埋藏区域；建构筑物体量、高度和规模等与遗址整体风貌不协调。如“市”遗址之上现已是住宅小区，原有遗迹本体及其环境风貌已遭到严重破坏；如雍城的北城墙已被凤翔区城市建成区占压。

2. 聚落建设对遗址威胁遗址保护

城址区以南广大区域主要为村庄农田，建设强度和规模较小，但是村庄建设、道路修建和农民生产生活等取土对遗存的破坏最为普遍且突出，是乡村环境中地下埋藏遗存遭破坏的最主要因素。遗址区内公路沿线违建项目较多，未批先建问题突出，缺乏城乡统筹规划和管控，村庄转租机动土地给企业租用以获利，致使企业园区等非法建构筑物逐年增多。

二 人口聚落与居民调控规划

（一）人口调控

本规划期内，秦雍城遗址区遗迹本体范围内所有人口和聚落必须逐步迁出；在保护范围内遗迹本体范围外，经考古工作确认地下无保存价值遗迹的区域，现有居民可暂不搬迁；建设控制地带的居民可暂不搬迁。严格限制外来人口进入遗址区，逐步减少遗址区内人口数量。本规划期内，秦雍城遗址保护范围内需要搬迁的居民约1370户，4287人（见表6－6）。

表6－6 秦雍城遗址保护范围内搬迁户数统计表

村名	需搬迁户数	需要搬迁人数	占总搬迁户数百分比	占总搬迁人数百分比
南大街	130	390	9.50%	9.10%
东大街	160	480	11.60%	11.20%
南关	90	270	6.60%	6.30%
铁丰	90	315	6.60%	7.30%
高王寺	15	60	1.10%	1.40%
瓦窑头	90	342	6.60%	8.10%
豆腐村	230	455	16.80%	10.60%
马家庄	20	70	1.50%	1.60%
东社	15	60	1.10%	1.40%
三岔	50	165	3.60%	3.80%
南指挥村	480	1680	35.00%	39.20%
合计	1370	4287	100.00%	100.00%

资料来源：作者自制。

（二）聚落调控

聚落调控主要采取本村内用地功能置换和迁村并点等方式。需要置换调整、迁村并点的村庄主要有南大街、南关村、豆腐村、三岔村、南指挥村等村落，面积约548472平方米（见表6－7）。调控搬迁后的村落应按照新农村建设的要求进行合理规划。

表 6－7　　遗址区村落规划搬迁安置一览表

村名	搬迁面积（平方米）	搬迁方向	预留地面积（平方米）
南关	34870	村落北部	29639
南大街	49987	村落北部	42488
东大街	65161	村落北部	55386
高王寺	6212	村落东北	5280
瓦窑头	36318	村落东南部	30870
豆腐村	90951	村落东北部	77308
马家庄	8284	村落中部	7041
东社	5161	村落南部	4386
三岔	19776	村落南部	16809
南指挥村	193109	村落北部	164142
合计	548472		433349

资料来源：作者自制。

（三）调控措施

1. 搬迁安置措施

需搬迁安置的村落，房屋建筑和基础设施必须根据与遗址景观协调的要求和土地有效利用的原则，尽可能进行统一规划设计和建设。根据遗址保存现状，对遗址区内人口和聚落采取近地安置的措施进行。近地安置是指在不脱离现有耕作土地的基础上，通过村落住宅用地与耕地的置换，将原有的住宅用地转变为遗址保护用地和耕地，在本村土地范围内或邻村土地范围内进行安置。合理安排搬迁安置居民的生产和生活空间，既保证遗址安全，又尽可能保证基本农田的用地。秦雍城遗址区居民的搬迁安置应与乡村振兴相结合，中央和地方政府都应在政策、项目和资金安排等方面给予足够的重视和倾斜。

2. 搬迁安置补偿措施

遗址区内搬迁安置居民的补偿费用，应包括拆迁费、安置住房建设费、过渡住房租用费等。搬迁居民的安置应由地方政府统筹安排，政府对此应有专项预算和资金投入。遗址区居民原有耕地和住房被征收作为保护用地的，应有一次性征地补偿费。搬迁安置补偿费用的标准，在参照国家和陕西省相关标准的同时，应结合宝鸡市和凤翔区当地的实际情况，由凤翔区人民政府主管部门制定。

3. 产业结构调整

通过调整遗址区居民的产业结构，将遗址区内居民的生产生活与遗址保护、遗址展示、遗址管理、遗址区环境整治和绿化、旅游服务等工作结合起来，建立多样化的收入渠道。同时，通过制定优惠政策引导区内劳动力到区外就业，并建立长期有效的补偿机制，改善遗址区内居民的生活质量。

4. 遗址区建筑风格形式建议

遗址区内各村落房屋建筑的建设应按美丽乡村建设标准进行合理规划设计，在充分考虑原有的自然村的组合形式和分布的基础上，结合现有的地理位置进行建设。建筑形式应既符合雍城的历史环境风貌又满足当地居民生产生活的民居形式。建筑高度保护范围内不应超过 8 米，建设控制地带范围内不应超过 12 米。建筑面积应符合美丽乡村建设的要求，坚持保护耕地和节约用地的原则，杜绝一户多宅现象。

第七章　大遗址保护保障体系规划

大遗址保护规划方案要得到有效的实施，有赖于考古工作、管理体制机制和资金等保障措施的落实。因此，在大遗址保护规划中，要从考古保障角度、政府管理与实施保障角度、资金保障角度等对大遗址保护规划方案及其影响进行有效管理。大遗址保护保障体系规划包括大遗址考古工作规划、大遗址保护管理规划、保护资金筹措和分期实施规划等内容。科学、合理、高效可行的大遗址保护保障体系规划有助于优化大遗址保护的管理，增强大遗址保护规划的可行性，促进大遗址保护规划方案的实施。

第一节　大遗址考古工作规划

一　大遗址考古工作规划的概念与任务

（一）大遗址考古工作规划的概念与意义

大遗址考古工作是“大遗址保护工作和考古学研究体系的重要内容，是开展大遗址保护、展示、利用的科学依据和基础”①。大遗址考古工作与大遗址保护相辅相成，互为依托。大遗址考古是大遗址保护的依据和前提，大遗址保护是大遗址考古可持续发展的保障。对大遗址的认知主要依赖于考古工作，“只有明确了遗址的基本信息，即遗址的规模范围、文化内涵、布局、时代、性质以及科学价值、历史价值和艺术价值等，才能对

① 国家文物局：《关于加强大遗址考古工作的指导意见》，文物保函［2013］39号。

其进行有效的、科学的保护”①。大遗址的保护与展示等工作也需要依托大遗址考古工作，只有在科学的大遗址考古工作指导下，大遗址保护与展示等工作才能有效开展。“既然古代遗址是考古学的唯一资源，那么考古学的发展就必然依靠遗址保全，失去了遗址资源，考古学就难以继续进步”②。因此，大遗址保护是大遗址考古工作可持续发展的根本保障。

大遗址考古工作规划是指为了有目的、有计划、有步骤地推进大遗址保护工作，为大遗址保护、展示利用、科学研究等提供基础资料、科学依据和方法指导，保障大遗址保护规划的实施和修编，根据大遗址保护规划的目标和内容等，对大遗址考古工作进行的统筹部署和具体安排。大遗址考古工作规划是大遗址保护规划的重要组成部分，是大遗址保护规划能够顺利、有效实施的重要保障。任何一个大遗址保护规划都需要大遗址考古工作规划的支持，以保障大遗址保护规划的科学性、合理性和可操作性。“没有科学的考古勘探、发掘和研究，遗址的内涵和价值就不会被充分认识，遗址的保护规划就缺乏坚实的学术基础，缺乏针对性和可操作性，遗址也就不可能保护好。”③

（二）大遗址考古工作规划的基本方针、目的和主要任务

1. 大遗址考古工作规划的基本方针

大遗址考古工作规划应坚持“保护第一、加强管理、挖掘价值、有效利用、让文物活起来”的新时代文物工作方针，坚持考古调查、勘探、发掘和保护、展示利用并举，坚持科学研究与促进当地社会发展共赢。

2. 大遗址考古工作规划的目的与目标

（1）大遗址考古工作规划的目的

大遗址考古工作规划的目的是为大遗址保护、展示、管理和科学研究提供支持，推动大遗址价值认知，促进大遗址有效利用，改善大遗址环境，为区域可持续发展创造条件。以大遗址为代表的“古代遗址是考古学

① 杜金鹏：《试论考古与遗址保护》，《考古》2008 年第 1 期。

② 杜金鹏：《试论考古与遗址保护》，《考古》2008 年第 1 期。

③ 何克洲：《浅析考古勘探工作与大遗址保护——以青海省喇家遗址考古工作为例》，《青海师范大学学报》（哲学社会科学版）2014 年第 3 期。

的唯一资源，那么考古学的发展就必然依靠遗址保全。失去了遗址资源，考古学就难以继续进步”①。因此，大遗址保护是考古学可持续发展的重要保障，大遗址考古工作应以遗址保护为首要目的，在保护好大遗址的基础上，兼顾考古学研究，为大遗址保护提供必不可少的科学依据；并为遗址展示利用提供支持，促进大遗址保护展示工作的开展，为大遗址区可持续发展提供必要的条件支撑。

（2）大遗址考古工作规划的目标

大遗址考古工作规划的目标是全面、系统地认知大遗址，完整、有效地保护大遗址，解决大遗址保护和考古工作中存在的问题，为大遗址保护和大遗址展示利用提供支持，为大遗址保护和大遗址考古工作可持续发展创造条件。全面、系统地认知大遗址具体包括明确大遗址的性质、年代、内涵、范围、布局、环境、重要遗迹、独特文化现象、核心价值以及遗址的保存状况、以往造成遗址破坏的主要因素、需要解决的问题等，在此基础上，结合大遗址保护需求，对考古工作未来的发展作出统筹部署和具体安排。

3. 大遗址考古工作规划的主要内容和任务

大遗址考古工作规划的主要内容是在对大遗址考古研究现状分析评估的基础上，提出任务目标，明确大遗址考古工作的要求、规划的主要内容和工作项目、技术措施、工作步骤、经费预算等内容。

大遗址考古工作规划的任务包括四个方面。一是为大遗址保护提供基础资料和科学依据。通过考古工作，有助于进一步明晰遗址的性质、年代分期、内涵特征、分布范围、价值认知、形态与布局、保存和破坏等情况。二是为展示利用提供支持。大遗址的展示离不开考古工作对遗址等的勘探与发掘。三是为科学研究提供支持。科学研究是大遗址考古工作的重要内容，只有通过对大遗址的科学研究，才能深化对大遗址的认知，才能为大遗址保护和展示利用等提供更为可信、有效的材料。四是为大遗址保护规划的编制与实施提供保障。大遗址考古工作是大遗址保护利用及大遗

① 杜金鹏：《试论考古与遗址保护》，《考古》2008 年第 1 期。

址保护规划编制或修编的基础，系统、全面地考古调查勘探和重点发掘，是制定或修编遗址保护规划的根本前提；大遗址保护规划的实施应考古先行，在考古工作的基础上，才能开展相应的保护、展示利用等工作。

二 大遗址考古工作规划编制的原则与流程

（一）大遗址考古工作规划编制的原则

大遗址考古工作规划在坚持保证遗址安全、最小干预等原则的基础上，还应坚持保护第一、考古先行、全程参与等原则。

1. 保护第一

保护第一原则是指在大遗址考古工作规划编制过程中，应始终将保护放在大遗址考古工作的首位，不能简单地为了发掘而开展考古工作。大遗址考古工作依赖于大遗址而生存、发展，大遗址一旦遭到破坏，大遗址考古工作将难以开展。因此，大遗址考古工作规划过程中，应在充分考虑大遗址整体保护和科学展示需要的基础上，按照最小干预和永续保护原则开展考古工作，尽可能减小对大遗址的干预。在保护的基础上，基于大遗址保护、展示或科研需求，可以适当开展大遗址考古发掘工作。

2. 考古先行

考古先行原则是指在大遗址保护规划的编制与实施过程中，应始终将考古工作作为相关工作开展的基础。根据大遗址保护、展示和学科发展的需要，科学编制、实施考古工作计划。通过长期、主动、专门的考古和研究工作，确定遗址概况，评估保存现状，认定遗址价值，为划定保护区划、编制保护规划、实施保护展示工程等提供科学依据。

3. 全程参与

全程参与原则是指大遗址考古工作应贯穿大遗址保护与展示等工作的始终，贯穿于大遗址规划编制前、编制中和规划实施及未来的修编全过程。在具体的内容上，在大遗址保护规划、方案中应包括考古工作思路和相应保障措施；在大遗址保护展示工程施工和监理中应将考古与文物保护作为重要工作内容；在大遗址保护规划编制和保护展示工程文物影响评估中应将确保考古工作的持续开展作为重要内容。

4. 重视宣传推广

重视宣传推广原则是指在大遗址考古规划编制过程中，应在考古工作的基础上，重视对考古工作成果的总结、研究和转化，重视对相关成果的宣传推广，通过向公众展示大遗址考古工作的过程和成果，积极普及文化遗产保护知识，充分发挥考古工作的教育与社会服务功能，不断增强大遗址考古工作的社会影响力，促进当地文化发展。

（二）大遗址考古工作规划编制的流程

大遗址考古工作规划编制的主要依据包括四个方面：一是田野调查；二是大遗址已有考古工作资料的整理与分析；三是大遗址保护规划的目标与相关专项规划的部署与安排；四是大遗址科学研究的需求分析。

大遗址考古工作规划包括现状分析、明确目标、明确工作内容和制定工作计划等内容。

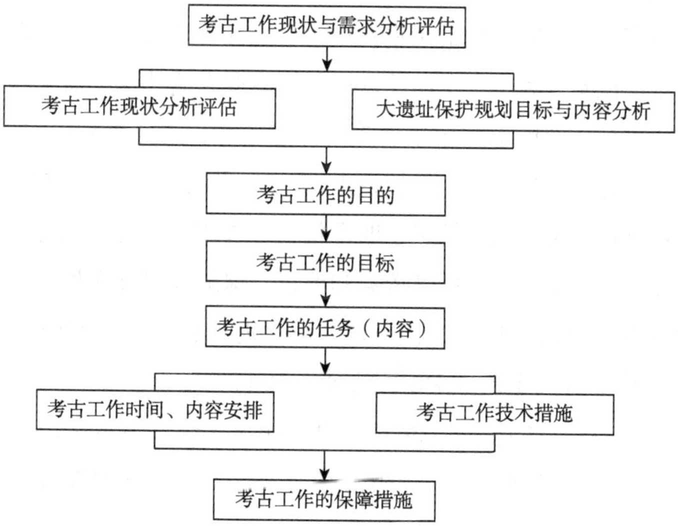

图 7－1　大遗址考古工作规划的路径及架构

（资料来源：作者自制）

大遗址考古工作现状分析是大遗址考古工作规划的基础，通过对大遗址考古工作现状的分析评估，发现大遗址考古工作存在的问题，并结合大遗址保护规划的目标等明确大遗址考古工作的需求。

大遗址考古工作目标明确了大遗址考古工作规划的方向和主要任务，应结合大遗址考古工作的需求来确定，一般包括大遗址保护、展示和科学研究等需求。

大遗址考古工作内容是大遗址考古工作规划的重点，应基于规划的目标、任务等进行分解确定大遗址考古工作的内容，一般大遗址考古工作的内容包括大遗址考古调查、考古勘探、考古发掘、考古研究和建立大遗址地理信息系统等。

考古调查是大遗址考古工作最基本的方法，主要是通过对大遗址现场的综合考察，获取相关资料，为大遗址保护提供基础资料；大遗址考古勘探是为了解地下古代文化遗存的性质、结构、范围、面积等基本情况而运用一定的技术设备对遗址进行的钻探工作。大遗址考古规划中的考古发掘是指为大遗址保护与展示利用提供基础资料和科学依据，保障大遗址保护规划的实施和修编等而进行的考古活动。

大遗址考古工作规划中的考古发掘包括主动性发掘和被动性发掘两种形式，但以主动性发掘为主。主动性发掘是指根据大遗址保护需求和大遗址保护、考古研究评估及展示利用规划等在大遗址考古工作规划中明确提出的，有计划、有步骤的发掘活动。目的在于进一步明晰保护、展示或建设对象或相关区域地下古代文化遗存情况，取得相关考古资料，为大遗址保护、展示和基本建设方面的决策提供科学依据和建议，保障大遗址保护规划的顺利实施。主动性发掘包括四种情况：一是针对大遗址保护规划实施所需的保护性发掘；二是针对大遗址科学研究需求而进行的主动发掘；三是针对保护评估确定的需要进行的抢救性发掘；四是针对大遗址展示利用需求进行的主动发掘。被动性发掘是指针对在大遗址考古工作规划中没有明确提出发掘计划，在保护规划实施过程中基于保护、展示或基础设施建设等需求对新发现遗址必须进行的考古发掘活动。一方面为遗址保护、展示和基本建设提供科学依据和建议，另一方面“通过清理地下古代遗迹遗物，最大限度地减小基本建设对遗址文物带来的损失”①。

① 杜金鹏：《试论文保类考古》，《考古》2010 年第 5 期。

大遗址考古研究是为了深化对大遗址价值的认知，运用一定的科学技术手段和方法对考古调查、勘探或发掘的成果进行系统整理、总结和分析，以推进大遗址内涵研究和价值阐释，为大遗址保护、展示与管理服务。

大遗址地理信息系统是指结合地理学与地图学以及遥感和计算机科学，将大遗址调查、勘探或考古发掘的成果与地理信息系统相结合，以便于大遗址考古工作成果的输入、存储、查询、分析和显示，实现大遗址基础数据的数字化、信息化和规范化，为大遗址保护、考古工作提供科学技术保障。

大遗址考古工作计划是大遗址考古工作规划实现的主要路径，包括考古工作的项目（考古工作内容、方法、面积）、工作步骤、技术措施（器材设备、技术方法等）和经费预算等内容。

（三）大遗址考古工作规划的编制人员构成

大遗址考古工作规划在编制人员组成上除规划工作者之外，还必须包括负责该区域大遗址考古工作的考古学家，且考古学家应在考古工作规划编制中占有主导地位。考古工作是大遗址保护规划编制的基础保障，考古学家是考古工作的践行者，“他们对于遗址的了解和理解，应该是最直接、最全面、最客观的，因而也是最具权威的。在分析遗址的保存状况、文化内涵、独特风貌、核心价值等方面，考古学家最有发言权。因此，考古学家参与遗址保护，是确保该项工作科学性的重要保障”①。缺失考古学家或考古学家参与不深的大遗址考古工作规划或保护规划，必将降低其科学性和可行性。

第二节　大遗址保护管理规划

一　大遗址保护管理规划的内容与原则

（一）大遗址保护管理规划的内容

大遗址的保护既需要理念的指导、技术的支持，也需要管理体制与法规政策等的保障。大遗址保护管理规划是指为有效实现大遗址保护利用及

① 杜金鹏：《试论考古与遗址保护》，《考古》2008 年第 1 期。

保障规划实施，对大遗址保护的管理规则、管理资源、管理目标、组织与实施及过程控制等要素进行的统筹部署。大遗址保护管理规划为大遗址实施全方位的保护与管理提供了体制机制及法规政策等保障，为大遗址保护规划的实施提供了管理、资金、人力等保障。

大遗址保护管理规划是对大遗址管理规则的确定（体制机制调整和设置的建议、组织运行规则如章程及制度等的建设、管理保障措施的制定如政策法规等）、管理资源的配置（人员配置及职责划分与确定、设备及工具、空间等资源配置与分配）、目标的设立与分解（如规划分期和实施计划）、组织与实施、过程控制（检查、监督与协调）等。结合大遗址保护需求，大遗址保护管理规划的内容可具体概括为对体制机制的规划（设计与建立组织结构、合理分配职权与职责）、法规政策的规划、人力资源的规划（选拔与配置人员）、安全防范系统等的规划。

（二）大遗址保护管理规划的原则

大遗址保护管理规划的目的是更有效地实现大遗址保护目标。因此，大遗址保护管理规划必须遵循以下原则。

1. 有效管理原则

有效管理是指大遗址保护规划首要的目的是构建起符合大遗址保护利用需求的管理规则及规章制度等，以保证大遗址得到有效保护利用。大遗址保护管理机构的组织结构、部门设置及职责分工、人员配备等设计合理，能够提升组织管理效率，有效实现遗址保护管理目标与机构精简诉求。

2. 责权利相结合原则

责权利相结合原则是指在大遗址保护管理机构组织结构设计、人员配置及职责划分与确定等方面应相互统筹。既重视基于组织职能的岗位职责的划分，也应重视岗位权利和工作人员利益的平衡。一个大遗址保护管理机构组织中员工有责任而没有明确的权力，或权力与责任不匹配，则可能无法完成所赋予的责任和任务；当然有权或者权力过大，而责任相对较小，这样则可能导致权力的滥用，也不利于组织的正常运转。

3. 刚性与弹性结合原则

刚性与弹性结合原则是指在大遗址保护管理规划中对保护管理机构、

内设部门、职责和规章制度等的规划中，应坚持必须有什么、必须做什么的同时，还应考虑到遗址保护管理的发展变化需求，保护管理体制机制中的组织设计、人员配备等可以随着实际需要而变动，以便使组织快速适应环境的变化。即在强调组织结构、部门、人员岗位等稳定性的同时，还要考虑到发展变化和适应性的需求。

二　大遗址保护管理体制规划的内容与方法

（一）大遗址保护管理体制规划的概念与意义

大遗址保护管理体制是指大遗址保护管理系统的组织结构和组织方式，即根据组织的目标和职责，设计什么样的组织架构和组织运营方式使大遗址保护管理能够形成一个合理的有机系统，并以合理的手段、方法来实现大遗址保护管理的目的和任务。大遗址保护管理体制规划是指对大遗址保护管理系统的组织结构、组织方式、组织职权和职责等进行科学、合理的部署安排，以保障大遗址保护规划的实施和大遗址保护目标的实现。科学、合理、高效的组织结构是实施管理、实现目标的组织保证。大遗址保护管理体制规划是大遗址保护管理规划的重要内容，是建构大遗址保护规划理论、方法体系的重要内容，也是大遗址保护管理的核心。大遗址保护管理体制规划对管理体制的调整与设置提出建议，规定了各级政府和相关的部门及企事业单位在大遗址保护中各方面的管理范围、权限职责、利益及其相互关系的准则。各级大遗址保护管理机构的设置、权力的分配及相互协调的强弱直接影响到大遗址保护管理的效率和效能。

（二）大遗址保护管理体制规划的内容与方法

1. 大遗址保护管理体制规划的内容

大遗址保护管理体制规划的实质就是对大遗址保护管理组织的设计和人员配备等的安排。因此，大遗址保护管理体制规划是基于大遗址保护的目标和保护管理的现状和需求等，对大遗址保护管理机构的结构、职能、部门、职权和规范等进行有效的统筹部署。大遗址保护管理体制规划主要包括以下四项内容。

（1）根据大遗址保护管理机构目标设计机构结构，建立大遗址保护管理机构系统。

（2）明确大遗址保护管理机构内部的权责分配及部门设置，制定大遗址保护管理机构的制度规范体系。

（3）根据权责配备大遗址保护管理机构所需工作人员，制定工作人员的培训计划。

（4）加强大遗址保护管理机构之间及机构内部之间的协调，推进保护管理机构的有效运行，促进保护管理机构的发展。

2. 大遗址保护管理体制规划的方法

大遗址保护管理体制规划的主要内容与方法流程包括五个方面。

（1）大遗址保护管理组织职能设计

大遗址保护管理组织职能设计是指基于大遗址保护管理需求和大遗址保护规划的任务等，对大遗址保护管理组织总的任务目标进行层层分解，分析并确定为完成保护管理组织任务需要哪些基本的职能和职务。具体包含以下内容。第一，根据大遗址保护管理组织的性质和战略目标等，明确大遗址保护管理组织的任务和职能。第二，按照相似性的原则，分解大遗址保护管理组织的职能，并将职能具体化。第三，明确保护管理组织各职能之间的关系，进行相似职能的分类整理。

（2）大遗址保护管理组织部门设计

大遗址保护管理组织部门设计是指根据大遗址保护管理组织的职能、任务和实际需求，确定大遗址保护管理组织的部门及其数量和级别架构等。管理学中的部门划分的方法主要包括职能部门化（按职能设计组织的部门）、行业和产品部门化（按产品或行业设计组织的部门）、地域部门化（按区域设计组织的部门）、服务对象部门化（按服务对象设计组织的部门）和流程部门化（按生产流程设计组织的部门）五种形式。[①] 大遗址保护管理组织部门的设计主要以行业和职能来设置组织部门和架构，但一般需结合具体战略目标、工作任务和需求等具体分析。

① 参见周三多、陈传明、贾良定编著《管理学：原理与方法》（第六版），复旦大学出版社2014年版，第315—320页。

（3）大遗址保护管理组织结构设计

大遗址保护管理组织结构是指大遗址保护管理的组织要素与组织单元，按照一定组织原则与组织联系模式，构建起来的大遗址保护管理组织框架体系。大遗址保护管理组织架构应根据组织目标、职能职责及遗址保护利用的其他特殊需求来确定。随着经济社会的发展和大遗址保护目标、保护理念、保护环境等的发展变化，大遗址保护管理的组织结构也会发生变化。大遗址保护管理组织结构设计主要受到大遗址保护管理组织管理幅度和管理层次的影响。大遗址保护管理组织的管理幅度是指大遗址保护管理部门和管理者直接有效指挥和监督的下属部门或人员的数目；大遗址保护管理组织的管理层次是指大遗址保护管理部门和管理者管理的下属部门或人员之间形成的层次。管理幅度与管理层次的不同界定与组合形成了扁平式和锥形式两种基本的组织结构形态。① 具体又可分为直线型结构、职能型结构、直线职能型结构、事业部结构、矩阵型结构、动态网络型结构和委员会型结构七种常见的组织结构形式（见表 7－1）。

表 7－1　　常见组织结构优缺点比较

组织结构形式	特点	优点	缺点
直线型结构	是一种集权式的组织结构形式，从上到下实行直线垂直领导	结构简单、权责明确；命令与指挥统一，信息传递准确高效；业务人员比重大、管理成本低	没有专业管理分工，对领导的技能要求高；领导容易陷入实务主义，不能集中精力考虑战略问题
职能型结构	以职能为导向，按专业分工设置相应的职能机构	促进管理专业化分工，解决了管理人员技能与管理任务不相适应的矛盾；使决策者避开日常烦琐的业务，集中精力思考重大问题，提高管理成效	多头领导，破坏了命令统一

① 参见周三多等编著《管理学——原理与方法》（第七版），复旦大学出版社 2019 年版，第 196 页。

续表

组织结构形式	特点	优点	缺点
直线职能型结构	以直线指挥系统为主，包括纵向的直线指挥系统和横向的职能管理系统	集中统一指挥与专家业务管理相结合；有助于组织协调，避免直线管理粗放	直线与参谋间缺乏横向沟通，造成矛盾
事业部结构	事业部独立运营业务和分权管理的一种分权式结构类型	有利于上级摆脱日常行政事务，专心致力于组织的战略决策；充分调动各事业部的积极性，提高组织经营的灵活性和适应能力；有助于人才培养	整体性不强，内部沟通与交流不畅，滋长本位主义，机构设置重复
矩阵型结构	由纵向的职能管理系统和横向的项目系统组成；打破了传统的统一指挥原则，有多重指挥线	有利于相互启发、集思广益，提高了完成任务的专业化程度和速度；加强了不同部门之间的配合和信息交流，实现了人才资源的共享；增强了组织的灵活性和适应性	稳定性差；容易产生权责不清、管理混乱的现象；增加了协调的成本与难度
动态网络型结构	是一种有效发挥业务专长的协作性组织形式	组织结构具有更大的灵活性和柔性；组织结构扁平化，有助于提高管理效率	组织的可控性较差，风险性大；员工的组织忠诚度低
委员会型结构	实行集体决策、集体领导的体制	集体决策，更加科学可靠；可代表各方利益，协调各种职能；临时性的委员会，可不设专职人员，富有弹性	决策速度慢；可能出现决策的折中性；集体决策，责任不清

资料来源：作者根据网络资料整理自制。

（4）大遗址保护管理组织职权设计

大遗址保护管理组织职权是指大遗址保护管理组织内部部门、职务在其职责范围内的权力配置，是一种基于管理者在组织中所居职位的合法的权力。职权主要包括三类：管理者直接领导下属工作的直线职权，参谋人员拥有的建议、审核等参谋职权，管理者将部分职权授予其他人或部门的职能职权。[①] 大遗址保护管理组织的职权需结合大遗址保护规划的深度要求来合理规划确定。

（5）大遗址保护管理组织管理制度设计

大遗址保护管理组织管理制度是指大遗址保护管理机构针对单位职责和单位内部员工管理制定的，包括组织保护管理活动的内容、程序和方法等行为规范和准则，是大遗址保护管理机构内部的“法规”，是监督、保障大遗址保护各项保护管理事务和法律法规落实的内部政策机制，是各种管理规章制度的总称。

大遗址保护管理组织管理制度从对象范围上划分，包括对大遗址及其区域发展的保护管理制度，以及为实现大遗址保护和管理机构的有效运行，对大遗址管理机构内部管理工作的管理制度。针对大遗址保护的管理制度是指为了有效实现大遗址保护，以相关法规为指导，结合大遗址保护和区域经济社会发展的需求，对保障大遗址保护目标实现所需的法规政策提出对策建议，包括大遗址综合保护利用或保护管理的条例、办法等。大遗址保护管理组织内部管理制度是指对大遗址保护管理机构内部职责、职权等提出的政策或制度建议，具体包括内部管理制度、工作标准和方法等。内部管理制度是指规定大遗址保护管理机构内部日常运营管理的保障制度；工作标准和方法是指对组织的保护管理工作活动应该怎么做、应该达到什么样的效果等所作的规定。

三　大遗址人力资源规划的内容与方法

（一）大遗址人力资源规划的概念与意义

大遗址人力资源规划是指运用科学方法对大遗址保护管理组织一定时期内人力资源的需求和供给进行预测，制定相应的政策和措施，从而使大

① 参见《管理学》编写组《管理学》，高等教育出版社2019年版，第152—153页。

遗址保护管理组织人力资源供给和需求达到平衡。大遗址人力资源规划是基于大遗址体制规划，而对大遗址保护管理组织人员进行合理配置的系统规划。科学、合理的大遗址人力资源规划有助于改善大遗址保护管理组织整体结构框架，提高组织管理运行的效率，实现组织的整体战略目标，保障大遗址保护规划的贯彻实施。

（二）大遗址人力资源规划的内容与方法

大遗址人力资源规划的内容包括评价大遗址保护管理组织人力资源现状、预测未来人力资源需求、分析和比较人力资源供需关系、制订满足未来人力资源需要的行动方案。一般人力资源现状的分析评估放在大遗址保护管理现状分析评估环节，为保证人力资源规划步骤或方法的完整性，将人力资源现状分析评估在这里也作一简单阐述。

1. 评价人力资源现状

大遗址人力资源保护规划的第一步是对大遗址保护管理组织人力资源现状进行分析和评估，包括现有员工年龄结构的分析与评估、性别比例的分析与评估、员工工作经验的分析与评估、员工学历结构的分析与评估、员工知识水平和能力水平的分析与评估等。分析的主要目的是了解现有员工是否与大遗址保护管理的目标及组织的职能和岗位相匹配，能否保证大遗址保护管理组织的运行，以促进大遗址保护管理目标的实现。

2. 预测未来人力资源需求

作为大遗址保护管理规划的重要组成部分，对大遗址人力资源需求的预测应与大遗址保护管理规划和大遗址保护规划同期进行，一般是对一定时期内基于大遗址保护管理需求的预判进行预测，通常时间以五年为一期。预测大遗址保护区人力资源需求的基础是大遗址保护总体规划、大遗址保护的目标和战略及大遗址保护管理体制规划，基于此来确定大遗址保护的人力资源需求状况。

3. 分析和比较人力资源供需关系

在对大遗址保护管理组织现有人力资源能力和未来需要进行全面评估的基础上，应结合大遗址保护总体规划及大遗址保护管理体制规划，对大遗址保护管理组织的人力资源需求量（在数量和结构两方面）和供应量

（内部供应和外部供应两方面）进行分析和比较，并预测大遗址保护管理组织人力资源短缺程度及存在超员配置的领域等。

4. 制订满足未来人力资源需要的行动方案

基于现状评估和需求预测及对二者的分析比较，拟定出大遗址人力资源规划设计的行动方案。具体包括：制定大遗址保护管理组织人力资源供求协调平衡的总计划和各项业务计划；调整大遗址保护管理组织人力资源短缺或过剩的政策措施；制定大遗址人力资源可持续发展计划。一般在规划中表现为两点：一是结合体制机制对人力资源的配置及其数量要求提出规定，确保合适的人选在合适的时间从事合适的工作；二是制定教育和培训计划保证合格人力资源的供给。制定教育和培训计划的第一步是根据工作分类写出对每个工作的描述和对员工资历的要求，然后根据资历要求确定培训类型。对于很多工作来说，还需要一定的经验。工作描述应确切地写出对技能的要求，通常这些技能要求包括语言能力和相关责任。[①] 教育和培训计划的类型一般包括历史文化、考古和文化遗产保护、法规制度等专门知识培训，保护管理专业技能培训，管理方法与管理技巧培训，日常事务性管理培训和工作礼仪、态度及公共关系和沟通技能等个人修养培训；培训的方法包括学徒培训、辅导培训、工作轮换或实践、进修学习培训、论坛讲座、网络培训等。具体的培训对象、培训类型和培训方法应根据实际需求具体确定，并随着经济社会发展、科技进步和文化遗产以及大遗址保护趋势的发展变化作出相应的调整，以协同大遗址保护发展的需求。

四　大遗址安全防范系统规划

（一）大遗址安全防范系统规划的概念与原则

大遗址安全防范系统是指基于大遗址保护规划、保护目标和战略及大遗址保护管理需求等，通过科学规划、合理设计，构建起大遗址保护的人

---

① 参见［美］Edward Inskeep《旅游规划——一种综合性的可持续的开发方法》，张凌云译，旅游教育出版社2004年版，第378页。

力防范系统、实体防范系统、技术防范系统、部门协同保护防范机制和防范保障系统等手段、措施有机组合、综合应用的大遗址保护防御体系，以保障大遗址安全、防止风险事件发生或将风险事件造成的危害降低到最小。其中人力防范系统、实体防范系统、技术防范系统是基础，部门协同保护防范机制和防范保障系统是重要保障。大遗址安全防范系统是大遗址资源本体保护和区域安全稳定、和谐可持续发展的重要保障体系，是实现大遗址本体资源有效保护的重要手段。

大遗址安全防范系统规划应基于对大遗址特点和保护管理需求的分析，结合大遗址保护总体规划和大遗址保护的目标、战略等来编制。在规划编制过程中应坚持保障安全、预防为主、综合治理，以及人防、物防、技防、协防并举的原则，同时应参考或借鉴国家或行业关于安全防范系统规划的相关标准，如《博物馆和文物保护单位安全防范系统要求》（GB/T 16571—2012）、《安全防范工程技术规程》（GB 50348—2004）、《文物系统博物馆风险等级和安全防范级别的规定》（GA 27—2002），以实现大遗址保护的目标。

（二）大遗址安全防范系统规划的内容与方法

大遗址安全防范系统是一个系统工程，根据大遗址安全管理的要求和保护工作实践，大遗址安全防范系统规划主要包括“人力防范系统、实体防范系统、技术防范系统、应急预案系统、部门协同保护防范机制和防范保障系统”①六项内容。

1. 人力防范系统

大遗址人力防范系统简称人防，是指通过具有相应素质和防范手段的人和组织来执行大遗址保护的安全防范任务。主要由大遗址保护安全管理组织、安全保护人员和安全防范保护规章制度等组成，一般通过人员的安全巡逻、安全检查、安全监控等落实对大遗址的安全防范任务。

大遗址保护安全组织包括正式组织和非正式组织两种，正式的大遗址

---

① 李晓东：《文物保护单位防范原则与防范体系构架》，《中国文物报》2007 年 5 月 30 日第 3 版。

保护安全管理组织是指基于大遗址保护管理体制规划设计的部门，具体负责大遗址区资源本体和一般事务性安全防范工作的保护管理、安全保卫和防范制度的制定、人员的招聘培训、统筹部署日常安全巡查、监控工作；非正式大遗址保护组织是由社会公众组建的公益性群众保护组织，以偶发性巡查、监督等为主。

安全保护人员除正式的大遗址保护管理组织的工作人员和基层政府的文化专干、基层群众文物保护员等以外，还包括群众性保护组织的成员。群众性保护组织及其成员是大遗址保护正式组织及其成员的重要组成部分，有利于弥补正式组织和成员安全保护管理的不足。

安全防范保护规章制度主要是对安全防范保护的内容、程序、方法和检查监督、档案编写与留存等进行规划。人防系统规划过程中应建立健全文物保护责任制，并对人防的装备提出建议，人防的装备一般包括交通工具、通讯工具、安全防范防卫器械等。

2. 实体防范系统

大遗址实体防范系统简称物防，是指通过建筑物及各种配套物防设施为主体构成的防范系统来实现大遗址安全保护。一般包括建筑物、构筑物、屏障、器具、设备等，如保护性房屋、防盗门、防盗窗、隔离护栏、隔离防护罩、实体围墙和安全标识系统（警示标牌等）。

3. 技术防范系统

大遗址技术防范系统简称技防，是指“利用各种电子信息设备组成系统以提高探测、延迟、反应能力和救护功能的安全防范手段”①。技防一般由视频技术、电子技术、计算机技术等现代科学技术组成，主要包括视频安防监控子系统、入侵报警子系统、出入口控制子系统、电子巡查子系统、车库管理子系统等。它是对人防和物防的补充和加强。

4. 应急预案系统

大遗址应急预案系统是指大遗址保护管理组织针对突发事件如自然灾害、重特大事故、环境公害及人为破坏的应急管理、指挥、救援计划等。

---

① 国家质量监督检验检疫总局、国家标准化管理委员会：《博物馆和文物保护单位安全防范系统要求》（GB/T 16571—2012），中国标准出版社 2013 年版，第 2 页。

大遗址保护应急预案一般包括完善的应急组织管理指挥系统、应急工程救援保障体系、综合协调、应对自如的相互支持系统、备灾的保障供应体系和体现综合救援的应急队伍等。大遗址保护应急预案系统一般以国家总体预案、部门或行业应急预案及地方应急预案等为指导，针对大遗址保护区各级各类可能发生的安全事故，包括遗址本体、地质灾害、旅游活动等制订专项应急预案和现场应急处置方案，并明确事件发展过程中相关部门和有关人员的职责。

5. 部门协同保护防范机制

部门协同保护防范机制是指大遗址保护管理组织通过与相关部门如公安、消防、城建、国土等部门合作，构建部门保护安全联席会议或协同合作的体制机制，以保障大遗址保护安全管理的有效实现。部门协同保护防范机制一般有两种形式，一种是各相关部门的联席会议机制，通过联席会议加强沟通，保障大遗址安全；一种是通过大遗址管理组织与相关具体组织的合作实现某一方面安全防范的协同，主要是和公安、消防的协同合作机制。如整合文物和公安部门安全防范系统，不断加深合作层次、拓宽合作领域、创新合作模式，探索建立文物部门和公安机关在信息、资源、科技、人才和管理等方面密切协作，开创优势互补、资源共享、信息互通、责任共担、共同发展的文物安全保护新体制机制。①

6. 安全防范保障系统

大遗址安全防范保障系统是指大遗址保护管理组织为有效保障大遗址保护安全防范系统规划的实施，对大遗址安全防范系统的实施提出法规政策和资金等措施建议。大遗址安全防范系统是一项系统工程，包括人防系统、物防系统、技防系统、应急预案系统、建立健全部门联席会议制度和防范保障系统等，而文物保护单位防范体系保障系统各项措施的落实，对整体防范体系的建设至关重要。大遗址安全防范保障系统包括政策法律保障、标准规范保障、规划与计划保障、机构（组织）保障、经费（财政）保障、科技保障和安防预案系统等，它们是文物保护单位防范工作的依

① 参见赵建兰《陕西启动文物安全大防控体系建设》，《中国文化报》2015 年 6 月 16 日第 2 版。

据，是文物保护单位安全的重要保障。①

总之，大遗址保护管理规划也需要不断监督，有必要的话进行适当的调整以确保能实现预期的目标。经济社会发展、科技进步和文化遗产保护、大遗址保护等的趋势可能会改变，对组织结构、安防系统的需求也会随之发生变化，大遗址保护管理体制、人力资源、安防系统等基础也可能与预期不同，大遗址保护事业发展的速度、规模，保护的理念、方法、模式等也可能会比预期的发展变化要快，这些都要求对大遗址保护管理的体制机制、安防系统等的设置进行相应的调整。因此，有必要以五年为一个周期，对大遗址保护管理规划的各项内容进行一次评估，并结合实际需求进行相应的修改调整。

第三节　大遗址保护投融资和分期实施规划

一　大遗址保护经费投资估算规划

（一）大遗址保护经费投资估算规划的内容

大遗址保护经费投资估算是指为实现大遗址保护目标，根据大遗址保护规划的内容，结合有关造价标准与规划经验对规划期内大遗址保护经费进行估算，以预测大遗址保护资金需求，指导大遗址保护经费筹措。具体项目的“投入估算是在对项目的建设规模、技术方案、设备方案、工程方案及项目进度计划等进行研究并初步确定的基础上，为满足保护项目顺利实施和在预定期限内完成并实现效益的要求，估算项目投入总资金，并预算建设期内分年资金需求量的过程”②。大遗址保护规划的性质决定了大遗址保护规划经费资金需求预测只能是一种估算。同时由于经济社会的发展速度、地域经济的差异与物价的变化等因素，使得中远期项目的投资估算

① 参见李晓东《关于文物保护单位防范体系建设的保障系统》，《中国文物科学研究》2007年第1期。

② 马耀峰主编：《旅游规划》，中国人民大学出版社2011年版，第236页。

很难把握。① 因此，大遗址保护规划一般仅对近期项目进行投资估算，供保护管理者决策时参考。大遗址保护经费投资估算规划包括以下几项内容。

1. 投资估算的依据

大遗址保护经费投资估算的依据是大遗址保护经费估算的基础，具体指导大遗址保护经费估算工作的开展。大遗址保护经费投资估算的依据包括四个方面。一是规划资料，是指大遗址保护规划的文本、说明书或者相关图件所提供的项目数量、工程量和主要设备清单等。二是政府或行业等编制的文件或标准，主要是国家或相关部委、地方政府或地方行业部门、相关行业协会或工程项目造价机构制定的投资估算法规文件及标准等。三是市场和项目地实际情况，如相关设施设备或者工费、材料费等在当前市场的实际市场价格和有关费用等。四是编制者投资估算的经验。投资估算是一个综合性工作，既要考虑到可能的指标、定额等，还要考虑到许多不可控的因素，尤其是项目地现场的情况，如项目的地理位置、地质条件、交通、供水、供电条件等，现场情况不同，投资估算的总额有时会产生大的差距。如偏远的地区最直接的是交通费用成本相对增加；项目地已有的供电条件等也会给投资估算带来巨大的差异。而这些因素就需要投资估算的编制者根据编制经验来确定。

2. 投资估算的内容

大遗址保护经费投资估算的内容主要根据大遗址保护规划的内容来确定，一般包括保护与展示利用经费、考古研究经费、人地关系调控经费、基础设施建设经费。除上述四项主要内容之外，根据规划内容还可能包括服务设施经费，如游客服务中心、餐饮设施、游乐设施，以及可能的宣传营销的费用。

（1）保护与展示利用经费

大遗址保护经费投资估算的核心是对大遗址保护与展示利用相关项目的经费进行估算，每个项目在估算时都要明确列出项目名称、位置、性

---

① 参见严国泰《旅游规划理论与方法》，旅游教育出版社 2006 年版，第 109 页。

质、工程规模或体量（如面积、长度、高度等）等。对于工期较长、规模较大的项目还需要对总投资进行前期、中期和后期的资金分配。环境整治与景观建设的相关费用可以包含在保护与展示利用经费中，也可以单独列出。

（2）考古研究经费

考古研究经费是指对规划期内大遗址考古工作的经费和科学研究、科学普及及宣传教育的费用进行估算。一般应明确项目的名称、性质、范围、规模（如面积等）等。对于工期较长、规模较大的项目还需要对总投资进行前期、中期和后期的资金分配。

（3）人地关系调控经费

人地关系调控经费属于柔性经费范畴，一般是对搬迁的聚落、人口和征地费用等进行估算。估算中要明确项目的名称、性质、范围、规模等。

（4）基础设施经费

基础设施经费包括区内道路交通、停车场、电力电信、给排水等内容。预算时需要依据规划，首先明确需要改造或修建的各种基础设施的体量信息。包括项目的名称、性质（改造或新建等）、规模等。类型不同，规模的表现形式不同，如道路交通设施主要包括长度、宽度、路面等级要求等；停车场需要了解长度、宽度、面积、地面要求等。需结合具体要求来估算经费总额。

（二）大遗址保护经费投资估算的方法

大遗址保护经费投资估算是以大遗址保护规划项目设计的阶段和深度为依据，结合大遗址项目的实际情况和各自行业的特点、技术方法的成熟度，以及编制者所掌握的国家及地区、行业或部门相关投资估算基础资料和数据的合理、可靠、完整程度等来确定投资估算的方法。资料较为丰富且简单的一般采用直接估算法，运用已有的相关数据进行直接计算，以估算大遗址保护经费。对于相对比较复杂，有许多项目经费无法直接估算的，则采用生产能力指数法、系数估算法、综合法等进行估算。生产能力指数法又称指数估算法，是指根据已建成的、性质类似的建设项目的投资额和生产能力与拟建项目的生产能力估算拟建项目的投资额的方法。系数估算法也称为因子估算法，它是以拟建项目的主体工程费或主要设备购置费为基数，以其他工程费与主体工程费的百分比为系数估算项目的静态投资的方法，这种方法简单易行，但是精度较低，一般用于项目建议书阶段。[①] 综合法是指在估算过程中综合运用直接估算法、生产能力指数法、系数估算法等进行估算的一种方法。大遗址保护经费投资估算无论选用哪种方法，都应充分考虑相关项目设计的技术参数和投资估算所采用的估算系数、估算指标，在质和量方面所综合的内容，应遵循口径一致的原则。同时应将所采用的估算系数和估算指标价格、费用水平调整到项目所在地及投资估算编制年的实际水平。在此过程中，还应具体考虑到大遗址所在地的实际情况及项目所在地的电力电信、交通道路、给排水等实际情况。

二　大遗址保护融资规划

（一）大遗址保护融资规划的内容

大遗址保护融资规划是指大遗址保护经费投资估算核定后，对大遗址保护经费的来源即资金筹措的渠道提出建议。大遗址保护经费筹措一般包括国际和国内两个渠道。

1. 国际渠道

大遗址保护经费筹措的国际渠道主要通过世界银行组织、联合国开发计划署、区域性银行组织、政府间合作平台或世界私人组织等贷款、援助、捐赠等模式筹措。

世界银行组织中的国际复兴开发银行、国际开发协会、国际金融公司、多边投资担保机构等一般都会向文化遗产保护提供一定量的贷款或援助。在大遗址保护中可以向世界银行组织争取保护项目、旅游项目或基础设施建设等方面的低息、无息贷款或经济援助。

联合国开发计划署是联合国系统多边技术合作组织，主要是向发展中

① 参见紫金国际教育学院、造价工程师命题研究中心编写《工程造价计价与控制》，华中科技大学出版社 2009 年版；全国造价工程师执业资格考试培训教材编审委员会编《建设工程造价管理》，中国计划出版社 2013 年版。

国家提供技术和资金支持，以推进发展中国家或地区经济和社会发展。在大遗址保护中可以向联合国开发计划署争取大遗址保护区聚落扶贫与环境整治等方面的资金。

区域性银行组织主要是指争取区域性的银行组织如亚洲开发银行、亚洲基础设施投资银行等对大遗址在资金等方面的支持。

政府间合作平台主要是指通过政府间合作平台，争取相关国家在文化遗产保护方面的支持。如中日、中意间合作项目对我国文化遗产保护项目的支持。

同时也可以积极吸引国外私人组织或私人企业投资相关的大遗址保护项目，以促进中国大遗址保护的全球参与、社会参与。

2. 国内渠道

大遗址保护经费筹措的国内渠道主要通过政府投入、银行贷款、市场合作融资、自筹资金等模式筹措。

政府投入是指政府以政府财政资金支持大遗址保护，在当前是大遗址保护经费的主要来源。大遗址保护经费政府财政资金投入的形式包括：国家、省、市、县年度财政拨款；国家通过发行债券筹集的资金，即国债；国家、省各专项资金，包括申请的大遗址保护项目专项经费和大遗址保护基金经费。同时，还可以结合大遗址保护相关项目向国家相关基金申请专项经费，如农村地区的美丽乡村建设、特色城镇建设、农业旅游、乡村旅游等都有专项经费。大遗址在保护过程中可结合保护需求与相关项目融合，申请相关专项经费支持。

银行贷款是指通过向国内各级各类银行申请贷款以获得大遗址保护经费的一种模式，大遗址保护项目可以采用项目信贷的方式获得低息或无息贷款。

市场合作融资是指通过招股集资、集资联营、托管运营等方式与民间资本持有者开展合作筹措大遗址保护经费的一种模式。随着经济社会的发展和转型的需求，民间资本也成为大遗址保护的重要资金来源。许多大遗址在保护中都尝试性地探索了民间资本介入保护的模式，并取得了一定的效果。

自筹资金是地方政府、文物行政部门或文物保护企事业单位按照国家规定，用地方机动财力、各项专项资金和自筹的其他资金进行的大遗址保护投资。包括财政结余、自营收入、大遗址本身所拥有的保护基金等。

（二）大遗址保护融资的政策建议

为吸引社会资本流向大遗址保护项目，需要营造良好的投资环境，并在政策、税务、资金流转等方面给予一定的优惠和激励。

1. 优化大遗址保护项目投资环境

良好的大遗址保护项目投资环境和积极的支持态度是吸引社会资本投入大遗址保护项目中的基础。因此，应积极从对社会资本或力量参与大遗址保护项目的态度、体制机制的支持、法规政策的保障、稳定安全的政治社会环境等角度去构建良好的大遗址保护项目投资环境，吸引更多的社会资金进入大遗址保护领域，优化大遗址保护资金的来源。

2. 建立健全大遗址保护项目投资的激励机制

对于非政府性的捐赠、开展大遗址保护公益性产业发展的企事业单位、社会团体和个人，国家及地方应制定各种政策性优惠措施，如补贴、低息贷款或税收减免等，鼓励、引导全社会参与到大遗址保护中。同时应积极探索制定文物保护专项税收政策，形成稳定的文物保护资金增长机制，以增强全社会对大遗址保护政策的支持及社会公益性保护投入的增加，保障大遗址保护资金制度的实施。

三　大遗址保护效益评估规划

大遗址保护效益评估是指以大遗址保护规划为基础，系统分析与预测大遗址保护规划项目实施可能产生的社会效益、生态效益或经济效益，评估大遗址所在地的社会环境对大遗址保护规划项目的适应性和可接受程度。大遗址保护规划的效益评估可以促进在保护决策中全面衡量大遗址保护规划项目的社会、生态与经济效益，减少对大遗址保护的不利影响，促使大遗址保护与所在地经济社会相互适应和协调发展，以实现大遗址的保护传承与区域经济社会的可持续发展。

（一）社会效益评估

社会效益评估是对大遗址保护规划实施后可能产生的社会积极影响和效益进行分析与预测。一般是从大遗址所在地经济社会发展条件的改善、基础设施条件的改善、社会就业环境的改善、社会文化环境的改变（如价值观、生活方式、礼仪道德和社会结构等）等角度去预测评估。

（二）生态效益评估

生态效益评估是对大遗址保护规划实施后可能对自然与生态环境产生的积极影响与效益进行分析与预测。一般是从大遗址所在地自然资源保护、环境保护、生态平衡、景观环境优化等角度去预测评估。

（三）经济效益评估

经济效益评估是对大遗址保护规划实施后可能带来的经济收益等进行分析与预测。经济效益一般是从大遗址保护利用自身产生的收益（投入、产出）、大遗址保护规划项目实施对大遗址区发展带来的间接经济收益、遗产地所在区域可能带来的间接经济收益等角度去预测评估。但主要是对大遗址保护利用后保护管理机构产生的经济收益的评估。

四　大遗址保护分期实施规划

大遗址保护规划是从资源条件出发，适应社会发展需求，对大遗址保护、利用、管理与区域社会、经济、生态等的科学统筹部署与安排，是一个涉及遗址、人、自然、社会等的复杂系统工程。因此，需要对大遗址保护规划的具体内容或项目从时空角度进行科学、合理的安排，以保证大遗址保护规划的实施处于一个有序状态，能够逐步顺利实施。

（一）分期规划的概念与要求

大遗址保护分期规划是指基于大遗址保护规划的内容，以大遗址保护规划的目标等为指导，结合对大遗址保护现状和历史发展进程的综合评价，在综合考虑大遗址保护规划项目数量、类型、空间分布、资金需求、项目紧迫度和时间序列等诸多要素的基础上，以时间轴线为形式，科学、合理地确定不同时期大遗址保护规划实施的项目。大遗址保护分期规划是一种动态的规划手段，它是从时间序列对空间和资金作出的系统、全面的发展规划。

大遗址保护规划的期限一般为15年，分期可根据规划内容、时间长短及重点实施要求分为近期、中期、远期；规划的分期阶段应与国民经济发展规划相衔接。近期规划一般不超过5年，应优先解决大遗址现存的主要问题，安排亟待实施的保护项目及其配套工程，以最大化实现对大遗址的有效保护。

（二）分期规划的方法和要求

大遗址保护分期规划应在坚持循序渐进、逐步发展、超前规划、协调发展等原则的基础上，运用科学的方法来规划设计，以保证分期规划的科学性、客观性、准确性和可操作性，以实现大遗址的健康、有序、可持续发展。分期规划的方法主要有定性和定量两种方法。定性分析主要用于最初阶段的分析，是定量分析的必要补充。①

1. 定性分析法

定性分析是从规划时间序列、项目空间分布、项目紧迫度或优先度、资金安排等角度综合分析确定规划分期及具体项目和资金安排。一般来说，近期规划的时间应从规划确定后并计划开始实施的年度算起，其目标是解决大遗址保护中存在的主要问题，使大遗址得到相对有效的保护或能够起到示范带动作用。因此，近期规划的建设内容和任务应比较明确，主要是对那些保护需求紧迫、比较优势明显、区位良好、交通便利、效益高的项目进行优先安排；近期发展规划应提出具体实施项目、规模、布局、效果、投资估算等。中期规划的目标应是使大遗址保护各项规划内容初具规模，对大遗址的认知较为清楚；同时应提出发展期内的发展重点、主要内容和发展水平等。远期规划的目标主要是对大遗址发展愿景的预测，使大遗址保护进入良性循环和可持续发展的满意阶段。因此，在远期规划阶段应提出大遗址保护规划所能达到的最佳状态和目标，并提出保证或促使

① 参见吴志强、李德生主编《城市规划原理》（第四版），中国建筑工业出版社2010年版，第673页。

大遗址科学、合理、可持续发展的对策建议或内容。

2. 定量分析法

定量分析是指基于定性分析，通过科学方法使分期规划内容更加科学、合理。在大遗址保护规划分期规划中，定量分析的主要方法有目标法、趋势法和相关因素法。目标法是根据确定的目标制定分期计划，是一种自远而近的规划方法；趋势法是根据过去的发展速度推算每年发展的计划，是一种自远而近的规划方法；相关因素法是根据相关因素的发展确定发展需求的方法。①

大遗址保护分期规划是一项复杂的系统工作，在编制分期规划过程中，应尽量在定性的基础上以定量为主，避免定性分析的主观性和片面性；同时应以动态的永续发展观为指导，基于社会、经济、环境等的发展变化，与时俱进，用发展的眼光对大遗址的发展前景作出科学、全面和正确的规划。

① 参见吴志强、李德生主编《城市规划原理》（第四版），中国建筑工业出版社 2010 年版，第 673 页。

第八章　大遗址保护规划实施管理

大遗址保护规划管理是保障大遗址保护规划顺利编制和实施的重要方法途径。大遗址保护规划管理包括大遗址保护规划编制的组织、规划实施的组织与管理等内容。大遗址保护规划实施管理是大遗址保护规划成功、科学、有效实施并实现其价值的重要保障。

第一节　大遗址保护规划的实施与管理

大遗址保护规划实施管理包括规划审批与责任分配、规划实施计划和方案的制定、规划的实施管理和规划的监测与监督管理等。

一　大遗址保护规划的审批与责任分配

大遗址保护规划编制完成后，一般应当由规划编制组织单位报省级文物行政部门会同建设规划等部门组织评审，通过后在征得国家文物行政部门审核同意后，由大遗址所在地省级人民政府批准公布；对于跨省域的，可以在国家文物行政部门同意后，由国务院批准公布。

经过批准公布的大遗址保护规划标志着在法律上确定了规划实施的基础，各级政府应当将其作为开展大遗址保护的法规政策性指导文件。在此基础上，以其为指导，明确大遗址保护规划实施的责任单位，以及各级政府、相关行政机构和企事业单位在大遗址保护中的任务和职责，确保大遗址保护规划的实施落实到具体的机构和责任人。

二　编制大遗址保护规划实施计划和方案

为了保证大遗址保护规划的有效实施，在责任机构和责任人确定基础上，应基于大遗址保护规划编制具体的实施计划。实施计划编制的目的是提高大遗址保护规划的可操作性，将规划内容结合大遗址的实际情况变为具体的行动计划。大遗址实施计划的编制应以大遗址保护现实需求为导向，有效地调控和引导大遗址的保护与利用；以项目为依据，指导具体的资金安排、时序安排和项目实施进度。大遗址保护规划实施计划编制工作一般包括提出保护项目及其可行性研究、项目实施计划方案制定、开发时序建议、项目工程方案制定、资金预算和筹措五项内容。

三 大遗址保护规划的实施管理

大遗址保护规划的相关项目在实施过程中，应遵循相关的法律法规要求。一般在大遗址保护范围和建设控制地带实施大遗址保护规划所涉及的项目，应先征得相关文物行政部门的批准。实施管理依据《中华人民共和国文物保护法》《中华人民共和国城乡规划法》和《中华人民共和国土地管理法》等的要求，包括大遗址保护工程管理、大遗址考古工作管理和大遗址建设工程管理三项内容。

（一）大遗址保护工程管理①

大遗址保护范围内一般不得进行除保护和展示利用之外的其他建设工程或者爆破、钻探、挖掘等作业。但是，因特殊情况需要在文物保护单位的保护范围内进行其他建设工程或者爆破、钻探、挖掘等作业的，需经相关文物行政部门审批同意，且必须保证大遗址的安全。在大遗址的建设控制地带内进行建设工程，不得破坏文物保护单位的历史风貌；工程设计方案应当根据文物保护单位的级别，经相应的文物行政部门同意后，报城乡建设规划部门批准。

建设工程选址，应当尽可能避开遗址；因特殊情况不能避开的，对遗址应当尽可能实施原址保护。实施原址保护的，建设单位应当事先确定保护措施，根据文物保护单位的级别报相应的文物行政部门批准，并将保护

① 参见《中华人民共和国文物保护法》，《中华人民共和国全国人民代表大会常务委员会公报》2017 年第 6 期。

措施列入可行性研究报告或者设计任务书。无法实施原址保护，必须迁移异地保护或者拆除的，应当报省、自治区、直辖市人民政府批准；迁移或者拆除省级文物保护单位的，批准前须征得国务院文物行政部门同意。全国重点文物保护单位不得拆除；需要迁移的，须由省、自治区、直辖市人民政府报国务院批准。依照前款规定拆除的国有不可移动文物中具有收藏价值的壁画、雕塑、建筑构件等，由文物行政部门指定的文物收藏单位收藏。原址保护、迁移、拆除所需费用，由建设单位列入建设工程预算。

对文物保护单位进行修缮，应当根据文物保护单位的级别报相应的文物行政部门批准；对未核定为文物保护单位的不可移动文物进行修缮，应当报登记的县级人民政府文物行政部门批准。文物保护单位的修缮、迁移、重建，由取得文物保护工程资质证书的单位承担。对不可移动文物进行修缮、保养、迁移，必须遵守不改变文物原状的原则。

对于已经毁损的遗址，因特殊情况需要在原址重建的，由省、自治区、直辖市人民政府文物行政部门报省、自治区、直辖市人民政府批准；全国重点文物保护单位等级的大遗址，其遗址需要在原址重建的，由省、自治区、直辖市人民政府报国务院批准。

对危害文物保护单位安全，破坏文物保护单位历史风貌的建筑物、构筑物，当地人民政府应当及时调查处理，必要时，对该建筑物、构筑物予以拆迁。

（二）大遗址考古工作管理[①]

大遗址区内一切考古发掘工作，必须履行报批手续；从事考古发掘的单位，应当经国务院文物行政部门批准。地下埋藏的文物，任何单位或者个人都不得私自发掘。从事考古发掘的单位，为了科学研究进行考古发掘，应当提出发掘计划，报国务院文物行政部门批准；对全国重点文物保护单位的考古发掘计划，应当经国务院文物行政部门审核后报国务院批准。国务院文物行政部门在批准或者审核前，应当征求社会科学研究机构

① 参见《中华人民共和国文物保护法》，《中华人民共和国全国人民代表大会常务委员会公报》2017 年第 6 期。

及其他科研机构和有关专家的意见。考古调查、勘探、发掘中发现文物的，由省、自治区、直辖市人民政府文物行政部门根据文物保护的要求会同建设单位共同商定保护措施；遇有重要发现的，由省、自治区、直辖市人民政府文物行政部门及时报国务院文物行政部门处理。

需要配合建设工程进行的考古发掘工作，应当由省、自治区、直辖市文物行政部门在勘探工作的基础上提出发掘计划，报国务院文物行政部门批准。国务院文物行政部门在批准前，应当征求社会科学研究机构及其他科研机构和有关专家的意见。确因建设工期紧迫或者有自然破坏危险，对古文化遗址、古墓葬急需进行抢救发掘的，由省、自治区、直辖市人民政府文物行政部门组织发掘，并同时补办审批手续。凡因进行基本建设和生产建设需要的考古调查、勘探、发掘，所需费用由建设单位列入建设工程预算。

在大遗址区进行建设工程或者在农业生产中，任何单位或者个人发现文物，应当保护现场，立即报告当地文物行政部门，文物行政部门接到报告后，如无特殊情况，应当在二十四小时内赶赴现场，并在七日内提出处理意见。文物行政部门可以报请当地人民政府通知公安机关协助保护现场；发现重要文物的，应当立即上报国务院文物行政部门，国务院文物行政部门应当在接到报告后十五日内提出处理意见。大遗址区内发现的文物属于国家所有，任何单位或者个人不得哄抢、私分、藏匿。

大遗址区考古调查、勘探、发掘的结果，应当报告国务院文物行政部门和省、自治区、直辖市人民政府文物行政部门。考古发掘的文物，应当登记造册，妥善保管，按照国家有关规定移交给由省、自治区、直辖市人民政府文物行政部门或者国务院文物行政部门指定的国有博物馆、图书馆或者其他国有收藏文物的单位收藏。经省、自治区、直辖市人民政府文物行政部门批准，从事考古发掘的单位可以保留少量出土文物作为科研标本。考古发掘的文物，任何单位或者个人不得侵占。

（三）大遗址建设工程管理

大遗址区的保护工程和城乡建设项目应按照相关法律法规规定，在文物行政部门“前置审批”的基础上，还需要进行土地使用和建设项目管理的审批或许可、监督检查以及对违法建设行为进行查处等管理。一般根据《城乡规划法》的要求，大遗址区内的建设工程实施管理的手段包括建设用地的管理、建设工程的管理和建设项目的监督检查。

四 大遗址保护规划实施监测

大遗址保护规划实施监测是保障大遗址保护规划健康、有序实施的重要手段，是大遗址保护实施管理过程中不可缺少的一环。大遗址保护规划实施监测有助于了解大遗址保护规划实施的进程，及早发现大遗址保护规划实施过程中存在的问题，并结合经济社会发展现状与趋势等及时作出调整或采取补救措施。大遗址保护规划实施监测的内容是确保大遗址保护规划按照分期规划和实施计划合理实施的重要因素，一般包括保护因素、环境因素、制度因素等。

保护因素主要包括：（1）大遗址识别信息；（2）大遗址保护现状；（3）大遗址保护对象保护现状；（4）保护措施或工程实施现状；（5）保护措施或工程实施进度等。

环境因素主要包括：（1）现有大遗址保护的经济与社会环境的现状与改善情况；（2）大遗址区的自然与社会环境现状及其变化；（3）大遗址保护导致的社会、经济和生态环境改变情况及趋势；（4）大遗址保护实施导致的旅游环境的改变及其趋势；（5）大遗址保护实施对社区的改变及影响；（6）大遗址保护对社区居民生产生活习惯、方式等的改变及影响。

制度因素主要包括：（1）大遗址保护管理体制建议的执行情况；（2）大遗址保护法律法规等的采纳、制定情况；（3）大遗址保护法律法规的执行情况；（4）大遗址人力资源管理、教育和培训规划的实施情况。

大遗址保护规划实施监测的具体内容应结合大遗址保护规划和大遗址保护实施计划的内容来确定。监测内容的结果应与大遗址保护规划和实施计划进行比较评估，以保证大遗址保护规划的实施按照既定的计划进行，并及时发现和解决实施过程中出现的问题，以促进大遗址保护规划实施的科学性、合理性、可操作性和持续性。

五　大遗址保护规划实施的监督检查

大遗址保护规划实施的监督检查是指对大遗址保护规划的整个实施过程，包括大遗址保护规划实施的组织、实施的管理和法定规划的执行情况等进行的监督检查。在大遗址保护规划实施的监督检查中，“一般主要包括行政监督检查、立法机构的监督检查和社会的监督”①。

（一）行政监督检查

行政监督检查是指各级人民政府及文物行政部门对大遗址保护规划实施全过程进行的监督检查。行政监督检查包括两个方面：一是各级人民政府和文物行政部门对大遗址保护规划编制、审批、实施和修改的监督检查；二是对大遗址区各项建设活动与大遗址保护规划实施之间的关系进行监督检查。

（二）立法机构的监督检查

立法机构的监督检查是指各级人民代表大会或其常委会尤其是大遗址所在地的县、市级人民代表大会或常委会有权对大遗址保护规划的实施进行监督检查，包括保护经费的使用审批、规划实施的进度、规划实施管理的执法情况等。

（三）社会监督

社会监督是指大遗址规划实施过程中，全社会所有的组织、个人都可以对大遗址保护规划实施的组织和管理等行为进行监督，可以向各级政府或文物行政部门等举报违反大遗址保护规划或者破坏文物保护的行为，并就大遗址保护规划实施各阶段的内容提出意见或建议。

第二节　大遗址保护规划的修编

随着我国经济社会和大遗址保护事业的发展，主要开始于20世纪90

---

①　参见吴志强、李德生主编《城市规划原理》（第四版），中国建筑工业出版社2010年版，第701—702页。

年代中后期的大遗址保护规划编制工作已经发展了将近30年，许多大遗址保护规划已经过期或规划期限届满。还有许多规划随着近20年大遗址保护或文化遗产保护法规政策及保护理念的发展变化，已经不能适应当前的保护需求，有必要在科学评估的基础上，对已经到期或不适应保护需求的大遗址保护规划启动修编，以保证大遗址保护规划的科学性、指导性和前瞻性，实现对大遗址的有效保护和区域经济社会等的协同发展。

一　大遗址保护规划修编的概念与性质

（一）大遗址保护规划修编的概念

大遗址保护规划修编是指由于大遗址保护外部环境和内部条件的变化，对已经实施的大遗址保护规划的目标、战略、保护对象、保护区划、保护措施和人地关系等产生一定的影响，为有效保护大遗址，基于对现行大遗址保护规划和保护现状及趋势的综合评估，对大遗址保护规划的体系和内容进一步修改、完善，以解决在规划实施过程中存在的现实问题，保证大遗址保护的健康、有序、可持续发展。大遗址保护规划修编是大遗址保护规划过程中的一个环节，有助于大遗址区的可持续发展。

（二）大遗址保护规划修编的性质

大遗址保护规划修编的根本目的是加强对大遗址的有效保护，促进大遗址保护与区域经济、社会等的协同发展。大遗址保护规划修编不是重新编制新的规划，而是在原有规划体系的基础上，结合大遗址保护内外部环境与条件的现状与变化，对大遗址保护规划实施的经验、教训等进行阶段性总结，进而对其规划体系和内容等进行系统性的修改和完善，以使其在实践中更具指导性和可操作性。

二　大遗址保护规划修编的原因

大遗址保护规划修编的形式有两种：一是正常的修编，即对规划期限到期的规划进行的修编；二是非正常修编，即规划在规划期内因不可转移的内外部环境变化因素必须对规划体系和内容进行调整或修改。非正常修编的原因众多，综合概括主要体现在大遗址保护的外部环境、保护理念、社会需求和内部条件等几个方面。

（一）大遗址保护外部环境发生变化

大遗址保护受到“政治、经济、文化、生态、科技等诸多因素的限制”①，尤其是经济社会发展水平和国家法规政策及地方或行业部门的发展战略等的影响。经济社会发展条件的变化直接影响到对大遗址保护的重视程度和资金投入；当国家的法规政策发生大的调整或发展的战略、目标及发展方向和发展重点发生变化的时候，大遗址保护的理念、战略、目标、区划、布局和管理等都可能会受到影响，有的影响可能是颠覆性的，如国家提出的“文化强国战略”“新型城镇化”“乡村振兴”“让文化遗产活起来”等，这些政策的出台客观上都可能促使某些大遗址保护规划的修编。同时，大的自然或人为灾害如地震、洪水、滑坡、战争等，或大的基础设施建设项目如水库、铁路、高速路、机场等的建设等也可能导致对大遗址保护规划的修编。

（二）大遗址保护的理念发生变化

时代不同、政策法规不同、社会环境不同、科学技术发展的水平不同，大遗址保护的理念与保护模式及路径、方法等也不尽相同。随着经济社会的发展、法规政策的丰富和完善、理论研究的深入与实践经验的丰富，大遗址保护规划的理念也在不断发生着变化。从传统的只重视“本体保护”向“区域整体性”保护发展，从传统的“以物为主”向“以物为基础，以人为本”发展，从传统的“保存保护”向“让文物活起来”转变。这些文化遗产保护的新理念导致大遗址保护规划的理念、战略、目标以及规划的体系和内容结构发生重大的变化。原来点性、限制性的或单纯重视本体保护与展示利用的规划已经不能有效指导大遗址保护，从而促使大遗址保护规划的修编。

（三）社会需求特点发生变化

社会发展阶段与水平不同，人的知识结构与收入水平的不同，对文化

---

①　李庆雷、孔慧：《区域旅游发展规划修编的理论与方法》，《湖南城市学院学报》2012年第3期。

休闲活动的层次、类型和结构要求也不同。大遗址作为重要的文化资源和潜在的旅游资源，随着经济社会的发展及公众文化和生活水平的提高，公众也已经从对其的无视、旁观开始走向参与与体验。而随着社会、经济和文化等的进一步发展，公众对大遗址参与体验的要求也会越来越高。对大遗址的需求不再只是简单的参观、游览或体验，而需要深度体验参与的文化教育与文化休闲。大遗址所在地也不再将其作为不可触碰的底线，而可能是随着经济社会及保护理念等的变化，将其作为促进区域社会、经济、文化和生态等系统协同发展的重要组成部分而统筹考虑。这些都将对大遗址保护规划产生重要影响，促使大遗址保护规划的修编。

（四）大遗址保护内部条件发生变化

大遗址保护规划在受到外部环境制约和影响的同时，也受到自身条件变化的影响。内部条件包括大遗址区经济社会发展条件和大遗址资源的分布等。大遗址区经济社会发展条件的变化主要表现在城乡建设变化、聚落人口变化和基础设施条件的变化等；大遗址资源的变化主要表现为大遗址资源分布范围的扩大或缩小，或者对其保护对象及价值等认知的变化。上述因素都会影响大遗址保护规划的修编。

（五）规划内容出现较大错误

规划内容出现较大错误是指由于历史原因，在大遗址保护规划实施或评估中发现规划内容有违反现行法律法规或国家、行业标准的现象，保护措施、材料或技术方法等规划设计不当，不能适应当代保护利用和保护管理需求等情况，经过论证评估，无法进行小范围调整修改的则应及时对规划内容进行修编。大遗址保护规划内容出现错误的情况一般包括两种：一是因为法律法规出现修订或重大修正，直接影响到规划的法规制度基础；二是出现保护措施、材料和保护利用技术方法规划设计不当，无法进行点性修改完善。这两种情况主要是规划依据的法规制度出现根本性修订或修正的影响最为严重，需要及时进行修编。

三　大遗址保护规划修编的方法和主要内容

大遗址保护规划修编的主要方法就是建立起系统、完善的大遗址保护规划修编程序，充分发挥政府、职能部门和专家、社会公众的力量对大遗址保护规划修编的指导、参与和监督作用。大遗址保护规划修编的程序包括修编申报、批复、编制、协调、核定和审批实施六个环节。

（一）大遗址保护规划修编申报制度

大遗址保护规划修编申报制度是指大遗址保护规划编制的原组织单位拟对经过批准的大遗址保护规划进行修编或调整前，应邀请专业机构或组织“对上一轮总体规划的实施情况进行总结评估，对修编或调整的必要性进行充分论证，并就规划修编或调整的内容、范围和理由提出专题申请报告”①。属全国重点文物保护单位的大遗址应由规划编制组织单位向省级文物行政部门提出申请，省级文物行政部门同意后，向国家文物行政部门提出书面申请。

（二）大遗址保护规划修编申请的批复制度

大遗址保护规划修编的批复制度是指省级文物行政部门或国家文物行政部门接收到要求修编或调整总体规划的申请报告后，对修编的必要性进行研究，并根据情况对拟修编的主要内容的科学性、合理性等进行评估，根据评估，批复是否允许规划修编。

（三）大遗址保护规划修编的修订制度

大遗址保护规划修编申请批复后，规划修编的组织单位应积极组织编制单位开展规划的修编。规划修编应选择有一定资质或能力的编制单位来完成，也可邀请原编制单位来完成。大遗址保护规划编制单位在修编过程中应重视以下五个层面的工作。

1. 田野调查

接到任务后，规划编制单位应首先对大遗址保护规划的实施现状和大遗址保护的现状、问题及趋势等进行田野调查和分析评估，以掌握大遗址保护规划实施和大遗址保护的第一手资料。

2. 对上一轮大遗址保护规划进行评估

在田野调查及对保护现状分析评估的基础上，对上一轮大遗址保护规

① 吴晓勤、曹发义：《完善城市规划修编和调整程序》，《规划师》2004 年第 6 期。

划及其实施效果等进行评价，这是大遗址保护规划修编的重要基础。评价包括对规划内容的分析、评估，通过评估总结上一轮保护规划存在的优点和问题，对优点继承创新，对问题进行进一步调查、分析和评估。同时，评价上轮规划实施效果，列出已经实现和未能实现的规划内容，分析未能实现的原因，为新一轮规划中提出针对性对策措施奠定基础。①

3. 运用 SWOT 理论分析大遗址保护环境

在评估上一轮大遗址保护规划的基础上，运用 SWOT 理论对大遗址保护的优势、劣势、机遇和挑战进行综合分析和评判，重新审视大遗址保护的环境与条件及大遗址保护发展的趋势。

4. 重新确定保护目标和战略

在对大遗址保护环境进行充分分析、评估的基础上，结合大遗址保护现状、原大遗址保护规划存在的问题和未来经济社会及文化遗产保护的趋势等，重新确定大遗址保护规划的保护目标和战略。

5. 规划内容的修编和调整

在确定保护目标和战略后，结合大遗址保护现状、原大遗址保护规划存在的问题和未来经济社会及文化遗产保护的趋势等，对大遗址保护规划的内容进行修编和调整。一般来说，大遗址保护规划修编的内容几乎涉及大遗址系统的各个要素，但内容主要包括以下几方面。

（1）大遗址保护对象的调整和完善；（2）专项评估内容的完善；（3）保护区划的调整；（4）遗存保护措施；（5）展示目标、对象、定位、主题和布局及功能分区；（6）考古研究的对象、范围、方式等；（7）人地关系的调整和优化（聚落、人口、经济、基础设施等）；（8）保障体系的调整和优化（管理体制机制、人才规划、安全保障等）。

（四）大遗址保护规划修编的协调机制

大遗址保护规划修编完成后，规划修编的组织单位应组织、邀请相关利益群体，如上级政府、相关行政部门和遗址所在地相关政府机构及相关

---

① 参见李庆雷、孔慧《区域旅游发展规划修编的理论与方法》，《湖南城市学院学报》2012年第3期。

行政部门召开沟通协调或座谈会议，对修编完成的大遗址保护结合本部门的规划或需求等提出修改意见；或以纸面形式将规划成果报送相关部门，各相关单位结合各自职能进行初审并提出修改意见，限时书面反馈至规划组织单位，并由规划编制单位和规划组织单位在协商上按照大遗址保护实际需求作出进一步的调整和修改。

（五）大遗址保护规划修编的专家论证和规划公示制度

在对修编的规划进一步修改完善的基础上，规划组织单位或编制单位也可邀请行业或地方相关专家对修编的大遗址保护规划进行论证，并提出专业的修改意见，以进一步完善大遗址保护规划修编的内容。同时，也可将与社会公众相关的内容在网络上进行公示，邀请社会公众对相关内容提出修改建议，充分发挥社会公众的监督作用。

（六）大遗址保护规划修编的审批实施制度

大遗址保护规划修编的成果在完成后，应由规划修编的组织单位向省级文物行政部门会同建设规划等部门组织评审，评审通过后，省级文物行政部门向国家文物行政部门申报。再由国家文物行政部门委托专家进行评审，通过后，报送大遗址所在地省级人民政府批准公布。

总之，建立、完善并执行大遗址保护规划修编和调整程序，使之成为完善大遗址保护规划行业法规体系的重要内容，将有助于文物行政部门对大遗址保护规划编制与研究、规划技术咨询、规划设计体系进行统一、有效的监督管理，满足新时代大遗址保护规划行业科学、可持续发展的需求。

参考文献

中文著作

保继刚等：《旅游开发研究：原理、方法、实践》，科学出版社 2003 年版。

蔡靖泉：《文化遗产学》，华中师范大学出版社 2014 年版。

蔡贤浩主编：《形式逻辑》，华中师范大学出版社 2005 年版。

曹林：《区域产业发展规划理论与实例》，社会科学文献出版社 2014 年版。

陈淳：《考古学研究入门》，北京大学出版社 2009 年版。

陈淳：《考古学理论》，复旦大学出版社 2015 年版。

陈淳：《考古学前沿研究：理论与问题》，北京师范大学出版社 2016 年版。

陈家刚编著：《旅游规划与开发：理论·案例》，南开大学出版社 2006 年版。

陈利根：《土地用途管制研究》，中国大地出版社 2001 年版。

陈萍、史晓华：《城市规划理论的多维度研究》，水利水电出版社 2015 年版。

陈世清：《超越中国“主流经济学家”》，中国国际广播出版社 2013 年版。

陈威：《景观新农村：乡村景观规划理论与方法》，中国电力出版社 2007 年版。

陈扬乐主编：《旅游策划：原理、方法与实践》，华中科技大学出版社 2009 年版。

陈永贵、张景群编著：《风景旅游区规划》，中国林业出版社 2010 年版。

程先富主编：《地理科学概论》，安徽人民出版社 2008 年版。

程烨等：《土地用途分区管制研究》，地质出版社 2003 年版。

崔功豪、魏清泉、刘科伟编著：《区域分析与区域规划》（第二版），高等教育出版社 2006 年版。
崔功豪等编著：《区域分析与区域规划》（第三版），高等教育出版社 2018 年版。
单霁翔：《文化遗产保护与城市文化建设》，中国建筑工业出版社 2009 年版。
邓爱民等：《全域旅游理论 · 方法 · 实践》，中国旅游出版社 2016 年版。
董建辉主编：《旅游资源开发》，电子工业出版社 2009 年版。
董靓：《风景名胜区规划》，重庆大学出版社 2014 年版。
董祚继等：《“多规合一”的理论与实践》，浙江大学出版社 2017 年版。
杜金鹏主编：《文化遗产保护与当代中国社会》（第二卷），科学出版社 2015 年版。
杜金鹏：《文化遗产科学研究》，科学出版社 2017 年版。
方创琳：《区域发展规划论》，科学出版社 2000 年版。
方可：《当代北京旧城更新：调查 · 研究 · 探索》，中国建筑工业出版社 2000 年版。
风笑天：《现代社会调查方法》，华中科技大学出版社 2021 年版。
付军主编：《风景区规划》，气象出版社 2004 年版。
耿毓修编著：《城市规划管理》，中国建筑工业出版社 2007 年版。
顾军、苑利：《文化遗产报告：世界文化遗产保护运动的理论与实践》，社会科学文献出版社 2005 年版。
《管理学》编写组：《管理学》，高等教育出版社 2019 年版。
郭剑英：《旅游景区旅游解说系统评价研究》，合肥工业大学出版社 2011 年版。
郭玉军主编：《国际法与比较法视野下的文化遗产保护问题研究》，武汉大学出版社 2011 年版。
国际古迹遗址理事会中国国家委员会：《中国文物古迹保护准则》（2015 年修订），文物出版社 2015 年版。
国家质量监督检验检疫总局、国家标准化管理委员会：《博物馆和文物保护单位安全防范系统要求》（GB/T 16571—2012），中国标准出版社 2013 年版。
何子张：《空间研究城市规划中空间利益调控的政策分析》，东南大学出版社 2009 年版。
河南省古代建筑保护研究所编：《文物保护规划案例》（第一辑），科学出版社 2009 年版。
贺艳、殷丽娜主编：《管理总体规划动态资源手册》，上海远东出版社 2016 年版。
赫维人、潘玉君：《新人文地理学》，中国社会科学出版社 2002 年版。
胡华编著：《旅游线路规划与设计》，旅游教育出版社 2011 年版。
户思社、王长明主编：《法国文化遗产保护》，世界图书出版公司 2010 年版。
黄海澄：《系统论、控制论、信息论美学原理》，湖南人民出版社 1986 年版。
黄淑娉、龚佩华：《文化人类学理论方法研究》，广东高等教育出版社 2004 年版。
黄以柱：《区域规划学》，经济科学出版社 2012 年版。
霍兵：《比较城市规划——21 世纪中国城市规划建设的沉思》，科学出版社 2014 年版。
霍绍周：《系统论》，科学技术文献出版社 1988 年版。
姜云、张洪波、庞博主编：《城市详细规划原理与设计方法》，北京大学出版社 2012 年版。
郐艳丽、田莉编著：《城市总体规划原理》，中国人民大学出版社 2013 年版。
雷平、施祖麟：《区域规划实施中期评估重大问题研究》，知识产权出版社 2015 年版。
李德顺：《价值论》（第 2 版），中国人民大学出版社 2007 年版。
李克强：《区域经济规划理论与方法》，中央民族大学出版社 2006 年版。
李庆雷、明庆忠编著：《旅游规划：技术与方法》，南开大学出版社 2008

年版。
李庆雷：《旅游策划论》，南开大学出版社 2009 年版。
李王鸣等：《城市总体规划实施评价研究》，浙江大学出版社 2007 年版。
李文华主编：《中国重要农业文化遗产保护与发展战略研究》，科学出版社 2016 年版。
李旭旦主编：《人文地理学概说》，科学出版社 1985 年版。
李钰：《旅游体验设计原理与方法》，中国旅游出版社 2012 年版。
林福永：《一般系统结构理论》，暨南大学出版社 1998 年版。
林惠祥：《文化人类学》，商务印书馆 2011 年版。
刘卫红：《中国大遗址保护理论与方法研究》，科学出版社 2020 年版。
刘卫红主编：《秦始皇陵文化遗产管理综合实习教程》，科学出版社 2020 年版。
陆林主编：《人文地理学》，高等教育出版社 2004 年版。
栾丰实、方辉、靳桂云：《考古学理论・方法・技术》，文物出版社 2002 年版。
罗明义主编：《旅游经济学：分析方法・案例》，南开大学出版社 2005 年版。
洛阳市文物管理局编著：《洛阳大遗址研究与保护》，文物出版社 2009 年版。
《考古学概论》编写组：《考古学概论》，高等教育出版社 2015 年版。
马耀峰主编：《旅游规划》，中国人民大学出版社 2011 年版。
马永立、谈俊忠：《风景名胜区管理学》，中国旅游出版社 2003 年版。
马勇、李玺编著：《旅游景区规划与项目设计》，中国旅游出版社 2008 年版。
马勇、李玺主编：《旅游规划与开发》（第三版），高等教育出版社 2012 年版。
孟宪民、于冰、丁见祥等编著：《大遗址保护理论与实践》，科学出版社 2012 年版。
牟红主编：《旅游规划理论与方法》，北京大学出版社 2015 年版。

聂跃平、杨林等：《遥感原理与方法及其在大遗址保护中的应用》，科学出版社 2012 年版。
全国造价工程师执业资格考试培训教材编审委员会编：《建设工程造价管理》，中国计划出版社 2013 年版。
任黎秀主编：《旅游规划》，中国林业出版社 2002 年版。
阮仪三、王景慧、王林编著：《历史文化名城保护理论与规划》，同济大学出版社 1999 年版。
邵甬主编：《理想空间 No. 41：历史文化村镇保护规划与实践》，同济大学出版社 2010 年版。
沈祖祥：《旅游策划——理论、方法与定制化原创样本》，复旦大学出版社 2007 年版。
宋豫秦等：《中国文明起源的人地关系简论》，科学出版社 2002 年版。
孙施文：《城市规划哲学》，中国建筑工业出版社 1997 年版。
孙施文编著：《现代城市规划理论》，中国建筑工业出版社 2007 年版。
孙施文、桑劲主编：《理想空间 No. 54：城市规划评价》，同济大学出版社 2012 年版。
谭崇台主编：《发展经济学》，山西经济出版社 2001 年版。
谭婧婧、董凯主编：《城市规划原理与设计》，北京大学出版社 2013 年版。
谭徐明等：《中国大运河文化遗产保护技术基础》，科学出版社 2013 年版。
谭纵波：《城市规划》（修订版），清华大学出版社 2016 年。
唐晓岚主编：《风景名胜区规划》，东南大学出版社 2012 年版。
童恩正：《文化人类学》，上海人民出版社 1989 年版。
汪德华：《中国城市规划史》，东南大学出版社 2014 年版。
汪光焘：《中国城市规划理念：继承·发展·创新》，中国建筑工业出版社 2008 年版。
汪宁生：《文化人类学调查——正确认识社会的方法》（增订本），文物出版社 2002 年版。
王恩涌：《王恩涌文化地理随笔》，商务印书馆 2010 年版。
王红军：《美国建筑遗产保护历程研究：对四个主题性事件及其背景的分

析》，东南大学出版社 2009 年版。
王金良：《项目控制论》，天津科技翻译出版社 1990 年版。
王维正主编：《国家公园》，中国林业出版社 2000 年版。
王学理等：《秦物质文化史》，三秦出版社 1994 年版。
王衍用、殷平编著：《旅游规划与开发》，北京大学出版社 2007 年版。
王衍用、宋子千：《旅游景区项目策划》，中国旅游出版社 2007 年版。
王衍用、宋子千、秦岩编著：《旅游景区项目策划》（第 2 版），中国旅游出版社 2012 年版。
魏宏森、曾国屏：《系统论——系统科学哲学》，清华大学出版社 1995 年版。
魏民、陈战是等编著：《风景名胜区规划原理》，中国建筑工业出版社 2008 年版。
乌丙安：《非物质文化遗产保护理论与方法》，文化艺术出版社 2010 年版。
邬建国：《景观生态学：格局、过程、尺度与等级》，高等教育出版社 2000 年版。
吴必虎：《区域旅游规划原理》，中国旅游出版社 2001 年版。
吴必虎、刘筱娟：《中国景观史》，上海人民出版社 2004 年版。
吴必虎、俞曦：《旅游规划原理》，中国旅游出版社 2010 年版。
吴必虎、俞曦、严琳：《城市旅游规划研究与实施评估》，中国旅游出版社 2010 年版。
吴必虎、董双兵主编：《旅游规划设计法规标准手册》（标准卷），中国质检出版社 2014 年版。
吴次芳等：《国土空间规划》，地质出版社 2019 年版。
吴殿廷等编著：《旅游开发与规划》（第 3 版），北京师范大学出版社 2018 年版。
吴殿廷：《区域系统分析方法研究》，东南大学出版社 2014 年版。
吴舜泽等：《国家环境保护规划实施评估与考核关键技术》，化学工业出版社 2015 年版。
吴晓、魏羽力编著：《城市规划社会学》，东南大学出版社 2010 年版。

吴志强、李德华主编：《城市规划原理》（第四版），中国建筑工业出版社 2010 年版。
伍江、王林主编：《历史文化风貌区保护规划编制与管理》，同济大学出版社 2007 年版。
西安市文物局编著：《西安大遗址保护》，文物出版社 2009 年版。
席焕久主编：《体育人类学》，北京体育大学出版社 2001 年版。
夏建中：《文化人类学理论学派：文化研究的历史》，中国人民大学出版社 1997 年版。
中国大百科全书总编辑委员会《考古学》编辑委员会、中国大百科全书出版社编辑部编：《中国大百科全书·考古学》，中国大百科全书出版社 1986 年版。
夏正楷编著：《环境考古学——理论与实践》，北京大学出版社 2012 年版。
肖爱玲等：《隋唐长安城遗址保护规划历史文本研究》，科学出版社 2014 年版。
谢彦君：《基础旅游学》（第三版），中国旅游出版社 2011 年版。
徐化成编著：《景观生态学》，中国林业出版社 1996 年版。
徐嵩龄：《第三国策：论中国文化与自然遗产保护》，科学出版社 2005 年版。
徐卫民：《秦都城研究》，陕西人民教育出版社 2000 年版。
徐文燕编著：《旅游心理学原理与应用》（第二版），上海人民出版社、格致出版社 2015 年版。
严国泰：《旅游规划理论与方法》，旅游教育出版社 2006 年版。
严文明：《考古学初阶》，文物出版社 2018 年版。
杨开忠主编：《改革开放以来中国区域发展的理论与实践》，科学出版社 2010 年版。
俞孔坚等：《“反规划”途径》，中国建筑工业出版社 2005 年版。
俞孔坚等：《国土生态安全格局：再造秀美山川的空间战略》，中国建筑工业出版社 2012 年版。
张光直：《考古学专题六讲》，文物出版社 1986 年版。

张广瑞主编：《旅游规划的理论与实践》，社会科学文献出版社 2004 年版。

张国强、贾建中主编：《风景规划——〈风景名胜区规划规范〉实施手册》，中国建筑工业出版社 2003 年版。

张海：《GIS 与考古学空间分析》，北京大学出版社 2014 年版。

张宏彦编著：《中国史前考古学导论》（第二版），科学出版社 2011 年版。

张杰等：《传统村镇保护发展规划控制技术指南与保护利用技术手册》，中国建筑工业出版社 2012 年版。

张杰等：《世界文化遗产保护与城镇经济发展》，同济大学出版社 2013 年版。

张京祥编著：《西方城市规划思想史纲》，东南大学出版社 2005 年版。

张立明、胡道华：《旅游景区解说系统规划与设计》，中国旅游出版社 2006 年版。

张绍良、丁忠义、侯湖平：《土地利用规划理论》，中国矿业大学出版社 2014 年版。

张松编：《城市文化遗产保护国际宪章与国内法规选编》，同济大学出版社 2007 年版。

张颖岚：《文化遗产地管理对策研究——以秦始皇帝陵为例》，科学出版社 2013 年版。

张永良主编：《经济学基础》（第 3 版），北京理工大学出版社 2022 年版。

赵亮：《城市规划设计分析的方法与表达》，江苏人民出版社 2013 年版。

郑育林：《唤醒遗迹：城市化背景下的大遗址保护与利用问题》，文物出版社 2014 年版。

郑州市文物局编：《郑州市大遗址保护规划汇编》（第一辑），科学出版社 2013 年版。

中国社会科学院考古研究所文化遗产保护研究中心编：《中国大遗址保护调研报告（一）》，科学出版社 2011 年版。

中国文化遗产研究院编著：《大遗址保护行动跟踪研究》，文物出版社 2016 年版。

中华人民共和国国家文物局：《大遗址保护规划规范》（WW/Z 0072—

2015），文物出版社 2016 年版。

中华人民共和国国家文物局：《文物保护单位游客承载量评估规范》（WW/T 0083—2017），文物出版社 2017 年版。

中华人民共和国住房和城乡建设部：《风景名胜区总体规划标准》（GB/T 50298—2018），中国建筑工业出版社 2019 年版。

中华人民共和国住房和城乡建设部：《历史文化名城保护规划标准》（GB/T 50357—2018），中国建筑工业出版社 2019 年版。

周冰：《大明宫：灼热的大遗址》，人民出版社 2009 年版。

周建明：《区域规划理论与方法》，中国建筑工业出版社 2013 年版。

周建明、刘畅：《文化生态保护区理论与实践》，中国建筑工业出版社 2016 年版。

周剑云、戚冬瑾编著：《中国城市规划法规体系》，中国建筑工业出版社 2006 年版。

周乾松：《中国历史村镇文化遗产保护利用研究》，中国建筑工业出版社 2015 年版。

周三多、陈传明、贾良定编著：《管理学：原理与方法》（第六版），复旦大学出版社 2014 年版。

周三多等编著：《管理学——原理与方法》（第七版），复旦大学出版社 2018 年版。

朱从书主编：《心理学》，浙江大学出版社 2015 年版。

朱海霞等：《大遗址保护与区域经济发展：以大明宫为例》，科学出版社 2017 年版。

朱晓渭：《国际化视野下的西安大遗址保护》，科学出版社 2013 年版。

住房和城乡建设部风景名胜区管理办公室编著：《风景名胜区工作手册》，中国建筑工业出版社 2011 年版。

紫金国际教育学院、造价工程师命题研究中心编写：《工程造价计价与控制》，华中科技大学出版社 2009 年版。

邹德慈等：《新中国城市规划发展史研究——总报告及大事记》，中国建筑工业出版社 2014 年版。

中文论文

习近平：《深化文明交流互鉴 共建亚洲命运共同体——在亚洲文明对话大会开幕式上的主旨演讲》，《中华人民共和国国务院公报》2019 年第 15 期。

习近平：《习近平在中共中央政治局第十二次集体学习时强调 建设社会主义文化强国 着力提高国家文化软实力》，《人民日报》2014 年 1 月 1 日第 1 版。

白永秀、任保平：《关于区域经济学几个基本理论问题的思考》，《山西财经大学学报》2004 年第 5 期。

蔡靖泉：《文化遗产价值论析》，《三峡大学学报》（人文社会科学版）2010 年第 1 期。

蔡晴：《基于地域的文化景观保护》，博士学位论文，东南大学，2006 年。

曹桂生：《中国建筑艺术与审美意象》，《陕西师范大学学报》（哲学社会科学版）2010 年第 2 期。

曹师贞：《基于区域协调发展的村落型大遗址保护规划研究——以邹城羲皇庙遗址为例》，硕士学位论文，山东建筑大学，2014 年。

曹吟吟：《旅游解说牌示系统规划与设计——以张家港暨阳湖园区为例》，硕士学位论文，同济大学，2008 年。

曹永康：《我国文物古建筑保护的理论分析与实践控制研究》，博士学位论文，浙江大学，2008 年。

曹勇：《广东大遗址保护规划研究》，硕士学位论文，华南理工大学，2014 年。

曹勇：《大遗址保护规划区划的划定分析研究——以广东大遗址为例》，《东南文化》2015 年第 2 期。

柴锡贤：《田园城市理论的创新》，《城市规划汇刊》1998 年第 6 期。

陈利根：《土地用途管制制度研究》，博士学位论文，南京农业大学，2000 年。

陈同滨：《中国大遗址保护规划的多学科研究》，载徐嵩龄等《文化遗产的保护与经营：中国的实践与理论进展》，社会科学文献出版社2003版。
陈同滨、王力军：《不可移动文物保护规划十年》，《中国文化遗产》2004第3期。
陈同滨：《城镇化高速发展进程下的中国大遗址背景环境保护主要规划对策》，《中国文物报》2005年10月14日第7版。
陈同滨：《城镇化背景下的中国大遗址保护》，《建设科技》2006年第22期。
陈同滨：《城镇化建设中大遗址背景环境保护规划策略》，《中国文物报》2006年7月28日第5版。
陈同滨：《中国大遗址保护规划与技术创新简析》，《东南文化》2009年2期。
陈同滨、PANG Lingbo：《以分级分类的空间管控为抓手的大遗址保护规划基本策略——良渚遗址保护规划简介》，《世界建筑》2019年第11期。
陈同滨等：《高速城镇化进程下的大遗址整体保护规划策略研究——以良渚古城遗址为例》，《西部人居环境学刊》2019年第4期。
陈蔚、胡斌、何昕：《当代我国历史文化遗产价值体系的构成》，《重庆建筑大学学报》2006年第2期。
陈蔚：《我国建筑遗产保护理论和方法研究》，博士学位论文，重庆大学，2006年。
陈稳亮：《大遗址保护中的弹性规划策略研究——基于雍城遗址保护的思考》，《城市发展研究》2009年第8期。
陈稳亮：《基于特性分析的大遗址保护规划策略研究》，《城市问题》2012年第6期。
陈稳亮、赵达：《大遗址保护与区域发展的协调性规划探索——以汉长安城遗址保护总体规划为例》，《城市发展研究》2012年第4期。
陈曦：《"阐释"与"展示"概念的溯源与辨析》，《中国文物报》2012年8月17日第7版。
陈曦：《中国大遗址规划体系构想》，《南方文物》2012年第4期。

陈耀华、赵星烁：《中国世界遗产保护与利用研究》，《北京大学学报》（自然科学版）2003 年第 4 期。

陈渝：《城市游憩规划的理论建构与策略研究》，博士学位论文，华南理工大学，2012 年。

崔凤军：《论旅游环境承载力——持续发展旅游的判据之一》，《经济地理》1995 年第 1 期。

崔明、朱光亚：《江苏省大遗址保护规划浅析》，《文博》2006 年第 6 期。

崔明：《江苏省大遗址保护规划与利用模式研究》，硕士学位论文，东南大学，2006 年。

戴俭、黄震：《文保单位、历史文化街区保护区划规制的研读与思考》，载中国建筑学会建筑史学分会、北京工业大学《2019 年中国建筑学会建筑史学分会年会暨学术研讨会论文集（下）》，2019 年。

单霁翔：《大型考古遗址公园的探索与实践》，《中国文物科学研究》2010 年第 1 期。

刀祝威：《内陆边境区的空间结构研究——以德宏州为例》，硕士学位论文，云南师范大学，2000 年。

邓先武：《地理教学应重视学科思维培养》，《中学地理教学参考》2017 年第 3 期。

丁云龙、李玉刚：《从技术创新角度看产业结构升级模式》，《哈尔滨工业大学学报》（社会科学版）2001 年第 1 期。

董祚继：《从土地利用规划到国土空间规划——科学理性规划的视角》，《中国土地科学》2020 年第 5 期。

杜金鹏：《试论考古与遗址保护》，《考古》2008 年第 1 期。

杜金鹏：《考古学与古代遗址保护规划》，《中国文物报》2009 年 4 月 24 日第 7 版。

杜金鹏：《大遗址保护与考古遗址公园建设》，《东南文化》2010 年第 1 期。

杜金鹏：《试论文保类考古》，《考古》2010 年第 5 期。

杜金鹏：《论考古资产保护》，《考古》2015 年第 1 期。

杜久明：《安阳殷墟——古遗址保护与展示的成功典范》，《中原文物》2007 年第 4 期。
杜久明：《殷墟遗址与日本奈良平城宫遗址保护展示的比较研究》，《殷都学刊》2006 年第 3 期。
段清波：《考古学要发掘遗产的文化价值》，《光明日报》2015 年 7 月 22 日第 10 版。
段清波：《论考古学学科目标和文化遗产的核心价值》，《中原文化研究》2016 年第 3 期。
樊海强、权东计：《大遗址特性与保护利用模式探讨——以汉长安城遗址为例》，《西安电子科技大学学报》（社会科学版）2005 年第 4 期。
方创琳：《新时期区域发展规划的基本内涵与类型体系》，《规划师》1998 年第 3 期。
方中权、陈烈：《区域规划理论的演进》，《地理科学》2007 年第 4 期。
风笑天：《社会学研究方法：走向规范化与本土化所面临的任务》，《华中师范大学学报》（人文社会科学版）2005 年第 6 期。
冯景云：《四川世界文化遗产地旅游解说系统的构建——以青城山与都江堰为例》，硕士学位论文，四川师范大学，2007 年。
付清远：《世界文化遗产——澳大利亚阿瑟港遗址保护评析》，《中国文物科学研究》2007 年第 1 期。
付清远：《大遗址考古发掘与保护的几个问题》，《考古》2008 年第 1 期。
付清远：《〈中国文物古迹保护准则〉在文物建筑保护工程中的应用》，《东南文化》2009 年第 4 期。
傅晶、刘剑：《“十一五”国家重要大遗址保护规划创新成果》，《建设科技》2006 年第 22 期。
干立超、黄莉莉：《从文物保护规划编制要求修订研究“多规合一”的新趋向》，《建筑与文化》2018 年第 9 期。
郜华：《大遗址保护规划实施评价方法研究》，《遗产与保护研究》2018 年第 2 期。
郭青林等：《银川西夏陵六号陵的保护现状与对策》，载中国文物保护技术协会、故宫博物院文保科技部编《中国文物保护技术协会第五次学术年会论文集》，科学出版社 2008 年版。

郭璇：《文化遗产展示的理念与方法初探》，《建筑学报》2009 年第 9 期。

国际古迹遗址理事会中国国家委员会：《关于〈中国文物古迹保护准则〉若干重要问题的阐述》，《中国长城博物馆》2013 年第 2 期。

国际古迹遗址理事会中国国家委员会：《中国文物古迹保护准则》，盖蒂保护研究所 2004 年版。

韩伟、焦南峰：《秦都雍城考古发掘研究综述》，《考古与文物》1988 年第 C1 期。

韩晓艳：《平遥镇国寺保护区划划定方法探讨》，硕士学位论文，山西大学，2013 年。

郝丽君等：《基于城乡统筹的早商府城遗址保护规划策略研究》，《现代城市研究》2013 年第 3 期。

何克洲：《浅析考古勘探工作与大遗址保护——以青海省喇家遗址考古工作为例》，《青海师范大学学报》（哲学社会科学版）2014 年第 3 期。

何星亮：《文化人类学理论的类型及其构建方法》，《中南民族大学学报》（人文社会科学版）2016 年第 2 期。

胡晓宇：《文物保护规划编制常见问题》，《中国文物报》2015 年 2 月 6 日第 6 版。

黄丽坤：《基于文化人类学视角的乡村营建策略与方法研究》，博士学位论文，浙江大学，2015 年。

黄明玉：《文化遗产的价值评估及记录建档》，博士学位论文，复旦大学，2009 年。

吉明坚：《变迁中的田野作业：作为一种人类反观自身社会与文化的工具》，《沈阳师范学院学报》（社会科学版）1999 年第 4 期。

焦南峰、王炜林等：《陕西考古研究的历史与收获》，《考古与文物》2008 年第 6 期。

教莹：《法国文化遗产保护的特点及发展前景分析》，《故宫学刊》2013 年第 1 期。

金万洲：《景观生态学在森林公园总体规划中的应用研究》，《陕西林业科技》2008 年第 2 期。

匡林：《论旅游业极限容量及其确定问题》，《南开经济研究》1995 年第 4 期。

郎朗、岂野：《城市总体规划修编的评估体系》，中国城市规划学会《生态文明视角下的城乡规划——2008 中国城市规划年会论文集》，大连出版社 2008 年版。

李海燕、权东计：《国内外大遗址保护与利用研究综述》，《西北工业大学学报》（社会科学版）2007 年第 3 期。

李红翔：《景区解说系统构建及解说方式适用性研究》，硕士学位论文，东北财经大学，2007 年。

李洪斌、杨箐丛、孙永生：《“三旧改造”背景下文物保护单位建设控制地带的划定方法初探——以佛山市禅城区市级文物保护单位保护范围规划为例》，《华中建筑》2011 年第 4 期。

李柯：《榆林明长城波罗堡保护区划研究》，硕士学位论文，西安建筑科技大学，2013 年。

李庆雷、孔慧：《区域旅游发展规划修编的理论与方法》，《湖南城市学院学报》2012 年第 3 期。

李如生、李振鹏：《美国国家公园规划体系概述》，《风景园林》2005 年第 2 期。

李素珍：《主题界定新论》，《韶关大学学报》（社会科学版）1996 年第 3 期。

李仙：《中国传统建筑的文化意象》，硕士学位论文，江南大学，2009 年。

李晓东：《大型古遗址保护的开创阶段》，《中国文物科学研究》2006 年第 2 期。

李晓东：《文物保护单位防范原则与防范体系构架》，《中国文物报》2007 年 5 月 30 日第 3 版。

李晓东：《略论文物核心价值体系》，《中国文物报》2008 年 6 月 27 日第 3 版。

李颖科：《中西方文化遗产保护理念辨析——兼论中国特色文化遗产保护发展理念的理论建构》，《中国文化遗产》2020 年第 1 期。

李长盈：《浅谈国保单位保护规划立项报告的编写》，《江汉考古》2015 年第 1 期。

李长盈：《大遗址保护规划编制评价体系研究》，博士学位论文，武汉大学，2017 年。

李振鹏：《乡村景观分类的方法研究》，硕士学位论文，中国农业大学，2004 年。

李振泉：《汾河水库渔业资源调查报告》，《水库渔业》1984 年第 4 期。

厉新建：《旅游产品特点、消费技术与景区解说系统》，《人文地理》2004 年第 2 期。

联合国教育、科学及文化组织：《世界文化遗产管理》，中国古迹遗址保护协会译，中国古迹遗址保护协会 2015 年。

梁乔、梁华：《遗址博物馆——遗址展示空间意象创造》，《四川建筑》2002 年第 2 期。

梁伟：《文物保护规划的现状与发展研究》，《遗产与保护研究》2018 年第 7 期。

梁莺莺：《生态旅游区环境解说系统规划与设计研究——以妙峰山风景名胜区为例》，硕士学位论文，北京交通大学，2008 年。

林源：《中国建筑遗产保护基础理论研究》，博士学位论文，西安建筑科技大学，2007 年。

刘爱河：《英国文化遗产保护成功经验借鉴与启示》，《中国文物科学研究》2012 年第 1 期。

刘滨谊、余畅：《美国绿道网络规划的发展与启示》，《中国园林》2001 年第 6 期。

刘峰：《旅游系统规划——一种旅游规划新思路》，《地理学与国土研究》1999 年第 1 期。

刘锋：《旅游系统规划的理论、方法和应用研究》，硕士学位论文，华东师范大学，1997 年。

刘海龙、王依瑶：《美国国家公园体系规划与评价研究——以自然类型国家公园为例》，《中国园林》2013 年第 11 期。

刘金声：《法国对城市规划和文化遗产保护的监管机制：介绍法国国家建筑师驻省代表处》，《国外城市规划》2003 年第 4 期。

刘军民：《大遗址保护规划与实施》，《中国名城》2009 第 7 期。

刘克成：《解说大明宫国家大遗址保护展示示范园区暨遗址公园总体规划》，《中国文化遗产》2009 年第 4 期。

刘瑞龙：《大遗址保护规划编制、审批和实施的管理问题研究——以陕西省为例》，硕士学位论文，西北大学，2008 年。

刘卫红：《秦雍城：大型土遗址保护利用缩影》，《中国土地》2009 年第 8 期。

刘卫红：《大遗址土地用途分区管制研究》，硕士学位论文，西北大学，2010 年。

刘卫红：《大遗址区土地利用管理分析》，《中国土地》2011 年第 9 期。

刘卫红：《大遗址保护规划中价值定性评价体系的构建》，《西北大学学报》（自然科学版）2011 年第 5 期。

刘卫红：《大遗址展示理念方法问题的探讨》，《地域研究与开发》2013 年第 2 期。

刘卫红：《田园城市视域下的汉长安城遗址保护利用模式研究》，《西北大学学报》（自然科学版）2017 年第 2 期。

刘卫红：《符合国情的文物保护利用之路实现理路探析》，《建筑与文化》2020 年第 2 期。

刘卫红：《走出符合国情的考古遗址保护利用之路》，《群言》2021 年第 10 期。

刘卫红、杜金鹏：《考古学与文物保护规划设计》，《自然与文化遗产研究》2021 年第 S1 期。

刘卫红、田润佳：《大遗址保护理论方法与研究框架体系构建思考》，《西北大学学报》（哲学社会科学版）2021 年第 1 期。

刘卫红：《考古遗址公园的文化产品特性与发展趋势》，《中国文化遗产》

2022 年第 4 期。
刘卫红、曹金格：《大遗址保护规划：对象、使命和内容框架》，《东南文化》2022 年第 1 期。
刘卫红、杜金鹏：《中华人民共和国成立以来考古遗址保护的发展历程与成就经验》，载滕磊、王时伟主编《保护与发展——文化遗产学术论丛》（第 1 辑），科学出版社 2022 年版。
刘卫红、张玺：《大遗址保护规划的现状与发展趋势》，《自然与文化遗产研究》2022 年第 2 期。
刘永振、傅平：《系统是物质的存在方式》，《哲学研究》1984 年第 3 期。
陆大道：《关于“点－轴”空间结构系统的形成机理分析》，《地理科学》2002 年第 1 期。
陆建松：《中国大遗址保护的现状、问题及政策思考》，《复旦学报》（社会科学版）2005 年第 6 期。
陆寿麟：《我国文物保护理念的探索》，《东南文化》2012 第 2 期。
罗艳芬：《乡镇领导干部经济责任审计评价研究》，博士学位论文，西南大学，2012 年。
马庆凯、程乐：《从“以物为本”到“以人为本”的回归：国际遗产学界新趋势》，《东南文化》2019 年第 2 期。
毛汉英：《新时期区域规划的理论、方法与实践》，《地域研究与开发》2005 年第 6 期。
孟华：《主题：旅游产品创新的切入点》，《泰安师专学报》2001 年第 5 期。
孟青：《良渚大遗址保护规划研究》，硕士学位论文，复旦大学，2008 年。
孟宪民：《梦想辉煌：建设我们的大遗址保护展示体系和园区——关于我国大遗址保护思路的探讨》，《东南文化》2001 年第 1 期。
孟宪民：《温故求新：促进大遗址保护的科学发展——大遗址保护思路再探》，《东南文化》2009 第 3 期。
庞骏、张杰、王贵勇：《困境交织中的史前遗址保护规划探讨——以宜兴市骆驼墩史前遗址保护规划为例》，《规划师》2009 年第 10 期。

裴冬兰：《东北亚区域旅游开发合作研究——以中俄朝为中心》，硕士学位论文，延边大学，2013 年。
彭德成：《对我国旅游规划工作的现状、问题与对策的研究》，《旅游学刊》2000 年第 3 期。
彭建等：《景观生态学与土地可持续利用研究》，《北京大学学报》（自然科学版）2004 年第 1 期。
评论员：《谈谈坚持问题导向目标导向结果导向》，《学习时报》2019 年 12 月 25 日第 1 版。
祁洪玲、刘继生、梅林：《国内外旅游地生命周期理论研究进展》，《地理科学》2018 年第 2 期。
钱耀鹏：《略谈考古学文化与史前社会研究》，《中原文物》2005 年第 3 期。
权东计：《论大遗址保护规划编制中的六个关键问题》，载中国城市规划学会《城市规划和科学发展——2009 中国城市规划年会论文集》，天津电子出版社 2009 年版。
任思蕴：《建立有效的文化遗产保护资金保障机制》，《文物世界》2007 年第 3 期。
任学武：《陕西五种模式保护大遗址》，《中国文化报》2010 年 10 月 29 日第 2 版。
沙雪斌：《中国县域文化产业发展战略研究》，博士学位论文，曲阜师范大学，2012 年。
邵林静：《旅游学研究对象与学科地位研究》，硕士学位论文，辽宁师范大学，2008 年。
邵强：《基于空间结构理论的城市发展理论研究》，博士学位论文，河海大学，2003 年。
邵甬、阮仪三：《关于历史文化遗产保护的法制建设——法国历史文化遗产保护制度发展的启示》，《城市规划汇刊》2002 年第 3 期。
沈曦、覃美琼：《系统论视野下的高等学校教学管理网络结构》，《当代教育科学》2009 年第 15 期。

沈旸、周小棣、汪涛：《“革命烈士纪念建筑物”类文物的保护对象构成与保护规划策略——兼论战场遗存的保护模式》，《建筑学报》2010 年第 S2 期。

师焕英：《关于区域性文物保护规划的思考》，《建筑与文化》2013 年第 10 期。

施丽丽：《定性分析、定量分析与规范分析、实证分析》，《经营管理者》2010 年第 16 期。

宋睿：《大遗址保护规划体系研究》，硕士学位论文，北京工业大学，2008 年。

苏秉琦、殷玮璋：《关于考古学文化的区系类型问题》，《文物》1981 年第 5 期。

孙俊桥：《走向新文脉主义》，博士学位论文，重庆大学，2010 年。

孙然好等：《城市生态景观建设的指导原则和评价指标》，《生态学报》2013 年第 8 期。

孙瑞英：《从定性、定量到内容分析法——图书、情报领域研究方法探讨》，《现代情报》2005 年第 1 期。

孙施文：《从城乡规划到国土空间规划》，《城市规划学刊》2020 年第 4 期。

孙莹：《城郊型大遗址保护规划实施评价机制研究》，硕士学位论文，西北大学，2013 年。

孙壮志：《“一带一路”框架内的人文合作：成就与前景》，《欧亚经济》2023 年第 2 期。

汤茂林、金其铭：《文化景观研究的历史和发展趋向》，《人文地理》1998 年第 6 期。

汤茂林、汪涛、金其铭：《文化景观的研究内容》，《南京师范大学学报》（自然科学版）2000 年第 1 期。

唐岑玉：《社会学理论、方法在高中历史教学中的运用研究》，硕士学位论文，华中师范大学，2016 年。

唐伽拉：《旅游解说系统规划初探——以浏阳道吾山引路松景区为例》，

《旅游学刊》2003 年第 3 期。
唐鸣镝：《景区旅游解说系统的构建》，《旅游学刊》2006 年第 1 期。
陶伟、杜小芳、洪艳：《解说：一种重要的遗产保护策略》，《旅游学刊》2009 年第 8 期。
陶伟、洪艳、杜小芳：《解说：源起、概念、研究内容和方法》，《人文地理》2009 年第 5 期。
田林：《大遗址遗迹保护问题研究》，博士学位论文，天津大学，2004 年。
王慧、史同广：《劳动地域分工理论在区域开发规划中的作用》，《地域研究与开发》1996 年第 2 期。
王吉昌、杨亮：《大遗址区域保护规划研究综述》，《陕西师范大学学报》（自然科学版）2008 年第 S2 期。
王蒙：《关于文物保护单位保护规划编制工作的几点思考》，《中国文物报》2018 年 6 月 12 日第 4 版。
王琴红：《构建科学有效的文化遗产保护体系》，《南方文物》2006 年第 4 期。
王世仁：《为保存历史而保护文物——美国的文物保护理念》，《世界建筑》2001 年第 1 期。
王涛：《文物保护单位保护规划中保护范围和建设控制地带的划定和分级》，《东南文化》2010 年第 2 期。
王伟年：《城市文化产业区位因素及地域组织研究》，博士学位论文，东北师范大学，2007 年。
王欣歆、吴承照：《美国国家公园总体管理规划译介》，《中国园林》2014 年第 6 期。
王要武、李晨洋：《项目风险辨识》，《企业管理》2005 年第 8 期。
王银平：《大遗址价值评价体系与保护利用模式初探——以昙石山遗址保护与利用规划为例》，《东南文化》2010 年第 6 期。
王运良：《中国“文物保护单位制度”研究》，博士学位论文，复旦大学，2009 年。
邬建国：《景观生态学——概念与理论》，《生态学杂志》2000 年第 1 期。

吴必虎、金华荏、张丽：《旅游解说系统的规划和管理》，《旅游学刊》1999 年第 1 期。
吴承照：《游憩规划的定性、定位与定向》，《城市规划汇刊》1997 年第 6 期。
吴承照：《从风景园林到游憩规划设计》，《中国园林》1998 年第 5 期。
吴美萍：《文化遗产的价值评估研究》，硕士学位论文，东南大学，2006 年。
吴祥艳、付军：《美国历史景观保护理论和实践浅析》，《中国园林》2004 年第 3 期。
吴晓勤、曹发义：《完善城市规划修编和调整程序》，《规划师》2004 年第 6 期。
吴学成：《黔东南民族村寨体验旅游产品体系构建研究》，博士学位论文，中国地质大学，2014 年。
吴志强：《〈百年西方城市规划理论史纲〉导论》，《城市规划汇刊》2000 年第 2 期。
奚文沁、周俭：《巴黎历史城区保护的类型与方式》，《国外城市规划汇刊》2004 年第 5 期。
夏海钧：《中国高新技术产业开发区发展研究》，博士学位论文，暨南大学，2001 年。
夏鼐：《关于考古学上文化的定名问题》，《考古》1959 年第 4 期。
夏鼐：《什么是考古学》，《考古》1984 年第 10 期。
肖笃宁、布仁仓、李秀珍：《生态空间理论与景观异质性》，《生态学报》1997 年第 5 期。
肖笃宁、李秀珍：《当代景观生态学的进展和展望》，《地理科学》1997 年第 4 期。
肖笃宁、钟林生：《景观分类与评价的生态原则》，《应用生态学报》1998 年第 2 期。
肖金亮：《中国历史建筑保护科学体系的建立与方法论研究》，博士学位论文，清华大学，2009 年。
谢彦君、彭丹：《旅游、旅游体验和符号——对相关研究的一个评述》，

《旅游科学》2005 年第 6 期。
邢宗海、胡敏、兰伟杰：《城市型大遗址保护规划编制技术要点——以〈唐华清宫遗址保护规划〉为例分析》，《中国名城》2013 年第 4 期。
徐卫民：《秦都雍城考论》，《唐都学刊》2000 年第 1 期。
徐震、顾大治：《“历史纪念物”与“原真性”——从〈威尼斯宪章〉的两个关键词看城市建筑遗产保护的发展》，《规划师》2010 年第 4 期。
闫金强：《我国建筑遗产监测中问题与对策初探》，硕士学位论文，天津大学，2012 年。
严文明：《关于考古学文化的理论》，载《走向 21 世纪的考古学》，三秦出版社 1997 年版。
杨开忠：《区域经济学概念、分支与学派》，《经济学动态》2008 年第 1 期。
杨珂珂：《浅析〈全国重点文物保护单位保护规划编制要求（修订稿）〉的修订重点与意义》，《遗产与保护研究》2018 年第 4 期。
杨锐：《美国国家公园体系的发展历程及其经验教训》，《中国园林》2001 年第 1 期。
杨锐：《美国国家公园规划体系评述》，《中国园林》2003 年第 1 期。
杨子江、林雷、王雅金：《美国国家公园总体管理规划的解读与启示》，《规划师》2015 年第 11 期。
姚迪：《遗址保护规划编制过程中遗址地居民知情权与参与权问题的研究》，硕士学位论文，西北大学，2009 年。
姚伟钧、张国超：《中国公众考古基本模式论略》，《浙江学刊》2011 年第 1 期。
叶华：《日本传统建筑群保存地区的概要与特点》，《国外城市规划》1997 年第 3 期。
孙伊辰：《城市大遗址周边环境保护规划策略研究——以西安唐大明宫遗址为例》，硕士学位论文，长安大学，2013 年。
余晓川：《文物保护原则在保护规划中的运用》，《文物建筑》2015 年。
袁琳溪、汤羽扬：《我国文物保护规划相关研究文献综述》，《中国文化遗产》2019 年第 5 期。

张超荣等：《北京规划实施管理体制机制研究——国内五大城市的经验借鉴与启示》，载中国城市规划学会《城乡治理与规划改革——2014 中国城市规划年会论文集（11——规划实施与管理）》，中国建筑工业出版社 2014 年版。

张成渝：《遗产解说与展示：对〈艾兰姆宪章〉的释读》，《同济大学学报（社会科学版）》2012 年第 3 期。

张春海：《景观考古：绘制人与自然互动的“连环画”》，《中国社会科学报》2013 年 11 月 8 日第 2 版。

张丹：《我国大遗址保护与利用中利益冲突问题研究》，硕士学位论文，郑州大学，2012 年。

张海：《景观考古学——理论、方法与实践》，《南方文物》2010 年第 4 期。

张红艳：《试论旅游规划的区域经济理论依据》，《山西高等学校社会科学学报》2003 年第 6 期。

张宏敏：《旅游景区解说系统的构建与优化——以成都大熊猫繁育研究基地为例》，硕士学位论文，四川师范大学，2011 年。

张晖：《对文物保护单位保护规划的几点认识》，《中国文物科学研究》2014 年第 3 期。

张剑葳、陈薇、胡明星：《GIS 技术在大遗址保护规划中的应用探索——以扬州城遗址保护规划为例》，《建筑学报》2010 年第 6 期。

张杰、庞骏：《旧城遗产保护“生”与“死”的规划设计反思——于产权制度下的遗产保护规划制度的思考》，《建筑学报》2008 年第 12 期。

张杰、庞骏：《旅游视野下文物保护单位保护规划常态抗辩——兼论文物保护单位保护规划的制度创新》，《规划师》2011 年第 11 期。

张恺、周俭：《法国城市规划编制体系对我国的启示——以巴黎为例》，《城市规划》2001 年第 8 期。

张敏：《简论考古学的“区系类型”与“文化系统”》，《南方文物》2012 年第 2 期。

张倩:《历史文化遗产资源周边建筑环境的保护与规划设计研究》，博士学位论文，西安建筑科技大学，2011 年。

张未知:《马克思主义哲学的价值精神论纲》，博士学位论文，吉林大学，2012 年。

张振威、杨锐:《美国国家公园管理规划的公众参与制度》，《中国园林》2015 年第 2 期。

章腾:《基于场所理论的大遗址保护规划中环境空间设计研究》，硕士学位论文，北京交通大学，2013 年。

赵飞:《国家地质公园规划中勘界问题的研究》，硕士学位论文，中国地质大学，2010 年。

赵辉:《关于考古学文化和对考古学文化的研究》，《考古》1993 年第 7 期。

赵建兰:《陕西启动文物安全大防控体系建设》，《中国文化报》2015 年 6 月 16 日第 2 版。

赵荣、王建新:《大遗址保护规划的理论探索——基于陕西案例的探索》，全国大遗址保护规划现场研讨会汇报 PPT，西安，2004 年 10 月。

赵荣:《陕西省大遗址保护新理念的探索与实践》，《考古与文物》2009 年第 2 期。

赵文斌、褚天骄:《大遗址保护与展示规划初探》，2012 国际风景园林师联合会（IFLA）亚太区会议暨中国风景园林学会 2012 年会论文集（上册），上海，2012 年 10 月。

赵中枢:《如何编制保护规划——英国苏格兰保护规划指南》，《国外城市规划》2002 年第 4 期。

赵中枢:《名城城郊型大遗址保护规划初探——以咸阳西汉帝陵群为例》，《城市发展研究》2007 年第 5 期。

郑凤英:《旅游规划主题提炼策略研究》，硕士学位论文，华中师范大学，2011 年。

郑杭生、杨敏:《社会学方法与社会学元理论——个人与社会关系问题的方法论意义》，《河北学刊》2003 年第 6 期。

郑书民：《大遗址保护规划中基础文物信息采集与管理方法初探》，《华中建筑》2001 年第 4 期。

郑育林：《古迹遗址的文化形象再现——对古迹遗址展示利用形式的思考》，《考古与文物》2009 年第 2 期。

郑育林：《我国大遗址保护与利用相关问题的研究》，《西北大学学报》（哲学社会科学版）2010 年第 3 期。

钟行明：《世界文化遗产地旅游解说系统研究》，硕士学位论文，东南大学，2006 年。

朱明敏：《文物保护单位保护规划中文物本体及相关概念刍议》，《中国文化遗产》2017 年第 6 期。

朱思红：《秦始皇陵规划保护范围研究》，《文博》2013 年第 6 期。

朱晓渭：《考古遗址公园文化展示问题探讨》，《理论导刊》2011 年第 4 期。

庄寿强：《旅游学的涵义、学科性质及学科定位——从行为创造学新视角对旅游学基本概念的探索》，《中国矿业大学学报》（社会科学版）2010 年第 3 期。

Butler，R. W.，*Tourism area life cycle*，Oxford UK：Goodfellow Publishers Limited，2011，转引自祁洪玲、刘继生、梅林《国内外旅游地生命周期理论研究进展》，《地理科学》2018 年第 2 期。

中译著作

［奥］L·贝塔兰菲：《一般系统论》，秋同、袁嘉新译，社会科学文献出版社 1987 年版。

［澳］马尔利姆·沃特斯：《现代社会学理论》（第 2 版），杨善华等译，华夏出版社 2000 年版。

［澳］亚历山大·R·卡斯伯特：《理解城市——城市设计方法》，邱志勇、杨凌、董宇译，中国建筑工业出版社 2016 年版。

［比利时］玛利亚·杨森－弗比克等编著：《旅游文化资源：格局、过程与政策》，孙亚红、闵庆文译，中国环境科学出版社 2010 年版。

［德］C. W. 策拉姆：《神祇、陵墓与学者：考古学传奇》（第2版），张芸、孟薇译，生活·读书·新知三联书店2018年版。

［德］马克斯·韦伯：《社会科学方法论》，韩水法、莫茜译，商务印书馆2013年版。

［法］米歇尔·米绍等主编：《法国城市规划40年》，何枫、任宇飞译，社会科学文献出版社2007年版。

［芬兰］尤嘎·尤基莱托：《建筑保护史》，郭旃译，中华书局2011年版。

［荷］索托编：《荷兰城市规划》，王莹、刘晓函、蒋丽莉译，辽宁科学技术出版社2006年版。

［加］Bob Mckercher 等：《文化旅游与文化遗产管理》，朱路平译，南开大学出版社2006年版。

［加］布鲁斯·G. 特里格：《考古学思想史》（第2版），陈淳译，中国人民大学出版社2010年版。

［加］梁鹤年：《简明土地利用规划》，谢俊奇等译，地质出版社2003年版。

［加］梁鹤年等：《以人为本规划的思维范式和价值取向——国土空间规划方法导论》，商务印书馆2019年版。

［加］斯蒂芬 L. J. 史密斯：《游憩地理学：理论与方法》，吴必虎等译，高等教育出版社1992年版。

［罗］M. 曼内斯库：《经济控制论》，刘开铭等译，中国社会科学出版社1989年版。

［美］B. 约瑟夫·派恩、詹姆斯·H. 吉尔摩：《体验经济》（珍藏版），毕崇毅译，机械工业出版社2016年版。

［美］H. J. 德伯里：《人文地理：文化、社会与空间》，王民等译，北京师范大学出版社1988年版。

［美］R. B. 培里等：《价值和评价——现代英美价值论集萃》，刘继编选，中国人民大学出版社1989年版。

［美］R. 哈特向：《地理学性质的透视》，黎樵译，商务印书馆1963年版。

［美］埃德加·M. 胡佛：《区域经济学导论》，王翼龙译，商务印书馆

1990 年版。

［美］埃德蒙·N·培根：《城市设计》（修订版），黄富厢、朱琪译，中国建筑工业出版社 2003 年版。

［美］艾尔·巴比：《社会研究方法》（第 8 版），邱泽奇译，华夏出版社 2000 年版。

［美］Edward Inskeep：《旅游规划——一种综合性的可持续的开发方法》，张凌云译，旅游教育出版社 2004 年版。

［美］戴维·L. 埃杰尔、贾森·R. 斯旺森：《旅游政策与规划——昨天今天与明天》（第二版），谢彦君、孙佼佼、郭英译，商务印书馆 2017 年版。

［美］丹尼逊·纳什：《旅游人类学》，宗晓莲译，云南大学出版社 2004 年版。

［美］凯文·林奇：《城市意象》，方益萍、何晓军译，华夏出版社 2001 年版。

［美］康德拉·菲利普·科塔克：《人类学：人类多样性的探索》（第 12 版），黄剑波、方静文等译，中国人民大学出版社 2012 年版。

［美］克雷格·格罗夫斯：《生物多样性保护规划编制指南》，刘大昌、陈艾译，中国环境出版社 2014 年版。

［美］克利福德·格尔兹：《文化的解释》，韩莉译，译林出版社 2008 年版。

［美］刘易斯·芒福德：《城市发展史——起源、演变和前景》，宋俊岭、倪文彦译，中国建筑工业出版社 2005 年版。

［美］罗伯特·沙雷尔、温迪·阿什莫尔：《考古学：发现我们的过去》，余西云等译，世纪出版集团、上海人民出版社 2009 年版。

［美］罗杰·特兰西克：《寻找失落空间——城市设计的理论》，朱子瑜等译，中国建筑工业出版社 2008 年版。

［美］玛丽莲·约翰逊：《与废墟为伴：真实的考古学家与来自遗迹的诱惑》，倪采译，北京联合出版公司 2016 年版。

［美］诺伯特·维纳：《控制论：或关于在动物和机器中控制和通讯的科

学》，郝季仁译，京华出版社 2000 年版。

［美］乔治·E. 福格：《公园游憩设施与场地规划导则》，吴承照、郑娟娟译，中国建筑工业出版社 2016 年版。

［美］塞缪尔·亨廷顿、劳伦斯·哈里森：《文化的重要作用：价值观如何影响人类进步》（第 3 版），程克雄译，新华出版社 2010 年版。

［美］威廉·J. 穆尔塔夫：《时光永驻：美国遗产保护的历史和原理》（第 3 版），谢靖译，电子工业出版社 2012 年版。

［美］约翰·布林克霍夫·杰克逊：《发现乡土景观》，俞孔坚等译，商务印书馆 2016 年版。

［美］约翰·A·维佛卡：《旅游解说总体规划》，郭毓洁、吴必虎、于萍译，中国旅游出版社 2008 年版。

［日］绫部恒雄：《文化人类学的十五种理论》，周星等译，贵州人民出版社 1988 年版。

［日］西村幸夫＋历史街区研究会编著：《城市风景规划——欧美景观控制方法与实务》，张松、蔡敦达译，上海科学技术出版社 2005 年版。

［苏］瓦·尼·萨多夫斯基：《一般系统论原理：逻辑方法论分析》，贾泽林等译，人民出版社 1984 年版。

［匈］维坦依：《文化学与价值学导论》，徐志宏译，中国人民大学出版社 1992 年版。

［英］J. 布赖恩·麦克洛克林：《系统方法在城市和区域规划中的应用》，王凤武译，中国建筑工业出版社 2016 年版。

［英］阿兰·R. H. 贝克：《地理学与历史学——跨越楚河汉界》，阙维民译，商务印书馆 2008 年版。

［英］埃比尼泽·霍华德：《明日的田园城市》，金经元译，商务印书馆 2000 年版。

［英］安东尼·吉登斯：《社会学方法的新规则：一种对解释社会学的建设性批判》，田佑中、刘江涛译，社会科学文献出版社 2003 年版。

［英］彼得·霍尔、马克·图德－琼斯：《城市和区域规划》（原著第五版），邹德慈、李浩、陈长青译，中国建筑工业出版社 2014 年版。

［英］费尔登·贝纳德、朱卡·朱可托：《世界文化遗产地管理指南》，刘永孜、刘迪等译，同济大学出版社 2008 年版。

［英］格林·丹尼尔：《考古学一百五十年》，黄其煦译，文物出版社 2009 年版。

［英］加文·帕克、乔·多克：《规划学核心概念》，冯尚译，江苏教育出版社 2013 年版。

［英］科林·伦福儒、保罗·巴恩：《考古学：理论、方法与实践》（第六版），陈淳译，上海古籍出版社 2015 年版。

［英］科林·伦福儒等：《考古学：关键概念》，陈胜前译，中国人民大学出版社 2012 年版。

［英］尼格尔·泰勒：《1945 年后西方城市规划理论的流变》，李白玉、陈贞译，中国建筑工业出版社 2006 年版。

世界旅游组织：《国家和区域旅游规划：方法与实例分析》，籍琰译，电子工业出版社 2004 年版。

外文著作

Argyro Loukaki, *Living Ruins Value Conflicts*, London: Routledge, 2008.

Douglas M. Knudson (etc), *Interpretation of cultural and natural resources*, State College: Venture Publishing Inc, 1999.

Edgar. A. Rose, *Philosophy and Purpose in Planning. In The Spirit and Purpose of Planning*, *2nd ed. Michael J. Burton*, *ed.* London: Hutchinson and Co. Ltd, 1984.

Freeman Tilden, *Interpreting our heritage*, Raleigh: University of North Carolina, 2008.

Gaetano Palumbo and Jeanne Teutonico, *Management Planning for Archaeological Site*: *Proceedings of the Corinth Workshop* (*Symposium Proceedings*), USA: Getty Conservation Institute, 2003.

Geoffrey Godbey, *Leisure in your life*: *An exploration*, State college. PA: Venture Publishing Inc, 1990.

Grant Cushman and Jiri Zuzanek, *World Leisure Participation*: *Free time in the Global Village*, London: CABI, 1996.

Johann Joachim Winckelmann, *History of the art of antiquity*, Translated by Harry Francis Mallgrave, Los Angeles: Getty Research Institute, 2006.

Kenneth, R. Olwig and David Lowenthal, *The Nature of Cultural Heritage and the Culture of Natural Heritage*, New York: Routledge, 2006.

Laurajane Smith, *Archaeological Theory and Politics of Cultural Heritage*, New York: Routledge, 2004.

Melanie Hall, *Towards World Heritage*: *International Origins of the Preservation Movement* 1870 – 1930, New York: Routledge, 2011.

Miles Glendinning, *The Conservation Movement*: *A History of Architectural Preservation*: *Antiquity to Modernity*, New York: Routledge, 2013.

Peter Hall, *Urban and regional planning*, London: Penguin Books, 1975.

Philip, H. , Jr. Lewis, *Tomorrow by Design*: *A Regional Design Process for Sustainability*, New York: John Wiley&sons, 1996.

Rabei, J. Burdge, *The evolutiot of leisure and recreation research from multidisciplinary to interdisciplinary*, Pennsylvania: Venture Publishing, Inc, 1989.

Robert, M. Newcomb, *Planning the Past*: *Historical Landscape Resources and Recreation*, USA : Shoe String Pr Inc, 1979.

Roscoe Pound, *An Introduction to the Philosophy of Law*, New Haven and London: Yale University Press, 1954.

Roxi Thoren, *Landscapes of Change*: *Innovative Designs for Reinvented Sites*, Portland: Timber Press, 2014.

Rudolf Wittkower, *Art and Architecture in Italy* 1600 – 1750, New Haven: Yale University Press, 1999.

Sophia Labadi and William Logan, *Urban Heritage*: *Development and Sustainability*: *International frameworks*, *national and local governance*, New York: Routledge, 2016.

Thomas, R. Schueler, *Site Planning for Urban Stream Protection*, Metropolitan

Washington Council of Governments, 1995.

William, T. Alderson and Shirley Payne Low, *Interpretation of historic sites* (2nd ed.), Lanham: Rowman & Littlefield Pub Inc, 1986.

外文论文

Cohen Erik, "A phenomenology of tourist experience", *Sociology*, Vol. 13, No. 2, 1979.

Dennison Nash (etc), "Tourism as an Anthropological Subject", *Curtent Anthroplology*, Vol. 22, No. 5, 1981.

Forman Richard T. T., "Land mosaics: the ecology of landscapes and regions", *NCASI Technical Bulletin*, No. 781, 1999.

Gerald, T. Bloomfield, "Continuity with Change: Planning for the Conservation of Ontario's Manmade Heritage", IA. *The Journal of the Society for Industrial Archeology*, Vol. 9, No. 1, 1983.

James, N., "Management planning for archaeological sites/La tutela del patrimonio culturale in caso di conflitto", *Antiquity*, Vol. 77, No. 297, Sep 2003.

Makruski Edward Dennis, "A conceptual analysis of 'environmental interpretation'", Ph. D. dissertation, Ohio State University, 1978.

Nicolas Zorzin, "Heritage Management and Aboriginal Australians: Relations in a Global, Neoliberal Economy—A Contemporary Case Study from Victoria", *Archaeological*, Vol. 10, No. 2, 2014.

Peart, R., Woods, J., "A communication model is a framework for interpretive planning", *Interpretive Canada*, Vol. 3, No. 5, 1976.

Peter Howard and David Pinder, "Cultural heritage and sustainability in the coastal zone: experiences in southwest England", *International Journal of Sustainability in Higher Education*, No. 4, No. 1, 2003.

W. D. Lipe, "Value and meaning in cultural resources", in H. Cleere (ed.), *Approaches to the Archaeological heritage: a comparative study of world cultural resource management systems*, Cambridge: Cambridge University Press, 1984.

The Planning (Listed Building Consent and Conservation Area Consent Procedure) (Scotland) Regulations 2015, http://www.legislation.gov.uk/ssi/2015/243/pdfs/ssi_20150243_en.pdf.

World Heritage Centre, "Operational Guidelines for the Implementation of the World Heritage Convention", 2008, http://whc.unesco.org/archive/opguide08-en.pdf.

Zeppel Heather and Muloin Sue, "Conservation Benefits of Interpretation on Marine Wildlife Tours", *Human Dimensions of Wildlife*, Vol. 13, No. 4, 2008.

后　记

六王毕，四海一；蜀山兀，阿房出。覆压三百余里，隔离天日。骊山北构而西折，直走咸阳。二川溶溶，流入宫墙。五步一楼，十步一阁；廊腰缦回，檐牙高啄；各抱地势，钩心斗角。盘盘焉，囷囷焉，蜂房水涡，矗不知其几千万落。长桥卧波，未云何龙？复道行空，不霁何虹？高低冥迷，不知西东。歌台暖响，春光融融；舞殿冷袖，风雨凄凄。一日之内，一宫之间，而气候不齐。

——唐·杜牧：《阿房宫赋》

绛帻鸡人报晓筹，尚衣方进翠云裘。
九天阊阖开宫殿，万国衣冠拜冕旒。
日色才临仙掌动，香烟欲傍衮龙浮。
朝罢须裁五色诏，佩声归到凤池头。

——唐·王维：《和贾舍人早朝大明宫之作》

大遗址是中华民族和中华文明起源与发展的见证，是建设中国特色社会主义文化强国的重要文化资源。我对文化遗产的热爱始于大遗址，无论是我文化遗产保护意识的树立，还是我人生发展方向的确定——全身心投入文化遗产保护事业中，都来源于我亲身经历过的大遗址保护工作。

我对文化遗产的真正热爱，始于对大遗址的感怀。2004 年大学二年级时和几位友人对阿房宫遗址、汉长安城遗址和大明宫遗址的一次集中穷游，使我和大遗址结下了不解之缘。犹记当时站在阿房宫遗址、未央宫前殿遗址和含元殿遗址的废墟高台上，看着眼前残破的高台、望着远方可能的遗址区，我脑海里浮现的全是杜牧、贾至、王维等诗人关于阿房宫、大明宫诗词描述中的辉煌壮丽，以及对当时王朝盛世、河清海晏、金戈铁马场景的豪情畅想。但当走下高台，再去寻访更多的遗迹时，却是寻而不见，访而无物。在眼前的是遗址区任意建设的房屋和耕作的农田，在大明宫遗址更是看到低矮、交错的房屋和污水横流的狭窄巷路，一处处遗迹都掩埋于这些简陋的建筑物之下。那刻，我萌生了学习考古学的念头。我希望通过自己的双手将阿房宫、未央宫、大明宫的地下遗迹发掘出来，让其重见天日，并基于自己所学的旅游学专业知识，让其有尊严地活下去，再续辉煌。受此影响，我本科毕业论文选择以“陕西省古遗址保护利用”作为选题方向；2005 年暑期计划攻读硕士研究生的时候，我选择报考了西北大学文博学院的考古学及博物馆学专业，后来有幸被录取并追随王建新先生学习秦汉考古。这也许就是我后来一直关注大遗址真正的缘起吧。

我对文化遗产保护的热爱，始于《秦雍城遗址保护总体规划》项目的参与。2006 年考入西北大学文博学院考古学及博物馆学专业后，因为工作原因，我第一年并未入学就读，但一直和王建新先生保持着紧密的联系。在一次拜访先生聊起 2007 年入学研读计划的时候，先生告知我，近年来国家开始关注大遗址考古和保护，并启动了大遗址保护规划编制工作，西北大学正在和宝鸡市文物局沟通，联合编制《秦雍城遗址保护总体规划》，因为我本科学习过旅游规划课程并参与过相关规划编制工作，先生计划让我参与到项目团队中。《秦雍城遗址保护总体规划》是西北大学文博学院当时独立自主承担的第一个保护规划项目，为了编制好规划，2007 年 6 月份，学院组成了以王建新先生为总负责人，赵丛苍先生为负责人，以田旭东先生、刘文瑞先生为核心，博士研究生和硕士研究生为中坚力量的 20 多人的编制团队，学科方向包括考古学、历史学、管理学、城乡规划学、经济学、旅游学等。从 2007 年 6 月份项目初步启动，我就参与到秦雍城遗址保护规划的前期准备工作中，当时基于学科背景，我主要负责土地、展示和聚落与人口三个专题规划调研计划、调研内容和表格等的编制。在前期室内工作的基础上，2007 年 8 月正式启动了田野调查工作，也正是在这次调查中，我看到了秦雍城遗址因为人为取土、建设活动等原因遭到的巨大破坏，也使我认识到遗址保护是考古工作的前提，如果遗址都被破坏得没有了，我们拿什么做考古工作，考古工作也就成了无源之水、无本之木。也正是这次调研，使我认识到土地对于遗址的重要性，认识到遗址价值具有典型的二重性——遗址本体的价值和其承载体——土地的价值，如果承载遗址的土地被破坏了，遗址也就无存了。基于此，结合当时秦雍城遗址土地管理问题，我撰写了《秦雍城：大型土遗址保护利用缩影》并发表于《中国土地》2009 年第 8 期，在国土资源部门引起一定的关注。也是在这一时期，随着对遗址区土地管理问题的不断深入认知，结合参与秦雍城遗址保护规划编制，我萌生了从事文化遗产保护管理工作的想法，在和王建新先生沟通后，我的硕士学位论文选择了“大遗址土地用途分区管制”这一选题，希望通过对大遗址区土地用途管制的探索，保护好承载遗址的土地，以实现对大遗址的有效保护。虽然后来在论文写作的过程中，因无法获取国土资源部门的相关土地资料，导致研究最终以理论研究为主，但也不失为一次有益的探索，尤其是为我明晰自己未来的研究方向提供了重要的经验积累。

我对自身学术发展方向和学术体系的思考来源于大遗址保护规划的实践与研究。2010 年硕士研究生毕业后，我有幸在新成立的西北大学文化遗产学院考古学及博物馆学专业继续攻读博士学位，并在王建新先生的推荐下，追随李颖科先生和赵丛苍先生开展文化遗产保护研究和实践。赵丛苍先生主要从事商周考古，是一位工作恪尽厥职、待人热情诚恳的老师，是我从参与《秦雍城遗址保护总体规划》时期就一直跟随的老师，在硕士研究生阶段就多得先生指导。尤其是从研二春季学期由我作为学生负责人开始全面承担秦雍城遗址保护规划的整体统筹、修订完善开始，更是时时得到先生在专业和生活方面的指导帮助。李颖科先生出身考古，后又从事文献学研究，是一位著名的学者。先生早年在西北大学接连被破格提拔为副教授、教授，后从西北大学选调到西安市文物园林局从事文物管理工作，其后又先后在西安市社会科学院、西安日报社、西安市教育局和陕西省社科联担任领导，在历史文献学、历史文化和文化遗产保护管理领域都颇有建树，是我十分尊崇的一位老师。当然，彼时的王建新先生虽不再担任我的博士导师，但依然在学习和生活方面对我时时指导帮助。在三位先生的指导下，我基于《秦雍城遗址保护总体规划》的学习实践，又先后参与了《城子崖遗址保护总体规划》《大辛庄遗址保护总体规划》《宝山遗址保护总体规划》《喀纳斯景区文物保护总体规划》等保护规划项目的编制，并结合保护规划实践撰写了《大遗址区土地利用管理分析》《大遗址保护规划中价值定性评价体系的构建》《大遗址展示理念方法问题的探讨》《大遗址区域产业集聚机制与模式研究》等研究性文章。在这些保护规划项目编制实践和论文撰写过程中，我增强了对大遗址和大遗址保护规划的认知，也了解了文化遗产领域研究的现状和不足。因此，在博士研究生期间，基于大遗址保护规划实践、研究，我认识到文化遗产作为新兴领域，在文化遗产保护基础理论和方法知识体系方面尚存在系统性研究空白，如果要推动文化遗产保护事业科学、健康、可持续发展，就必须重视学科建设和理论方法体系建设。基于此，我决定在博士研究生及未来工作中开展文化遗产保护理论与方法体系研究与实践。我开始结合自己的实践和研究基础，将研究对象限定在大遗址范畴，形成了“大遗址保护理论与方法研究”“大遗址保护规划理论与方法研究”“大遗址保护管理研究”三个选题，当时我把这个戏称为“大遗址保护研究三部曲”。我希望通过大遗址这个具体遗产对象的研究实践，增强对文化遗产保护的体系性学理认知，并且能在未来拓展到普适性的文化遗产保护理论与方法体系研究与实践上，开展“文化遗产保护理论与方法研究”“文化遗产保护规划理论与方法研究”“文化遗产管理研究”等。鉴于当时文化遗产学科系统性基础理论与方法研究的不足及人才培养的迫切需求，在和李颖科、赵丛苍两位先生沟通商讨后，最终将博士研究生阶段的研究选题定为“大遗址保护理论与方法研究”，以期通过开展学科基础性理论与方法研究，为人才培养和行业发展提供一定的借鉴指导。而“大遗址保护规划理论与方法研究”“大遗址保护管理研究”两个选题则计划在基础性理论方法研究基础上，留待工作后再开展。

我坚定将文化遗产保护作为自己事业发展的方向和人生价值的目标，始于《大遗址保护规划理论与方法研究》的撰写。博士研究生毕业后，为了增强对大遗址保护理论体系的系统性认知、进一步提升自己的专业学术能力，2015—2017 年，我进入中国社会科学院考古研究所追随杜金鹏先生一起开展大遗址保护管理研究。杜金鹏先生在夏商考古、文化遗产保护（大遗址保护）方面建树颇丰，是国内考古领域，较早开展大遗址保护工作的学者。先生 2004 年就倡议创建了中国社会科学院考古研究所的非实体机构“大遗址保护研究中心”，2007 年又推动成立了中国社会科学院考古研究所文化遗产保护研究中心等专业机构；在推动考古领域文化遗产保护体制创新的同时，也积极推动学术和实践创新，如倡导文化遗产保护类考古、创立大遗址考古规划、提出考古资产保护的概念、推动考古遗址公园建设、参与大遗址保护规划设计等，为我国文化遗产保护事业发展作出了重要贡献。先生是我在学生时代就敬佩的一位学者，在跟随先生学习期间，先生结合我的保护规划实践和研究基础，建议我在博士后期间从事“大遗址保护规划理论与方法研究”，而“大遗址保护管理研究”则可在规划理论方法研究基础上，随着认知的深入在未来工作中开展。为了将理论、实践有机融合，先生让我负责承担了《献县汉墓群保护总体规划》的编制工作，希望通过更为系统的实践，全面认知、总结、探讨大遗址保护规划的理论与方法问题。大遗址保护规划是对大遗址保护工作的系统统筹和安排部署，在编制过程中，不仅要有规划的理念、知识和方法，还应该有策划和设计的思维和方法能力。可以说保护规划是保护策划的具体化，是保护设计的纲领化。保护规划中的项目在规划的过程中，就应当具备保护设计的理念思维，要考虑到具体的保护设计方案及未来的可能实施效果。为了弥补专业能力这一方面的不足，先生又建议我参加了国家文物局组织的“土遗址保护工程培训班”，并先后负责承担了《通济渠商丘南关段遗址保护工程设计方案》《濮阳古城南城墙保护展示设计方案》等世界遗产和国保单位的保护工程方案，既拓展了自己的专业方向，提升了能力，又为重新认知保护规划和提升保护规划编制能力增强了实践和学理认知。也正是在这一时期，基于相关保护规划、设计方案的实践和《大遗址保护规划理论与方法研究》的撰写，我进一步明确了自己未来事业发展的方向和目标，决定博士后出站后主要从事文化遗产保护管理工作，为我国文化遗产保护利用、传承弘扬贡献自己的绵薄之力。

在博士后工作期间明确了自己未来的事业发展方向和目标后，于2017年出站时，我和杜金鹏先生、王建新先生、赵丛苍先生、李颖科先生及家人沟通，选择回到了自己的母校西北大学文化遗产学院工作。返回学校工作后，原计划在工作的前三年，把博士学位论文《中国大遗址保护理论和方法研究》和博士后出站报告《大遗址保护规划理论与方法研究》修改出版。但可能正如自己一直所言，自己是一个比较懒惰的人吧，结果两本书的修改出版一拖再拖。《中国大遗址保护理论和方法研究》在2020年博士学位论文完成七年后才修改出版，想不到最终《大遗址保护规划理论与方法研究》也走了覆辙，也是在博士后出站报告完成七年后才修改出版。《大遗址保护规划理论与方法研究》是在2017年博士后研究报告的基础上修改完善而成的，与《中国大遗址保护理论和方法研究》一样，为尽可能保留当时写作的思想和历程，鞭策自己在学术道路上不断进步提升。此次出版，并没有对书稿内容作过大修订，主要是结合近年来的一些研究，重点修改完善了第一章和第二章部分内容；同时结合新的法规制度和标准规范，修正完善了一些法规内容和标准规范的名称和调整的内容等。当然，2017年9月回到西北大学后，我先后负责承担了《碾子坡遗址保护规划》《桥陵保护规划》《景陵保护规划》《阿尔寨石窟保护规划》《义窑遗址保护规划》等大遗址保护规划，这些保护规划编制过程中的一些思考和认识我也在本书修改过程中有所体现，只是为了尊重原貌，没有作大规模修订。如关于大遗址保护规划实施和修编问题，本书按照原来章节内容，仅做抛砖引玉，计划在未来结合《桥陵保护规划》和《阿尔寨石窟保护规划》修编实践进行专题探讨。

时若白驹过隙，目之闭合间。本书修校完善之际，不由得想起当时撰写博士后研究报告致谢时的场景，犹如当下的夜晚，只不过时间不同而已。当时研究报告掩卷之际，正是初夏暮起时分，乍暖还凉，静坐房间想到的都是两年博士后工作期间师友和家人的关爱与帮助。而今夜提笔写起这段后记的时候，也是因为感怀和感念，临时将原本简单记述写作、修改过程的补充描述，调整为一段对过往的追忆，以表达自己对西北大学、中国社会科学院考古研究所和各位师友的衷心感谢。本书的完成首先要感谢在中国社会科学院考古研究所从事博士后研究期间的合作导师杜金鹏先生，先生学识渊博、做事严谨认真、待人真情诚恳，我在工作、学业上多得先生的殷切教诲，当时的研究报告从选题、立意、建构及具体内容写作都倾注了先生大量的心血；在生活上，先生也不厌其烦，总是及时帮助我解决遇到的日常生活困顿，回首静思，才发现许多皆应为自身独自处理的日常琐碎，结果却习惯性地第一时间想到叨扰先生，深感惭愧；古语云：学为人师、行为世范，先生的教诲之于我，不仅在于工作、学业和生活，更在于如何做人做事。先生行端表正，不言之教，桃下之蹊。其次，还要感谢师母李小卫先生，当时在北京工作期间，师母在生活上多有关照，知道我刚结完婚也有了小孩以后，时时惦念，每次见了都会询问家里情况，并给小孩带去礼物等；且还建议杜先生，因为我有小孩，可以每月在北京待一段时间，然后有些工作和研究带回西安去完成，多照顾家里，让当时初为人父的自己感受到另外一种关爱。最后，还要感谢我的博士研究生导师李颖科先生、赵丛苍先生和我的硕士研究生导师王建新先生，三位先生在我硕博士求学期间，循循善诱，发蒙启蔽，苦心孤诣，鱼渔双授；在博士后期间和回到西北大学工作后，三位先生在工作、学业和生活上继续给予了我无私的帮助和关心，关于研究报告写作当时也提出了许多中肯的建议，先生们的谆谆教诲、无微不至的关心以及严谨的治学精神使我终生难忘并终身受益。

在博士后工作经历中，我很幸运自己选择了中国社会科学院考古研究所博士后流动站，也很幸运考古研究所接纳了我这个懵懂的求知者。在所里工作期间，多得王巍所长、刘政书记等所领导和唐际根研究员、许宏研究员、徐龙国研究员、李春林研究员、洪石研究员、杨晖副研究员、梁宏刚副研究员及科研处的雷然老师、崔苗苗老师和张旭老师等诸先生、同仁的指导和帮助，在此向各位老师表示由衷的感谢。更要感谢在研究报告开题阶段和答辩阶段对论文提出宝贵意见的各位专家，包括国家文物局原副局长童明康先生、中国文化遗产研究院柴晓明院长、中国文化遗产研究院付清远研究员、北京工业大学建筑工程学院戴俭院长、首都师范大学袁广阔教授及中国社会科学院考古研究所施劲松研究员、许宏研究员、徐良高研究员等诸位先生。同时还要特别感谢国家文物局原文物保护司司长孟宪民先生，孟宪民先生在我赴广州调研期间，亲自带着我去几处重要的遗址点参观、学习，在此期间，其对大遗址保护和文化遗产保护的许多思考使我受益颇多；先生还在百忙之中，整理了自己认为具有代表性的大遗址保护和文化遗产保护方面的相关论文供我参考，感激之情无以言表。

古人云，人生在世，得一师长、得一友人、得一同窗，心自芬芳。我一直感觉自己是一个幸运的人，一路走来，不断得到友人与同窗的关照、帮助。感谢当时在中国社会科学院考古研究所工作期间我的同门王迪、谢银玲、于龙成、李婉钰、郭薛、曹雪利和文化遗产保护研究中心办公室的李克农、马文芳、皮宇飞等在工作、学习和生活上的帮助。当然这之中不能不提到的还有我的好友西北大学的赵景龙、文物出版社的周艳明、西安建筑科技大学的王新文等在我写作中的帮助。本书的修改过程也是我与自己的研究生互相成长的过程。我的研究生田润佳、曹金格、张玺等参与了书稿部分小节内容的修校，程宿钱和郑佳玲参与了整个书稿的核校工作，感谢同学们的付出与贡献。

感谢西北大学文化遗产学院各位领导和师友一直以来的帮助支持，尤其是本书的出版获得了“西北大学考古学一流学科建设经费”的支持。

感谢中国社会科学出版社郝玉明老师在本书编辑、核校过程中的辛苦付出。在书稿编辑、核校的过程中，郝老师严谨的工作态度和深厚的专业素养，使我为之钦佩，在此致以诚挚的谢意。

亲人的关爱永远是远航中的港湾，感谢我的爱人和岳母对我在工作、学业方面的支持，记得当时去中国社会科学院考古研究所工作之时，儿子刚一岁多，是她们在那两年毫无怨言地帮我分担了照顾儿子和承担家务的责任；感谢我的儿子对我的理解，每次出差和独自去长安的家里撰写论文，他总是不哭不闹，只是说爸爸忙完过来跟我一起玩，同在一城，但经常只是周末相见，现在回想在儿子的成长中亏欠颇多。

感谢本书写作过程中引用或参考相关资料、图片、文献、研究思想的所有作者。向因本人疏漏而未能在参考文献中注明姓名的作者们表示歉意！

本书还是未尽之作。主要原因有二。一是由于我国文化遗产保护规划尚处于探索发展阶段，理论与实践的探索都尚在路上，一切均未臻于定型。二是由于作者认知能力、学术水平所限，仍需要继续学习实践。由此本书自然会存在不少缺憾，如在架构和内容体系方面，囿于多种原因，尚存在诸多不完善的地方。关于“大遗址保护规划实施管理”部分，在当时写作过程中囿于规划实践和管理实践的不足，只是作了基本概念、流程内容和基本方法阐述，未作过多探讨，本次修改延续原貌，希望未来结合近年工作实践能够开展专题研究；关于“大遗址保护规划制图技术方法”也因为技术条件和能力所限，在本次修改出版过程中，有感于内容的不确定性和不完善性作了删除，但这部分内容未来依然是自己重点关注的方向之一。文化遗产保护规划理论与实践探索永无穷尽，本书也只是我基于工作实践的总结反思，在这里我真诚地欢迎来自各方的意见和建议，并期望与同行诸君携手，共同推进文化遗产保护规划工作的科学化、可持续化发展，增强文化遗产保护规划的指导操作性，为文化遗产保护管理工作提供制度遵循与保障。

刘卫红

2023 年 5 月 19 日于西大新村